POLITIQUE & RELIGION,
IMMANENCE & TRANSCENDANCE

DU MÊME AUTEUR :

• *De quelques problèmes politico-religieux contemporains*, Samizdat, 2011.
• *Du problème du rapport entre nature et grâce dans le thomisme et le néo-thomisme, et de ses enjeux politiques contemporains*, Samizdat, 2011.
• *Éléments de philosophie politique* (préface de Claude ROUSSEAU), Éditions Franques, 2013.

Sous le nom de Joseph MÉREL :

• *Fascisme et Monarchie : Essai de conciliation du point de vue catholique* (préface de Claude ROUSSEAU), Éditions Vincent Reynouard, 2001 / Reconquista Press, 2018.
• *Nihilisme, subjectivisme et décadence* (2 tomes), Samizdat, 2009.
• *Présentation de l'Institut Charlemagne sous le patronage de l'archange saint Michel*, Éditions Dominique Martin Morin, 2016.
• *Pour une contre-révolution révolutionnaire*, Reconquista Press, 2017.
• *Désir de Dieu et organicité politique*, Reconquista Press, 2019.
• *Paganisme versus catholicisme : Le conflit non surmonté du nationalisme*, Reconquista Press, 2020.

• *Serviam : La Pensée politique d'Adrien Arcand* (Anthologie), Reconquista Press, 2017. (Essai)
• MISCIATTELLI (Piero), *Le Fascisme et les Catholiques*, Reconquista Press, 2018. (Postface)

STEPINAC

POLITIQUE & RELIGION, IMMANENCE & TRANSCENDANCE

Amour difficile et mariage de raison

Reconquista Press

Couverture : *Sacre de Charlemagne* de Jean Fouquet (BnF)

© 2021 Reconquista Press
www.reconquistapress.com

ISBN : 978-1-912853-26-7

« <Ce livre> ne saurait me faire plus d'ennemis que je n'en ai : ceux qui s'en fâcheront sont ceux-là mêmes qui, dès mon premier livre, m'ont déclaré la guerre. Ils m'ont fait tout le mal qu'ils ont pu, je n'ai donc pas de précautions à prendre avec eux. Ils chercheront, sans aucun doute, à faire passer ce livre pour un livre de haine, — et une fois de plus ils seront de mauvaise foi, car c'est en fait un livre de pitié : pitié de l'homme, pitié de mon pays, pitié surtout, et grand-pitié, de notre pauvre Europe. »

Pierre GRIPARI, *La Vie, la mort et la résurrection de Socrate-Marie Gripotard*.

« *Il suffit parfois d'une formule équivoque sur l'immanence ou la transcendance pour déterminer des catastrophes sociales, politiques ou religieuses, en dépit des intentions qui "n'ont pas voulu cela". Mais c'est que les concepts eux-mêmes, en ce qu'ils ont de plus épuré, contiennent un potentiel, résument et perpétuent un dynamisme justifiant la parole "les idées mènent le monde" sans que le monde le sache et sans que le monde se mette assez en garde contre leur spécieuse déviation.* »

Maurice BLONDEL, préface à *De Kant aux postkantiens* de Victor DELBOS, Aubier, 1940, p. 17-18.

PRÉAMBULE

§ 0. La disposition en paragraphes n'a d'autre fin que de faire respirer le texte en distinguant les groupes d'idées, et de faciliter les renvois.

§ 1. Les ouvrages qui, aujourd'hui, ne retiennent pas l'attention du lecteur en moins de deux minutes n'ont plus aucune chance d'être lus, quel que soit le milieu social des lecteurs. On peut le regretter, et cela montre bien en quel discrédit est tombée la méditation philosophique, qui prend du temps pour s'éveiller. Mais on se doit d'être de son temps si l'on entend être compris, à défaut de tomber dans l'erreur d'être à son temps. Or, à y bien regarder, deux minutes, c'est encore long. Un souci de franchise et de courtoisie à l'égard des lecteurs exige donc une remarque liminaire, afin d'épargner leur temps ; cette observation leur révélera aussi vite que possible si le livre mérite leur attention, parce qu'elle les éclairera sur le climat intellectuel dans lequel seront traités les thèmes annoncés.

Un certain nombre d'années devaient s'écouler, à partir de 1945, avant que l'auteur, de nationalité française, ne naquît. C'est dire qu'il ne risquait pas d'avoir l'honneur d'éprouver les mesquines et souvent sordides rigueurs de l'Épuration. C'est le monde d'après-guerre qui a fait de lui un fasciste, parce que ce monde n'est porteur d'aucun espoir, en dehors de celui de sortir d'un tel monde. Et le fascisme est le seul moyen de se libérer d'un tel univers devenu strictement inhumain parce que l'homme y est devenu sa propre fin. L'auteur eût été collaborationniste s'il avait eu vingt ans en 1940 ; il ose espérer qu'il aurait trouvé le courage de s'engager dans la LVF, puis dans la Division SS Charlemagne, afin de lutter contre le bolchevisme et ses alliés et complices — objectifs et subjectifs — anglo-saxons. Tel est son choix rétrospectif, parce que le Reich et les fascismes furent à ses yeux l'ultime expression de l'honneur de l'homme blanc et du monde occidental, conscience de soi de l'humanité en son entier.

Est souverain, enseigna Carl Schmitt, celui qui décide de la situation d'exception. La situation d'exception maximale est celle de la déclaration de guerre, parce qu'une telle décision engage la nation dans sa vie même. L'État, comme le rappelle Max Weber, est le dépositaire de la violence légitime, c'est-à-dire du recours à la force. La force est l'« *ultima ratio regum* » selon l'expression de Richelieu : celle qui advient quand tous les moyens relevant du dialogue — ainsi pacifiques — de résolution des différends ont été épuisés. La force est donc ce qui se passe de raisons concertées. Parce que l'homme est un animal raisonnable, la force est ce qui excède le champ proprement humain des relations intersubjectives, et sous ce rapport elle est bien l'exception, mais cela ne signifie pas que l'exception serait contre nature. Il est en effet naturel qu'il y ait du non-naturel dans les relations humaines, qu'il s'agisse de choses surhumaines ou de comportements infrahumains : l'homme est cet être pour qui le statut de son être est problématique, parce que la conscience et la liberté le mettent à distance de lui-même et ne lui font exercer son identité que dans et par cette différence qu'est la distance instaurée par rapport à soi. Mais il n'est de souveraineté que par l'État, forme et réalisation en acte de l'unité de la multitude. Partout où il y a unité du divers, il existe un principe d'unité. Ce principe n'est pérenne que s'il excède la contingence d'un chef individuel ; il n'est réellement principe que s'il subsiste par-delà le caractère éphémère, aléatoire et versatile d'une existence personnelle. Or tel est précisément l'État politique, lequel n'est pas efficient sans sa personnification, cependant qu'il ne se réduit pas à elle et se la subordonne. Puisqu'il n'est pas de souveraineté sans État, ni de possibilité de décider de la situation d'exception sans la possibilité de la

PRÉAMBULE

guerre, il n'est pas d'État politique si la possibilité de la guerre est supprimée. L'homme est par nature un animal politique, selon la leçon d'Aristote. Donc la situation instaurant une paix perpétuelle est inhumaine. Elle est antipolitique. L'État mondial, qui par définition rend impossible toute guerre en réduisant les conflits à des opérations de police, sera peut-être un État, mais il ne sera pas politique, parce qu'il sera inhumain ; il sera l'hypostase, en forme d'administration tentaculaire, de ce qu'il y a d'inhumain dans l'homme. Et cela ne relèvera pas du surhumain, parce que le surhumain assume l'humain en le dépassant, non en le reniant.

Depuis 1945, on est entré dans le processus qui mène à l'État mondial aujourd'hui imminent mais dont on comprend rétrospectivement qu'il était programmé dès cette époque et même avant, de sorte que la chute du Reich est la chute du « *katechon* », la disparition de ce principe néguentropique prévenant le collapsus des énergies humaines annoncé par le surgissement du mondialisme, qui signe la fin de l'Histoire proprement humaine.

Il n'est donc pas excessif de dire que ce qui a suivi 1945 ne relève pas de la véritable Histoire en vérité close en 1945, mais de la « post-histoire », celle qui suit l'histoire humaine et a pour vocation à se résoudre en reviviscence de la préhistoire. Il ne tient qu'à l'homme d'inverser le processus, d'interrompre le temps vide de la non-histoire et de renouer avec la vie proprement humaine en son essentielle historicité ; il lui suffit de se vouloir, avec toutes les conséquences que cela implique, l'héritier des espoirs investis par ses aînés dans la Collaboration qu'il a vocation à réinventer parce que les circonstances ont changé. L'auteur se déclare collaborationniste d'intention, ainsi « collabo », comme Léopold Sédar Senghor se disait Nègre.

INTRODUCTION

§ 2. Il y a maintes chapelles dans la maison jadis vaste des Réprouvés. Nous entendons par « Réprouvés » ceux que leurs certitudes placent d'abord dans l'élément des ennemis irréductibles de la Révolution française, et invitent à se ranger — de manière fort logique, même si la chose est contestée — dans le camp des vaincus de la dernière guerre mondiale. Ce sont d'abord ceux qui, pour l'essentiel, étaient, ou auraient été et sont aujourd'hui d'accord avec les thèses fascistes et national-socialistes ; nous faisons partie de ces gens-là, et c'est une minorité dans la minorité, sa partie honteuse et inavouable que les gens « raisonnables » de la maison considèrent comme une tare qui dessert leur cause. Les Réprouvés d'aujourd'hui, ce sont aussi ceux qui, bien qu'ils eussent refusé d'embrasser la cause fasciste, voire ceux qui luttèrent contre elle au nom d'une certaine conception — en dernier ressort contestable et même suicidaire — du patriotisme et du nationalisme, ne se reconnurent pas dans la réalisation des buts poursuivis par ceux dont ils avaient fait leurs « Alliés » : la mort de l'Europe, l'avènement du mondialisme, la chute d'Édom et la victoire de Jérusalem, dans l'attente de celle de l'Antéchrist. Tout ce qui fait notre modernité déliquescente était inscrit dans la victoire anglo-saxonne et soviétique. Quand nous déclarons que nous faisons partie de ces gens-là, cela ne signifie pas que nous cautionnerions tout ce que les nationaux-socialistes ou même les fascistes ont pu faire ou penser ; cela signifie seulement que, pour le salut de l'Europe chrétienne et de la civilisation occidentale, la victoire d'Hitler eût été, sinon un bien parfait, à tout le moins un moindre mal, et que, quelque coupables et réducteurs qu'aient pu ponctuellement se révéler les idéaux nationaux-socialistes et fascistes, ils étaient amendables, alors que l'esprit démocratique et libéral, dont le communisme est l'aboutissement logique, est intrinsèquement mauvais. Nous croyons même que l'idée fasciste complétée par l'idée national-socialiste est une réinvention heureuse, bien que seulement ébauchée, de l'idée classique et aristotélicienne d'organicité, condition du bien commun. Elle est même *la* manière de rétablir le bien commun dans un monde humain bouleversé par l'évolution technique et les progrès scientifiques, lesquels ne sont pas tenus par nous pour intrinsèquement pervers, même s'ils peuvent devenir moralement périlleux quand ils en viennent à se soustraire à la place subordonnée en laquelle doit les maintenir la hiérarchie des activités humaines ; et, en ces formations politiques et visions du monde éphémères et à bien des égards improvisées dans l'urgence, se préfiguraient les promesses d'un rétablissement des monarchies et de l'Empire : monarchies européennes souveraines et catholiques émancipées des dysfonctionnements structurels qui avaient causé leur chute ; Saint-Empire romain germanique enfin respectueux des nations révélées par l'Histoire dont il est en droit le fédérateur, mais ayant résolu le problème de ses rapports conflictuels avec l'Église enfin redevenue non théocratique. Et la victoire des forces de l'Axe eût prévenu le surgissement mortifère de Vatican II et plus généralement de l'esprit moderniste. Sans parler évidemment d'une chute du communisme beaucoup plus rapide, si tant est qu'on puisse parler de chute aujourd'hui, parce qu'il semblerait bien — mais là n'est pas notre propos — que le serpent du communisme, loin de dépérir, se fût contenté de faire sa mue.

§ 3. Est contingent ce qui pourrait ne pas être. Est nécessaire ce qui ne peut pas ne pas être. Est relatif ce qui dépend d'un autre. Est absolu ce qui ne dépend de rien.

Les notions de nécessaire et d'absolu se recoupent : ce qui ne peut pas ne pas être est ce qui a en soi-même sa raison d'être, ce qui ne dépend que de soi, par là ce qui est indépendant d'un autre, ce qui est absolu.

INTRODUCTION

Mais les notions de contingent et de relatif ne se recoupent pas absolument.

Le relatif n'est tel que par référence à l'absolu, alors que l'absolu n'est pas relatif au relatif, sinon d'un point de vue sémantique : « absolu » et « relatif » sont entre eux comme « bien portant » et « malade » : ils sont solidaires quant à leur sens, mais le second est la privation du premier auquel il est ontologiquement suspendu.

Mais rien dans la notion de contingent ne convoque l'idée de nécessaire, de sorte que le contingent n'est pas relatif au nécessaire. La notion de contingent est sémantiquement relative au nécessaire comme un contraire l'est à son contraire, mais il n'y a pas de relation réelle nécessaire entre une réalité contingente et une réalité nécessaire. Il n'est pas absurde qu'il y ait du contingent qui ne soit pas causé. Il en est de la notion de contingent par rapport à celle de causé comme il en est de la notion de nez par rapport à celle de camus : tout camus est nez, mais tout nez n'est pas camus ; tout être causé est contingent, mais tout être contingent n'est pas causé. Aussi, si l'on est fondé à considérer, malgré cela, que tout ce qui est contingent exige une cause, ce ne sera acquis par l'intelligence qu'au terme d'un raisonnement fondant le principe de raison suffisante, parce que l'analyse du concept de contingent ne révèle pas celle de causé, ainsi ne renvoie pas nécessairement à l'existence d'un nécessaire. Ce dont l'établissement peut cavalièrement, par analogie, s'esquisser comme suit :

Le fromage de gruyère contient des trous, qui lui sont essentiellement relatifs, alors que le contraire n'est pas vrai. Il peut y avoir du fromage sans trous. Et si les trous du fromage se mettaient à s'agrandir sans fin, ils en viendraient à se substituer au fromage et à se supprimer eux-mêmes, à la manière dont une maladie est victorieuse du vivant qu'elle agresse en se détruisant elle-même avec lui. Les trous du fromage sont bien relatifs au fromage, mais seulement si le fromage existe, parce que, s'il n'existe pas, il n'existe pas non plus de trous, et pas de relativité de ces derniers par rapport à lui. Mais tout autant, s'il est vrai que l'être du trou est le non-être du fromage, on peut dire que, dès lors qu'il n'y a pas de fromage, il n'existe qu'un immense trou. De même le monde, qui est contingent, est essentiellement relatif à un absolu, si et seulement si cet absolu existe. Ce qui revient à dire qu'on ne saurait se fonder sur le seul fait de l'existence du contingent pour être assuré, sans autre forme de procès, de celle du nécessaire. Si l'absolu n'existe pas, il n'y a pas non plus de contingent qui serait relatif à l'absolu, mais tout autant, l'être du relatif étant le non-être de l'absolu, alors s'il n'y a pas d'absolu, si donc il y a du non-être d'absolu, rien n'exclut qu'il y ait du néant (relatif ou absolu) d'absolu ; rien n'exclut qu'il y ait du contingent. Un tel néant relatif ne sera pas dit relatif par rapport à l'absolu, il sera dit relatif en tant que relativement et non absolument néant ; il sera relatif au néant pur.

Il reste que si la notion de contingent n'enveloppe pas, à raison d'elle-même, celle de nécessaire, le contingent demeure relatif à quelque chose, à savoir au néant sur le fond duquel il se détache : il y a de l'être qui aurait pu ne pas être, il y a un univers qui est et qui n'est pas sa raison d'être.

Il y a maintes façons de diviser les hommes en deux groupes : les grands et les petits, les gros et les maigres, les susceptibles et les débonnaires, les hommes et les femmes, etc. Il en est une à laquelle on ne pense peut-être pas assez souvent.

Il y a ceux qui, spontanément, saisissent le fait de la contingence du monde comme une raison suffisante d'en appeler à l'existence d'un absolu auquel il renvoie, et avec lequel l'homme aspire à se mettre en relation, ce qui sera là adopter une attitude religieuse.

Et puis il y a ceux qui, semble-t-il aussi spontanément, saisissent le fait de la contingence du monde comme une surprise, une anomalie heureuse au moins pour certains, malheureuse pour d'autres : cet univers avec tout ce qu'il contient aurait pu ne pas être, et hors de lui il n'y a rien. Le monde est absurde et il faut faire avec. N'ayant pas d'origine, il n'a pas de finalité, car toute chose a une tendance naturelle à remonter en direction de ce dont elle procède : nos appétits procèdent, en nous, de ce qui fait que nous sommes ce que nous sommes, et les manques connotés par ces désirs, qui nous mettent à distance de ce que nous sommes en droit, font que nous aspirons à nous rendre adéquats à ce que nous devons être ; nos désirs viennent de notre cause et nous ramènent à elle. N'ayant pas de finalité, il faut lui en inventer une, ainsi lui donner un sens, si l'on entend que la vie humaine en ait un. Et c'est à l'homme seul qu'il appartiendra d'instituer un tel sens. Institution aussi gratuite que le monde lui-même, mais qui rend la vie plus facile, pour autant que l'on se fasse un devoir de vivre.

Dans cette optique, exister est une anomalie, une incongruité, le normal est le néant. Selon les tempéraments des uns ou des autres, l'être sera saisi tel l'effort impuissant par lequel le néant conjure sa vacuité : l'être, c'est le néant qui se dégoûte et se fuit vainement. Ou bien l'on dira que l'être est cette fantaisie que tolère le néant bien assuré de la reprendre en lui-même et de l'abolir : l'être, c'est la sérénité du néant qui joue à se faire peur. Il est étonnant qu'il y ait quelque chose et non pas plutôt rien. Mais il faut remarquer que l'anormal, privatif, est relatif au normal, ce qui revient à confesser que le contingent est en dernier ressort relatif ; il est relatif non à l'être, mais au néant, comme nous l'avons dit. Cela revient à faire du néant un absolu, puisque le nécessaire est l'absolu. S'il est vrai que le nécessaire est objet de désir de la part de celui qui s'éprouve comme relatif, le tour d'esprit saisissant spontanément comme une surprise, une chose inattendue, le fait d'être en général, l'invite à cultiver, au moins inconsciemment, la religion du néant. Et cette invitation se soldera, de manière inévitable, dans la forme d'une fascination pour l'entropie, par le culte de la négation de toute religion.

Quel intérêt, subjectivement parlant, peut-il y avoir à se savoir baigner dans une réalité dont l'existence est absurde ? Probablement celui-ci : ne reconnaître d'autre sens au monde et à son existence que celui qu'on leur donne, au nom d'une liberté souveraine. Et cela signifie que l'on entend être la raison d'être du fait qu'il y a de l'être. Cela signifie qu'on ne supporte d'exister qu'en étant maître de l'acte d'exister de toute réalité existante. Autant dire : on est mû par le désir d'être Dieu. Et la religion que l'on ne pourra s'empêcher de professer, qui n'aura pas pour nom « religion » — on marchera sous l'étendard de l'irréligion — mais qui en sera une, ce sera la religion de l'homme.

§ 4. Ces choix fondamentaux ne sont pas sans conséquences dans le domaine politique. La politique s'occupe de ce qu'il est convenu d'appeler le bien commun, à savoir bien commun à tous par définition, mais en tant qu'il est le bien de l'humanité qui est en chaque homme. Le bien commun politique est cette espèce de bien commun qui concerne tous les hommes mais seulement du point de vue de la partie la plus essentielle de chacun d'entre eux. La religion s'occupe du Souverain Bien. Parce que même l'irréligion est encore religieuse (§ 3), la question du Souverain Bien, de sa recherche et de son identification, restera incontournable. Et parce qu'elle concerne l'homme en tant qu'il est homme, et non en tant qu'il est tel homme solitaire ou privé, elle ne peut être déconnectée de la question politique.

Il y eut les religions de l'Antiquité, qui toutes — sauf le judaïsme (on verra bientôt pourquoi) — étaient des religions naturelles, non fondées sur une Révélation. Supposé, comme l'enseigne le catholicisme, qu'elles aient procédé elles-mêmes, en la déformant, d'une Révélation primitive oubliée après la Chute, ces religions furent vécues comme autant d'expressions, par les peuples, d'un souci d'honorer l'idée qu'ils se faisaient du divin, sans prétendre l'atteindre en lui-même, tout en croyant par là se ménager ses bonnes grâces. Toutes les instances religieuses des cités antiques tendaient à ne faire qu'un avec les détenteurs du pouvoir politique.

Puis vint le christianisme, événement central de l'histoire de l'humanité. Le christianisme est la religion vraie parce qu'il est la vraie religion. Est religion ce qui relie à l'absolu. Mais si l'absolu pouvait être atteint par des forces humaines, il en deviendrait relatif à elles, de sorte qu'il ne peut exister d'autre relation entre l'absolu et les hommes que celle qui est instaurée par Dieu Lui-même seul capable de condescendre, sans rien perdre de son absoluité, à se mettre au niveau du fini, à se rendre accessible à lui. Dans le christianisme, Dieu se fait religion, se fait le Médiateur entre Lui et les hommes ; identique à ce dont Il témoigne, le témoin est indubitable. Le christianisme est la religion vraie

INTRODUCTION

parce qu'il est seul à répondre aux réquisits du concept de religion. Et il s'agit évidemment de Religion révélée, et révélée par Dieu, ne pouvant l'être que par Lui.

Évidemment, dans ce nouveau contexte où surgissait une nouvelle forme de religion irréductible aux initiatives humaines, il fallait bien que s'opérât une distinction entre ordre naturel et ordre surnaturel, et que, corrélativement, une dualité de pouvoirs s'instaurât : si l'on pouvait penser que le pouvoir politique procède de Dieu par la médiation de la nature humaine immanente à tout homme, le pouvoir religieux, désormais, procède de Dieu par l'Église, corps mystique du Christ, instaurée par Lui se répandant et se communiquant en elle, humaine dans sa matière, surnaturelle dans son essence ou forme. Et se pose alors inévitablement la question de l'harmonie entre les deux pouvoirs, qui portent sur les mêmes multitudes, puisque les citoyens ou sujets de l'État sont « *materialiter* » identiques aux fidèles de l'Église. Si le pouvoir religieux était naturellement exercé par le Politique, comment ce dernier ne verrait-il pas une frustration de sa légitimité en s'en voyant dépossédé par l'Église ?

§ 5. Ce livre s'efforcera de répondre à un quadruple projet.

Son auteur tentera de dégager les conditions à raison desquelles une telle harmonie entre politique et religion est possible.

Ce faisant, il fera constater que la cause profonde de la décadence de la cité catholique, et plus généralement de l'Occident ou Europe naguère centre du monde, tient dans le fait que les principes d'harmonie entre ces deux instances demeurent philosophiquement problématiques.

Il s'efforcera en troisième lieu de suggérer une réponse à ce problème, lequel engage au fond, comme on le verra, toutes les parties de la philosophie, en particulier la métaphysique.

Enfin, il se verra contraint, sans recherche du paradoxe, de conclure que le plus urgent et le plus efficace du combat politique contemporain consiste d'abord, selon lui, malgré les apparences, dans un effort de nature doctrinale et spéculative, avant que de s'investir dans l'action politique.

Les quatre thèmes de réflexion qui viennent d'être évoqués sont si intriqués qu'il s'est révélé impossible de les traiter séparément. Ils s'annoncent et s'appellent d'eux-mêmes dans les chapitres qui suivent, lesquels s'enchaînent selon une logique induite par leurs contenus respectifs.

§ 6. Nous appartenons à cette génération de l'après-guerre bercée par les fausses promesses des « Trente glorieuses », américanisée du fait de la défaite de l'Europe en 1945, et coupée de ses racines par les milliards d'injures et mensonges jetés à la face des vrais défenseurs de la civilisation occidentale, mais aussi par les bouleversements sociétaux induits par cette hégémonie anglo-saxonne. Une telle génération a abordé sans assez de crainte les délires de 1968, et se sait trop vieille pour participer activement à l'histoire qui va se faire bientôt, quand les exécuteurs du plan mondialiste, à l'œuvre depuis longtemps, auront abaissé leurs cartes, dévoilé leurs manœuvres et mensonges innombrables, révélé la hideur de leurs projets, par là suscité peut-être une réaction d'indignation mêlée d'effroi dans les peuples asservis. Tel ce triste officier du *Désert des Tartares* de Dino Buzzati, nous mourrons quand s'annoncera ce temps de l'action, l'avènement de ce Grand Matin que nous aurons attendu toute notre vie. Pour le moins, ce n'est pas un destin très glorieux. À défaut de vivre l'aube de la grande Relève, nous nous consolons en nourrissant un projet plus modeste et en même temps outrageusement ambitieux, au point que nous devrions, au lieu de projet, parler de souhait timidement formulé : avoir quelque lumière sur les raisons de la stagnation politique en laquelle notre génération est restée embourbée pendant toute notre existence terrestre, et comprendre au moins un peu de ce qui se trame et des raisons pour lesquelles les choses vont ainsi, à travers la compréhension de ce qui empêche les gens de notre camp, pris au sens large, d'agir de manière efficace pour enrayer la décadence.

Un homme qui, égaré dans un XXIe siècle annonciateur de tous les dangers, en vient, mû par sa raison et sa foi, à endosser volontairement la défroque infamante de « collabo », aurait selon nous, s'il est conséquent, vocation à embrasser les certitudes suivantes :

Il serait thomiste par choix, c'est-à-dire par raison, adhérant sans réticence à l'essentiel des conclusions réalistes du thomisme qui l'emporte en rationalité sur tous les autres courants et qui est le plus apte à se conformer aux exigences du dogme catholique. En se faisant « *ancilla theologiae* », la philosophie se perfectionne jusque dans son ordre propre et acquiert son autonomie en vertu même de sa soumission, à la manière dont la volonté, ou capacité d'autodétermination, puise sa liberté souveraine du fait même d'être intrinsèquement dépendante de la raison. Il y a une différence cependant : la philosophie est *extrinsèquement* dépendante du dogme religieux qui constitue pour elle une « *stella rectrix* » : elle se veut connaissance de toute chose par les causes premières, *à la seule lumière de la raison*, alors que cet appétit rationnel qu'est la volonté tient son existence même de la raison. La philosophie se trahirait si elle adoptait des prémisses relevant de la foi. Il reste qu'elle peut et doit reconnaître une source de connaissance plus certaine quoique plus obscure que celle de la raison, et en faire son garde-fou. Saint Thomas est le docteur commun, même si à nos yeux certaines de ses conclusions méritent d'être étayées par des apports procédant d'autres courants : être thomiste n'est pas s'en tenir à la lettre de saint Thomas, c'est se demander ce que dirait saint Thomas aujourd'hui ; au reste, nous ne connaissons pas deux thomistes qui pensent exactement la même chose, et cela suggère que tout n'a pas été résolu par l'Aquinate, et/ou que toutes les pistes de réflexion ouvertes par lui n'ont pas été exhaustivement essayées.

Les serviles et obséquieux vassaux de la Banque, des Anglo-saxons, des communistes, des Loges et de la Synagogue jouent les purs et les héros patriotes en fustigeant la Collaboration réduite par eux à un acte de trahison ; être français serait être antiallemand. La manière dont les thuriféraires de l'esprit français, nationalistes, ont élaboré leur conception devenue classique — ainsi indiscutée — de la « vocation divine » de la France, est une chose dans laquelle un Collaborateur d'intention cohérent ne saurait se reconnaître, ce qui ne l'empêche nullement de se déclarer nationaliste français ; il est même le seul à se pouvoir dire tel sans contradiction, sans céder aux mirages du romantisme et au goût pour les attitudes, parce qu'il est le seul à entrevoir le véritable intérêt de son pays. Un certain nationalisme français entiché de l'idée judéomorphe d'élection divine ne conçoit pas que la France puisse être sauvée avec l'aide d'une autre puissance, ce qui lui fait méconnaître ses véritables intérêts. Si la France est cette colombe immaculée sur laquelle Dieu a jeté Son dévolu jusqu'à la fin des temps, quelque degré de bassesse qu'elle ait atteint dans l'abjection, tout lui est permis, tout ce qui est opposé à la France est diabolique et ne plaît pas à Dieu ; tout ce qui a l'outrecuidance de lui flanquer une raclée quand elle le provoque — « nous vaincrons parce que nous sommes les plus forts... » — doit être abattu coûte que coûte, dût-elle se faire violenter par ses « sauveurs », puis doucement assassiner, pour éviter d'être remise à sa place quand elle s'invente une vocation militairement hégémonique contraire à sa nature. Et pour se prouver à elle-même qu'elle est bien l'objet d'une translation de l'élection juive, elle s'inventera une dynastie d'origine juive qui en retour l'invitera à manifester les plus grands égards à ceux qu'elle tiendra pour ses frères aînés. N'est-ce pas ce qui s'est effectivement produit ?

Un Collaborateur conséquent est politiquement fasciste, si l'on veut bien recevoir le fascisme dans cette acception large qui inclut le national-socialisme ainsi reconnu telle la version allemande de l'idée fasciste. On ne se définit jamais pour soi seul, on doit se faire comprendre par autrui, on appartient toujours à un temps déterminé de l'histoire ; le Collaborateur aurait pu dire qu'il est un monarchiste organiciste et, dans l'époque qui est la nôtre, ravagée par la confusion jusque dans son propre camp, il préférera se dire fasciste de droite ; il faut bien se situer quelque part dans le sillage d'un mouvement et d'un état d'esprit collectifs dont on est toujours l'héritier, de sorte que, si son idéal politique est une monarchie organique subsumée par un empire européen, il préfère, parce que nous ne sommes nullement sortis de la défaite de 1945, parler de fascisme subsumé par le national-socialisme, en précisant que tous deux avaient vocation, en s'apaisant, à se rectifier et à se convertir à des formes plus traditionnelles de régime ; mais c'est par le biais de ces formations politiques aujourd'hui défuntes et non dénuées de travers et d'excès que s'est affirmée l'urgence de restaurer, voire d'accomplir l'idéal qui se cherchait dans les monarchies d'Ancien Régime, et dont le thomisme a rappelé les composants essentiels ; c'est donc sans vergogne que le Collaborateur thomiste se place dans la descendance des révolutionnaires de droite, non sans rappeler son enracinement dans le camp proprement réactionnaire qui précisément appelle, pour opérer sa reviviscence et extirper de lui-même les causes immanentes ayant présidé à sa chute, cette instance révolutionnaire manifestée dans et par le fascisme.

Il y eut des fascistes antichrétiens, heideggériens, scientistes, matérialistes, ésotéristes, nietzschéens, comme il y eut des soutiens actifs de l'Action française qui se voulaient proudhoniens (Proudhon était maçon et anti-théiste), positivistes ou spinozistes ; le jeune Maurras parlait du « venin du *Magnificat* ». Cela ne fait pas de l'Action française un courant de pensée essentiellement anticatholique. Pour autant qu'il soit possible d'écarter le flot ininterrompu de mensonges destinés à salir le fascisme depuis, au vrai, le moment sa naissance, nous croyons qu'on peut dire en même façon ceci : le fascisme pris au sens large s'est cherché comme doctrine alors qu'il existait déjà comme mouvement politique expressif d'un instinct vital et non réfléchi de survie de l'Europe ; il a existé entre 1922 et 1945, au reste plus anticlérical — et cela par accident à cause de l'affaire désastreuse du Ralliement et de cet esprit théocratique qui fut toujours la tendance maudite des hommes d'Église — qu'antireligieux ; le fascisme n'a pas eu le temps d'accéder à la conscience plénière de lui-même, et les aperçus théoriques qu'il donna de lui-même en sont nécessairement imparfaits, non innocents d'excès circonstanciels certes regrettables mais en lesquels il serait faux de prétendre discerner son essence. Comme toute doctrine qui se cherche, il s'est d'abord défini en s'opposant ; il fut et il demeure anticommuniste, antidémocrate, anti-individualiste, antilibéral, antisémite et opposé à la maçonnerie sous toutes ses formes, hostile aux « Lumières » et au mythe du « progrès ». Et cela, il faut l'avouer, nous suffirait déjà pour lui manifester le plus grand intérêt. Il tenta de développer une philosophie du bien commun, une théorie de l'État capable d'harmoniser les concepts de nation, de mouvement, de peuple, d'organicité et de hiérarchie ; il fut inspiré par le souci de concevoir le bonheur autrement que comme une chute de tension dans le vomi diarrhéique du consumérisme, ainsi dans la forme de la recherche d'un bien qu'on aime en lui étant rapporté, en le servant, et non d'un bien qu'on convoite pour le rapporter à soi ; il tenta de concevoir et de réaliser un ordre politique émancipant le détenteur institutionnel du pouvoir des puissances d'argent — ce qui n'était pas le cas des monarchies :

À titre d'exemple entre maints autres possibles, rappelons que lors de la conférence de Tilsit en 1807, après la victoire de Friedland, Napoléon tenta de convaincre Alexandre Ier, tsar de toutes les Russies, instigateur de la Sainte-Alliance et franc-maçon, de s'allier à lui pour abattre la Grande-Bretagne, avec en retour la latitude de dominer l'Est européen au détriment de l'Empire ottoman et de l'universalisme islamique. Le cas d'Alexandre Ier, tout comme celui de Joseph de Maistre lui aussi maçon et traditionaliste, sont autant d'illustrations fort regrettables de cette complicité objective entre tradition réactionnaire et modernisme. Alexandre était financé par l'Angleterre dont les services secrets avaient assassiné son père avec sa tacite approbation. Dès 1811 la Russie prépara quand même sa guerre contre la France, ce qui contraignit Napoléon à ajourner son attaque contre l'Angleterre, qui, menée à ce moment, aurait eu de grandes chances d'être victorieuse. Soljenitsyne, en dépit de sa mystique slavophile, conviendra, en considération de la suite des événements, que le tsar eût dû s'allier avec Napoléon, et qu'il n'avait travaillé que pour la Grande-Bretagne. Les Anglais, constatant que la paix réussissait à la France mieux encore que la guerre, avaient violé dès 1803 la paix d'Amiens de 1802 ; le blocus continental n'avait été qu'une réponse au blocus que la marine anglaise avait déployé pour compromettre le commerce entre la France et ses colonies. L'Angleterre fut toujours la

INTRODUCTION

grande ennemie de la France et de l'Europe. Elle n'avait pas, n'avait jamais eu et n'aura jamais les moyens et le génie de se faire le suzerain d'une Europe consciente de sa vocation à exercer le rôle — qui lui revient par nature — de centre spirituel du monde et de conscience de soi de la civilisation planétaire ; mais elle s'ingénia toujours à diviser pour se soustraire à son rôle naturel de nation subordonnée. Quelque réticence qu'on puisse légitimement éprouver à l'égard de Napoléon, soldat de la Révolution et fossoyeur du Saint-Empire, il faut avouer que la décision d'Alexandre Ier révèle une constante : les monarchies ont préféré s'allier à la City pour abattre ce en quoi elles reconnaissaient un produit de la Révolution jacobine qui les avait balayées ou risquait de le faire, plutôt que d'abattre la City qui roule pour le mondialisme et la mort de tous les trônes et de toutes les nations. Cela prouve que les monarchies n'avaient pas perçu leur déficience intrinsèque, à savoir l'absence d'État national ; ce dernier était nécessaire d'une part pour doter le pays d'un système fiscal le rendant indépendant des banques et des puissances financières privées, d'autre part pour promouvoir, par la maîtrise du renouvellement des élites, une organicité conjurant la genèse d'une société de classes divisée contre elle-même et ablative de la recherche d'un bien commun, ce qui était pourtant la situation de la France en 1789. Il fallait l'État en son acception moderne, et la reviviscence du principe antique de la nation, par-delà la logique dynastique de monarchies dont l'inspiration politique était l'augustinisme, pour que le pouvoir fût maître de son aristocratie, de sa genèse et de sa déchéance quand elle forlignait, sans quoi le roi était contraint de s'appuyer sur une bourgeoisie méritocratique dotée de compétences certaines mais à la vue courte et mesquine des parvenus, qui finit par supplanter la noblesse et balayer la royauté alors que la noblesse à laquelle elle se substitua avait vocation à servir de médiation entre le roi et le peuple. Ce ne sont ni la centralisation, ni la reviviscence de l'idée nationale, ni l'organicité — vécue dans la solution extrême de la nation en armes — qui furent condamnables dans la Révolution française, c'est l'ordination de ces changements à une finalité perverse, à savoir la promotion d'une société fondée sur l'égoïsme et le subjectivisme, lesquels sont formalisés dans la philosophie des Droits de l'Homme.

CHAPITRE I

La philosophie est-elle encore à l'ordre du jour ?

§ 7. Est-il encore aujourd'hui opportun de philosopher quand le bateau coule ?

D'abord, le bateau coule en effet : la race blanche dans le monde devient tragiquement minoritaire et tout le monde pressent ou sait qu'elle est irremplaçable pour assurer la transmission et l'enrichissement — on ne transmet qu'en réinventant, on ne conserve qu'en enrichissant — du patrimoine culturel indo-européen, le plus expressif de la condition humaine tout entière, et par là du patrimoine culturel de l'humanité considérée dans son ensemble. La culture occidentale peut bien être reçue ailleurs qu'en Occident, elle peut féconder ceux qu'elle visite en s'appropriant avec bonheur, en tant qu'universelle, à leurs génies particuliers respectifs. Mais elle doit conserver les conditions ethniques de sa genèse pour trouver le terreau et la dynamique de son renouvellement et de sa reviviscence, sans quoi elle est vouée à la dégradation à moyen terme, quelque bien intentionnés que soient ceux qui la reçoivent en héritage. Si l'on ajoute que cette culture est malade, profondément anémiée, pervertie au point de se convertir en poison par ceux qui eussent dû en être les hérauts, ainsi par les Européens eux-mêmes, on a des raisons fondées d'être alarmé. L'esprit gréco-latin, prolongé par l'esprit germanique, s'est mué en l'universalisme abstrait de la philosophie des Lumières et de son héritage corrupteur et polymorphe, exténuant la pensée et les peuples jusque dans leur identité biologique.

Ensuite, les choses se simplifient à mesure que le temps avance, parce que les effets de leur corruption se précipitent. Il y avait cent façons d'attaquer l'identité occidentale ; il n'y en a plus qu'une, qui synthétise toutes les autres : le mondialisme. C'est là un thème que nous nous autoriserons à aborder plus bas. Dans l'immédiat, comprenons que notre temps voit s'opposer les mondialistes majoritaires et structurés aux antimondialistes divisés et minoritaires. Nos peuples sont métissés et littéralement abrutis par l'hédonisme, l'individualisme, la haine de soi, la résignation à la mort du fait même de ne plus savoir mourir pour ce qu'ils devraient aimer. Nos pays n'ont plus de monnaie ni de gouvernement propres, de souveraineté, de véritable armée, de système juridique maîtrisé ; nos États sont devenus les exécutants des puissances d'argent internationales et internationalistes. Il n'est pas jusqu'à l'Église, phare surnaturel — naturellement installé en Occident — du monde entier, qui ne soit malade à un point tel que d'aucuns en sont venus, dans un climat d'apocalypse, à parler d'éclipse. Ceux qui ont conscience de cela, à savoir les Réprouvés, ont ainsi tendance à considérer qu'il n'est plus temps de penser, qu'il est urgentissime d'agir, qu'on a déjà beaucoup trop pensé, ergoté, en se regardant vivre, c'est-à-dire en se laissant complaisamment mourir.

La question de savoir s'il est encore d'actualité de philosopher quand le bateau coule mérite donc d'être posée. Les croyants ont la foi et les armes surnaturelles qui leur livrent une praxis et une vision du monde complètes. Ces dernières les habilitent non seulement à lutter contre les maux et dangers de nature eschatologique qui se profilent aujourd'hui, mais encore à adopter la posture qu'appelle un échec humainement probable au terme de la lutte qu'annoncent ces dangers : le croyant sait qu'il sera vaincu par le monde et se résigne à ce destin, tout en cultivant une espérance surnaturelle qui portera ses fruits dans l'autre monde. Pour le croyant, la religion est l'essentiel, et au nom de cette primauté il réduit, ou tend à réduire, la philosophie à l'instrument d'explicitation de ses dogmes religieux, lui ôtant toute valeur propre. Les incroyants ont leur instinct de survie et la pugnacité désespérée de ceux qui pensent que tout se joue ici-bas, et que donc l'eschatologie est un mensonge destiné à paralyser les combattants : un avocat célèbre dans les milieux nationalistes français nous déclara un jour, désabusé, après avoir eu la bonté d'écouter une de nos conférences, qu'il n'avait pas besoin d'appareil conceptuel sophistiqué pour trouver des raisons de vivre et de combattre, et que le souci de sa race et de son peuple, la fidélité de ses amis, la fidélité à ses amis et à la mémoire de ses ancêtres, et une certaine fibre esthétique jointe aux délectations de la lutte, lui suffisaient amplement. À quoi bon, dans ces conditions, philosopher ?

§ 8. « Vos constructions spéculatives nous lassent, vos raisonnements sont oiseux, tout cela a probablement été dit par d'autres mieux que par vous, en des temps où il était loisible aux hommes de penser dans une oisiveté studieuse, mais franchement le temps n'est plus à la méditation. Nous avons à notre disposition maintes conférences diffusées sur la Toile qui nous parlent de choses qui nous concernent, claires, actuelles, sans sophistication, utiles, éclairantes, élaborées par des gens courageux et pédagogues avec lesquels sont levés, autant qu'il est possible, les voiles qui nous masquent la réalité pour nous mieux asservir. Nous sentons qu'on nous ment, nous vivons dans notre chair et dans notre porte-monnaie les effets de ces mensonges, nous attendons des preuves de ces complots, des détails sur leur déroulement, nous voulons que nous soient livrés les noms des responsables, nous exigeons des visages, des images, des chiffres, des résultats d'enquêtes interdites ; le mal doit être personnifié pour que soit identifié l'ennemi. Qu'avons-nous à faire de la "subsistence" chez Cajétan, de l'individuation chez saint Thomas, des affinités entre la *"quarta via"* et la preuve ontologique, des subtilités de la dialectique et des travers supposés du surnaturalisme ? »

Soit, cher lecteur. Votre exaspération est bien compréhensible, mais enfin, vous êtes déjà un convaincu. Votre requête d'informations est destinée à nourrir votre haine du monde qui vous étouffe, à pérenniser vos rancœurs dont vous soupçonnez qu'elles pourraient se faire oublier sous la pression émolliente des séductions du monde dont vous vous sentez exclu, qui vous fait vomir et vous ensorcelle en quelque point inavoué de vous-même et auquel — soit dit en passant — vous cédez sans vergogne quand on ne vous regarde pas. Cette nourriture de combat que vous savez nécessaire vous donne-t-elle de vraies armes pour vous soustraire à l'esclavage doux que vous subissez ? A-t-elle considérablement grossi vos rangs ? Et ceux qu'elle vous a amenés n'étaient-ils pas déjà prédisposés à vous rejoindre avant même que d'entrer en possession d'un argumentaire conspirationniste bien étayé ? Dans l'ergastule des formations de droite radicale, que, quant à nous, nous connaissons bien, ces informations ont été diffusées avec soin et compétence depuis des décennies. Elles accèdent, par les nouveaux ténors issus des plus récentes générations, à une certaine notoriété du fait de l'existence de l'Internet, de la visibilité de la crise économique et de l'inquiétude grandissante qui tourmente peu à peu les masses. Mais font-elles véritablement bouger ces dernières ? Il y a eu récemment l'épisode des « Gilets jaunes » dont certains acteurs ont dénoncé la puissance de la maçonnerie, les manœuvres des manipulateurs de l'argent-dette, le poids du lobby juif ; ces gens se renseignaient aux mêmes sources que vous, et, à n'en pas douter, bien d'autres se sont aussi renseignés à ces sources, sans pour autant descendre dans la rue. Quant à ceux qui y sont descendus, ils se sont rapidement fait noyauter par les réseaux trotskistes, les infiltrés syndicalistes, les séides des polices officielles ou parallèles et les partis institutionnels, et il n'en est rien resté, fors plusieurs estropiés pleurant leurs morts, victimes courageuses de l'ignoble répression policière sournoisement féroce sous des dehors mesurés et navrés.

Vous partez du principe suivant :

« Les gens sont mal informés ; s'ils savaient la vérité, ils nous rejoindraient. Il faut définir ce qu'on attend politiquement, par-delà toute école et toute doctrine, dans une perspective rassembleuse et simplificatrice, voire simpliste mais cela n'a pas d'importance : on ne vise pas la cohérence doctrinale, on vise l'efficacité. Il faut dégager le plus grand commun dénominateur des aspirations antimondialistes, ainsi souverainistes, qu'elles soient de droite ou de gauche peu importe. Tout ce qui s'oppose au judaïsme politique, à la maçonnerie, à l'oligarchie, est nôtre, des maurrassiens aux Français ou Européens musulmans, des gaullistes aux fascistes, des Républicains jacobins mais attachés à la souveraineté nationale aux monarchistes légitimistes ; la masse, à laquelle ces distinctions sont indifférentes, exaspérée par les dysfonctionnements de la société actuelle, suivra sans barguigner si l'on sait gagner sa confiance. »

À ce cri du cœur bien compréhensible, force est de répondre ceci :

Nous croyons d'abord, franchement, que ce plus grand dénominateur commun des aspirations antimondialistes, supposé constituer un front puissant contre la minorité agissante qui nous asservit, est une véritable peau de chagrin. Les monarchistes légitimistes refuseront tout programme fondé sur l'idée nationale ; les maurrassiens et les gaullistes, certes liés par une vieille et compréhensible histoire d'amour, préféreront la pérennité de la subversion à quelque alliance que ce soit avec les fascistes, surtout si ces derniers font mémoire du national-socialisme et de l'esprit européen qui réduit la France à une partie d'un plus grand tout en soi plus essentiel qu'elle ; de plus, ils ne comprendront pas que toute alliance avec les Républicains, ainsi les Jacobins, se retournera contre eux, parce que le jacobinisme est par essence, quelque effort qu'ils fassent pour se masquer ce fait, mondialiste. Le jacobinisme est un individualisme structuré par le concept de Droits de l'Homme, lequel enveloppe l'idée mondialiste : la nation est toujours la nation des Droits de l'Homme puisque c'est l'attachement à ces derniers qui prétend définir le constitutif formel de la citoyenneté, ainsi de la nation, et les Droits de l'Homme sont les droits de tous les hommes, de la Terre entière : la nation a vocation à coïncider tôt ou tard avec le monde. Plus précisément, une nation fondée sur les Droits de l'Homme a vocation à se constituer en petit monde cosmopolite, en réduction métissée du monde, qui se voudra un exemple pour le monde et qui finira par se confondre avec lui quand il se sera approprié à elle. Et la masse a une sourde conscience de la solidarité infrangible entre ses intérêts égoïstes et l'idée républicaine. Excédée, en sa tripe populiste peu soucieuse d'honorabilité, par « les Arabes, les Nègres, les pédés qui voudraient convertir toute l'humanité à leur inversion, et les Juifs qui crient plus fort que tout le monde, geignent, salissent, pourrissent, volent », ou par « les technocrates suffisants et irréalistes, les politiciens tous pourris, la Banque et les multinationales », la partie non totalement gangrenée de la masse sait ce qu'elle ne veut pas. Mais elle ne veut pas savoir que ce qu'elle veut est solidaire de ce qu'elle repousse. Les gens souffrent, mais souffrent-ils assez pour se libérer des faux principes incapacitants qui les paralysent ? Ils préfèrent subir les effets de leurs vices à l'acte héroïque et douloureux de renoncer à ces derniers. Ils ont la liberté de conscience, c'est-à-dire la liberté pour l'erreur qui les rassure et qu'ils aiment parce qu'elle est leur, alors que la vérité est universelle et n'appartient à personne, exigeant que tous lui appartiennent et la servent. Le grand mal est le subjectivisme, l'hypertrophie du Moi, la laïcisation de l'exaltation chrétienne de la personne, qui invite l'individu à se subordonner toutes choses en se prenant pour fin dernière. C'est là un thème sur lequel nous reviendrons certainement.

Lorsqu'il savait, jadis, dans les temps du paganisme et du christianisme viril non dénaturé, se subordonner à ce qui le dépasse, l'homme se grandissait lui-même en contractant quelque chose de ce à quoi il s'ordonnait, à la manière dont un humble moyen adéquatement investi par le service de sa fin en vient à contracter quelque chose de la dignité de sa fin. Évidemment, aujourd'hui le Moi dévorant rabaisse toutes choses à sa misère, à sa pénurie, se rend haïssable à lui-même et aux autres, excédé par son indigence, condamné à s'enraciner dans son péché capital pour se donner l'illusion de se soustraire aux effets délétères de son égotisme. Les maux de la société contemporaine lui pèsent, mais il sent d'instinct que l'invasion migratoire, la fiscalité écrasante, la vie dans les clapiers de banlieue, le rythme trépidant du travail, la précarité professionnelle, la dépossession légalisée de toute forme d'héritage, la criminalité, la substitution des autoroutes aux terres de nos campagnes, la prétention inouïe à faire passer l'inversion pour la normalité, l'enfermement de la Terre entière dans le réseau réticulé des

CHAPITRE I

satellites et de leurs yeux inquisiteurs, l'exténuation de l'intimité propre à la vie privée, l'agressivité croissante de chacun contre tous et de tous contre chacun, l'éclatement de la vie de famille, la généralisation de la lutte des femmes contre les hommes, des anormaux contre les gens bien portants, des enfants contre leurs parents, des riches contre les pauvres, des non-Blancs contre les Blancs — tout cela, toute cette crise de l'autorité génératrice de haines innombrables, est solidaire de ce à quoi il tient et qu'il ne lâchera pour rien au monde, à savoir le culte de son Moi formalisé dans la philosophie des Droits de l'Homme. Ils ont le divorce, l'amour libre, la télévision, Internet, Netflix, les congés payés, l'avortement, le cinéma, les progrès scientifiques au service de l'hédonisme, les drogues plus ou moins douces. Ils ont même, pour cultiver le sentiment fallacieux de s'acquitter d'un devoir qui les grandit moralement, l'écologie et l'antiracisme, sur fond de « dignité de la personne humaine » supposée trouver son expression adéquate dans la « Déclaration ». Il n'y a donc aucune raison pour qu'ils éprouvent le besoin de réviser leurs postulats et s'ouvrent à la vérité, et c'est pourquoi les entreprises de ré-information qui dénoncent les manœuvres mondialistes et les complots, les mensonges et les manipulations, sont comme autant de coups d'épée dans l'eau. La « Shoah » est devenue le mal absolu et la nouvelle religion qui sacralise le mondialisme, par là qui confère une dimension religieuse au subjectivisme. Nous avons cru longtemps que la répression brutale mise en place contre le révisionnisme était issue de la peur subie par les manipulateurs de se voir démasqués et de perdre leur toute-puissance. Il demeure probablement quelque chose de vrai dans ce point de vue, mais nous inclinons aujourd'hui à penser que la vraie raison, à tout le moins la plus profonde raison de cette répression aussi universelle que féroce, est ailleurs. Même si les condamnations n'existaient pas, le peuple resterait, pour sa plus grande part, hermétique aux charmes de la vérité, sur ce sujet comme sur les autres, parce que la vérité lui enjoindrait de renoncer à son subjectivisme. Ce dont la violation engendre de lourdes peines est comme marqué d'une aura de sacralité, de crainte révérencielle, et c'est d'abord pour obtenir cette aura que les condamnations existent, lesquelles ne suscitent guère l'indignation de la foule qui attend au contraire des substituts de sacralité publique afin de satisfaire, sans compromettre son subjectivisme dont l'hédonisme est l'effet, les pulsions de religiosité qui subsistent en elle. Il en résulte que la foule est solidaire des mesures répressives, parce qu'elle est complice de ceux qui lui mentent. Pour cette raison, les campagnes courageuses et souvent techniquement et pédagogiquement bien menées contre la désinformation endémique nous paraissent inefficaces pour disposer la population à la révolte contre l'oligarchie mondialiste.

La racine du mal — c'est là un truisme dans les milieux réactionnaires — est le subjectivisme, qui conditionne toutes les formes de décadence. Et le salut des personnes comme des sociétés, aussi bien sur le plan naturel que dans une perspective surnaturelle, consiste dans leur aptitude à se libérer du subjectivisme. Encore faut-il que l'invitation à une telle libération soit rendue appétible à ceux auxquels elle s'adresse. Le salut des personnes et des sociétés consiste à subordonner leur moi à une fin qui les dépasse et les justifie. Le moi donne le meilleur de lui-même en s'oubliant. Ce qui peut se comprendre sans grand développement si l'on s'aperçoit que ce qui est dépourvu de finalité est absurde, et que ce qui en possède une a raison de moyen, ainsi n'est pas pour lui-même sa propre fin ; que ce qui est pour soi-même sa propre fin est le divin, et que ce qui est sa fin est sa propre origine. L'homme n'étant pas sa propre origine (la conscience d'exister n'est pas fondatrice de l'existence de la conscience), il n'est pas sa propre fin, il n'est pas divin, il est justifié par le service d'une fin, à peine d'être absurde, de trop, et de frapper de vacuité tout ce qu'il pourrait entreprendre. C'est pourquoi, s'étant intronisé fin, il ne croit plus sérieusement à la pertinence de quelque initiative que ce soit, fors celle d'oublier, dans la célébration inquiète d'un plaisir toujours renouvelé qui éclipse le moi, la conscience de sa contingence ; et c'est là la manière pour le nihiliste de se rendre supportable sa propre condition. Cela dit, si le moi s'accomplit en décidant de se faire moyen d'une fin qui le transcende et le relativise, *il s'affirme dans sa négation*. Il se conquiert dans son abnégation, et cette

CHAPITRE I

conquête le renvoie à lui-même — légitimement cette fois — dans l'acte où elle le renvoie à sa fin. C'est peut-être là tout ce qui fait la différence entre la fierté et l'orgueil.

Il existe un amour de soi qui n'est ni l'amour-propre ni la vanité ni l'orgueil ni l'égotisme, et qui est absolument nécessaire à l'accomplissement de la dimension oblative de la personne humaine. Sans cette instance, l'abnégation n'est pas viable, et le souci de s'oublier en vient à échouer pour renouer avec le subjectivisme. Nous reconnaissons, dans cette figure de la conscience bien-pensante, une certaine manière de concevoir l'humilité chrétienne contre laquelle s'insurgent les forces naturelles parce qu'elle finit par faire aimer la défaite terrestre dans tous les domaines. L'envers de cette pathologie est celle de l'activisme qui fait de la fin à laquelle le moi se subordonne le moyen de se grandir et de s'exalter en elle qu'il ravale, sans vouloir le reconnaître, au statut de prétexte à renouer avec le subjectivisme en sa version — cette fois et pour un temps — héroïque. N'est-ce pas à la philosophie seule que revient la tâche de conjurer ces deux écueils ?

L'homme s'affirme dans sa négation à une seule condition. Il faut que ce à quoi il s'ordonne et en quoi il se nie, c'est-à-dire renie son unilatérale autarcie, soit ce qui se veut en lui et le pose pour se faire poser par lui, car alors, plus l'homme s'oublie et se consume à servir, plus il est confirmé dans son être, régénéré, excellent et aimable à lui-même. Mais faire du but, dira-t-on, quelque chose qui se veut en l'homme, c'est rendre la fin intrinsèquement dépendante du moyen, et c'est faire du moyen une détermination consubstantielle à la fin. Dès lors, c'en est fini, semble-t-il, de la *transcendance* de la fin. Et c'est selon nous à la philosophie qu'il appartient de mettre en évidence les conditions logiques et ontologiques à raison desquelles le bien, fin du désir, de l'agir et du faire humains, peut être capable de se rendre immanent sans cesser d'être transcendant, accessible au fini sans lui être consubstantiel.

CHAPITRE II

Les angoisses que suscite l'état du monde actuel

§ 9. Les problématiques et querelles du passé, même celles du passé proche, deviennent, semble-t-il, dérisoires. Il n'est question de rien de moins que de la fin de l'Histoire, non pas seulement de la fin d'un monde, mais de la fin du monde. L'Histoire s'accélère, elle manifeste aujourd'hui de manière tangible sa nature de mouvement uniformément accéléré. L'État mondial, vérité hideuse de toutes les utopies conçues par l'homme depuis le début des temps, se profile à l'horizon. Les acteurs de l'Histoire, réels et officieux, prennent de moins en moins de gants pour agir. Ils jugent peut-être qu'il est, pour leur cause, de moins en moins important de se cacher, à moins que, pour des raisons techniques, ils ne puissent pas faire autrement que de se dévoiler. Peut-être aussi l'efficacité même de la réalisation de leur projet requiert-elle aujourd'hui la publicité de leurs manœuvres. Peut-être encore, sûrs désormais de l'impunité, et gonflés d'orgueil, sont-ils incapables de celer leurs entreprises subversives, au point de risquer d'en compromettre la réalisation.

Ceux qui projettent de parvenir au pouvoir par le moyen de la manipulation et du mensonge ont intérêt à avancer masqués pour être efficaces. Quand ils ne se cachent plus, c'est que le pouvoir leur est acquis. Les méchants d'aujourd'hui, qui sont ceux de toujours, ne se cachent même plus ; ce sont tous ceux qui, insurgés contre Dieu, sont en lutte contre les ordres naturel et surnaturel des choses, parce qu'ils sont la norme de leur subjectivité qu'ils prétendent souveraine ; il s'agit d'effacer toutes les différences (homme et femme, Blancs et Noirs, etc.) non posées par l'homme afin de leur substituer un ordre construit par lui : on peut tenir pour satanique cette insurrection qui a pour nom « mystère d'iniquité ». Maints d'entre eux pavoisent et se gobergent, mais ce ne sont pas les plus élevés dans la hiérarchie des responsables du pourrissement. Les peuples sont tellement anesthésiés qu'ils en sont devenus complices de leurs bourreaux, au point d'être incapables non seulement de recouvrer par eux-mêmes leur liberté, mais encore de nourrir un tel désir de liberté. Il existe cent cinquante mille francs-maçons en France, et peut-être cinquante mille Juifs influents, qui tiennent la Banque, le pouvoir politique, la presse, l'université, les instituts de recherche, la basoche, la police et les administrations. Quant aux grands banquiers internationaux désormais plus riches que les États, plus influents que les chefs d'État, leur nombre est dérisoire. La même situation se retrouve à peu près partout dans les pays occidentaux et dans les pays émergents, à proportion égale. Il serait aisé de s'en débarrasser d'une manière ou d'une autre si vraiment les peuples aspiraient à la liberté. Il n'en est rien. Non seulement les peuples refusent d'agir, mais ils refusent même de prendre conscience de la situation de servitude qui est la leur, et de l'existence de leurs maîtres dont ils subissent la tyrannie douce et la surveillance inquisitoriale permanentes. Pourquoi en est-il ainsi ? C'est tout de même la réponse à cette question qui conditionne la nature des remèdes à appliquer pour restaurer l'ordre des choses : sans l'aval au moins tacite d'une grande partie des dominés, aucune insurrection contre les tyrans n'a de chance d'aboutir.

Il y a ceux qui organisent méthodiquement la décadence, la dépravation du genre humain, afin d'affaiblir les hommes et les peuples et de parvenir à dominer la planète à leur profit ; ces gens sont évidemment nos ennemis irréconciliables, qui se paient le luxe gangrené de penser travailler pour le bien universel en prétendant faire le bonheur de l'humanité après l'avoir avilie. Mais ils ne sont pas les seuls à nous vouloir du mal. Ceux qui, hélas de bonne foi, nous chassent aujourd'hui de partout croient bien faire et servir le bien commun, la morale, Dieu et l'ordre. Un Catholique sincère — certes conciliaire, donc non vraiment catholique, ou plus probablement catholique mais privé de l'intelligence de sa foi — nous disait naguère qu'il était selon lui contradictoire d'être chrétien et de voter pour le Front national de Jean-Marie Le Pen, et qu'il était incohérent de se dire catholique et de condamner la philosophie des Droits de l'Homme ; c'était l'époque où cette formation politique pouvait encore faire illusion, qui, par l'incontestable talent de tribun de son chef, par ses succès et par quelques audaces, faisait oublier les tares congénitales et mortifères de sa stratégie et de son programme jacobin. Si même un Le Pen pouvait effrayer les « modérés » il y a vingt-cinq ans, on n'ose penser à ce que ce Catholique conformiste dirait aujourd'hui si on lui expliquait que la matrice du désordre actuel tient dans la philosophie des Lumières et des Droits de l'Homme, et de tout ce qu'elle conditionne directement ou simplement rend possible. Cela dit, supposé qu'on parvienne à exécuter tous les tyrans, tous les empoisonneurs de nos corps et de nos âmes, et à accéder aux postes du pouvoir réel, médiatique, policier et militaire — le pouvoir économique n'étant que le carburant des trois autres, l'intendance de la guerre et non son nerf —, que feraient d'un tel pouvoir les hommes qui l'auraient conquis ? La foule est passive, elle suit ceux qui lui inspirent confiance quand elle a peur, et ceux qui la séduisent et flattent ses appétits quand elle n'est pas conditionnée par la crainte. Les dépositaires du bon combat ont-ils les moyens d'inspirer confiance, à défaut de séduire ? Et puis, plus radicalement, n'est-il pas nécessaire de séduire par l'appétit du vrai bien si l'on entend conserver le pouvoir ? L'appétit du vrai bien est le seul qui sache se faire aimer sans tromper celui qui l'aime, de sorte qu'un dirigeant qui fait aimer le vrai bien obtient la *libre* obéissance de ceux qu'il guide, et c'est là la plus fidèle — au vrai la seule véritablement fidèle — et la plus féconde des obéissances. Les dirigeants sont toujours plus faibles que les dirigés, par le trivial et prosaïque fait du nombre ; si ceux-là se maintiennent au pouvoir, c'est toujours avec l'aval au moins tacite de ceux-ci qui, même toujours insatisfaits et mécontents, ont au fond ce qu'ils veulent, à tout le moins ce qu'ils croient vouloir. Si une telle situation se révèle stable, il n'y a vraiment rien à faire pour ceux que la décadence désole et tue à petit feu. Il n'y a qu'à attendre que cette marche à l'abîme s'essouffle et s'arrête d'elle-même, paralysée par le poids de ses contradictions ; et c'est bien au fond ce que font nos mécontents, même ceux qui sauraient connaître et aimer les vrais biens.

Les choses sont telles que nous sommes des animaux politiques, et que nous avons besoin d'autrui pour subsister en conservant notre humanité ; quand nos frères ont décidé massivement de se suicider spirituellement, quand donc ils refusent leur vocation politique, il ne nous reste qu'à sauver notre peau spirituelle en choisissant l'exil intérieur, aussi longtemps qu'on n'a pas trouvé le moyen de susciter dans le peuple le souci de sa rédemption.

Mais ce moyen doit être découvert parce que nous avons le devoir d'œuvrer au salut de notre civilisation qui vaut plus que chacun d'entre nous, et dont nos enfants auront besoin vitalement pour préserver leur propre humanité. Mais nous sommes confrontés à un dilemme. Nous avons besoin d'accéder au pouvoir pour disposer des moyens de faire connaître et de faire aimer le vrai bien, mais c'est seulement quand nous aurons su le faire connaître et aimer que nous aurons quelque chance d'accéder au pouvoir.

Il fut un temps, lointain il est vrai, où nous étions au pouvoir, et ce sont nos ennemis qui étaient dans notre situation, confrontés au dilemme dont nous sommes aujourd'hui prisonniers. Et pourtant nos ennemis sont parvenus à nous dominer. Cette constatation pourrait nous inviter à penser que le renversement en notre faveur de l'actuelle situation est possible. Mais la chose est douteuse, parce que la symétrie n'est qu'apparente. C'est que, en effet, il est héroïque de vivre selon nos critères du bien et du mal, alors qu'il suffit de se laisser aller pour vivre selon les critères de nos ennemis. Et nos principes moraux nous interdisent d'avoir recours à certains procédés qui ne font l'objet d'aucune prohibition chez nos adversaires. Ces derniers ont œuvré dans l'ombre pendant des siècles, organisant un patient travail

CHAPITRE II

de sape, qui consistait à avilir et à mentir, à dénigrer le bien et les pratiques vertueuses, à exciter en toutes circonstances l'insurrection de la liberté contre l'ordre. Il n'est qu'une manière d'être dans le vrai, alors qu'il existe une infinité de façons de promouvoir l'erreur. Il n'est qu'une manière d'être dans le bien — toutes les formes du bien procèdent du même Bien et en conservent une ressemblance qui les fait se ressembler entre elles au point de former, prises ensemble et solidaires les unes des autres, une similitude du Bien qui les unifie —, alors qu'il est une infinité de manières de violer le bien. Il en résulte que les corrupteurs jouissent d'une grande quantité d'armes et de stratégies pour lutter contre nous, quand nous ne possédons que la pesanteur de notre légitimité et l'appétibilité du vrai bien. Mais cette appétibilité ne va pas de soi, elle s'éduque et s'entretient, alors que le mal n'a pas besoin d'être appris. Chez nous, on ne se maintient en son identité de soldat du bon combat qu'en avançant ; stagner est déjà reculer. Chez eux, il suffit de renoncer à lutter contre soi-même pour être de leur côté. Alors évidemment leur tâche est plus facile que la nôtre. Comment donc sortir de ce dilemme en lequel nous sommes enfermés ?

On peut espérer que les faux biens produisent leurs effets délétères — le mal, qui fait jouir et ne serait pas désirable s'il ne faisait pas jouir, finit toujours « par faire mal » — au point de se faire haïr de ceux que le mal avait séduits, qui par là seront rendus disponibles pour apprendre à aimer le vrai bien. Encore faut-il que ce dernier, si l'on peut dire, donne envie d'avoir envie de lui. L'ivrogne hait sa bouteille qui l'avilit, mais il n'y renonce pas pour autant, certes par faiblesse, mais aussi parce qu'il n'a pas envie d'avoir envie de la sobriété aussi longtemps que se pose à lui la question de savoir ce qu'il va bien pouvoir en faire. À quoi bon la bonne santé du corps et de l'âme si le désir de vivre, qui est la vie du désir, n'est mobilisé par aucun objet qui donne des raisons de vivre ?

Il n'est aucune occupation qui ait pour raison suffisante légitime la recherche du plaisir, tout simplement parce que le plaisir n'a pas raison de fin ; un appétit vise un bien, et le plaisir résulte de la possession de ce bien ; on peut dire qu'un mobile tend vers son lieu naturel qui est son bien, et que la fin du mouvement local est ce lieu. On peut dire tout aussi légitimement que cette fin a un double aspect : le lieu lui-même, ou l'acte de se reposer dans le lieu. Le mouvement en général — nous reviendrons sur ces choses en détail — est passage de la puissance à l'acte, et l'acte du moteur et celui du mobile sont un seul et même acte ; « *actio et passio sunt idem* » ; aussi le lieu peut-il être défini tant comme la fin du mouvement local, au titre d'acte du moteur, que comme acte du mobile, au titre d'acte de se reposer dans sa fin. Et le plaisir est ce qui résulte de l'acte de se reposer dans sa fin qui est son bien. Il est clair dans cette perspective que le plaisir ne saurait être identifié au bien, même s'il lui est attaché de manière quasi nécessaire et évidemment légitime. Et le mal moral consiste dans la substitution du plaisir au bonheur : de ce que le bien fait en droit plaisir (mais non toujours en fait), on s'autorise à penser que le plaisir est le critère du bien.

Objectivement, le bien ou le désirable n'a nul besoin du plaisir pour être ce qu'il est ; c'est si vrai que maints biens objectifs sont tels que leur poursuite est subjectivement accompagnée d'un sentiment fort désagréable. Ainsi en est-il des remèdes amers et des efforts prodigués pour contracter des habitus vertueux. Mais la nature est bien faite qui, quand l'aspect subjectif de l'appétibilité du bien fait défaut, mobilise un autre désir, une autre « envie » qui galvanise le sujet désirant et prête son concours à la volonté pure héroïquement mobilisée pour tendre vers ce que l'on a l'impression de ne pas aimer. Tel est ce que les scolastiques nommaient l'irascible, appétit du bien ardu en tant qu'ardu, à la différence du concupiscible, appétit du bien en tant que bien. Il reste que l'irascible est ordonné au concupiscible, parce qu'on ne lutte jamais qu'en vue d'un bien, même si la lutte peut contracter le statut momentané de bien aimable : on ne saurait sans désordre s'inventer des obstacles pour le seul plaisir de les surmonter, et au reste il n'est pas d'obstacle qui ne soit l'empêchement de la poursuite d'un bien délectable.

Il faut accéder au pouvoir qui suppose la lutte, et qui suppose avec elle le désir de lutter. Mais le désir de lutter présuppose le désir d'un bien qui doit être reconnu comme aimable avant la lutte, puisque l'irascible est suspendu au concupiscible. Or il faut posséder le pouvoir pour disposer des moyens de montrer que ce bien est aimable. Le dilemme semble insurmontable : les méchants ont gagné définitivement la partie, le pouvoir perdu ne se reprend jamais. Faut-il croire cela vraiment ? Faut-il se rendre à l'idée que le mal pourrait être victorieux du bien ? Le mal, de manière générale, n'est-il pas suspendu au bien qu'il conteste ? Comment pourrait-il faire périr ce dont il tient l'existence ?

Il y a bien une solution, mais qui suppose la prise en compte d'une vérité difficilement recevable pour un entendement hermétique à la dialectique, c'est que l'irascible soit intrinsèque au concupiscible ; non pas seulement son instrument destiné à écarter les obstacles qui séparent du bien, comme s'il pouvait être superflu quand il n'y a pas d'obstacle, mais quelque chose de constitutif du concupiscible lui-même. Alors le désir du bien et le désir de lutte sont donnés en même temps, et l'on est libéré de cette action réciproque qui semblait consacrer la victoire définitive de la subversion. Nous disions : il faut rendre aimable ou appétible la vision du bien pour susciter le désir de lutter contre le mal et obtenir la victoire, cependant qu'il faut posséder la victoire pour avoir les moyens de montrer l'amabilité du bien. Si le concupiscible est en soi l'unité de lui-même et de l'irascible qu'il enveloppe tel son moment intérieur obligé, alors le concupiscible possède à raison de lui-même les conditions de sa mise en œuvre ; il suffit d'exhiber le bien pour déclencher les forces requises — l'irascible, la lutte et la victoire — pour dévoiler son amabilité et emporter l'adhésion. Mais rendre l'irascible intrinsèque au concupiscible revient corrélativement, du côté de leurs objets, à déclarer que la victoire sur le mal est intrinsèque au bien, et que *le bien est en soi victoire sur la possibilité du mal*. C'est ce que nous examinerons dans le prochain chapitre.

CHAPITRE III

Lutte pour le bonheur, bonheur de la lutte

§ 10. La plupart des hommes, ici-bas et aujourd'hui, se laissent vivre, faisant de leurs désirs une boussole. La raison dont ils jouissent ne leur sert qu'à seconder les exigences de leurs appétits. Cela ne les empêche pas de se donner ponctuellement du mal pour parvenir à leurs fins, de déployer des trésors d'ingéniosité, de labeur, d'astuce, de stratégies complexes. Il reste que pour eux l'affaire est entendue : il est anormal, il est injuste d'être mis en demeure de lutter pour acquérir le bonheur. Déjà la nature du bonheur doit pour eux être évidente, il est exclu qu'elle soit mystérieuse et ne consente à se dévoiler qu'au terme d'un effort, puisque l'effort semble contredire le bonheur. Aussi identifient-ils le bonheur au plaisir. Passe encore qu'il faille souffrir pour atteindre le bonheur, encore que cette contrainte soit tenue pour foncièrement inique et accidentelle à la condition humaine. Si les choses étaient bien faites, pense-t-on, tant l'essence du bonheur — le but de la vie — que l'itinéraire supposé y mener se dévoileraient spontanément, sans effort, sans recherche laborieuse, sans crise de doute et sans risque d'échec. C'est que, il est vrai, la question du bonheur renferme maintes chausse-trapes, à commencer par la suivante :

S'il faut se casser la tête pour apprendre à être heureux, il est nécessaire d'avoir envie d'être heureux pour consentir à se casser la tête, et il semble bien nécessaire de connaître ce dont on a envie pour en avoir envie : « *ignoti nulla cupido* ». Si l'essence du bonheur est problématique, il faut lutter et souffrir pour la dévoiler. Mais il faut aspirer à un bien reconnu pour soutenir le désir de lutter ; il faut connaître l'essence du bonheur pour s'habiliter à dispenser l'effort qu'appelle le souci d'en définir l'essence. Et qu'il faille connaître ce que l'on cherche à connaître paraît contradictoire, en sorte qu'on en vient à penser que l'essence du bonheur est évidente et ne peut être qu'immédiatement évidente. D'où l'hédonisme indécrottable — qui leur tient lieu de morale et de programme politique — de ceux qui n'ont pas eu l'heur d'avoir des maîtres leur imposant contre leur volonté immédiate des biens qu'ils n'eussent pas été capables d'aimer d'eux-mêmes sans formation du désir imposée contre la volonté ignorante en son arbitraire capricieux, sans éducation du goût. Et ceux qui n'ont pas eu la chance de subir la formation de leurs désirs sont ceux qui sont nés sous les auspices de la démocratie, qui les déclare souverains, qui fait de leur subjectivité pure la norme de tout agir.

Ils n'ont pas compris — ou ils ont décidé d'oublier — qu'il n'est pas d'ordre qui ne soit le résultat victorieux d'une lutte contre la possibilité d'un désordre. Le bonheur est dynamique, il n'est pas un état passif mais un acte et, s'il mérite d'être tenu pour la stabilité durable d'un état, il n'en reste pas moins un acte, une activité, un exercice auquel tend à s'identifier celui qui l'exerce. L'équilibre serein est toujours la résultante d'un conflit furieux entre forces antagoniques, lesquelles ont vocation à être assagies, domestiquées, mises au pas sous l'injonction de la volonté, mais leur nature et leur vocation sont telles qu'il serait suicidaire d'aspirer à les exténuer sous le prétexte qu'elles peuvent échapper au magistère de la raison et du vouloir. Il en est de même pour les peuples : se laisser vivre en épousant ses appétits, ou bien aspirer à un bien non immédiatement évident dicté par la raison et par la foi, étant bien entendu que la faculté de croire et celle de raisonner requièrent elles aussi — elles d'abord peut-être — une éducation prodiguée par des maîtres.

§ 11. La lutte n'est pas seulement la condition obligée du bonheur, elle contribue à le constituer.

Si l'ordre et le désordre étaient étrangers l'un à l'autre, extérieurs l'un à l'autre et juxtaposés, on pourrait bien déclarer alors que le bonheur, qui dit l'ordre en tant qu'il évoque l'harmonie, exclut le désordre de la souffrance et de la lutte ; mais on aboutirait aux aberrations logiques suivantes :

D'une part, le désordre n'aurait pas raison de privation de l'ordre, il ne serait pas essentiellement relatif à l'ordre qu'il conteste, il ne serait pas suspendu à ce dont il est la maladie, laquelle se supprime elle-même en supprimant ce dont elle est la négation. Au vrai, les relativistes partisans d'une conception subjectiviste du bonheur ne nient pas que le désordre soit, selon sa définition nominale, la privation d'un ordre ; mais ils développent une conception relativiste de l'ordre : ce qui mérite d'être tenu pour un ordre par telle personne sera tenu pour un désordre par telle autre, parce que tout ordre serait construit et en dernier ressort suspendu à la liberté qui le choisit. Ce faisant, ils considèrent que, tout désordre pouvant être tenu pour un ordre, alors, tout désordre demeurant privation d'un certain ordre, des ordres incompatibles entre eux peuvent coexister et, tel ordre pour l'un étant désordre pour l'autre, un ordre peut coexister avec un désordre sans qu'ils soient commensurables, sans même que l'un soit à proprement parler privation d'un autre. Ce qui ne va pas sans difficultés :

L'ordre dit la disposition des choses en vue d'une fin ; il évoque une disposition intelligente parce que finalisée, voulue par une intention réfléchie, une disposition accompagnée d'une raison d'être qui est précisément la finalité poursuivie. Déclarer que ce qui est ordre pour l'un est désordre pour l'autre, c'est confesser que chaque liberté est souverainement capable de choisir les fins au nom desquelles elle entend organiser le monde en lequel elle se déploie. Autant dire que tel projet, tel possible objet de choix, n'a raison de finalité, ainsi de bien à poursuivre, que parce que la liberté l'intronise tel, décrète qu'il est un bien. Chacun choisit son système de morale comme il concocte son menu, c'est-à-dire au gré de ses appétits et de ses préférences. Mais cela même est intenable, parce que la volonté ne délibère jamais que des moyens : on ne choisit pas la fin ultime, car choisir revient à délibérer, ainsi à juger telle option meilleure que telle autre. Or on ne hiérarchise les biens, et plus généralement les qualités, qu'à l'aune d'un maximum : telle souffrance ne peut être dite plus douloureuse qu'une autre que parce que celui qui l'éprouve est habité par l'idée d'un maximum idéal de la souffrance. Si donc tout choix suppose délibération qui suppose référence à un idéal, c'est-à-dire à une fin ultime, la fin ultime ne saurait être objet de choix puisqu'un tel choix présuppose la reconnaissance non choisie de cette fin. Dès lors, il est contradictoire de prétendre que ce qui est ordre pour l'un pourrait être tenu pour désordre par un autre. Et parce que l'ordre induit par la fin ultime est cette harmonie que l'on nomme le bonheur, force est d'avouer que l'idée de bonheur humain a un contenu objectif, unique pour tous les hommes, expressif de ce que veut la nature humaine, et que le désordre ou malheur est privation plus ou moins accusée de ce bien.

D'autre part, si l'ordre et le désordre étaient supposés coexister pacifiquement, à tout le moins dans l'indifférence, ils seraient tels que, composant l'un avec l'autre pour constituer un tout, ils formeraient encore un ordre exigeant que ses parties (l'ordre et le désordre) fussent chacune en ordre pour s'habiliter à composer avec son autre, et l'on serait en demeure de déclarer que ce que l'on nomme ordre est en fait désordre, et réciproquement, ce qui est absurde. Qu'il nous soit permis de dire ces choses paradoxales avec plus de précision, sans jargonner mais en priant notre lecteur de bien vouloir nous accorder un peu d'attention soutenue.

L'ordre et le désordre ne sauraient coexister pacifiquement. Il en résulte que si le désordre est effectivement la privation de l'ordre entendu telle une réalité objective indépendante de nos choix, en retour l'ordre ne serait pas sans la possibilité du désordre ; l'ordre est en demeure de prendre le risque de se désordonner pour se faire l'opérateur de sa propre structuration, ainsi de risquer l'aliénation de lui-même dans son autre pour s'en rendre victorieux ; ce n'est pas à dire que le désordre réalisé en acte serait nécessaire ; c'est-à-dire bien plutôt que l'ordre doit braver l'épreuve de conserver en son sein la possibilité du désordre, pour être un ordre en acte. Si l'ordre n'était pas l'acte d'ordonner, de mettre en ordre, ainsi l'acte d'opérer sur son

CHAPITRE III

autre qu'il devra bien se risquer à devenir pour s'en contre-distinguer et agir sur lui, il aurait hors de lui-même le principe de son identité, il recevrait ce qu'il est, par là il ne le serait pas. Si le bonheur dit l'ordre en tant qu'il signifie l'harmonie, il faut bien qu'il entretienne en ses flancs la possibilité du malheur entendue et retenue comme matière sacrificielle de sa pérennité. Être n'est pas agir, sous un certain rapport : on peut être vraiment homme et agir en animal. Mais l'agir, bien qu'il suive l'être, perfectionne l'être, l'explicite, le manifeste en l'actualisant, et c'est si vrai qu'à force d'agir contre les exigences de son être, on en vient à compromettre son être même ; et, pour la même raison, à force de vivre autrement qu'on ne pense on finit toujours par penser comme on vit, comme l'enseignait Paul Bourget. C'est pourquoi, sous un autre rapport, l'être dépend de l'agir, en ce sens que l'être ayant vocation à agir et dont l'agir présuppose l'être est un être qui dépend lui-même d'un autre agir qui lui est antérieur. Parce qu'on ne peut remonter à l'infini dans la dépendance réciproque entre l'être et l'agir, force est d'en inférer qu'au principe l'être s'identifie à son agir. Il existe un être qui est son agir et qui est cause première des êtres qui agissent. Ce qui est son agir est ce qui n'agit que parce qu'il est, mais qui tout autant se fait être par son agir, et sous ce dernier rapport, cet être qui est pour agir est aussi cet être qui se fait non-être pour que l'agir — qu'il est — s'exerce sur lui afin d'en faire surgir l'être. Et tous les êtres qui agissent sans être leur agir, tous les êtres qui ne sont pas cause première, n'en sont pas moins des êtres qui tendent par leur agir à s'identifier inchoativement à ce dernier, puisqu'ils ne sont que par l'effort de ressembler à leur cause. Si le bonheur est un agir, et non un état passif, il est donc inévitable qu'il soit, en vertu de ce qui précède, conquête obtenue sur la possibilité consentie du malheur.

On peut encore voir la même chose autrement : il n'est pas de bonheur humain qui ne convoque la liberté, le pouvoir d'autodétermination qui est en nous et qui, à la limite, et sous un certain rapport, s'identifie à nous en ce que nous avons de plus propre et de plus intime. Si le bonheur n'est pas à proprement parler objet de choix du fait qu'il est principe de tout choix, il est indirectement résultat d'un choix puisqu'il se fait résulter, pour celui qui le convoite, du libre choix des moyens qui mènent à lui. Or la liberté entendue comme autodétermination suppose une indétermination puisqu'elle consiste à se donner sa détermination. Dès lors, par sa nature ou essence, l'être libre est déterminé, ainsi prédéterminé, et c'est à raison de cette prédétermination qu'il lui est donné de jouir du pouvoir de choisir : je ne me fais pas exister par mes actes libres, c'est mon existence avec la nature qu'elle m'octroie qui me gratifie d'un libre arbitre ; mais tout autant, cette détermination, cet acte d'être et d'être ce que je suis, requiert de se ménager, en son sein, une zone d'indétermination pour habiliter celui qu'elle détermine à *se* déterminer ; on voit bien que plus est parfaite et déterminante la nature d'un être libre, plus est radicalement indéterminée sa puissance d'autodétermination qui, procédant de la détermination de sa nature, exige que cette dernière consente au collapsus de l'indétermination pour se faire déterminante.

§ 12. Et c'est cela que nos contemporains ne veulent pas, qui consentent à la chute de tension de toutes les énergies viriles en croyant aspirer au bonheur, et qui se plongent dans un malheur qu'ils plébiscitent objectivement non sans entretenir une insatisfaction désespérée. Nous ne voulons pas dire que, si le mal a besoin du bien pour être (ce que nul ne conteste), le bien aurait besoin du mal pour être du bien, car ce serait là, dans la forme d'un dualisme manichéen ou gnostique, faire de ce mal un bien, puisqu'il serait l'instrument obligé du bien. Nous entendons seulement signifier que le bien a besoin du risque du mal, de sa possibilité maintenue — mais maintenue pour être vaincue —, s'il entend demeurer le bien qu'il prétend être. Et cette possibilité du mal est aussi possibilité du bien, parce que le possible dit l'être en puissance, et que l'être en puissance est puissance des contraires : tel adolescent est en puissance un ingénieur brillant, mais il est aussi en puissance cette épave droguée ; la déchéance et la réussite s'identifient dans l'être en puissance, et s'excluent dans l'être en acte ; ainsi, l'assomption, par le bien, de la possibilité du mal, est-elle d'abord l'assomption de la possibilité du bien : le bien parfaitement bon dans son ordre n'est tel que s'il n'a pas hors de soi la raison suffisante de sa propre bonté, car cette raison est précisément l'essence de la bonté qui, extérieure à lui dans l'hypothèse, exigerait qu'il ne fût pas absolument bon ; mais ce qui a dans soi-même la raison suffisante de ce qu'il est, c'est ce qui pose en son propre sein le terme à partir duquel il devient ce qu'il est ; c'est donc ce qui pose en soi-même le non-être de soi-même. Il faut comprendre que le mal n'est pas le négatif, à savoir le consentement à la finitude ; il est le refus du fini de se sublimer en parfait ; il n'est pas que le papillon soit en demeure d'assumer le statut de chrysalide pour être papillon, il tient dans le fait d'une chrysalide qui se refuserait à se sublimer en papillon.

Nos contemporains ne veulent pas d'un bonheur qui leur demanderait des efforts, qui exigerait d'eux un consentement à la souffrance, à l'effort et à la lutte. Et moins ils en veulent, moins ils ont envie d'en vouloir. Ceux qui ratent leur vocation, qui ont perdu l'idée même de ce qu'est en vérité la condition humaine, qui donc sont incapables d'accepter la férule de maîtres pour accéder à la vraie liberté — ce qui est la condition de tout homme, qu'il ait ou n'ait pas été éclairé par une formation coercitive nécessaire —, sont quand même affligés par le sentiment d'avoir conquis un bonheur illusoire. Malgré tout, les choses sont ainsi faites que ces hommes sont à même d'entrevoir qu'ils ne sont pas ce qu'ils ont à être. Qu'il soit dévolu à l'homme d'avoir à souffrir et à lutter pour faire advenir en lui sa propre humanité, que donc le refus de toute souffrance le condamne à végéter en demeurant comme étranger à lui-même et incapable d'identifier les raisons de son malaise, ne le laisse pas d'éprouver confusément ce malaise.

Et ce début de troisième millénaire, qui annonce un bouleversement sans précédent dans l'histoire des hommes, qui s'apprête à engloutir toutes les traditions culturelles et religieuses, tous les impératifs moraux séculaires, toutes les habitudes devenues seconde nature depuis des siècles, est particulièrement propice à l'éveil lancinant d'un tel malaise. Que la quête du bonheur enveloppe objectivement et constitutivement l'acte du consentement à l'abnégation est une chose dont ils conservent le pressentiment, et cela même est comme prouvé par le fait qu'ils ne peuvent s'empêcher de s'inventer, mais sur le mode tératologique, des raisons de souffrir, du sein même de leurs revendications eudémonistes les plus opposées à toute forme d'ascèse : tels sont les travers morbides du sadomasochisme, et plus unilatéralement de ce masochisme collectif célébré par l'homme blanc se vautrant dans la haine de soi, ou cet art de s'inventer de faux problèmes en se découvrant des missions pour la cause du droit des animaux ou des impératifs catégoriques d'inspiration écologiste : c'est là la forme que prend l'appel à l'abnégation chez ceux qui ne veulent pas s'humilier. On peut ranger, dans cette catégorie du besoin d'abnégation sans humilité, c'est-à-dire de l'égoïsme qui veut se rendre aimable à lui-même en se donnant les apparences de la générosité, cet art mortifère de s'inventer des ennemis illusoires, en oubliant les vrais, afin de se donner le sentiment de lutter contre le mal : telle est la sempiternelle croisade, dont le supposé danger doit être entretenu sans cesse, contre la Bête immonde.

CHAPITRE IV

Pourquoi les Réprouvés ne sont pas aimés, quand bien même le monde qui les bannit est haïssable

§ 13. Nul contemporain n'aurait la folie de dire aujourd'hui qu'il est heureux, qu'il est porté par l'espérance, que l'histoire a pris un bon chemin et qu'il demeure serein. On sent bien qu'on fait fausse route. On s'abstient de s'engager, de faire des projets, mobilisé par la sourde conscience de l'imminence d'un danger qu'on n'ose pas s'objectiver ou circonscrire, d'un danger écrasant qu'on sait désormais inévitable tant on est allé trop loin dans les concessions, la trahison, le reniement, la lâcheté et l'antinature. On ne croit plus à la politique, ni à la science, ni au progrès, ni aux informations journalistiques évidemment. « On », ici, ne désigne pas certes tout le monde, mais une partie de plus en plus grande de la population.

Pourtant les hommes ne bougent pas, subissent telle une fatalité les transformations mortifères qu'on leur impose, les mensonges qu'ils savent tels, sans pour autant être positivement traumatisés, dans l'effroi suscité par leur dépravation, par la conscience d'une culpabilité pesante, car si c'était le cas ils seraient déjà sur le chemin du salut par la voie de la crainte, de l'humilité et de l'espérance surnaturelle ; ils auraient atteint le stade de ce que les scolastiques nomment attrition, cette crainte servile du Juge par peur de l'enfer, à défaut de celui de la contrition, cette crainte filiale d'avoir offensé Dieu. Il faut dire qu'ils sont dans leur ensemble assez peu tourmentés, et même qu'ils affichent souvent une outrecuidante bonne conscience. Mais c'est là, nous semble-t-il, une apparence assez trompeuse, une manière dérisoire de conjurer le sort, une ostentation d'insolence pour se libérer de l'angoisse. La vérité est qu'ils sont inquiets, non seulement à la perspective de perdre bientôt tous les moyens de jouir accumulés par leurs aînés depuis la fin de la dernière guerre mondiale, mais plus profondément dans le pressentiment qu'ils ont fait fausse route depuis fort longtemps et que la révision idéologique à laquelle ils seront bientôt confrontés sera si radicale qu'ils redoutent d'avance la profonde modification psychologique qu'elle induira.

§ 14. Nous croyons, sans nous fermer à une autre hypothèse, que la première raison de cette morosité, de cette passivité, de ce scepticisme, tient dans le fait qu'ils ont conscience, certes confusément, que les dépositaires attitrés du refus de tout ce qui fait l'horreur du monde moderne, les hérauts de la contre-révolution, ne disposent pas des moyens de les tirer de leur acédie ; nos contemporains ne donnent pas leur confiance aux contempteurs de notre époque pour les tirer de ce par quoi les théologiens médiévaux nommaient une certaine torpeur accompagnée de répugnance : le dégoût ou la tristesse des biens intérieurs ou spirituels, la tristesse inspirée par le Bien divin, la langueur devenue invincible dans l'exercice de l'agir vertueux ; et c'est cette acédie qui les fait se replonger dans l'enfer de la réitération des plaisirs bas, des gadgets, des mensonges innombrables auxquels ils veulent faire semblant de croire nonobstant la conscience du fait qu'ils les avilissent.

« (...) s'attrister de ce bien spécial qu'est le bien intérieur et divin fait de l'acédie un péché spécial, de même qu'aimer ce bien fait de la charité une vertu spéciale. Or ce bien divin est source de tristesse pour l'homme à cause de l'opposition entre l'esprit et la chair, parce que, comme le dit l'Apôtre dans l'épître aux Galates (V, 17), "la chair convoite contre l'esprit". C'est pourquoi, lorsque domine dans l'homme l'amour charnel, il a du dégoût pour le bien spirituel comme lui étant contraire, tel un homme dont le goût perverti a du dégoût pour une nourriture saine et s'attriste quand parfois il lui faut en consommer. Donc une telle tristesse, horreur ou dégoût du bien spirituel, constitue

CHAPITRE IV

l'acédie, laquelle est un péché spécial » (saint Thomas d'Aquin, *Questions disputées sur le mal*, qu. 11, a. 2).

Si l'acédie est le dégoût des biens spirituels inspiré par l'amour désordonné des biens sensibles, il reste que cet amour est incapable de s'aimer lui-même et est vécu telle une servitude :

« Si nous ne naissons que pour les plaisirs des sens, pourquoi ne peuvent-ils nous satisfaire, et laissent-ils toujours un fond d'ennui et de tristesse dans notre cœur ? » (Massillon, *Sermon : « Nous sommes un mystère à nous-mêmes. »*)

Nos contemporains voudraient bien se soustraire à la tyrannie des biens charnels et ne continuent à se mentir à leur sujet que parce qu'ils manquent de la vigueur requise pour s'en arracher. Peut-être aussi n'ont-ils pas encore assez souffert des effets de cet amour démesuré de la chair pour se tourner vers les biens ardus. Mais enfin, cette impuissance à faire le pas de l'insurrection contre son démon naît peut-être d'abord du manque d'appétibilité du vrai bien supposé s'y substituer, ou plutôt de la manière dont un tel vrai bien est offert à leur amour parcimonieux et velléitaire.

Pourquoi la passivité de la masse devrait-elle ne relever que de la mauvaise volonté du plus grand nombre ? À l'intérieur même du bien peu vertueux « camp des saints » que forment les Réprouvés, ce scepticisme à l'égard des vertus salvatrices de nos valeurs s'est insinué, et il se traduit par une exténuation de la réflexion théorique au profit de l'activisme et de la tâche d'inspiration conspirationniste consistant à dévoiler les complots. Rien d'autre n'intéresse aujourd'hui le lecteur de notre camp. Et il nous semble qu'il y a là l'expression d'un malaise, révélatrice d'un renoncement, sous des dehors de pugnacité provocatrice désespérée. La chose est entendue « chez nous » : « Notre doctrine est au point, nos doctrines sont parfaitement élaborées, c'est seulement parce que les gens sont mal informés qu'ils ne se rendent pas à nos thèses et refusent de rejoindre notre combat ; dénonçons les mensonges, ils nous rejoindront. » Il nous semble un peu facile et passablement forcé, voire inique, de faire porter toute la responsabilité de la morosité et de l'apathie des masses sur leur seul attachement orgueilleux à leur péché. Une telle remarque n'est nullement — qu'on se rassure — une manière de les innocenter ; l'homme est mauvais, nous le savons, et il ratifie sa laideur congénitale en cédant délibérément à des appétits malades. Si le mal « fait mal », si le feu brûle, même s'ils commencent par séduire et faire jouir, il est vrai que le peuple est profondément responsable de ses vices, et qu'il choisit de se reposer en eux aussi longtemps que le mal moral en lequel il se vautre ne s'est pas révélé pour ce qu'il est. Mais enfin, quand un homme touche le fond du désespoir et en vient à souffrir de ses vices plus qu'il n'en jouit, il est prêt à se tourner vers un sauveur auquel il brûle de faire confiance, même si cela implique de sa part des efforts et des révisions déchirantes, pour autant que ceux qui se posent en sauveurs lui inspirent confiance. Ce n'est pas tant du refus de changer son fusil d'épaule qu'il tient son impuissance à s'amender, c'est du manque d'espérance, parce que personne ne sait la lui communiquer. « À quoi bon, dit l'homme blessé, abandonner mon ivrognerie que je hais et dont j'ai tant de mal à me délivrer, si l'abstinence ne me réserve aucune délectation substantiellement supérieure à celles auxquelles je renonce ? Mes médecins m'exhortent à me soigner, à faire des efforts, mais d'abord ils n'en font guère eux-mêmes pour se libérer de leur amertume, de leur aigreur, de leur ressentiment, comme s'ils voulaient se venger sur moi, en me fustigeant, des épreuves qu'ils subissent sans joie ; ce qui prouve que la vertu ne rend pas heureux. Ensuite, ils ne semblent pas très assurés eux-mêmes du bien-fondé de leur croisade moralisante : chacun d'entre eux a ses raisons qui ne sont pas celles de l'autre, ils se crêpent le chignon sans vergogne et invalident par le fait même la crédibilité de leurs exhortations. Et puis, franchement, ils se révèlent incapables de me communiquer le moindre enthousiasme, de sorte que mon sentiment est le suivant : ils n'entendent pas me convertir en me communiquant, sous la pression d'une surabondance, un bien qui les dépasse ; ils entendent me rallier à leur cause pour faire de moi l'instrument de leurs rancœurs vengeresses ; l'enthousiasme peut être passionnel, mais alors il est de courte durée ; l'enthousiasme puissant et communicatif naît de la certitude ; si leur pouvoir d'enthousiasmer est si débile, leurs certitudes ressemblent à des convictions incertaines, d'autant plus passionnellement ressassées qu'elles sont plus fragiles ; à quoi bon abandonner un bien mortifère qui fait jouir pour un bien éthéré sans jubilation, en dernier ressort incertain ? »

Osons donc poser la question :

Avons-nous vraiment une doctrine cohérente à proposer qui ne soit pas un miroir aux alouettes, qui puisse soustraire notre contemporain à sa crise d'acédie ? Quelque dégénérés, malades, ignorants, dépourvus de formation politique qu'ils soient, nos compatriotes aspirent à se libérer des maîtres obscurs qui les gouvernent, même s'ils en sont objectivement les complices. S'expriment dans de telles aspirations ce qu'ils ne veulent pas, ce qu'ils ne savent pas vouloir et qui est aussi ce qu'ils ne se savent pas vouloir. Mais une telle libération, pour quoi faire ? La sphère hétéroclite des Réprouvés a-t-elle les moyens de les éclairer et, sinon d'emporter leur adhésion, à tout le moins de leur apprendre à laisser vouloir à leur place ceux qui peuvent les sauver ?

CHAPITRE V

Le conspirationnisme et ses limites, philosophie et complotisme

§ 15. Des observateurs contemporains, perspicaces, audacieux, besogneux, déploient un labeur de journaliste doté de l'habitus du policier, voire de l'agent secret, pour tenter de nous éclairer sur le dessous des cartes du jeu criminel et planétaire qui est en train de se dérouler ; ils se font aussi historiens afin de glaner dans le passé des éléments, inaperçus ou celés au moment où ils se produisirent, permettant d'éclairer le présent. Il est devenu clair à tous les hommes de bonne volonté que les autorités officielles dépositaires de toutes les formes de pouvoirs temporels — politiques, religieux, économiques, médiatiques, universitaires et scientifiques — nous mentent impunément de manière concertée, méthodique, et cela depuis longtemps. Les sources officielles de l'information et du savoir en général n'ont plus beaucoup de crédit auprès des foules de plus en plus perplexes, que le sentiment lancinant d'être abusées, joint à celui de la précarité de leur situation économique, réveille de leur torpeur hédoniste en secouant leur confort intellectuel inspiré tant par la fainéantise et l'égoïsme que par la lâcheté et la terreur sourde. Les foules deviennent sensibles à ces discours de valeur inégale mais souvent précieux, formulés et reçus depuis des décennies dans et par les milieux conspirationnistes.

C'est un fait qu'il existe une espèce de connaturalité, à tout le moins d'affinité structurelle, entre le conspirationnisme et ce qu'il est convenu de nommer l'extrême droite. Et ce fait est logiquement fondé. Est de gauche tout homme qui refuse l'objectivité de valeurs morales destinées à servir de norme à la subjectivité par là tenue pour absolue et créatrice des valeurs dont la vocation coercitive sera toute dépendante du bon vouloir de la volonté humaine supposée souveraine. Autant dire que l'esprit de gauche est celui du subjectivisme et de la déification de la personne humaine. Le seul régime politique susceptible de convenir au subjectiviste est la démocratie entendue dans la perspective de la souveraineté populaire. Or la démocratie ainsi entendue est contre nature et impraticable, pour cette raison simple que la souveraineté populaire, concrètement, se réduit et ne peut que se réduire à la tyrannie de la majorité sur la minorité. En croyant obéir à tous afin de n'obéir à personne et par là de n'obéir qu'à lui-même, le citoyen obéit à quelques-uns n'ayant d'autre légitimité à gouverner que celle du nombre, c'est-à-dire celle de la force, laquelle ne saurait faire droit puisque le propre du droit est de régir la force dont il est en demeure, pour être droit, de se distinguer. Puis donc que la démocratie est un régime inapplicable, elle ne peut être exercée qu'en se trahissant, et cette trahison ne peut être consommée que par le mensonge. Il en résulte que la démocratie est le régime qui convoque la falsification des faits, des décisions et des responsabilités en vue de conférer à la force les apparences du droit. Cette falsification opère à tous les niveaux de la vie sociale : politique, historique, scientifique, médiatique, culturel, militaire, économique, juridique et judiciaire. En tant qu'elle requiert le mensonge comme condition de possibilité absolument incontournable de son exercice, la démocratie ne peut pas se dispenser d'avoir presque systématiquement recours aux ressources des complots. Ressortit au complot toute entreprise collective dirigée par une minorité, agissant secrètement ou très discrètement, et visant à nuire à un groupe social ou à la société entière, en faisant croire à un danger imaginaire par exemple, afin de provoquer des réactions populaires qui servent les intérêts de la minorité agissante, réactions que cette dernière n'eût pas obtenues sans mentir. Le premier des complots, consubstantiel à l'idée démocratique, est le fait de faire croire à tous que la majorité est libre et assez bien informée pour s'estimer souveraine. Tous les autres complots procèdent du premier, lesquels, tous, visent à manipuler l'opinion pour lui faire choisir ce que la minorité décide de lui faire embrasser. Toute démocratie est une oligarchie plus ou moins masquée. Cela même est inévitable. En effet, la démocratie est le régime induit par la déification de l'homme, mais l'égalité entre des petits dieux n'est qu'un pis-aller : la condition divine est celle de la Cause première ; s'il y a plusieurs dieux, chacun est cause et effet, ce qui est contradictoire ; j'ai besoin des autres parce que j'ai besoin de la vie sociale, mais les autres sont autant d'offenses à ma dignité puisqu'ils revendiquent autant que moi le statut de dieu ; dans le moment où je plébiscite leur condition divine dans le but d'affirmer la mienne, je nourris sourdement le désir de me les subordonner ; le résultat de ce conflit structurel est la genèse d'une minorité agissante bien décidée à se subordonner la société entière. Il s'agira de forger une majorité donnant à tous ses membres le sentiment d'être souverains, mais de telle sorte que cette souveraineté soit celle d'une minorité inavouable qui manipule la première sans que celle-ci s'en rende jamais compte. Toute démocratie est une tyrannie. Elle est une tyrannie de tous sur tous parce qu'une coexistence de petits dieux ne peut être que conflictuelle. Elle est une tyrannie de quelques-uns sur tous les autres parce que l'individualisme qu'induit la déification de chaque conscience invite cette dernière à tenter de se soustraire au pouvoir des autres et de se le subordonner, et il en résulte que quelques-uns plus rusés, plus menteurs, plus chanceux, plus immoraux et plus démagogues que les autres y parviennent en confisquant à leur profit tous les moyens de conditionner l'information afin de faire vouloir aux consciences ce qu'ils veulent qu'elles veuillent. Ils leur font en particulier plébisciter des institutions conditionnant le mode de production des élites qui servira les intérêts de cette caste inavouable. Parce que toutes ces procédures sont logiquement induites par l'idée démocratique, tout esprit hanté par l'idée démocratique ne peut que les plébisciter, même quand il sait confusément que la machine tourne au profit de ceux qui l'exploitent et le tiennent en servitude. La démocratie est ainsi l'oligarchie plébiscitée par tous, le système par lequel les masses enfiévrées par l'esprit de liberté sans frein en viennent à plébisciter leur propre servitude. On connaît les phases paradigmatiques, historiquement confirmées maintes fois, de ce processus d'avènement de la démocratie : une société d'ordre, incarnée en ordres hiérarchisés, immédiatement finalisée par un bien commun politique immanent et, médiatement, par le souci d'un Bien commun religieux transcendant, voit son élite aristocratique se fatiguer ou déchoir de sa vocation naturelle de médiateur entre le roi et le peuple ; le roi se voit contraint d'en appeler à une bourgeoisie pour pallier l'impéritie de l'aristocratie décadente ; pour des raisons diverses, la circulation des élites est compromise ; alors cette bourgeoisie en vient à conspirer contre le régime ; pour ce faire, elle favorise, par le mensonge diffusé grâce au pouvoir de l'argent, l'insurrection populaire afin de balayer l'autorité constituée ; elle laisse se produire des excès et des troubles graves qu'elle se propose de résorber, en pompier pyromane ; puis elle instaure un régime démocratique par lequel, achetant le peuple (après avoir spolié l'aristocratie et l'Église), elle conjure toute velléité de retour aux principes de l'ordre ancien ; mais, tenue pour une chose trop « sérieuse », trop dangereuse pour être confiée au peuple, la démocratie se voit instaurée en étant flanquée d'un pouvoir officieux qui prétend mieux savoir que le peuple ce que ce dernier doit vouloir et est supposé vouloir au fond de lui-même.

§ 16. Cela dit, il ne suffit pas que le peuple, qui n'aime pas qu'on lui mente de manière trop ostensible, se mette à entrevoir l'existence de complots pour en venir spontanément à remettre en cause l'idée démocratique, cause des pratiques ressortissant aux complots. Si le peuple était capable d'identifier, de dénoncer et de détruire efficacement les causes des effets qu'il condamne, ainsi de comprendre l'existence d'une corrélation entre complots ou mensonges et idée démocratique, c'est alors qu'il mériterait d'avoir recours à la démocratie, c'est-à-dire d'exercer ponctuellement le pouvoir souverain, car il se donnerait alors, démocratiquement, un régime politique le libérant du mensonge, par là le soustrayant à la démocratie elle-même. Il embrasserait ponctuellement la pratique démocratique pour se libérer de l'idée démocratique et des institutions démocratiques ; mais cette lucidité libératrice supposerait qu'il ne fût plus aliéné par les mirages libertaires de l'idée démocratique. Or la démocratie est le régime du mensonge et pour cette raison elle ne mérite jamais d'exister, même si la démocratie semble douée des vertus d'organicité — dépendance réciproque des parties et du tout — définitionnelles d'une société finalisée par le bien commun : ce sont là des vertus qu'elle confisque et qu'elle dénature en les confisquant, en tant qu'elle prétend conférer une forme organique à la cité, non en vue du bien commun, mais afin de radicaliser une interdépendance habilitant chaque individu à se considérer telle la conscience de soi du tout, et d'un tout en dernier ressort ordonné à lui. La démocratie pervertit l'organicité, mais par là elle pervertit ceux qu'elle rassemble parce qu'elle ne se contente pas de s'imposer à eux, elle les mobilise en tant même qu'elle a un mode de fonctionnement qui relève de l'organicité, quoique sans la finalité de l'organicité. Dès lors, la démocratie, qui mériterait à la rigueur d'être ponctuellement plébiscitée par le peuple afin de lui donner les moyens de s'y soustraire, a déjà trop perverti le peuple pour qu'il ait l'héroïque lucidité d'y avoir recours selon l'objectif de s'en libérer. Mais, de cela qu'elle ne peut jamais être plébiscitée sans danger par le peuple, de cela qu'il faut se mentir pour la plébisciter puisqu'elle ne peut fonctionner qu'en se trahissant, alors le peuple se révèle congénitalement incapable de remonter par lui-même des effets de son oppression aux causes de ces effets. Le peuple n'est jamais trompé que parce qu'il est complice des menteurs qui l'abusent. Et par cette complicité il se révèle d'une certaine façon souverain, puisqu'il ne subit que ce à quoi, au fond, il consent. Et sous ce rapport la démocratie est effectivement consommée, réalisée, non par rejet du mensonge et des rapports de force biaisés, mais par plébiscite au moins tacite de ces derniers. Le peuple voudrait bien n'être pas manipulé, surtout quand le mensonge est trop insolemment ostensible, et c'est en cela qu'il peut ruer dans les brancards et se rendre sensible à la dénonciation des complots. Mais il sait au fond qu'on lui ment et que ce mensonge est nécessaire à la vie démocratique à laquelle il tient parce qu'elle fait de lui un souverain. Même s'il convient au fond de lui-même qu'il est victime de complots, le peuple (ou plutôt cette masse d'atomes amorphes à laquelle il s'est réduit) ne veut pas en reconnaître la réelle portée, il manifeste son agacement quand on lui en parle, il nie leur importance considérable, il ne veut pas qu'on l'importune, il en appelle au « sérieux » des « intellectuels », des journalistes stipendiés — c'est-à-dire de tous les journalistes dotés d'une audience un tant soit peu efficiente — et des hommes politiques.

On en vient à cette idée selon laquelle il n'est possible de procéder sérieusement à la dénonciation effective des complots qu'en ayant la lucidité de refuser l'idée démocratique, et cela même est l'apanage de l'extrême droite, c'est-à-dire de la vraie droite. Voilà pourquoi l'esprit conspirationniste, en quête de vérité, est répandu de manière durable seulement à l'extrême droite. L'extrême droite a mauvaise presse parce que son extrémisme revendiqué, à savoir son refus principiel du système démocratique, connote l'idée d'excès, d'insurrection passionnelle et déraisonnable. En fait, sous le prétexte de refus de dérives passionnelles, la masse récuse l'extrême droite en tant que cette dernière récuse l'idée démocratique à laquelle, quoi qu'elle en ait, la masse tient par-dessus tout, comprenant que la fin des mensonges serait, avec la fin des complots, la fin de sa prétention à être souveraine. La fin de l'ère des mensonges induirait un plébiscite de l'ordre naturel, c'est-à-dire de l'existence de valeurs morales antérieures à la subjectivité, jugulant ses passions, écrasant son égalitarisme, refoulant son envie, son subjectivisme, sa vanité, son orgueil, son hédonisme et son individualisme.

§ 17. En revanche, il nous semble que le recours aux seuls complots pour expliquer la décadence a quelque chose d'éminemment réducteur qui fait rater la compréhension de l'essentiel et par là compromet l'élaboration des solutions.

Ce ne sont pas les sectes fomentant les complots qui expliquent le devenir de la société, c'est le devenir de la société qui explique les sectes faiseuses de complots destinés à faire changer la société. Les sectes organisant des complots cristallisent des idées qui sont nées hors d'elles, dans la société qu'elles se proposent de subvertir en diffusant de telles idées de manière massive, de sorte que d'une certaine façon les sectes sont le moyen que se donne la société pour se changer elle-même quand elle cède à un désir de mutation peccamineux dont elle n'ose assumer la responsabilité, par pusillanimité, par amour-propre, pour échapper au jugement réprobateur qu'elle n'a pas le courage de faire advenir à sa propre conscience mais dont elle éprouve la présence sourde dans l'arrière-fond de sa lucidité. La société déjà malade délègue tacitement aux sectes — maçonniques en particulier — qu'elle laisse proliférer en son sein la responsabilité de l'avilir parce qu'elle ne veut pas se savoir responsable de sa déchéance ; elle veut bien être malade, elle le désire même, mais avec le statut de victime. Les microbes n'affaiblissent le corps que parce qu'il s'est rendu faible au point de se rendre incapable de lutter contre les microbes qui, quand il est fort, n'ont sur lui aucun effet dévastateur. Évidemment, le corps malade a le sentiment d'être agressé par des microbes que consciemment il condamne, il se croit victime d'une entreprise de subversion qu'il n'a pas voulue.

Si ces laborieuses considérations méritent quelque intérêt, on doit, si l'on est conséquent, se rendre au constat suivant :

Le souci du dévoilement des complots est enraciné structurellement à l'extrême droite, à toute distance de l'idée démocratique et du subjectivisme.

La diffusion de la dénonciation des complots est supposée tirer les masses de leur torpeur et leur donner envie de se révolter contre le système démocratique qui les asservit.

Il faut déjà incliner vers l'extrême droite pour être bien disposé à l'égard de l'idée de l'existence des complots et de leur importance dans le fonctionnement des sociétés et de leur devenir historique.

Ce qui (le conspirationnisme) doit nous ouvrir à la vérité (l'ordre des choses non démocratique) suppose la saisie de la vérité pour nous disposer à nous ouvrir à lui.

Donc le conspirationnisme ne convertira que les convaincus.

Et c'est bien au fond ainsi que les choses se passent. Les faits supposés fonder une thèse ne sont retenus comme faits signifiants que par l'esprit ayant embrassé la thèse qu'ils sont censés fonder.

Nous croyons donc que tout ce qu'il y a de bon et d'excellent — ce qui ne forme en rien quelque chose de négligeable — dans les travaux historiques et journalistiques des conspirationnistes, ne deviendra recevable par les non-convaincus encore ensorcelés par l'idée démocratique et le subjectivisme, que lorsqu'ils auront opéré *préalablement* leur conversion à la vérité politique exigeant d'eux qu'ils ne soient plus démocrates.

Il convient d'ajouter ceci : si les soldats du bon combat, les proscrits de la polymorphe extrême droite, en viennent à limiter leur combat à la dénonciation conspirationniste des ruses de leurs ennemis, c'est parce qu'ils ne croient plus à la valeur intrinsèque — en droit unitive de soi — de leurs propres certitudes et des raisonnements supposés les étayer. Il reste à se demander pourquoi ils n'y croient plus, ou plus assez. Ne serait-ce pas parce qu'ils ont sourdement conscience, au constat des conflits doctrinaux qui secouent leur retranchement, du caractère inachevé, incomplet, mal étayé en dernier ressort de ces certitudes ?

§ 18. Si d'aventure le « *pusillus grex* » des non-démocrates en venait à acquérir une force insurrectionnelle suffisante pour ébranler l'édifice démocratique, il songerait évidemment à l'action directe, laissant loin derrière lui le souci philosophique et même la dénonciation des complots à laquelle se limite aujourd'hui sa contribution à l'effort doctrinal. Supposé qu'il accède au pouvoir, fût-ce un temps, que ferait-il de sa victoire ? Nous avons essayé de suggérer qu'il n'en ferait concrètement pas grand-chose, parce que les factions doctrinales jalouses auraient tôt fait de transformer le clan des vainqueurs du jour en pétaudière anarchisante ayant tous les attributs du désordre démocratique. On renchérirait dans la dénonciation des complots — les Juifs, les crypto-marxistes, les infiltrés, les Sayanim, les multinationales, les jésuites, l'Opus Dei, les satanistes, les francs-maçons, la Trilatérale, le groupe Bilderberg, les Douze familles qui contrôlent toute la hiérarchie des banques, etc. —, mais nous avons essayé de montrer quel en serait le résultat : aussi longtemps que notre milieu ne sera pas en mesure de proposer à l'appétit intellectuel endormi de nos contemporains un système de valeurs assez solidement étayé pour être unitif de soi, l'information conspirationniste ne soulèvera pas les foules.

§ 19. Nous sommes donc, de manière générale, modérément conspirationniste : il existe indubitablement des complots qu'il est vital de dénoncer, mais se focaliser sur eux de manière passionnelle, ainsi unilatérale, en vient à innocenter ceux qui en sont les victimes de leurs propres responsabilités dans l'œuvre de décadence et de subversion qui les marginalise. Saint Pie X enseignait que la force des méchants est la faiblesse des bons : les sectes maçonniques sont puissantes parce que la société est malade, et c'est parce que la société s'est rendue malade qu'elle a prêté le flanc aux attaques des sectes, et que les sectes ont pu gagner en influence au point d'en venir à se constituer en guide officieux des sociétés. Un corps sain résiste aux microbes, il se régénère dans l'exercice de cette lutte, et la normalité n'est pas l'absence de microbes, mais la vigueur de la santé qui les vainc. Par analogie, une société saine et vigoureuse n'offre pas de défaut interne, de faiblesse sans défense, qui permettrait aux saprophytes judéo-maçonniques de s'installer et de proliférer ; et cette tendance morbide à produire des corrupteurs et des sectaires existera toujours dans la nature humaine, qui toujours sera invitée à combattre. Le conspirationnisme érigé en principe exclusif d'explication du monde pèche, nous semble-t-il, doublement. D'une part, il prend l'effet pour la cause, imputant aux microbes la responsabilité première de la maladie, alors que cette responsabilité est d'abord le défaut de pugnacité du corps sain ; la vitalité des sectes puise au défaut de vitalité de la société saine. D'autre part, le complotiste nourrit l'idée que l'ordre des choses idéal vers lequel il faut tendre serait une paix perpétuelle ayant éradiqué tous les facteurs morbides, ayant par là rendu caduque la vocation à la lutte des corps sains. Et nourrir une telle chimère revient à désarmer le combattant en lui faisant croire que le combat serait un état exceptionnel, accidentel et destiné à être résorbé.

La psychologie inquiète et pathologiquement suspicieuse du conspirationniste fasciné par le plaisir de dévoiler l'arrière-fond supposé caché de toutes choses le mobilise pour un mouvement infini de dévoilement de masques qui recouvrent d'autres masques, et en vient à le paralyser en le rivant à cette tâche qui lui trouble la vue, lui faisant s'inventer des ennemis imaginaires et ignorer des ennemis bien réels, dans le moment où le ressort secret qui anime le conspirationniste est, paradoxalement, un rêve irénique d'absence de tension sociale qui fait de lui, en dernier lieu, un naïf aisément manipulable. Il y a des complots et il serait stupide de mépriser leur existence et de minimiser leur influence. Mais il y a derrière les complots des causes plus profondes dont le dévoilement s'apparente à la découverte de la « lettre volée » d'Edgar Poe. C'est la réflexion philosophique, laquelle est l'explicitation de la connaissance commune, qui a vocation à identifier de telles causes.

Nous pensons même que la tendance à substituer le souci d'identification des sectes à la réflexion philosophique est un aspect de ce renoncement des organismes sains à leur propre vitalité, qui est cause première de l'accroissement d'influence des sectes. C'en est à se demander parfois si la mentalité conspirationniste ne serait pas sournoisement entretenue par les sectes elles-mêmes dans le milieu de leurs victimes, afin de désarmer ces dernières.

§ 20.1. N'étant pas historien, nous n'avons pas compétence et autorité pour nous prononcer en notre propre nom sur la question du révisionnisme ; nous avons cependant lu les travaux de Robert Faurisson et de Vincent Reynouard et, de fait, nous n'avons rien à rétorquer — supposé, ce qu'à Dieu ne plaise, que l'envie saugrenue nous soit survenue de le faire — aux arguments développés dans leurs livres : nous croyons que les six millions de victimes juives, les chambres à gaz homicides, la supposée Shoah par balles et la décision d'exterminer le peuple juif relèvent du mythe savamment élaboré par les puissances politiques qui y avaient intérêt, à savoir d'abord le communisme

CHAPITRE V

international à l'époque soutenu par l'Union soviétique, ensuite les stratèges états-uniens soucieux de se disculper de leurs propres crimes de guerre, enfin la cause sioniste et les mondialistes qui ne sont pas tous juifs mais qui, tous, ont stratégiquement intérêt à favoriser l'hégémonie internationale du judaïsme, fût-ce pour se le subordonner et, en dernier ressort, le trahir (ce qui n'arrachera de larmes à personne) ; nous croyons même que ce mythe est tellement en phase avec la théologie juive et la manière dont les Juifs définissent leur vocation planétaire que l'argumentaire révisionniste en gagne, pour le non-spécialiste, et en dehors des raisons intrinsèques en droit suffisantes de l'école révisionniste, une grande crédibilité. Les Juifs, constitués en peuple à partir d'Abraham à la descendance duquel s'agrégèrent maints rameaux divers, providentiellement destinés à préfigurer l'Église afin de préparer l'avènement du Sauveur, ont trahi leur vocation en Le crucifiant et n'ont eu de cesse d'attaquer l'Église qui, selon la théologie catholique de la substitution, les considère comme autant de chrysalides insurgées contre leur vocation de papillons, ainsi insurgées contre elles-mêmes, par là contre le monde entier. Ce faisant, les Juifs en sont venus, se trahissant eux-mêmes, à se définir, intégrant une métaphysique gnostique à l'origine anti-judaïque mais adaptée aux besoins de leur cause, telle l'immanence de Dieu dans l'Histoire, la conscience de soi de Dieu dans l'homme, ainsi la conscience de soi du genre humain consubstantiel à Dieu, mais plus particulièrement, par ordre de priorité ontologique et chronologique, dans le Juif qui, sous la caution d'un tel privilège, se veut le grand activateur de la fin de l'Histoire qui verra, dans sa perspective, l'avènement du royaume de Dieu sur Terre. La chose était prévisible : une médiation entre Dieu et l'homme ne peut réussir qu'en étant initiée par Dieu, de sorte que le refus juif du Médiateur divin conduit, par une nécessité logique, soit à l'absence de toute médiation consommée en athéisme, soit à la déification des opérateurs de ce refus afin de faire d'eux les « vrais » médiateurs ; et c'est à cela qu'ils s'emploient depuis deux mille ans. La pauvreté culturelle intrinsèque et la faiblesse démographique des Juifs les condamnèrent, pour parvenir à dominer, à corrompre de manière systématique les peuples chrétiens et tous les peuples païens dont le respect de l'ordre naturel les prédisposait à devenir chrétiens, à exciter leurs vices, à exacerber leurs contradictions. Le Juif est congénitalement le grand chambardeur de l'Histoire, le principe théologique de la déconstruction de tout ordre afin de lui substituer un ordre juif, le Messie collectif faisant advenir la déification du genre humain. Il est paraît-il aujourd'hui interdit de dire et même de penser ces choses toutes simples que tout le monde sait ou pressent, et que le Juif sait plus que tout autre. Le Juif meurt au Golgotha d'Auschwitz et ressuscite en Israël, ayant par sa « passion » (le mot est d'Emmanuel Levinas) racheté le genre humain désormais commis à l'adoration du Juif christique que le Goï a vocation à servir. Il nous paraît pour le moins vital de rappeler ces choses qui sont l'enseignement même du Juif et qui permettent de comprendre l'état du monde actuel, par là de discerner les raisons — à tout le moins certaines raisons — de ses dysfonctionnements létaux. Procéder à ces rappels relèverait de l'antisémitisme. Ainsi donc devons-nous confesser que, selon cette acception, nous sommes effectivement antisémite, en ce sens que nous réprouvons la vision juive du monde, et que nous tenons au moins certains Juifs pour responsables de la concrétisation historique de cette vision du monde ; et il nous paraît à la fois juste moralement et opportun prudentiellement de tenir tous les Juifs se revendiquant tels pour objectivement solidaires des manœuvres de leurs représentants. Le seul domaine dans lequel il était possible au Juif de parvenir à une situation de force était celui de la puissance financière ; aussi favorisa-t-il l'économisation des sociétés qu'il parasitait, avec évidemment la complicité des Chrétiens et Païens infidèles aux exigences morales de leur propre identité. Le judaïsme moderne ne se contente pas de freiner des quatre fers devant le christianisme qui en droit l'achève, il prétend s'y substituer en le confisquant, et le confisque en le dénaturant dans une inversion satanique mettant l'homme — le Juif — à la place de Dieu. En nous déclarant solidaire du révisionnisme historique et de l'antisémitisme catholique, nous ne

CHAPITRE V

faisons que souscrire à l'obligation morale de professer publiquement notre foi religieuse, selon les exigences de l'esprit apostolique auquel elle nous soumet. Et il nous semble que si tous les Réprouvés de notre temps, calmement, sans esprit de provocation, avaient la simplicité de confesser la vérité publiquement sur ce point — à commencer par les autorités ecclésiastiques dont nous dépendons et qui sont supposées enrayer les ravages du modernisme — cette confession aurait quelque chance de faire s'incarner politiquement nos idées dans l'Histoire. Nous ne sommes pas sûr que les chefs de la contre-révolution parviennent jamais à faire prévaloir leurs positions en faisant l'économie de ce témoignage en forme de sacrifice pour la vérité. Mais s'il est un point sur lequel le conspirationnisme se révèle éminemment utile et incontournable, c'est bien celui de la « Shoah ».

Nous écrivons ces lignes en pleine crise de « confinement » lié à cette épidémie dite de la « Covid 19 » dont on pressent de plus en plus qu'elle est une maladie médiatique, ainsi un danger physiologiquement illusoire mais psychologiquement ravageur, créé pour mettre la planète au chômage afin d'obliger les États à s'endetter pour enrichir les vrais maîtres de la création de monnaie. Mais cette création médiatique est aussi destinée, par le port obligatoire des masques et l'imposition de vaccins destinés à nous « pucer », à nous apprendre à nous museler, au propre comme au figuré : au propre et de manière anodine quoique aussi fastidieuse qu'aberrante d'un point de vue prophylactique, et ensuite au figuré de manière terroriste et tyrannique mais, comme selon le premier sens, avec l'aval des victimes. Jacques Attali, que tout le monde connaît, après avoir exprimé le souhait d'un État mondial dont la capitale serait Jérusalem, s'est laissé aller à affirmer qu'il n'y aurait rien de tel qu'une bonne épidémie pour mettre l'humanité au pas et la contraindre à renoncer au principe de la souveraineté nationale afin de faire se fondre les nations dans le creuset du métissage absolu sous l'égide de la Haute finance convertie en autorité politique planétaire professant la doctrine judéo-maçonnique des Droits de l'Homme, expression codée de cette religion noachide dispensée par les

Élus aux Goïm. C'était là faire l'aveu que les Juifs, promoteurs du mondialisme, veulent mettre l'humanité en ghetto. Sans cet esprit de provocation qui est la plupart du temps dérisoire, il nous semble que tout homme honnête est moralement en droit d'exprimer son étonnement et de former le vœu de n'être pas muselé, en tirant les conséquences de ce constat : quand les Juifs s'émancipent des ghettos, c'est, dans le strict respect de l'eschatologie que leur inspire leur identité religieuse, pour mettre le monde en ghetto. Si le ghetto définit la condition juive, alors les Goïm sont les Juifs de l'avenir, et déjà du présent. Et il n'est pas évident que ce destin leur convienne. Pourquoi n'auraient-ils pas le droit d'exprimer leurs réticences ? Le Père Gaston Fessard, de la compagnie de Jésus, avait naguère développé une dialectique inspirée de celle, hégélienne, de la maîtrise et de la servitude, dont les termes extrêmes étaient ceux du Païen et du Juif :

Le Païen idolâtre s'opposait au Juif élu, mais l'Incarnation rédemptrice opéra « une inversion dialectique de cette opposition. Le juif qui, tenant la vérité captive, n'a pas reconnu dans le Christ Jésus, révélé à tous, le Dieu sauveur, sera rejeté. Cependant que ce rejet permet l'entrée aux païens dans l'Église, tous étant promis à l'adoption. (…) Cependant, l'incarnation rédemptrice est puissance de réconciliation, en dépit de ce renversement de situation qu'elle provoque. Mais il faut toute la dimension de l'histoire ultérieure pour que l'unité de l'humanité réconciliée soit accomplie au terme eschatologique : effective dans le Christ ressuscité, elle demeure en son secret et ne se traduit dans la réalité historique que dans la vie spirituelle personnelle du chrétien, à mesure de sa conversion. C'est bien cette *double* opération, d'inversion dialectique et de réconciliation, qui est exposée dans le texte paulinien. Car s'il fallait, explique saint Paul, que le juif soit rejeté pour que le païen entre dans l'Église, le retour en grâce des juifs coïncidera avec le retour parousiaque du Christ » (Claude Bruaire, *La Dialectique*, PUF, 1985, p. 115-116). Il y a donc, opérée par le Christ, une première négation du rapport Juif élu-Païen idolâtre, qui se solde par l'inversion du rapport premier en rapport Païen converti-Juif rejeté, mais cette première négation se consomme en négation de négation qui fait s'achever la dialectique en réconciliation positive dans le Christ à la fin des temps.

Ce que l'on peut retenir de cette suggestion spéculative, c'est d'abord que l'ennemi premier du Juif est le Chrétien et non le néo-Païen, parce que le Chrétien supprime ontologiquement le Juif, non dans sa vie biologique d'homme (ce que veut nous faire croire la « Shoah ») mais dans son statut de Juif, et que le Juif le sait. C'est ensuite que la réconciliation n'aura lieu qu'à la parousie, par la victoire définitive du Chrétien, de sorte qu'il serait vain et suicidaire de rêver — comme le firent les rédacteurs de *Nostra Aetate* — d'une réconciliation entre Juif et Chrétien, voire d'une atténuation, pendant le cours de la vie mondaine, de l'hostilité entre le judaïsme et le christianisme. C'est en troisième lieu que, si l'on considère le processus à raison duquel la réconciliation positive a la forme d'une négation de négation, cette réconciliation passera par une apparente victoire du Juif qui précédera celle du Chrétien, et qui sera celle de la Synagogue de Satan. Le maître juif élu s'oppose à l'esclave païen idolâtre, puis le maître païen converti s'oppose à l'esclave juif rejeté, et le processus qui mène au dépassement de la dialectique passe par une reviviscence momentanée du maître juif élu : le maître devenu esclave aspire à redevenir le maître de l'esclave, mais comprend *in extremis* que son aspiration à la maîtrise de l'autre est désir d'unité avec l'autre ; aussi une telle reviviscence s'achève-t-elle dans la conversion du Juif (ou de quelques Juifs) au christianisme, ainsi dans la conversion du Juif et du Païen converti et toujours à convertir à leur identité concrète non mondaine qui est l'unité en Jésus-Christ, ainsi qu'il l'est enseigné dans l'épître aux Galates. Cette victoire apparente du judaïsme, visible sous nos yeux, effrayante à vue d'homme, a la forme, en tant que « Shoah », d'une confiscation sacrilège, opérée par le judaïsme, de la vocation rédemptrice du Christ. Mais cette même fausse victoire, prévue par la Révélation, prouve la vérité de notre sainte religion, et atteste que nous sommes probablement entrés, sinon dans les temps apocalyptiques, à tout le moins dans un quelque chose qui en sera comme une répétition générale.

Le mythe de la « Shoah » devra bien se dissoudre un jour, à peine de rendre irréversible le processus mondialiste, c'est-à-dire sataniste ; à tout le moins doit-on œuvrer à sa dissolution. La judéo-maçonnerie s'est arrangée pour en faire un dogme, et faire de ses auteurs supposés le symbole du Mal auquel il est aisé d'assimiler, dans le passé, le présent et l'avenir, tout ce qui de près ou de loin, directement ou indirectement s'oppose à la montée du mondialisme. Le couple franco-allemand est la moelle épinière de l'Europe notre patrie charnelle et spirituelle, mais aussi le siège et l'infrastructure naturelle de l'Église catholique. Frapper les Allemands de la responsabilité du crime absolu et irrémissible, c'est les maintenir en état de sujétion sempiternelle, par là destiner l'Europe au statut d'esclave prospère. Toute tentative de redressement de la France sans le souci de celui de l'Europe est vouée à l'échec, et toute tentative de redressement de l'Europe en maintenant l'Allemagne en sa mauvaise conscience incapacitante l'est aussi.

On ne peut donc faire l'économie de l'effort de dénoncer le mensonge du Golgotha d'Auschwitz, d'abord pour l'honneur de l'Église, ensuite pour le salut de l'homme blanc.

§ 20.2. La livraison n° 69-70 de septembre 2020 de la revue *Sodalitium* (dirigée par l'abbé Ricossa) nous étant récemment parvenue, nous profitons des informations qu'elle contient (p. 22 à 29) pour apporter au lecteur, au terme de ces considérations sur l'esprit du conspirationnisme, quelques informations véritablement bienvenues.

On notera que les responsables de cette revue sont des prêtres catholiques sédévacantistes (sédéprivationnistes, pour être précis) partisans de la thèse dite de « *Cassiciacum* » élaborée par le Père Guérard des Lauriers qu'il serait difficile de soupçonner de modernisme ou d'esprit judéo-maçonnique, à moins d'être fou furieux, ce qui arrive manifestement aujourd'hui — témoin l'exemple de Louis-Hubert Remy cité dans cette même livraison (p. 33 à 35), qui traite l'abbé Ricossa de cloaque d'impureté, qui le destiné à être vomi de Dieu ; qui les déclare, lui et ses collaborateurs, ignobles, menteurs, malhonnêtes, calomniateurs, blasphémateurs, etc. L'énormité de ces insultes en désamorce l'insolence et finit par susciter le rire, puis la commisération.

La trop célèbre citation d'Albert Pike (1809-1891) relative à la doctrine luciférienne (Lucifer, Dieu de lumière, est bon ; le Dieu créateur et Dieu de la superstition et des ténèbres, de l'intolérance dogmatique et de la répression — ainsi le Dieu des Catholiques — est mauvais) est un faux, tout simplement, élaboré par Léo Taxil, imposteur bien connu. Il en est de même pour la lettre de 1871 de Pike à Mazzini concernant l'enchaînement de trois guerres mondiales, supposé avoir été programmé par les hauts initiés, information reprise par William Guy Carr (mort en 1959) dans son ouvrage *Des pions sur l'échiquier*. Cet ouvrage fait fureur aujourd'hui dans les milieux où l'on se targue, souvent non sans une certaine niaiserie suffisante, d'avoir tout compris, à distance de la vile foule ignorante comme l'était la servante de Monsieur Jourdain, qui ne savait pas qu'elle parlait en prose :

Le communisme, le national-socialisme et le sionisme auraient été lancés par les mêmes supérieurs inconnus : la première guerre mondiale devait favoriser l'avènement du communisme et, par réaction, de son ennemi le fascisme en particulier allemand ; la deuxième devait assurer la victoire du sionisme sur le national-socialisme, la montée du communisme, son endiguement et sa mise en réserve en vue du dernier cataclysme final ; la troisième sera suscitée par l'exacerbation des tensions entre sionistes et Musulmans afin de les faire se détruire l'un par l'autre en engageant dans ce suicide toutes les nations de la Terre, de sorte que le déchaînement de l'athéisme absolu qui en résultera inspirera aux peuples, après avoir balayé le christianisme, une aversion horrifiée telle qu'ils en viendront d'eux-mêmes, mûrs pour une nouvelle spiritualité, à plébisciter l'autorité absolue de la religion antithéiste, la religion luciférienne.

Et l'auteur de cet article (Frédéric Chermont) de la revue *Sodalitium* de montrer que là encore les « Sherlock Holmes » conspirationnistes se sont recopiés servilement d'année en année, sans prendre conscience du fait qu'ils reproduisaient les élucubrations de Léo Taxil.

Contrairement aux allégations de Carr, cette lettre de Pike n'est pas répertoriée à la bibliothèque du British Museum de Londres, et la partie de la lettre concernant l'avènement de la doctrine de Lucifer après le déroulement des trois guerres mondiales a pour seule source l'ouvrage de Carr *Des pions sur l'échiquier*, lequel confesse dans un ouvrage postérieur à ce dernier qu'il n'a pas lu cette lettre directement.

Il existe des complots, indubitablement, et il est nécessaire de les dévoiler ; ceux qui les dénoncent avec exactitude et probité prudente méritent la gratitude de leurs lecteurs qui, sans eux, parviendraient au mieux à entrevoir qu'on leur ment, mais resteraient dans le doute quant aux causes de leur servitude. Cela dit, ce qui précède nous montre qu'à force de négliger la réflexion philosophique en général, et de refuser de s'interroger sur les failles et l'incomplétude de leur propre vision du monde supposée parfaite, les antimondialistes — en particulier les Catholiques contre-révolutionnaires et anti-maçons — en viennent à succomber aux pièges grossiers des faussaires qui, noyant le poisson, apportent le plus grand discrédit aux discours complotistes, même à ceux qui méritent d'être retenus. C'est pourquoi il ne nous paraît pas excessif de parler de niaiserie :

« Untel a été en contact un moment avec les banques de la Haute finance dont certaines étaient juives, donc les initiatives politiques d'Untel avaient été programmées par les hauts initiés cabalistes. »

Autant dire que Georges Cadoudal, financé un temps par l'or anglais, aurait été, de ce fait, un lointain disciple de ce Manassé ben Israël qui avait séduit Cromwell et rendu possible, par l'initiative de ses coreligionnaires, la création de la Banque d'Angleterre et la Glorieuse Révolution de Guillaume d'Orange contre le Catholique Jacques II Stuart. Que l'Angleterre soit, sans conteste, le véritable ennemi héréditaire de la France ne fait pas de Cadoudal un agent de l'Angleterre. Des intérêts opposés à long terme peuvent devenir, par accident, solidaires dans la poursuite de buts à court terme, parce qu'il y a une contingence obligée dans la manière dont les moyens (desseins immédiats) se coordonnent par rapport aux fins (buts éloignés). Que — si tant est que le fait soit avéré — les arcanes nauséabonds et paradoxaux de la finance aient fait se rencontrer ponctuellement, chacun visant subjectivement ses desseins propres, la Banque juive et les besoins financiers d'Adolf Hitler pendant le temps de sa lutte pour accéder au pouvoir, ne fait pas de ce dernier un pion consentant sur l'échiquier de la stratégie judéo-maçonnique de conquête du monde et d'instauration d'une théocratie à la gloire de l'antéchrist. L'habitus propre à la mentalité complotiste dispose à tenter d'éliminer toute contingence en histoire en voulant faire à toute force entrer dans des schémas de stratégies occultes les événements parfois les plus anodins. Cette disposition d'esprit, en retour, invite à accorder crédit à des sornettes diffusées par des agences de désinformation professionnelles : l'ouvrage *Hitler m'a dit*, abondamment utilisé par les conspirationnistes français monarchistes fanatiquement attachés à l'idée de « France nouveau peuple élu », incapables de la moindre distance critique à l'égard de leurs postulats, fait d'Hitler un halluciné irrationnel, héraclitéen et nihiliste, gnostique et ésotériste, manœuvré par des supérieurs inconnus ; or ce livre — les historiens sérieux le savent aujourd'hui — est une baudruche gonflée en 1939 par Willi Münzenberg, chef de l'agence du Komintern à Paris, éditée par Imre Révész et signée par Hermann Rauschning. Le conspirationnisme devient ainsi l'instrument des amours (« France nouvel Israël ») et des haines passionnelles (« brutalité teutonne, satanisme hitlérien ») de ses adeptes. Et cette forfaiture est elle-même, d'une certaine façon, un complot puisque, sous le couvert de dénoncer les complots, elle livre ses ennemis politiques à la vindicte publique sur le fondement d'informations controuvées.

CHAPITRE VI

La question du bonheur

§ 21. On peut avoir atteint tout doucement, par suite d'une série nombreuse de renoncements minuscules dont on ne voulait pas éprouver la portée, le fond du désespoir qui fait se réfugier le bipède sans plumes dans la routine hédoniste des plaisirs émollients, et qui entretient le collapsus de la conscience morale afin de conjurer la compulsion suicidaire. C'est là un enfer viable, presque désirable parfois, auquel succombent bien de nos contemporains, et auquel destinent le genre humain les maîtres du mondialisme actuel, qui nous concoctent un socialisme universel débarrassé de toute tension héroïque, une fin de l'Histoire irréversible transformant l'humanité en parc zoologique tout en la persuadant qu'elle est divine et célèbre sa perfection dans la réitération du même, enfin soustraite au tragique de la conscience historique. Quand on ne consent pas encore à cet avenir radieux qui pourtant s'annonce de plus en plus sûr de lui et insolent, on tend à se justifier d'une manière ou d'une autre, au sens où l'on entend produire quelque chose par quoi l'homme ait le sentiment de n'avoir pas existé en vain ; c'est là une manière de se donner une raison de vivre, de conjurer l'absurdité de l'existence, et le souci de se reconnaître dans les fruits de ses efforts est l'unique manière de vérifier qu'une telle raison de vivre n'était pas verbale, ainsi qu'on n'avait pas fait semblant de se soumettre à sa férule. C'est ainsi que les femmes font des enfants, que les hommes construisent des ponts, lancent des fusées, font la guerre, amassent des fortunes, produisent des œuvres d'art, fondent des partis politiques ou des associations caritatives, conquièrent des empires, se lancent dans l'action terroriste ou écrivent des livres.

Quand on est chrétien, on sait que cette vie n'est qu'une courte épreuve, mais déterminante puisqu'elle conditionne le destin éternel de l'homme ainsi voué à souffrir ici-bas pour gagner son Ciel. Dans cette perspective, il peut y avoir quelque chose de dérisoire à tenter de se justifier par ses œuvres, à essayer de viser un accomplissement naturel et immanent quand l'essentiel désigné par la foi est surnaturel et transcendant.

Eh bien, s'il est permis au fasciste catholique de se définir en deux mots, et s'il est vrai que rien ne définit mieux un être humain que ses objets de prédilection, il dira que son propos est de maintenir les deux exigences ensemble, en établissant qu'il doit en être ainsi dans la perspective d'un catholicisme bien compris : s'efforcer à justifier son existence par l'accomplissement volontaire des talents qui nous sont dévolus, sans jamais oublier qu'on n'est jamais, en dernier ressort, justifié, quant au salut, que par Dieu qui surélève l'homme en le déformant, le pardonne et distribue gratuitement Ses grâces. Ou encore : la justification par la foi et les œuvres de vertu et de charité, qui garantit le salut, ne se substitue pas à la justification profane de l'existence humaine par la culture des talents naturels et le service des causes terrestres légitimes, en ce sens que si, pour le Catholique, le souci de soi absolutisé, déconnecté de la fin surnaturelle et transcendante, dégénère en égotisme stérile, en retour le souci de la fin dernière, loin de dévorer le service des biens terrestres, les exalte en les hiérarchisant et en les relativisant ; les biens finis sont destinés à être sacrifiés au profit des Biens éternels, mais encore faut-il savoir les aimer pour en faire des objets de sacrifice, encore donc faut-il leur reconnaître une amabilité naturelle. On pourrait penser que les biens destinés à être sacrifiés sont autant de biens inutiles qu'il est vain d'aimer puisqu'on doit s'en séparer un jour ou l'autre ; puisqu'on doit, de surcroît s'en méfier du fait qu'ils sont doués du redoutable pouvoir de nous mettre en servitude à raison même de leur amabilité. C'est là le piège de toute aspiration mal comprise à la transcendance, surtout celle du christianisme qui se fait un étendard de la Croix, ainsi de l'abnégation : à refuser d'aimer les biens mondains, on exténue en soi-même les conditions à raison desquelles on peut s'ouvrir aux Biens éternels, tout simplement parce que c'est à la pugnacité convoquée pour sacrifier ceux-là que se puise la vigueur requise pour tendre vers ceux-ci. La Croix, le conflit et la lutte sont au cœur de l'être en tant qu'être, indépendamment du surgissement accidentel du péché. Il y a du *négatif non peccamineux*, et c'est à n'en pas reconnaître l'existence qu'est suspendue cette tare propre aux Chrétiens, cette dénaturation du vrai christianisme, ce ferment d'esprit révolutionnaire matrice du subjectivisme et de l'insurrection contre tout ordre des choses naturellement inégalitaire et aristocratique, cette inversion dénoncée par Nietzsche : l'amour des petits parce qu'ils sont petits, l'exaltation unilatérale de la faiblesse, la substitution du surnaturel au naturel ; il est au contraire naturel de préférer être intelligent plutôt que benêt, grand plutôt que petit, fort plutôt que faible, beau plutôt que laid : les simples en esprit ne sont pas les simples d'esprit ; que les grandeurs naturelles ne soient rien devant le don surnaturel de la grâce ne les laisse pas d'être des biens qui ne deviennent frappés de suspicion dans la ligne d'une inversion corrosive et révolutionnaire des valeurs que si l'ordre surnaturel en vient à être pensé comme antinomique de l'ordre naturel, ce qui définit le surnaturalisme. Dès le stade de l'ordre naturel, et conformément à la sagesse des Anciens, nous sommes invités au crucifiement de certaines tendances au profit d'autres plus fondamentales ayant raison de fin pour les premières qui, naturellement, du seul fait de notre finitude et non d'abord par l'effet du péché, inclinent à se soustraire au magistère des appétits les plus nobles, d'essence spéculative. Et cette invitation au sacrifice, naturelle, a vocation à se consommer dans un terme qui, par décision divine gratuite, peut se métamorphoser en point de départ d'une vie surnaturelle. Puis donc que l'abnégation, le renoncement, sont portés par l'esprit de conquête des biens supérieurs et sont inscrits dans la nature de l'homme, cette invitation surnaturelle à la Croix, loin de piétiner la nature, en radicalise la vocation. En retour, une telle invitation surnaturelle à faire s'excéder la nature pour la mener au-delà d'elle-même est aussi, de manière obligée, la confirmation de sa tendance héroïque à s'excéder elle-même à l'intérieur d'elle-même et jusqu'à la limite supérieure d'elle-même. Il n'y a pas de renoncement véritablement chrétien sans une culture de la grande santé païenne.

§ 22. Si l'on prend au sérieux cette nécessité d'aimer le monde pour savoir s'en arracher, on doit en tirer la conséquence suivante, qui a raison de cause : ce à quoi donne accès le sacrifice des biens mondains a la forme d'une victoire éternelle sur la finitude ; le Bien ne serait pas ce qu'il est s'il n'était en lui-même et de toute éternité assomption et dépassement, avant leur création, des biens participés. Et tous les biens participés ont proportionnellement la même forme que ce Bien dont ils sont les images. Quand nous écrivons ici que la conséquence a raison de cause, nous voulons tout simplement dire que ce qui est pour nous conséquence est en soi cause : c'est parce que le Bien en soi, l'hypostase divine du bien, a la forme d'une éternelle victoire sur le fini, que nous ne pouvons nous habiliter à tendre vers l'infini que par la médiation des biens finis appelés à être aimés pour être dépassés. Il en est ainsi parce que, en s'attachant aux biens finis et en s'en arrachant, on accomplit quelque chose qui analogiquement est déjà exercé par l'Objet ultime de nos désirs.

L'être humain constate que son désir est infini en faisant l'épreuve de la déception : il n'est aucun bien offert à son expérience qui ne se révèle impuissant à combler le désir que ce bien relance après l'avoir déçu ; il le rassasie momentanément, fait place à l'ennui qui est désir de désirer, lequel invite à revenir sur le bien primitif qui derechef déçoit le désir et le relance indéfiniment dans ce mauvais infini de la réitération. Le désir ne prend conscience de lui-même qu'en étant éveillé par quelque chose qu'il n'est pas ; toute puissance se révèle par son acte ; c'est la vision qui révèle l'existence de la capacité de voir, c'est l'objet aimé qui révèle à elle-même la puissance d'aimer dont parfois l'éclosion ravit et terrorise en même temps, par sa soudaineté et sa démesure, celui qui l'exerce. Mais ce même désir une fois

CHAPITRE VI

éveillé s'aperçoit vite qu'il s'aime lui-même en même temps qu'il aime son objet, au point que parfois il en vient à faire de l'objet un prétexte pour se complaire dans l'acte de son retour sur lui-même, par lequel il se prend pour fin. Cela même est une opération vaine, car faire du désir une fin supposerait qu'il fût riche pour se nourrir de lui-même, or il est foncièrement manque puisqu'il est incapable de se donner l'objet dont il est le manque et l'appel, et que de ce fait il est en demeure de recevoir. Il reste que le désir est aimable à lui-même, et c'est là quelque chose d'étonnant : il s'aime tel un objet aimable alors qu'il est manque et, sous ce rapport, souffrance. Il est ainsi intéressant, voire vital de s'interroger sur le désir en général, afin de mieux discerner son sens — sa signification et son but —, et cela dans le but de trouver le moyen de le satisfaire adéquatement, c'est-à-dire de le soustraire au mauvais infini de la réitération. Si le désir est manque et pourtant aimable à lui-même en tant que manque ou vide, cependant qu'il ne se peut nourrir que de ce qui est plein, c'est que, si paradoxal que cela puisse paraître, le vide ou privation de plénitude fait en quelque sorte partie du plein : en tendant vers lui-même en sa condition de pénurie, le désir se porte encore sur quelque aspect ou propriété de ce qui ne manque de rien, et il reste à se demander à quelle condition il est possible qu'il en soit ainsi. Il faut et il suffit qu'il soit dans la nature de la vraie plénitude de faire l'épreuve de la pénurie, par là d'être victorieuse du vide en lequel elle se risque. Cela revient à dire qu'il existe du négatif dans le bien, ou encore que la positivité du bien a la forme d'une victoire sur la possibilité du mal, sur ce qui serait du mal si, livré à lui-même, il n'était reconduit à la plénitude dont il procède et qui s'anticipe en lui.

Il n'y a rien d'ésotérique dans ce propos qui n'entend pas cultiver le paradoxe ou se complaire dans la contradiction. En termes qui relèvent du langage de la connaissance commune, « qui peut le plus peut le moins », et c'est en condescendant à se faire moins que soi sans cesser d'être lui-même que le parfait parvient à faire l'épreuve de sa toute-puissance. Si le parfait devait se contenter d'être supérieur et perdait de sa puissance en assumant l'inférieur, il serait crispé sur sa perfection qu'il *aurait* tel un trésor auquel il puiserait jalousement sa vitalité, de telle sorte que, s'écartant de sa perfection, il ne serait plus lui-même ; mais précisément, il *aurait* sa perfection et ne la serait pas : être son absolue perfection sans l'avoir équivaut à l'avoir sans l'être, ainsi à ne la pas posséder en plénitude ; mais pour s'offrir — sans cesser de l'être, ainsi de l'avoir si pleinement qu'il se confond avec son avoir et qu'il l'est — le privilège de l'avoir, il doit, sans cesser d'être ce qu'il est, n'être pas ce qu'il a, ainsi n'être pas ce qu'il est, par là n'être ce qu'il est qu'en tant qu'il est assez puissant pour faire l'épreuve de son absence à lui-même sans se perdre. Jeu de mots fastidieux ? Paradoxe à quatre sous ?

§ 23. Il y a l'infini potentiel et l'infini actuel. L'infini potentiel est l'indéfini qui consiste, dans sa pénurie radicale, à pouvoir, sous l'influence d'un être en acte qui le perfectionne, tout devenir du fait même de son indétermination, mais qui ne peut rien par soi. L'infini actuel est telle une chose blanche qui serait tellement blanche qu'elle en viendrait à être la blancheur même ; la sagesse populaire dit volontiers d'une femme généreuse et dévouée qu'elle est la bonté même ; et les philosophes nous apprennent que ce qui est absolument l'est à ce point qu'il est l'acte même d'être ce que les autres se contentent d'avoir, et dans ce cas on parle de Dieu. Ce qui précède, qui insiste sur le fait que le parfait n'est tel qu'à proportion de son pouvoir d'assumer tous les degrés de sa perfection, signifie donc seulement ceci : ce qui est sa perfection sans l'avoir n'est pas plus adéquatement sa perfection que ce qui a sa perfection sans l'être. Mais déclarer que le parfait absolu n'est tel qu'à proportion de son pouvoir de se rendre victorieux de la possibilité d'un imparfait — possibilité qu'il entretient en ses flancs pour s'octroyer le privilège de le vaincre —, c'est, non moins étonnamment, professer que le parfait entretient, dans la pureté de son acte, une instance essentielle de devenir non ablative de son immobile simplicité.

Quand on évoque Hegel dans les milieux catholiques, singulièrement dans l'univers obsidional, par là crispé, du catholicisme intégriste, on est immédiatement « catalogué » : pensée au

CHAPITRE VI

moins suspecte, complaisance pour la subversion, esprit tordu, voire moderniste, et gnostique infiltré, ou bien esprit stérile qui veut faire le malin à peu de frais. Il faut bien convenir qu'il y a de quoi s'inquiéter. Pour le Catholique, Dieu est transcendant, tout-puissant, créateur, absolument distinct du monde créé qu'Il pourrait, de puissance absolue, renvoyer dans le néant. Quelque effort que fasse Hegel pour nous faire croire qu'il récuse le panthéisme, son Dieu est, tout en un, son acte créateur et le monde créé qui lui est consubstantiel, et l'Esprit-Saint n'est autre que l'esprit fini s'infinitisant en se faisant systématique, de sorte que l'homme est un moment de Dieu, et que le savoir que l'homme a de Dieu est le savoir que Dieu a de lui-même en et par l'homme. Ce « panenthéisme » lesté de gnosticisme, selon lequel Dieu ne serait pas Dieu sans le monde, exige ainsi que le mal, qui fait partie du monde, soit intrinsèque à Dieu, ainsi que le mal soit innocenté en dernier ressort comme un moment subordonné mais nécessaire de la gloire du Bien. Il va de soi que le Catholique ne peut tenir que pour délires les conclusions de la spéculation hégélienne, et que le philosophe catholique est invité à épouser l'hégélianisme afin de le faire périr de ses propres contradictions en dernier ressort non surmontées malgré sa prétention à les digérer toutes. Cette opération salvatrice, en laquelle en général les Catholiques de Tradition ne se risquent guère, les disposerait peut-être à mieux comprendre ce qu'il peut, dans l'idéalisme absolu, y avoir de fécond, pour leur propre cause, qui consiste à définir les conditions de possibilité d'un négatif non peccamineux. Et c'est seulement à ce titre que nous confessons notre intérêt pour Hegel qui, soit dit en passant, n'a jamais récusé le principe de non-contradiction. Max Scheler, qu'Ernst Troeltsch nommait « le Nietzsche catholique », crut bon, dans *L'Idée de paix et le pacifisme* (traduction Tandonnet, Paris, Aubier, 1953, p. 53 en note, cité p. 30-31 par Raymond Vancourt dans *Pensée moderne et philosophie chrétienne*, Fayard, 1957), de procéder aux aveux suivants pour le moins inquiétants :

« (...) nous rejetons la doctrine du Dieu absolument bon, absolument sage, absolument puissant, comme fondement du monde. *Le fondement des choses est devenir* ; Dieu est solidaire du monde en tant qu'histoire et réciproquement. Il ne peut donc y avoir en Dieu lui-même de paix parfaite, tant que cette paix parfaite n'existe pas dans le monde (...) nous ne sommes ni serviteurs, ni enfants de Dieu, nous sommes amis et compagnons de lutte pour la paix solidaire en Dieu et dans le monde. L'autoréalisation de Dieu ne s'achève pas sans l'histoire du monde, sans l'histoire de l'homme. Le monde est manifestation, apparition objective de son fondement éternel, et il n'existe point, entre le fondement et le monde, de relation de créateur à créature. Tout au plus pouvons-nous, du fondement des choses, saisir les attributs qui apparaissent dans le monde et dans l'histoire. » Dieu, ajoute Scheler, se fait par un processus incessant, celui-là même qui se déroule dans l'univers, car « le processus théogénétique et le processus du monde sont identiques », et la Divinité, qui s'explicite et se réalise dans le monde, se développe d'une « façon indifférente au bien et au mal ». C'est pourquoi « nous ne devons pas attribuer au fondement du monde considéré comme esprit la responsabilité de cet univers ».

C'est là très exactement ce que, en tant que catholique, on doit récuser absolument. Mais il y a plusieurs manières de récuser une thèse. On peut la repousser en la tenant pour dénuée de tout intérêt ; on peut la rejeter en y discernant une vérité captive dont l'intérêt est proportionné à la gravité de l'erreur à laquelle elle est par accident jointe. Et c'est ainsi que le texte de Scheler nous intéresse bien que nous n'adhérions nullement à son contenu. Pour nous, Dieu est créateur, ayant produit le monde à partir de rien. Il est souverainement parfait et indépendant du monde qui ne Lui ajoute strictement rien. Sa création est gratuite, et Il est absolument immobile, en tant qu'Acte pur, selon la terminologie adéquate des philosophes. Mais cela, loin de l'exclure, appelle, pour rendre cette thèse intelligible, que soit professée en même temps la thèse suivante : avant et indépendamment du monde et d'un esprit créé, et de toute éternité, Dieu, en son immobilité et plénitude ontologique parfaites, est l'acte unique de se rendre victorieux de l'épreuve consentie d'être moins que Lui-même. Notre finitude constitutive nous enjoint de penser cet acte unique selon deux moments pour nous numériquement distincts et successifs, mais en sachant que ce qu'ils s'efforcent à désigner est en soi un et immobile (nous faisons allusion ici à ce que Hegel nomme « contrecoup de l'essence », et dont nous dirons quelques mots, pour ceux que cette technicité ne rebute pas, dans notre § 73.10). D'où les équivoques que l'exposition de cette thèse peut susciter, et les procès d'intention qu'elle peut valoir à son auteur.

CHAPITRE VII

Perfection immobile et inquiétude du devenir

§ 24. Sous un certain rapport, tout ce qui est sujet au changement est imparfait, car on change soit pour acquérir une perfection dont on manque, soit pour perdre une perfection que l'on possédait mais que pourtant l'on n'était pas pour souffrir de la pouvoir perdre, à laquelle on se contentait donc de participer ; et, dans les deux cas, il y a l'attestation d'un manque. Dieu ne manque de rien, Dieu ne peut devenir.

Sous un autre rapport, on ne saurait se dispenser de reconnaître à Dieu cette perfection qu'est l'agir, au point que les thomistes reconnaissent qu'il appartient éminemment à Dieu d'agir, que Dieu est son agir, même si l'agir, comme activité immanente, est une catégorie qui désigne un accident. De même que le coureur court, de même l'étant est ; et de même que ce n'est pas la course qui court, mais le coureur, de même ce n'est pas l'être qui est, c'est l'étant. Que le coureur coure selon une perfection telle qu'il en vient à être l'acte de courir, cela n'empêche pas, mais requiert, qu'il soit aussi le sujet d'exercice de la perfection qui le définit ; et, de fait, on ne déniera pas à Celui dont l'essence est d'exister d'être aussi un étant, et même le premier étant. Quelque effort qu'il prodigue pour rappeler — au reste légitimement — qu'il n'y a pas d'accident en Dieu, le philosophe réaliste ne pourra pas s'empêcher d'observer qu'il y a une perfection dans l'agir qui, loin de consister dans une privation de l'immobilité de l'être parfait, ajoute en quelque sorte à cette immobilité quelque chose qui relève de l'exercice ; et de fait, dans la créature, l'agir perfectionne la substance et l'actualise. Mais comme l'agir ou l'exercice est encore une modalité de l'être, et que rien ne peut être ajouté à l'être parfait, on dira que cet acte d'être parfait est son agir, signifiant par là qu'il est un agir ayant l'immobilité du parfait, ou une immobilité jouissant de la vitalité de l'agir, une « activité de l'immobilité », comme l'enseignait Aristote. Il reste que si l'être absolu, l'absolument être, est tel que son essence est son acte d'être et que son acte d'être est son agir, ou que sa manière propre d'agir est d'être et que sa manière propre d'être est d'être son agir, cet absolu n'en est pas moins maître de son agir. Les thomistes conviennent que les effets de l'agir divin sont suspendus aux décrets souverains de la volonté divine, et mesurés par cette dernière. Qui dit maîtrise de soi dit réflexivité, ce qui signifie dualité entre soi et soi, différence dans l'identité, différenciation de soi à partir de laquelle ce qui est tel qu'il est ce qu'il est entretient à l'égard de soi-même une relation d'avoir. On peut discerner la même chose autrement :

Tout ce qui, dans la créature, connote une perfection préexiste en Dieu en son état parfait, ainsi porté à l'infini actuel, et selon un mode qui nous est inconnu. Mais il est de la raison d'une perfection déterminée, en tant que déterminée, de n'être pas telle autre perfection, au point que ce qui lui donne d'être telle est aussi ce qui exclut d'elle tout ce qui n'est pas elle. Cette exclusion ne vient pas du caractère fini de sa réalisation, ainsi de son mode créaturel d'existence, mais d'elle-même : Dieu est juste et bon et savant et sage, et puissant et magnanime, et redoutable et doux, et amour et intellection, et toutes ces perfections s'identifient en Dieu, cependant que vouloir ou aimer, considéré dans sa raison formelle, n'est pas intelliger, et que pardonner n'est pas châtier. Il faut donc en déduire que la négation des autres perfections, incluse dans la raison formelle de chacune d'entre elles, est assumée par Celui qui les possède toutes parfaitement au point de les être. Mais c'est là confesser qu'il existe du négatif évidemment non peccamineux non ablatif de la positivité de l'acte pur.

CHAPITRE VII

§ 25. Raymond Vancourt (*op. cit.*, p. 33) se plaît à citer deux formules de Nietzsche tirées respectivement du *Gai savoir* et de *Par-delà le bien et le mal* :

« Nous sommes hégéliens, nous Allemands ; nous le serions même s'il n'y avait pas eu Hegel ; nous le sommes dans la mesure où, au contraire de tout Latin, nous accordons instinctivement au devenir, à l'évolution, plus de sens et de valeur qu'à l'être. »

« L'Allemand aime (...) l'incertain, l'embryonnaire ; ce qui est en état de transformation, de croissance, lui donne l'impression de la profondeur. L'Allemand lui-même n'est pas, il devient, il se développe. C'est pourquoi le *développement* est la trouvaille propre de l'Allemand, celle qu'il jeta dans le vaste empire des formules philosophiques. »

Nous ne savons quant à nous si c'est affaire de sentiment et de sensibilité, d'inclination imaginative ou de déterminisme racial. Ce que nous savons, c'est que l'on doit à l'Allemand — et c'est ce qui fait sa grandeur et sa valeur irremplaçable — ce souci de ne pas substituer, face à la complexité du réel, cette exigence — proportionnée à notre finitude indûment érigée en mesure de l'absolu — de clarté de l'intelligible à l'intelligible lui-même. Ce qui fait la grandeur spéculative de l'Allemand, c'est ainsi ce souci naïf, candide dans sa présomption, sans artifice, sans faux-fuyant, par là périlleux, d'oser se risquer dans le devenir entendu comme étoffe de l'être en tant qu'être pour atteindre le secret de ce dernier entendu comme au-delà de tout devenir. L'Allemand sait bien, en ce qui concerne le devenir dont nous avons l'expérience, qu'il n'y a de devenir que parce qu'il y a de l'être, et que le devenir est une modalité dans l'être résultant d'une imperfection de ce dernier. Il sait que le devenir s'explique par l'être et que l'absolument être est exclusif du devenir. Mais il sait aussi que l'absolument être ne serait pas tel s'il ne condescendait pas à assumer le devenir par un acte qui est celui-là même à raison duquel il l'abolit souverainement : qui dit obligation d'avoir ce qu'il est, dit nécessairement différence au sein même de l'identité, différence abolie par l'autodifférenciation de soi de la différence, qui n'est autre, en soi, que la différenciation de soi de l'identité, même s'il nous faut, à nous autres hommes, deux opérations pour le signifier. Il y a une fixation héraclitéenne sur le devenir, auquel elle tend à réduire l'être, et qui reste en deçà de la vérité de l'être immobile ; mais il y a une quête de l'intelligibilité de l'être immobile qui, pour en respecter tous les réquisits, fait revivre le souci du devenir, mais à l'intérieur de son immobilité : ce qui a ce qu'il est devient autre que ce qu'il est pour s'introniser sujet possesseur de soi, qui s'affirme comme étant ce qu'il a en révoquant le devenir que pourtant il assume.

Aristote, dans sa *Métaphysique* (IV, 5, 1010 a 35), faisait déjà observer que si l'on identifie avec Héraclite l'être au devenir, on supprime la possibilité même du devenir pour tout réduire à l'éternel repos. En effet, si l'être est devenir, cependant que le devenir est, c'est que le devenir devient et se convertit immédiatement en immobilité pure ; plus techniquement, tout mouvement suppose des contraires, dont l'un est la privation de l'autre : le froid et le chaud, l'ignorance et la science ; et le mouvement est passage de l'un à l'autre, acte de ce qui est chaud en puissance en tant qu'il l'est en puissance et non en acte ; si le froid est immédiatement l'acte de s'échauffer, il n'est plus possible de passer du froid au chaud. Ce qui est devenir est ce qui se résout immédiatement en l'être immobile mais, en tant que tel, il est incapable d'avoir ce qu'il est et d'agir, et d'être son agir, et cela contrevient à son exigence d'être un être absolument être, lequel est vie, activité immanente. Nous rappelons une fois de plus (nous en avons usé et abusé dans des travaux antérieurs) la définition thomiste du vivre : vivre est un acte, l'acte de ce qui se meut par soi d'un mouvement spontané quant à son origine et immanent quant à son terme, de telle sorte que le degré de vie est mesuré par le degré d'immanence ; quand l'immanence est absolue, le degré du vivre est parfait ; on voit bien que le vivre convoque la notion de mouvement. Et la vie ne saurait manquer à l'être absolument être qui, autrement, serait du non-vivant, ayant hors de soi le principe de son acte d'exister puisque l'acte de vivre est l'acte même d'exister du vivant : « *vivere enim est esse viventis* » (saint Thomas, *Somme contre les Gentils*, II, 57) ; et il n'appartient pas à l'être absolument être d'être causé. Il en résulte que l'être absolument être, immobile à raison de sa plénitude, assume le mouvement sans cesser d'être immobile, afin d'être vivant.

Ce qui se confirme par le raisonnement suivant : ce qui est unilatéralement son devenir se convertit en être fixe et par là, répudiant l'acte de vivre, dégénère en être dégradé, en cet être auquel il se réduirait s'il n'était aussi devenir sans cesser d'être être immobile. L'être absolument être doit ainsi être sans devenir *et* être son devenir ; il doit être le devenir *de soi*, et c'est à cette condition, ainsi que nous allons l'établir, qu'il peut conjuguer l'être et le devenir, se faire, tout en un, le processus et le résultat du processus. Cela semble contradictoire car on devient toujours autre chose que ce que l'on était ; mais il peut sans contradiction devenir soi-même parce que, *étant son devenir*, alors, en *devenant* soi-même il *est* soi-même et, tout autant, en étant soi-même il est son devenir et par cela même il est être immobile puisque ce qui *est* devenir supprime tout devenir. Observons que cette exigence en apparence contradictoire d'être à la fois être et devenir, ou encore d'être le devenir de soi, se retrouve dans la définition thomiste du vivre ; l'acmé du vivre consiste en effet dans l'immanence absolue du mouvement du vivre, mais qui dit immanence absolue dit identité du départ et de l'arrivée, soit encore immobilité pure, sauf si ce devenir est circulaire, en forme de *réflexion* : il devient soi-même et est ce devenir qui équivaut à l'être. Ce qui est son devenir rend, selon la leçon du Stagirite, impossible tout devenir ; ce qui est devenir *de soi*, ainsi position réflexive (résultat) d'un processus circulaire dont il est l'origine, c'est ce qui conserve son statut de mouvement tout en ayant pour sens et forme celle de l'immobilité subsistante du parfait puisque ce dont l'arrivée est identique au départ par radicalisation de la vitalité de sa mobilité intestine est tel qu'il a la forme de l'immobile, n'avançant pas d'un poil puisque son terme est son départ. On doit tenir ensemble les deux bouts de la chaîne : l'absolu est immobile et acte pur, *et* l'absolu est réflexion douée du pouvoir d'autodétermination exprimable en termes de devenir ou de processus. Saint Thomas enseignait lui-même (*Somme contre les Gentils*, I, 13) : « Pour Platon, l'être qui se meut lui-même n'est pas un corps, Platon prenant le mouvement au sens de n'importe quelle opération (...). Platon affirmait donc ainsi que le Premier Moteur se meut lui-même parce qu'il se pense et se veut et s'aime lui-même. D'une certaine manière, cela ne s'oppose pas aux raisonnements d'Aristote. Il n'y a aucune différence, en dernier ressort, entre un Premier qui se meut lui-même, au sens de Platon, et un premier être parfaitement immobile, au sens d'Aristote. »

§ 26. L'absolu est vivant ; le vivre ne se conçoit pas sans mouvement, sans ce changement qu'induit toute autodétermination, auto-affection, agir sur soi ; et l'absolu est son autodétermination, sans quoi il subit son être et, parce qu'autre est ce qui subit, autre ce qui est subi, il a et n'est pas son être et n'est pas absolu ; l'absolu tient de l'immobilité du parfait et de la mobilité du vivant. Il est donc ce devenir qui équivaut à l'immobilité ; il est réflexion, acte de revenir sur soi, acte de se poser par son revenir à soi. Les théologiens caractérisent la divinité par l'*aséité* : le fait d'être « *a se* », être par soi. L'expression « être par soi » ne saurait se contenter de signifier seulement que l'absolu n'est pas par un autre. En effet, s'il nous est permis d'anticiper sur ce que nous envisageons de développer plus bas, et que nous avons déjà esquissé ici plus haut (§ 3), nous rappellerons que le principe de causalité n'est pas analytique, en ce sens qu'il n'est pas réductible au principe de contradiction ; tout être causé est contingent, mais cela ne signifie pas, sans approfondissement préalable, que tout ce qui est contingent serait causé : tout camus est nez, mais tout nez n'est pas camus ; il n'est pas contradictoire qu'il y ait du contingent qui ne soit pas causé. Dès lors, on peut dire de ce contingent qu'il n'est pas par un autre, et c'est cela même qu'on dit de Dieu en Le déclarant « *a se* », si l'aséité signifie seulement « n'être pas causé par un autre ». Et de ce qu'il serait tout de même fort de café de prétendre que Dieu est contingent, force est d'en conclure que « *a se* » signifie non seulement « ce qui n'est pas par un autre », mais encore — qu'on nous pardonne cette répétition et ces artifices d'écriture — ce qui est *par* soi, c'est-à-dire ce qui est raison suffisante de soi-même, ce qui rend raison de soi. Mais ce qui rend raison de soi est ce qui s'intronise résultat d'un processus dont il est l'origine. Est identité du processus, du résultat du processus, et de celui qui dirige ce processus, ce qui, intemporellement identique à soi dans un éternel repos de sa perfection non acquise, s'offre le luxe ou le privilège d'éclipser sa perfection sans la perdre, de partir alors qu'il est arrivé, ainsi de risquer sa perfection dans un devenir circulaire afin de se faire l'acquéreur, possesseur et maître de sa perfection, de sorte qu'il rend consubstantiel à son être le rendre raison de lui-même, ainsi le processus dont il est l'initiateur et le résultat. Ce qui est réflexion a la forme d'une négation de négation, puisque l'avancée dans le processus, qui éloigne le mobile de son origine, se révèle régression en direction de l'origine du processus, changement de sens ; ce qui est réflexion est ce qui se médiatise avec lui-même en tant qu'autre que lui-même.

Saint Thomas enseigne que le Christ, en tant qu'Il est Dieu, avait la science divine à sa naissance humaine ; que Jésus, en tant qu'homme parfait, devait être élevé par la science infuse à ce degré de perfection l'habitant à être assumé par le Verbe qu'Il est ; mais que, en tant que parfaitement homme, il Lui a plu de connaître toutes les vicissitudes de la condition d'homme en décidant d'apprendre ce qu'Il sut en tant qu'homme par le moyen d'une actualisation progressive de son intellect possible, ainsi que le font tous les hommes. Le Christ est Son savoir en tant qu'Il est Dieu ; le Christ sait tout en tant qu'Il est homme parfait ; le Christ, en tant que parfaitement homme, a tout appris, de ce que peut apprendre un homme, de manière progressive et laborieuse. On a là une image — révélatrice de quelque chose qui se produit de toute éternité en Dieu indépendamment, en Sa Vie trinitaire, de la création et de l'Incarnation — du fait qu'il n'est pas contradictoire d'*être* parfait et immobile, d'*avoir* sa perfection, et de *devenir* la perfection que l'on a et que l'on est.

Ceux qui répugnent à introduire du devenir dans l'être immobile, ainsi du négatif dans la positivité de ce qui ne manque de rien, décomposent en pensée la réalité pour en exhiber les principes — substance et accidents, matière et forme, puissance et acte, essence et existence — et par là pour la rendre intelligible à leurs yeux, à la manière dont on démonte une machine pour en dévoiler les secrets et le mode de fonctionnement, ou encore comme lorsqu'on dissèque un animal afin d'en saisir la structure interne. Ils obtiennent ainsi une décomposition dans laquelle sont séparées les parties bien alignées, comme on expose avec clarté les éléments d'un bilan comptable où rien ne se superpose ni ne se fond avec autre chose. Le problème est que, ce faisant, ils rendent la machine incapable de fonctionner, ils contemplent un animal mort, oubliant que, selon la leçon d'Aristote, une main coupée n'est encore dite main que par accident, étant déjà non une main mais un corps entré en processus de corruption. La réalité n'est intelligible que si l'on en saisit les principes constitutifs, soit. Mais, ainsi décomposée, on a laissé échapper le secret de leur composition qui fait précisément que c'est de la réalité, laquelle n'est pas à proprement parler composée de parties, mais se décompose en elles, ou plutôt ne se révèle composée que parce qu'elle est victorieuse de sa décomposition intestine qu'elle assume ; on n'a rendu la réalité intelligible pour nous qu'en la déréalisant, et l'on peut se demander si c'est encore l'intelligibilité d'une réalité, puisqu'il ne s'agit plus de réalité. La composition du divers en direction de l'unité d'un tout a pour envers obligé la différenciation d'une unité génératrice du divers qu'intègre cette unité pour se constituer comme tout. Or c'est cette différenciation de l'identité qui appelle l'ingérence d'une négativité, qui exige que l'identité soit victoire sur la différence, le positif victoire sur le négatif, l'être victoire sur le non-être, l'immobile victoire sur le devenir qu'il assume.

Nous évoquions au § 3 une dichotomie peu pratiquée, consistant à opposer ceux pour qui l'être fini est immédiatement perçu comme l'effet d'une limitation de la perfection d'être considérée en sa plénitude, à ceux pour qui le fait d'être en général est perçu comme une surprise, et qui reconnaissent dans le néant le fond naturel sur lequel l'être se détache, tel un intrus dérangeant. En rappelant que la raison n'est autre que l'intellect en tant qu'il se meut, nous dirons qu'il y a ceux qui se confient à leur intellect pour user spontanément du principe de causalité sans avoir besoin de le fonder dans le principe de raison suffisante. Une telle confiance en l'intellect qui se dispense de se faire raison est corrélative d'une espérance : ce monde est désirable, il convoque nos appétits et ne les satisfait jamais pleinement, mais il existe un autre monde parfait et plein dont celui-ci est l'image et l'attente. Et puis il y a ceux qui cherchent à se complaire dans le collapsus du désespoir et souhaitent de se reposer en lui : l'être est absurde, il est sans raison, il est de trop, il est contingent de part en part ; ils n'aiment pas attendre, car espérer est confesser une dépendance qui les excède. Mais ces derniers sont de mauvaise foi, parce que s'il y a corrélation entre espérance et souffrance de l'attente d'une part, confiance en l'intelligence intuitive d'autre part, c'est qu'il devrait y avoir corrélation entre tendance à tenir pour naturel qu'il n'y ait rien (il est exceptionnel et « anormal » qu'il y ait quelque chose plutôt que rien) et tendance à mettre l'intelligence à l'épreuve inquiète et fébrile de la raison discursive. Or il n'en est rien, puisque cette fascination du néant, cet ennui que suscite le fait qu'il y ait quelque chose, n'exprime que le goût pour le repos dans l'océan de l'inconscient et du non-être. Il y a quand même quelque chose de légitime dans cet étonnement du fait qu'il y a de l'être et non pas rien. Si l'on veut bien observer que l'appel au principe de raison, ainsi à la raison qui rend raison, loin d'être antinomique de la vie de l'intellect intuitif, est formulé par ce dernier aussitôt qu'on a compris que le principe de causalité n'est pas analytique, on comprend que l'intellect pour qui l'être est par soi nécessaire et plein, et la raison pour laquelle la présence de l'être ne va pas de soi, sont les deux aspects de la même raison complète ouverte à l'être considéré en sa complexité : la clarté est mystérieuse, obscure à raison même de son évidence qui force à l'adhésion sans dire pourquoi. Force est alors d'en conclure ceci : la pleine confiance en la raison entendue comme pleine adhésion à la plénitude et à la nécessité de l'être absolument être, exige l'unité des deux — intellect *et* raison, vision immédiate ou coïncidence immobile *et* mouvement discursif — parce que l'objet de cette raison, à savoir l'être en tant qu'être, est éternel surmontement du non-être, son épreuve intestine lui donnant d'être raison de lui-même, ainsi être nécessaire, être qui ne peut pas ne pas être et qui, loin de se détacher sur fond de néant, est éternelle victoire sur le néant qu'il fait être en son sein pour le surmonter.

§ 27. Le plus haut degré du vivre est celui dont le mouvement est parfaitement immanent, et cela se vérifie dans l'acte d'intellection. Mais qu'est-ce que l'acte d'intellection ? Puisque penser est penser qu'on pense, il n'est pas de pensée qui ne s'actualise dans la prolation d'un verbe intérieur, d'un concept, d'un engendré, mais cet enfantement spirituel s'achève dans la position d'un acte qui prend place sur le circuit de l'acte réflexif à raison duquel le sujet pensant se pense en pensant ce qu'il pense. Disons quelques mots de cela qui, en l'état, risquera encore d'être tenu pour du verbiage indigeste et prétentieux, et même de l'enflure verbale vide de signification.

En termes scolastiques, l'intelligible, dans une chose, est son essence ou forme : telle est la triangularité de cette chose visible là devant nous, qui est tel triangle de telle taille et de telle sous-espèce (rectangle ou isocèle) incarné dans telle matière (du bois ou du sable). L'intelligible est toujours un universel, au lieu que la sensation est toujours singulière. Rien n'est dans l'intellect qui n'ait d'abord été dans le sens, et telle est notre manière humaine de fonctionner, parce que nous sommes des animaux, mais des animaux raisonnables. Le plus haut degré d'élaboration du sensible dans la connaissance humaine est ce que l'on nomme le phantasme, qui reste sensible et singulier. Comment passe-t-on de ce triangle-ci à la triangularité, qui est un concept et non une image, et qui n'est pas triangulaire ? Elle n'est pas la somme des triangles, elle n'est pas une schématisation des tous les triangles, elle est l'expression de ce qui fait, dans tous les triangles, qu'ils sont des triangles, et que l'on nomme leur essence, laquelle a raison de cause immanente à ce dont elle est cause, et n'est pas sensible, échappe à l'investigation du sens ; est essence ou forme ce sans quoi un triangle ne serait pas tel, est essence ce qui fait qu'il est triangle, et qui se vérifie en tout triangle en tant qu'il est triangle ; et de sa nécessité résulte son universalité ; relève de l'ordre formel ce qui se prédique de tout triangle, réel ou possible. Élaborer un concept revient à abstraire, à tirer la forme de la matière, à faire exister la forme — qui est individuée par cette matière en laquelle elle est réalisée — sur un mode noétique, intellectuel, dégagée des particularités qu'elle tenait de son union au sensible. Et c'est en cela qu'un concept est toujours universel. Mais si la forme est toujours singularisée dans le sensible, la réalité sensible n'est intelligible qu'en puissance, et non pas en acte. Par ailleurs, enseigner et être enseigné sont deux choses différentes, mais elles s'exercent selon un seul acte : l'acte de l'enseignement qui, pris du côté du maître, est une action et, du côté de l'élève, un pâtir ; l'acte du moteur et l'acte du mobile sont un seul et même acte ; ainsi la sensation est-elle l'acte commun du sensible et du sens ; l'intellection est l'acte commun de l'intellect et de l'intelligible. Il en résulte que ce qui est intelligible en acte est nécessairement une intellection, au lieu que le sensible en acte, ou plutôt l'acte de ce qui est sensible en acte, peut n'être pas une sensation : la fleur n'a pas besoin d'être sentie pour être capiteuse ou empoisonnante ; mais l'intelligible en acte est nécessairement une intellection parce que la forme ne subsiste pas comme universelle dans le sensible. Et une intellection ne peut subsister que dans un intellect. Or les choses ne sont pas des intellects, votre tasse de café ou le chêne de votre jardin ne sont pas doués du pouvoir de penser. Donc l'intelligible qui subsiste en puissance dans le sensible doit être actualisé par l'intellect lui-même pour devenir intelligible en acte, par là pour accéder à un mode d'existence à raison duquel il pourra être reçu par cet intellect. D'où la théorie aristotélicienne des « deux » intellects, qui sont plus des fonctions que des facultés indépendantes l'une de l'autre. L'intellect dit « possible » — celui qui reçoit l'intelligible actualisé dans le phantasme par l'intellect dit « agent » — devient intentionnellement l'essence de ce qui est à penser, et sous ce rapport il est son intellection, mais il doit l'avoir pour être effectivement pensant, ainsi se l'objectiver ; et il procède à cette objectivation en exprimant ce qu'il est devenu alors qu'il s'identifiait, sous le rapport de sa forme intelligible, à la chose à penser. Ce qui revient à dire qu'il s'objective soi-même en s'objectivant la chose qu'il pense, il s'objective en tant que devenu la chose, et c'est par là dans un même acte qu'il pense et qu'il se pense, sans toutefois insister sur le caractère réflexif de l'acte de se penser, mais en étant focalisé sur le caractère extatique de son opération. Il reste que se penser consiste à opérer une réflexion : l'intellect revient sur soi à partir de l'intelligible qu'il a atteint et auquel il s'est identifié en se différenciant de lui-même et, au vrai, chronologiquement, il n'y a pas de postériorité de la réflexion sur l'acte extatique, mais concomitance des deux : l'acte de penser qu'on pense est intrinsèque à l'acte de penser ce que l'on pense, sans quoi, ignorant de ce qu'il est devenu, l'intellect ne saurait même pas que quelque chose lui a été donné à penser, et il ne le penserait pas. Dès lors, le terme de cette objectivation de soi, qui est objectivation de la chose pensée, prend place sur le circuit réflexif de l'acte de s'atteindre lui-même. Cela rappelé, observons ceci : ce qui s'atteint par retour sur soi dans un acte d'identification réflexive à soi-même et qui en même temps s'objective ou se différencie de soi, c'est ce qui, en termes hégéliens, demeure identique à soi dans sa différence d'avec soi. Penser est (aussi ou corrélativement) se penser, se penser est s'objectiver, s'objectiver est s'opposer à soi-même, ainsi se différencier de soi. Être pensant en acte, c'est être en acte ce sujet que l'on est, cet *être* pensant, et coïncider avec soi consiste ici, pour cet être, à se différencier de soi sans cesser d'être identique à soi : l'identité à soi n'est pas sans la différence d'avec soi, elle n'est telle que comme identité de l'identité (à soi) et de la différence (interne) d'avec soi. Le sujet n'est identique à soi qu'en se différenciant de lui-même. Et c'est là le sommet du vivre, par là le sommet de l'être en tant qu'il est être, puisque le plus haut degré de vie est le plus haut degré d'être. Or le mouvement est bien le caractère de ce qui demeure identique à soi dans l'acte de se différencier de soi : l'acte pour l'adolescent de devenir adulte est bien pour

CHAPITRE VII

lui l'acte de se différencier de lui-même sans cesser d'être lui-même, et bien plutôt en accédant à la plénitude de lui-même. Par conséquent, si l'être, en tant qu'il est absolument être, répudie le devenir, ce n'est pas, ce ne peut pas être en l'excluant ; ce ne peut être qu'en le maximisant, en le faisant s'exténuer par radicalisation de lui-même. L'être, en dernier ressort, n'est pas le devenir ; mais il est sa sublimation, par là son assomption. Nous reviendrons probablement plus bas sur cette épineuse question, source de tant de controverses, mais aussi de maints contresens et matière à maints procès d'intention. Si le devenir est bien incontestablement de l'être dégradé, un relâchement ou une altération de la densité d'être de ce qui est absolument, en retour l'infrastructure de l'être absolument dense n'est pas exclusive, sinon du devenir, à tout le moins de la structure du devenir. L'être en tant qu'il est être fait lui-même, en lui-même, et de toute éternité, ce qu'Aristote lui fait faire (ou plus exactement à l'idée qu'il en a) quand il déclare que l'identification de l'être au devenir aboutit à l'éternel repos. Et la dilection propre à l'âme allemande pour l'inquiétude du devenir n'est ni la fascination pour l'absurde, ni l'effet d'une perversité intellectuelle aspirant à dénaturer la consistance de l'être absolu ; elle est le résultat d'un désir éperdu de percer le secret de l'être en tant qu'être, de pénétrer dans la pénombre de sa raison d'être intestine en osant pressentir dans le devenir un analogue de ce qui se produit à l'intérieur de l'être lui-même.

L'essentiel de notre méditation tient en ceci : dans le contexte de la recherche d'une solution qui préserve la gratuité et la contingence de l'acte créateur, lequel n'ajoute rien au Créateur mais donne tout à la créature, quelles sont les conditions de possibilité de l'acte d'être entendu comme réflexion, qui fait se sublimer — ainsi s'abolir — le mouvement, sans pour autant cesser de le conserver pour préserver la vocation de l'être absolument être à être le vivant absolu ? Et si tant est que nous ayons quelque chose à dire, tout tourne pour nous autour de cette affaire, l'introduit ou en résulte.

§ 28. Sans le regard de sagesse du Latin, la convoitise inquiète de l'Allemand en vient parfois à engendrer des monstres conceptuels singulièrement semblables aux rejetons du gnosticisme et du panthéisme, et se révèle esprit tourmenté prédisposant à l'hérésie ; sans le souci germanique de percer au-delà de la clarté tout humaine de l'évidence la trompeuse représentation sans ombres de l'être transcendant, une telle clarté se convertit en apophatisme et bientôt en scepticisme, et ne se maintient autoritairement qu'en se faisant de mauvaise foi, en disant qu'il n'y a pas d'aporie là où l'immobilité des formules consacrées par le dogme frappe d'interdit tout souci de savoir ce qui s'offre à la pensée en elles, ainsi tout souci de penser ce que l'on est en demeure de dire ; telle est par exemple la formule « ce dont l'essence est d'exister » : s'il est définitionnel d'une essence, en tant qu'elle est essence et non seulement en tant qu'elle ne serait que puissance d'exister, d'exercer l'exister, on voit mal, sans explication approfondie, qu'elle puisse être identique à ce qu'elle exerce. En cultivant le souci de dessertir la vérité captive de l'hégélianisme de tout ce qu'il y a d'erroné en lui, nous nous contentons de tenter de trouver les éléments de solution nous permettant de penser l'être comme ayant ce qu'il est. Et parce que tout être fini, ou créé, ressemble à sa Cause, tout être contingent participe lui aussi de l'être et du devenir, de l'être et de l'avoir, et se révèle tendance inchoative à surmonter sa contradiction intestine et non peccamineuse. D'une certaine façon, ce que nous nous efforçons périlleusement à exposer là peut être tenu pour un commentaire de cette fameuse épitaphe de saint Ignace de Loyola, choisie par Hölderlin en exergue à son recueil *Hypérion* : « *non coerceri maximo, contineri tamen a minimo, divinum est* » : ne pas être enfermé par le plus grand, être cependant capable de tenir dans le plus petit, cela est le propre du divin, et c'est même ce qui fait que le divin est divin. Dieu est au-delà de toutes les perfections que nous pouvons Lui attribuer, mais cela tient au fait qu'Il les possède si parfaitement qu'Il les hypostasie, Il est ce qu'Il possède ; et Il les possède si parfaitement qu'Il les maîtrise exhaustivement ; mais les maîtriser absolument revient à les exercer selon tous leurs degrés de réalisation possibles, avant la création du monde et indépendamment du monde créé.

CHAPITRE VIII

Négatif peccamineux, négatif vertueux

§ 29. Il est définitionnel de tout être en tant qu'il est être, chacun selon la mesure de son degré de perfection, de réaliser ce degré en contenant virtuellement, comme assumés et surmontés, tous les degrés de perfection qui lui sont inférieurs. Et nous nous efforçons à en tirer les conséquences, la première étant qu'il est ruineux de confondre négatif non peccamineux et négatif peccamineux.

Le péché n'est pas la présence du négatif dans l'être, il est la langueur de l'effort mobilisé pour le surmonter. Le grand malaise du Catholique de Tradition, c'est-à-dire du Catholique, tient à notre sens en ceci : confondant les deux formes de négatif, ou plutôt refusant de consentir à quelque forme de négatif que ce soit parce que tout négatif selon lui serait toujours intrinsèquement mauvais, il se met en porte-à-faux avec lui-même en refusant de vivre ; les turbulences, les conflits, les contradictions, la tendance à la démesure qui tissent les déroulements de la vie pleine, non parcimonieuse et joyeusement gaspilleuse, ne sont pas des défauts de la vie, ils sont son essence même ; ce qui est défaut et péché, c'est l'impuissance à les surmonter. Quand on les prend pour le péché, on rejette la vie même en croyant rejeter son adultération, et ainsi on ne cultive plus la pugnacité requise pour en surmonter les tensions constitutives par lesquelles on ne cesse d'être habité ; et on en vient à expulser de la vie — croyant la purifier — cette pugnacité sans laquelle elle n'est plus vie. Un tel malaise inhérent au Catholique renonçant à concilier vitalité naturelle et ordination de la nature à une fin surnaturelle est peut-être ce qui a suscité le modernisme, à tout le moins ce qui l'a rendu possible, parce que le modernisme s'est présenté comme le dépassement d'un tel malaise. Mais il en est venu, pour ce faire, à nier l'existence du négatif peccamineux, à contester au fond l'idée même de péché, et il a corrompu le catholicisme lui-même en détruisant le sens du péché et la nécessité de la Croix.

Quand on a mis en évidence les méfaits du modernisme et ceux de la démocratie ; quand on a fait mémoire des sophismes des fausses philosophies et établi la liste des mensonges d'État ; après qu'on a dénoncé les manœuvres des officines corruptrices et même pris la décision de lutter pour de bon et avec réalisme, en réapprenant à mourir, contre toutes les formes de corruption, reste à savoir ce que l'on veut mettre à la place de ce qu'on aura démoli. Chacun, politiquement, en appelle à sa conception de l'identité française ou européenne, et/ou de la vocation de la France et de l'Europe. Qui peut trancher parmi ces conceptions antagoniques, sinon la réflexion philosophique ? Un Catholique ne saurait dissocier le combat pour la restauration de l'ordre naturel des choses du combat pour la foi, pour cette simple raison que, à ses yeux, l'ordre naturel, depuis Adam pécheur, est incapable de subsister — jusque dans ce qu'il a de propre — sans l'ordre surnaturel. Mais l'ordre naturel des choses n'est pas pensable sans référence à la notion de nature humaine ; il n'y a d'ordre naturel des choses pour l'homme que si ce dernier est doté d'une nature. S'il n'y a pas de nature humaine, la liberté n'est motivée par la recherche d'aucune fin, et elle n'est pas invitée à rechercher la place qui lui reviendrait dans l'ordre du monde ; ce qui revient à dire que, supposé qu'elle reconnût un ordre au monde, ce dernier lui serait étranger.

Et il faut se demander si c'est au Catholique, en tant qu'il est catholique et avec le seul moyen de ses certitudes théologiques, qu'il revient de définir la nature humaine. Le souci de la nature humaine doit être confié à la philosophie, ou au Catholique en tant qu'il est philosophe, parce que l'idéal auquel il est nécessaire de se référer aujourd'hui est celui de la « *pura natura* », de cette nature en l'état qui eût été sien si elle avait été créée sans la grâce, ce qui eût été possible puisque la grâce est gratuite. L'état de la nature humaine auquel il convient de se référer est celui, non historique, de la pure nature et non celui du paradis terrestre où elle était accompagnée de dons surnaturels et de dons préternaturels.

Il y a eu la nature non déchue avec la grâce et les dons préternaturels, et tel était l'état pré-lapsaire d'Adam. Puis il y eut l'état de chute et de nature déchue, dépouillée de la grâce et de ces mêmes dons ; puis il y eut celui qui est encore le nôtre, celui de la nature rachetée mais conservant les effets de sa blessure, ainsi celui de nature blessée gratifiée de la surnature et sans les dons préternaturels. Quand il est enseigné que c'est par le péché que la mort est entrée dans le monde, cela ne signifie pas qu'il serait dans la vocation de la nature humaine intègre que l'homme fût exempté de la mort. L'immortalité, tout comme la science infuse et l'impassibilité, relevaient des dons préternaturels induits par la justice originelle supprimée par la chute. La vocation à mourir relève de ce que nous avons nommé négatif non peccamineux. La grâce restaure la nature en l'élevant, et cette restauration est celle de la nature seulement nature, quoique déformée par la grâce, et non de la nature enrichie de dons préternaturels. Et il faut bien savoir ce qu'est cette nature pour rendre possible l'exercice de l'aspiration à y tendre ; d'où la nécessité d'une anthropologie et d'une morale strictement philosophiques, puisque la théologie ne nous renseigne pas sur cette question. C'est là un point sur lequel il nous semble nécessaire d'insister. Les théologiens nous expliquent, avec raison, que la grâce est ce don divin qui nous fait vivre de la vie même de Dieu, et qui a pour double propriété d'être « *sanans* » et « *elevans* ». Elle surélève la nature humaine puisqu'elle fait vivre l'homme d'une vie plus qu'humaine, et divine, sans se substituer à sa vie naturelle puisque l'homme demeure homme et ne se perd pas en Dieu avec lequel il se confondrait. Mais corrélativement la grâce soigne la nature humaine en cela qu'elle efface le péché originel et tend à effacer la blessure induite par ce péché. Or quelle est cette nature obtenue par le soin du médecin divin ?

Ce n'est nullement la nature selon le mode d'existence qu'elle avait en l'état adamique. C'est la pure nature. Les bien-pensants caporalistes, excédés par ce qu'ils prennent pour un retour subreptice au paganisme, nous tiennent le discours suivant :

« Quel intérêt y a-t-il à s'interroger, par une espèce d'uchronie, sur ce qu'eût été l'homme si Adam n'avait pas été créé en état de grâce ? Historiquement, il ne l'a pas été ; une hypothèse d'école peut être spéculativement intéressante mais reste secondaire. L'homme a été créé pour la grâce, tel fut le plan divin, et c'est à ce mode d'être de la nature humaine que nous devons nous intéresser, parce que c'est le seul réel. C'est un fait que la fin ultime de l'homme est la vision béatifique, qui est surnaturelle, et c'est pourquoi cultiver le souci d'une fin naturelle dans un tel contexte équivaudrait à une régression, voire à un refus du surnaturel. Efforçons-nous d'être des saints, cultivons les vertus théologales de foi, d'espérance et de charité, c'est cela qui nous vaut le salut ; la philosophie devient pour toujours "*ancilla theologiae*", elle est convoquée telle une servante et n'a plus vocation à être autre chose ; la cultiver pour elle-même équivaut à trahir la vocation surnaturelle en substituant le moyen à la fin, ce qui est le désordre naturaliste dont nous mourons aujourd'hui. »

Un tel tour d'esprit qui se veut édifiant ne voit pas que plus la grâce mène la nature au-delà d'elle-même, plus elle l'enracine dans son identité propre de nature purement nature.

Dans la question 15 du *Supplément* de la *Somme théologique* de saint Thomas, mais non rédigé par lui, on trouve l'enseignement suivant :

« *Ad secundum dicendum quod sicut in satisfactione consideratur poenalitas, ita in merito consideratur difficultas. Diminutio autem difficultatis ex parte ipsius actus diminuit meritum ceteris paribus ; sed diminutio difficultatis ex promptitudine voluntatis non diminuit meritum, sed auget. Et similiter diminutio poenalitatis ex promptitudine voluntatis, quod facit caritas, non diminuit efficaciam satisfactionis, sed auget.* »

« Il en est de la pénalité dans la satisfaction comme de la difficulté dans le mérite. La diminution de la difficulté du côté de l'acte même, diminue le mérite dans la même proportion. Mais quand cette diminution tient à la générosité, qui vient de la charité, de la volonté, elle augmente le mérite au lieu de le diminuer. Il en va de même pour la diminution de la difficulté quand elle procède de la volonté devenue généreuse par l'œuvre de la charité qui l'investit : elle ne diminue pas l'efficacité de la volonté, mais elle l'augmente. »

Quand la surnature investit la nature, on pourrait croire que les mérites de la volonté opérant généreusement dans l'épreuve consentie par le paiement de sa dette destiné à satisfaire aux réquisits de la justice divine sont des mérites moindres pour la volonté en tant que volonté que si elle avait opéré sans la grâce. Mais il n'en est rien : plus elle est aidée par la surnature, plus elle est méritante, maîtresse de son acte, cause et responsable de ce dernier ; ce qui revient à dire que la grâce rend la nature d'autant plus naturelle, en ses limites constitutives, et d'autant plus autonome dans ses démarches propres, que plus soumise à ce qui la soigne et la surélève. Dans le moment où elle la mobilise et la fait s'excéder en direction d'une finalité transcendante, la surnature fait s'enraciner la nature en elle-même et recouvrer autant qu'il est possible la vertu de sa puissance native, celle qui eût été sienne si elle n'avait pas été blessée. Or la théologie ne nous renseigne pas directement sur ce qu'est cette nature humaine considérée en son intégrité, puisque le modèle de la nature non déchue était celui d'une nature flanquée de dons préternaturels qu'il n'est plus de mise de convoiter aujourd'hui et dont même la Très-Sainte Vierge, pleine de grâces, ne fut pas gratifiée. Il appartient donc à la philosophie de tenter de la circonscrire, de sorte que le souci de ce que l'homme eût été « *in puris naturalibus* » reste d'une éminente actualité. Négliger ce souci relève du surnaturalisme, envers du naturalisme, et cette négligence poussée à son terme équivaudrait à juger caducs les enseignements moraux d'Aristote, à jeter au feu l'*Éthique à Nicomaque* et l'*Éthique à Eudème* et, pour faire bonne mesure, sa *Politique*, sous le prétexte qu'elles méconnaissaient la vocation surnaturelle de l'homme ; ce qui en retour inviterait le croyant pieux à chercher dans les Écritures seules les principes d'une politique conforme à l'ordre catholique. Et il n'y trouverait (n'y trouva…) que la théocratie juive.

Si l'homme n'avait pas été créé en état de grâce, il eût, même innocent de tout péché, connu la mort, ainsi cette lutte qu'est l'agonie ; il eût appris à connaître ce que ses facultés le disposent à apprendre de manière laborieuse, progressive ; il eût fait l'expérience de l'erreur et de l'échec ; il eût souffert de la chaleur et du froid ; il eût été appelé à travailler pour survivre ; et ses puissances opératives inférieures se fussent comportées en tendant naturellement à se soustraire au magistère de l'âme spirituelle ; il y aurait eu là aussi lutte, négatif non peccamineux, car il eût été invité à résister à diverses tentations, à coopérer, dans la souffrance et l'effort, à l'instauration de son ordre intérieur. Et puisque l'homme d'aujourd'hui, nonobstant le don de la grâce et l'assignation d'une fin surnaturelle, est invité par la surnature elle-même à se réconcilier avec sa nature intègre, ainsi à s'enraciner en elle, c'est que cet homme a vocation à connaître la mort, la souffrance, la lutte, l'émulation, les conflits, les tentations, non comme effets de son péché, mais comme effets du recouvrement de sa santé. Le constitutif formel du péché n'est pas le négatif et l'assomption du négatif, il est le refus de l'affronter, l'affaiblissement des énergies requises pour le dépasser en l'assumant.

On a peur de la mort, et pourtant la mort n'est rien si elle est considérée du point de vue de l'exercice de la vie terrestre : on sait depuis Épicure et Lucrèce que, quand elle est là, le vivant terrestre n'est plus, et que, quand il est là, elle n'est pas ; aussi ne la rencontre-t-il jamais, et il est incompréhensible que l'on puisse s'effrayer de ce à quoi l'on sait ne jamais devoir être confronté. Or elle effraie tout homme, quelque effort qu'il fasse pour se dérober à cette angoisse. Donc il en a peur en tant qu'il se place en pensée de l'autre côté de l'acte de la mort, il se présuppose une autre vie non terrestre et c'est en cela que la perspective de la mort est pour lui cause de peur : « Et si je continuais d'exister dans l'acte de disparaître ? » Mais l'aptitude à se présupposer un pouvoir actuel de vivre au-delà de la vie terrestre, qui explique que l'on puisse redouter le passage, craindre

CHAPITRE VIII

l'accession à la limite de cette vie, cela devrait nous renseigner sur la réalité de ce pouvoir de continuer d'exister après l'épreuve de la mort. L'animal fuit le danger, pressent sa mort prochaine, mais sa vie tout entière n'est pas structurée par la perspective de la mort. Cette perspective fait partie de notre vie, laquelle ne serait pas humaine si elle l'excluait. Il ne se passe pas un instant qui ne soit hanté par la conscience de pouvoir n'être pas, par la certitude que nous eussions pu ne pas être et qu'un jour nous ne serons plus. Se savoir mortel, ainsi fini dans le temps qui nous est imparti pour poser nos choix, ainsi pour nous choisir nous-mêmes — faire tel choix, c'est toujours décider en quelque façon, à des degrés de profondeur divers, de son destin, et c'est donc se choisir —, c'est la manière adéquate d'envisager notre vie à exercer telle une tâche à accomplir, une œuvre à construire, un travail à finir, un rôle à achever de jouer. Ce qui revient à dire que la condition de mortel est consubstantielle à notre liberté. Cela dit, on n'accomplit pas une œuvre pour la jeter au feu aussitôt qu'achevée ; si l'on avait la certitude de ce que rien ne suit la vie terrestre, on ne s'échinerait pas à l'embrasser telle une tâche. Nous avons le sentiment invincible que cela « vaut le coup » de s'épuiser, de se priver, de s'inquiéter pour accéder à certaines réussites nous donnant de gagner un peu d'estime de soi, même si nous devinons que le temps qui reste pour en jouir risque d'être fort court. Si l'on demande à un obscur artiste de choisir entre une vie ordinaire et sans heurts, confortable et affectivement satisfaisante, mais sans qu'il ait une étincelle de génie ou plus modestement de talent, et une vie douloureuse faite de déchirements, d'échecs, de privations, d'humiliations et de turbulences en tous genres, mais une vie qui se solderait par la création d'un chef-d'œuvre méritant une gloire dont pourtant l'artiste saurait à l'avance ne jamais pouvoir jouir, c'est la seconde occurrence qu'il choisirait, tant il est vrai que nous ne vivons pas pour être heureux, mais pour nous accomplir, ou plutôt : nous vivons pour être heureux, et non pour jouir ; et la durée du bonheur peut n'être que fort courte, elle vaut une vie entière de misères et d'attente. Toute vie humaine est attente, attente de la mort, attente de la rencontre avec soi-même. Effectivement, tels qu'en nous-mêmes enfin l'éternité nous change ; mais si cet acte de devenir soi-même fait partie de notre être, c'est que nous sommes le résultat d'un devenir auquel nous présidons, de sorte que nous sommes à l'origine du processus que nous achevons. L'au-delà de nous, c'est encore nous, puisque l'au-delà d'un mouvement circulaire appartient à ce mouvement même. Dès lors, que nous puissions être hantés par la perspective de la mort qui nous fascine et nous horrifie, et cela à chaque instant de notre vie, cela semble bien prouver que notre vie terrestre n'est pas le tout de notre vie. En ce sens pouvons-nous dire, sans être panthéistes, que nous sentons et expérimentons que nous sommes immortels. La mort nous attire parce qu'elle fait partie de notre vie et se laisse entrevoir tel l'acte révélateur de nous-mêmes, et nous la repoussons parce qu'elle est représentée, au vu de ce que nous savons d'elle pendant qu'elle se déroule, telle la suppression de cette même vie. Mais parce qu'elle est dans un même acte révélation de nous-mêmes et effroi radical, nous sommes fondés à penser que c'est en tant qu'elle est révélation de nous-mêmes à nous-mêmes qu'elle est source d'angoisse. Si cette révélation, aussi décevante, aussi lamentable, aussi abjecte soit-elle, devait coïncider avec le rejet de notre être dans le néant, elle ne saurait nous effrayer : je saurais absoute mon ignominie par le fait même de savoir que la conscience que j'en aurai sera rejetée dans le néant dans et par l'acte d'être posée. Apprendre à mourir est bien apprendre à ne pas se fuir, et c'est savoir qu'il ne faut pas se fuir parce qu'on est toujours, quoi que l'on fasse, rattrapé par soi-même, et cela pour l'éternité. Et ce que nous apprend encore sur la mort le fait même d'inspirer de l'effroi, c'est que la vie éternelle est victoire, pour le meilleur et pour le pire, sur la mort à laquelle elle nous achemine en se faisant vie temporelle. Si la vie s'achève, aux deux sens du terme, dans la mort où elle se risque pour s'y régénérer, c'est qu'elle a la forme d'une négation souveraine de cette négation de soi obligée — ainsi non peccamineuse — qu'est la mort. La mort n'est pas un pâtir mais un acte.

§ 30. Notons par ailleurs que si la grâce soigne — tout en la surélevant — la nature, et par là la restitue — ou tend à le

CHAPITRE VIII

faire — à son état nu non peccamineux dans l'acte où elle la métamorphose pour une finalité excédant ses pouvoirs natifs, c'est qu'il existe un *point de suture* entre nature et grâce. Faire recouvrer autant que faire se peut sa nature intègre à un être, c'est réveiller en lui la conscience de sa fin propre et renforcer les moyens propres de l'atteindre, puisque la nature d'un être est sa fin, de sorte que la fin d'un être est sa nature. Si l'homme est invité à tendre vers cette fin naturelle tout en étant sommé, pour sa plus grande gloire, d'excéder cette fin dans la poursuite d'une fin ultime qui le rend ami de Dieu et participant de la vie divine, c'est bien qu'il existe un point de suture entre les deux ordres, capable d'appartenir aux deux tout en étant la révocation de chacun d'eux puisque les deux ordres sont aussi radicalement incommensurables entre eux qu'ils doivent être en continuité l'un avec l'autre pour parvenir non seulement à coexister mais encore à s'unir dans le même sujet.

Est-il bien établi que le statut ontologique de ce point de suture a été convenablement défini ? C'est tout l'enjeu de Vatican II et de la dénonciation de ses travers. Il nous semble que cette analyse n'est pas adéquatement faite par les Catholiques qui, faisant mémoire du seul état adamique pré-lapsaire — que la justice originelle préservait du négatif non peccamineux — entendu comme modèle et idéal d'ordre terrestre, comptent sur les promesses de l'ordre surnaturel seul pour régler la question, renvoyant tout négatif à l'ordre peccamineux. Et cette analyse n'est pas non plus menée par les philosophes non catholiques qui, quant à eux, ignorent le fait du péché originel et prennent l'état historique de nature déchue, ainsi le négatif peccamineux, pour un état normal de la nature humaine.

Nous sommes en demeure de nous interroger sur le rapport entre nature et grâce parce que, sans ce souci, nous nous rendons incapables de connaître la fin naturelle de l'homme et son état naturel, et ainsi nous tendons à réduire à une dimension peccamineuse de nous-mêmes tout ce qui relève du négatif non peccamineux que nous en venons à évacuer, avec toute sa puissance d'irascibilité, de combativité, et de vitalité guerrière. Ce qui finit par donner raison aux contempteurs nietzschéens du christianisme qui voient en nous, non toujours sans raison, une propension à faire naître le sous-homme à sang de navet. Le surnaturalisme est ce tour d'esprit qui consiste à concevoir la fin surnaturelle, à nous assignée par le fait de la Révélation, sur le mode d'une *substitution de la fin surnaturelle à la fin naturelle* tenue désormais pour obsolète à un point tel qu'il serait désormais peccamineux de prétendre à satisfaire ses besoins. Et parce que, nous le répétons, la nature d'un être est sa fin, sommer l'homme de renoncer à sa fin naturelle revient à lui enjoindre de renoncer à lui-même, en ce sens que l'intromission de la fin surnaturelle dans la condition humaine sera pensée sur le mode d'une frustration obligée des appétits naturels, même de ceux qui ne sont pas intrinsèquement déviés. Parce que la nature est le sujet récepteur obligé de la grâce, frustrer la nature en ce qu'elle a d'intègre revient à compromettre sa réfection et sa transfiguration par la grâce, de sorte que l'on en viendra à tenir pour effet de la grâce tout ce qui prendra la forme d'une maladie de la nature, selon une conception pathologique de l'ascétisme. C'est là, à la limite, une variété du masochisme qui, loin d'arracher l'homme à sa complaisance envers lui-même, le rive à elle en feignant de la fustiger, exacerbant la faiblesse des faibles et le ressentiment qu'elle induit à l'égard des beaux et des bons. Extirper de soi tout négatif à tort réduit à la version peccamineuse de ce dernier, cela revient à s'arracher à sa nature pour s'offrir à la grâce, mais s'arracher à sa nature équivaut à se réduire à sa conscience, et ainsi se trouvent posées les conditions favorisant le surgissement de l'existentialisme, via le personnalisme, et du subjectivisme. Ainsi voit-on les champions de l'antimodernisme finir par faire malgré eux cause commune avec lui, en le favorisant objectivement.

Le modernisme est cette erreur qui consiste à nier la gratuité de la grâce. Soutenu entre autres par Henri de Lubac, il est la matrice de l'esprit conciliaire qui ravage l'Église actuelle.

De ce que la grâce est gratuite, ainsi non exigible, quand l'ordre naturel ne peut pas être mauvais puisqu'il a Dieu pour auteur, maints théologiens traditionalistes en sont venus à nier l'existence même d'un désir naturel de Dieu, considérant que

CHAPITRE VIII

l'incommensurabilité entre le créé et l'Incréé exclut tout pouvoir naturel de s'emparer de Dieu. Ainsi en sont-ils venus à suggérer que le sujet qu'actualise, en l'homme, le don surnaturel ne serait pas la nature humaine tout entière considérée en ses puissances opératives normales, mais une simple « puissance obédientielle » dont l'homme n'eût même pas eu conscience s'il avait été créé en état de pure nature. Dans cette perspective, l'homme de l'état post-lapsaire, blessé et racheté, à savoir nous, se voit déchiré entre deux fins : une finalité immanente naturelle réduite à la connaissance de Dieu dans Ses effets mais non en Lui-même, et une finalité transcendante surnaturelle (un « *ultimus finis* ») qui arrache l'homme à sa fin naturelle et lui enjoint de l'ignorer et de la refouler.

D'autres théologiens, hantés comme les premiers par la crainte de verser dans le modernisme, en ont appelé à l'existence d'un désir naturel de Dieu, mais réduit à une simple velléité que seule la grâce gratuitement offerte convertirait en volonté expectante, toujours dans le but de préserver tant la cohérence de la création (ne pas souffrir de désirs naturels excédant les pouvoirs de la nature elle-même) que la gratuité de la grâce. Toute la question, dans la considération de cette hypothétique solution, est de savoir à quelle condition ce qui peut avoir raison de fin ultime de l'appétit naturel en tant que naturel, ainsi de perfection actuelle, peut en même temps être tenu pour la modalité potentielle d'un mouvement donnant à la nature, sous l'impulsion de la grâce, de se parfaire en s'excédant. Si en effet le désir naturel s'achève, considéré en lui-même comme appétit volontaire, dans une volition actualisée par un bien fini qui est son bien ultime à elle naturellement proportionné, cette volonté, considérée dans ses ressources naturelles naturellement actualisables, doit être tenue, même actualisée exhaustivement, comme capable de nourrir la velléité d'un bien possible surnaturel. Ce qui revient à dire qu'elle n'est pas exhaustivement actualisée. Mais alors comment peut-on encore parler de bien naturel *ultime* ? Il faudra encore que la volonté, dont la velléité aura été gracieusement convertie en volition, s'arrache à sa fin naturelle ultime pour s'habiliter à tendre vers ce qui excède ses pouvoirs propres. Et l'on retombera dans la situation de la volonté supposée dotée de deux fins naturelle et surnaturelle, avec la contrainte de se trouver déchirée entre les deux, ce qui lui fera haïr sa nature la soumettant à un tel supplice.

Ce qui peut être l'objet d'une velléité, c'est ce que la volonté délibérante peut et doit récuser aussi longtemps que cet objet lui paraît inaccessible ; mais on ne peut récuser que ce qui est objet de choix, et la volonté, dans une perspective thomiste, ne délibère que des moyens, et ne peut choisir que des moyens, car la volonté n'est pas libre à l'égard de sa fin. Comment l'Aquinate procède-t-il pour établir que le libre arbitre existe ? Voici :

Si un objet est proposé à la volonté qui soit bon sous tous les rapports, elle ne peut pas ne pas le vouloir, obéissant à une inclination qui n'est autre que le poids nécessitant de sa nature. Mais tout bien fini à elle offert n'est bon que sous un certain rapport, de sorte qu'il peut avoir raison de non bon. Et à ce titre il ne la nécessite pas. Il en résulte que si elle tend vers lui, c'est qu'elle se détermine à y tendre, le rendant nécessitant pour elle : elle le choisit.

Récapitulons :

Peut être objet d'une velléité ce qu'il est au pouvoir de la volonté d'écarter du champ des objets de ses appétits, quand la raison juge inaccessible un tel objet.

Ce qu'il est au pouvoir de la volonté d'écarter du champ des objets de ses appétits relève de son libre arbitre, qui lui donne de choisir de ne pas choisir un tel bien.

Donc tout objet de velléité relève d'un type de bien autre que ce bien en quoi consiste le bien ultime naturel de la volonté, et relève ainsi d'un bien qui est inférieur en bonté à celui que lui prescrit sa nature.

Or le Bien en quoi consiste l'objet de cette supposée velléité actualisée par la grâce est un bien supérieur à celui de sa fin naturelle ultime.

Donc ce dernier Bien ne peut jamais être tenu pour l'objet d'une velléité. Ce qui revient à dire qu'il relève de la volonté considérée dans sa nature, et qu'il existe un désir naturel de Dieu : « *Omnis intellectus naturaliter desiderat divinae essentiae visionem* » (saint Thomas d'Aquin, *Somme contre les Gentils*, III, 57, 4). On notera ceci : « *naturaliter* », et non « *obedentialiter* ». Saint Thomas est parfaitement cohérent lorsqu'il enseigne, corrélativement, que si la foi et la grâce en général excèdent la nature, il est contre nature (et non contre « puissance obédientielle ») de refuser la foi (*Somme théologique*, II^a II^{ae}, qu. 10, a. 1).

C'est ce qui faisait écrire au Père J. Wébert (*Essai de métaphysique thomiste*, Desclée, 1927, p. 88) : « Le vide immense de la volonté humaine ne peut se combler que par la possession de l'être illimité. C'est là le lieu sacré où prend origine notre liberté jamais contrainte absolument par un bien marqué d'une limite. »

Mais alors comment maintenir que la grâce est gratuite, et que la nature est bien faite, s'il existe un désir naturel de Dieu saisi tel qu'en Lui-même ? N'est-ce pas là tendre au panthéisme en compromettant l'incommensurabilité entre le créé et l'Incréé ?

Force est de s'interroger sur les conditions d'existence d'un *point de suture* entre nature et surnature, qui appartienne aux deux ordres pour que, en se reposant en lui, la nature touche déjà à quelque chose qui relève de la nature divine, et qui en même temps n'appartienne qu'à l'ordre naturel afin que, l'atteignant, la nature n'excède pas ce qu'il lui est possible d'atteindre par ses propres forces, de sorte que, tout autant, appartenant à l'ordre naturel et à l'ordre surnaturel, ce point de suture, faisant office de limite et de principe de discontinuité comme de continuité, soit tel qu'en même temps il n'appartienne à aucun des deux ordres. Il doit ne pas appartenir à l'ordre surnaturel pour appartenir à l'ordre naturel et être proportionné à la nature humaine ; il ne doit pas appartenir à l'ordre naturel afin d'appartenir à l'ordre surnaturel et ainsi jouir de l'infinité qui seule comble la volonté. Et il doit, appartenant aux deux ordres, n'appartenir tout autant à aucun d'eux pour préserver la thèse absolument vraie de la transcendance et l'incompréhensibilité de Dieu.

Aussi longtemps que le statut ontologique de ce point de suture entre nature et grâce n'aura pas été clairement défini, un malaise profond subsistera dans la réflexion des Catholiques, qui compromettra leur manière de concevoir les solutions politiques destinées à enrayer la décadence. Et cela n'est pas l'effet des manœuvres de sectes judéo-maçonniques.

Il est aisé de s'apercevoir qu'il y a du pain sur la planche. Nous apporterons plus bas notre contribution aux efforts appelés par le traitement de ce délicat problème.

§ 31. Observons que ce problème du rapport entre nature et grâce ne peut pas — en des termes certes quelque peu différents — ne pas se poser même à un incroyant. Il en est ainsi parce que c'est le problème du rapport entre le fini et l'infini, entre l'immanence et la transcendance. Nul homme n'a jamais mené sa vie d'homme sans éprouver la douleur d'exister liée au fait que nos désirs excèdent toujours les biens qui nous sont donnés à aimer. Il arrive parfois, telle une divine surprise, que certains biens longtemps convoités non seulement nous comblent quand ils se donnent, mais encore semblent répondre à un appétit par lequel nous ne nous savions pas habités, de telle sorte que les délectations résultant de la possession de tels biens l'emportent quant à l'intensité et à la qualité sur la souffrance que leur absence causait en nous. On a envie de déclarer dans ces circonstances : « c'est trop », signifiant par là :

« C'est ce que je ne me savais pas désirer, c'est ce qui excède mon attente et qui la ravit précisément parce qu'il l'excède. »

Néanmoins, ces instants sont fugitifs et non réitérables, ou plutôt leur reviviscence, qui est toujours une surprise, ne dépend pas de nous. Ils nous échappent en souriant tristement, comme pour nous dire qu'ils n'avaient pas lieu de se produire sur Terre, et qu'ils sont un avant-goût de ce qui nous est inaccessible en cette vie, ainsi porteurs du message suivant :

« Tu désires et tu désires désirer, et l'objet de ton désir le comble et l'exténue, et tu es en attente, sans pouvoir en tracer les contours, d'un objet qui te puisse combler en apaisant la souffrance du manque constitutif du désir, mais qui en même temps revitalise ton désir avec son manque à proportion de son pouvoir de t'exaucer : " Ceux qui me mangent auront encore faim, et ceux qui me boivent auront encore soif (*qui edunt me,*

CHAPITRE VIII

adhuc esurient ; et qui bibunt me, adhuc sitient)" (Eccl. XXIV, 29) ; en désirant être comblé pour ne plus souffrir, tu aspires au fond à ne pas désirer mais, en désirant ton désir, tu aspires à la chose contraire, et ton désir est contradictoire, invivable, cruel et ravissant, et le seul objet qui pourrait te convenir semble répudier la logique, à moins qu'il ne soit doué du pouvoir de se faire objet de ton désir alors qu'il en est le principe premier : comme objet, il le comble, comme principe il le ressuscite. Mais cet Objet n'appartient ni au monde ni à toi-même. Il ne t'appartient pas parce que, obscurément tendu vers lui, tu t'éprouves lesté d'un désir qui t'échappe dès lors que tu en ignores le sens, et dont tu n'es certainement pas l'origine. Il n'appartient pas au monde parce qu'aucun objet du monde dont tu puisses faire l'objet de ton désir n'est cause première du fait que tu éprouves du désir pour lui, autrement cet objet serait cause de toi-même, toi qui vis un désir tellement intérieur à toi qu'il est toi-même. S'il existait dans le monde un objet qui fût cause totale de toi-même, tu te reconnaîtrais en lui, il existerait une chose mondaine qui serait origine et fin de ton désir et qui, pour cette raison, se voudrait en toi, ferait de toi l'instrument de l'amour qu'elle se porte, aurait la forme réflexive définitionnelle d'un Cogito t'enjoignant de reconnaître l'existence d'une âme du monde prenant conscience d'elle-même en toi. Et, dans l'hypothèse, le monde ne te serait pas étranger, il ne te décevrait ni ne te torturerait, il vivrait à ton diapason. Et le moins que l'on puisse dire est qu'il n'en est rien. Tu aimes le monde jusque dans son indifférence à ton égard, et le monde t'invite comme malgré toi à aimer au-delà de lui, à transgresser tout l'ordre du représentable et de l'objectivable. Et telle est l'expérience du désir d'absolu. »

Cette maladroite prosopopée des instants de bonheur s'efforce à nous faire entrevoir le problème de la transcendance, et un tel désir n'épargne le souci de personne. Il fait corps avec l'inquiétude congénitale de tout homme advenant en ce monde, croyant ou non : nous sommes du monde qui est nôtre et que nous sommes invités à aimer, mais à aimer pour le quitter. Et il n'est pas difficile de comprendre que si l'Infini se rend accessible au fini sans cesser d'être infini, par un point ou aspect de lui-même par lequel il renonce à son infinité sans la perdre, c'est qu'il a la forme d'une intemporelle victoire sur toute finitude et que c'est en lui-même, mais dans le moment de son absence à lui-même, qu'il nous est naturellement accessible.

Tout le problème est de savoir si les réquisits ontologiques d'un tel absolu sont effectivement pensables.

CHAPITRE IX

Bien commun et Souverain Bien, les équivoques de l'immanence et de la transcendance

§ 32. Tout homme — croyant ou non — que les choses de l'esprit intéressent, entrevoit, avec une clarté plus ou moins grande, qu'il existe une relation obligée entre les notions de bien commun et de Souverain Bien. Intuitivement, on pressent que le Souverain Bien — par définition le meilleur de tous les biens — est aussi cause de la bonté de tous les biens inférieurs : ce qui est premier dans un genre est cause — disaient les Scolastiques — de tout ce qui appartient à ce genre. S'il est la cause et le meilleur des biens, le Souverain Bien est évidemment le plus commun des biens, et en retour tout bien commun ressemble, à sa mesure, au Souverain Bien. Si la religion est la manière dont l'homme est mis en rapport avec le Souverain Bien, c'est à la politique que revient la responsabilité d'établir le bien commun. D'où une relation nécessaire entre politique et religion.

En démocratie fondée sur le principe de la souveraineté populaire, il existe bien une religion, c'est la religion de l'homme et non celle de Dieu, et cette caractéristique fait que la démocratie devient elle-même la religion : les Droits de l'Homme sont les Tables de la Loi. Quiconque se voudra antidémocrate sera tenu pour blasphémateur. On ne discute pas avec un blasphémateur, on l'enferme ou on l'exécute, parce qu'il viole ce qui relève du sacré. Et c'est bien ce qui se produit aujourd'hui. Par voie de conséquence obligée, la laïcité est un mensonge, qui se veut l'expression de la neutralité, de la mise entre parenthèses des aspirations religieuses, alors qu'elle est l'expression de la religion maçonnique de l'homme devenu son propre dieu.

En contexte païen, la religion est le panthéisme. Mais si l'univers est divin, il est substantiel, et il est même la seule substance, de sorte que les êtres qui peuplent le monde auront vocation à être tenus pour les accidents de cette substance. Nous rappelons pour faire vite que ce que l'on nomme philosophiquement « substance » est ce qui existe en soi ; Pierre est substance ; son sourire, son caractère, sa taille, ses talents sont ses accidents. Si le monde est substance, il s'explicite, dans le langage de Spinoza, en attributs et en modes. Les attributs sont ce que l'entendement conçoit, dans la substance, comme constituant son essence. Les modes sont les affections de la substance, ses modifications. Les attributs définissent les caractères essentiels de la substance, et constituent la « nature naturante » entendue telle la cause immanente de ses effets phénoménaux. Les modes désignent les caractères accidentels propres à la « nature naturée », et ils désignent les choses du monde en leur diversité infinie, lesquelles seront tenues pour autant de modifications de la Substance (divine). Si la volonté et l'entendement sont autant de modes de l'attribut « Pensée », c'est que la Substance (divine) n'est ni volonté ni entendement ; elle est impersonnelle. Il en résulte que l'homme, qui est conscience, et qui est conscience de la substantialité du monde qui est Dieu, est par cela même celui en qui le divin prend conscience de lui-même. Qui ne voit, avec de tels présupposés, que l'homme individuel aura tendance, invinciblement, à s'absolutiser, ainsi à n'exercer ses puissances d'aimer que sur le mode d'un amour captatif, consistant à aimer les biens en tant qu'il les rapportera à lui ? Mais ce sera là rendre impraticable l'exercice du souci d'un quelconque bien commun, lequel est par nature aimé en tant que l'on se rapporte à lui. Et la pétaudière démocratique pointe derechef à l'horizon.

§ 33. C'est là le travers logique de ce que l'on nomme aujourd'hui le néo-paganisme, lequel revendique une ontologie professant l'immanence totale de l'absolu. Le néo-paganisme est légitimement désireux de pourchasser cette haine du monde qui

CHAPITRE IX

hante l'homme de ressentiment, c'est-à-dire l'homme qui voit une injustice, un désordre et un scandale dans le fait d'être au monde dont il conteste les beautés au nom d'un arrière-monde qu'il lui oppose pour se dispenser du devoir d'affronter les souffrances de ce monde, à commencer par les misères dont est affligé le faible aussi incapable d'accepter sa faiblesse que de la surmonter. Alors le faible dénigre, se plaint, gémit, remplit la Terre de ses jérémiades haineuses, tente par là de rabaisser les forts pour se mettre à leur place en leur communiquant la maladie de sa propre mauvaise conscience (il sait qu'il est un faible, mais il entend faire de sa faiblesse une force). Le monde est dangereux, il est à la fois « universelle copulation » comme le rappelait Diderot, à la fois champ de bataille sans armistice comme le rappelait Maistre. Le monde est une dialectique éternelle entre le concupiscible et l'irascible, un mouvement de va-et-vient entre deux extrêmes opposés qui malgré eux se renvoient l'un à l'autre, il est identité contradictoire de l'attraction et de la répulsion et se déploie en cycles annonçant le retour du Même. Comme contradictoire il est inintelligible et c'est à l'homme seul — le fort, celui qui a compris qu'on n'est homme qu'à être surhomme — qu'il appartient de lui donner un sens qui sera et ne pourra consister qu'en une interprétation issue de sa volonté de puissance, à toute distance d'une recherche de « vérité objective », autre nom pour l'arrière-monde, instrument de la vengeance des faibles. Comme cyclique, il offre prise à l'« *amor fati* » qui consiste à vouloir la réitération de tout ce que l'on a vécu, souffrances et jubilations, à toute distance du souci d'un « devoir-être » qui ne contient objectivement rien d'autre que l'envie des malades à l'égard des vivants. Et, bien entendu, il paraîtra expédient au néo-Païen de nier l'existence d'un tel arrière-monde, afin de bien montrer que toute aspiration à la transcendance est une sécrétion de faible. Le monde réel, monde de la force — celle de l'amour et celle de la guerre — est furieusement inégalitaire, et l'aspiration secrète du sous-homme est de conquérir l'égalité en affaiblissant les forts, tout en se parant d'une pseudo-légitimité qui rend supportable à lui-même le mensonge à soi du faible : la justice ; la justice est l'égalité ;

puisque nous sommes tous également hommes, nous devons être des hommes égaux. Il n'est pas douteux que cette aversion du néo-Païen pour la transcendance contient psychologiquement une forte part de vérité. Mais son refus de l'arrière-monde lui fait embrasser le panthéisme, lequel est objectivement solidaire de cette idée selon laquelle la conscience de la divinité du monde est en chaque homme conscience de soi du monde supposé divin, ce qui convertit tout homme en un petit dieu, quand le rapport d'un dieu à un autre ne peut être que celui de l'égalité. Force est d'en conclure que le néo-Païen travaille contre son propre camp et qu'il sert objectivement les intérêts de la subversion égalitaire, mais aussi du consumérisme : si l'homme est dieu, tout lui est permis, et il ne peut aimer que des biens qu'il rapporte à lui-même, à savoir les biens matériels. Le néo-Païen se fait ainsi l'allié objectif, voire l'exécutant, des tenants de la vision socialo-libérale du monde, c'est-à-dire du mondialisme.

L'art tragique des Anciens, à vocation religieuse, consistait à montrer que toute lutte de l'homme contre le Destin se solde par une victoire de ce dernier, non seulement parce qu'il est le plus fort, mais parce qu'il fait servir cette lutte exercée contre lui à ses propres desseins. On peut y voir la condamnation de toute forme d'esprit de ressentiment : c'est encore au monde qu'empruntent les faibles pour le contester, au point qu'ils le servent par leur révolte dérisoire. On peut y discerner la dénonciation de la perversité des dieux qui jouent avec les hommes comme le chat avec la souris, et ce sera là une lecture gnostique des tragédies, mais cette interprétation, peut-être expressive des secrets initiatiques de certains satanistes ancestraux, s'accorde peu avec l'esprit général de l'Antiquité reconnaissant dans l'univers, fondamentalement, un cosmos, un ordre, une expression du divin, comme au reste le rappelle Plotin condamnant les gnostiques (*Ennéades* II, IX). Mais on peut y voir autre chose, qui n'annule pas la première interprétation : si l'homme insurgé contre le monde emprunte à la vie du monde sa propre vitalité contestataire et anémiée, c'est que, puisqu'il est immergé dans ce monde, c'est ce dernier qui se conteste en lui, faisant dans son héros tragique l'aveu de ce qu'il est cette insupportable unité de

CHAPITRE IX

l'attraction et de la répulsion en attente de sa sublimation, tel le résultat de la décomposition d'une unité primitive dont elle conserve la nostalgie. Dans cette perspective, la Nature est bien « telle qu'elle marque partout un Dieu perdu, en l'homme et hors de l'homme » (Pascal). Le paganisme est alors attente de la Révélation, alors que le néo-paganisme en est le refus, ce qui fait du néo-paganisme, porteur de l'étendard de la révolte gnostique, une trahison du paganisme et un allié objectif du judaïsme lui-même pénétré de thèmes gnostiques.

§ 34. On est ainsi autorisé, par ce qui précède, à formuler le constat suivant :

Pour qui entend restaurer l'ordre naturel des choses et enrayer la décadence, il est nécessaire de conjuguer l'exigence de recherche d'un bien commun politique immanent, et le souci d'aspiration à un Souverain Bien transcendant et séparé, dès lors que le panthéisme est rejeté. Ce qui confirme la relation nécessaire entre politique et religion, mais avec des données problématiques : il s'agira d'ordonner l'homme à un bien immanent que l'on aura le devoir de servir, qui donc aura raison de fin, mais de telle sorte que le service de ce bien immanent s'achève — à tout le moins puisse s'achever — dans et comme une sublimation de lui-même au service d'une fin transcendante. Ce qui suppose que l'immanence et la transcendance, qui s'opposent comme des contraires, parviennent à s'identifier en un point de suture qui respectera leur césure. On voit là, si l'on veut bien se souvenir de ce qui a été développé plus haut (au terme du § 30), que le règlement de la question du point de suture entre nature et surnature conditionne celui de la réussite de la guerre menée contre les forces de la décadence. Et l'on aura compris que ce règlement n'est pas la solution d'un problème qui ne concernerait que les Catholiques. Le degré le plus élaboré de la spéculation antique, atteint par Aristote, révèle que la recherche naturelle de l'être en tant qu'il est être, ou ontologie, prend naturellement la forme (sans que cette forme soit ablative, *a priori*, de la recherche du sens de l'être) d'une théologie, science du Premier étant, lequel est « séparé », réellement distinct du monde et bienheureux en lui-même. C'est donc du sein même d'une aspiration naturelle à l'absolu, et non seulement du point de vue surnaturel d'une Révélation, que se pose la question d'un point de suture entre immanence et transcendance, bien commun et Souverain Bien, politique et religion.

§ 35. « Les fainéants au boulot, les femmes à la cuisine, les enfants au catéchisme, les voyous en prison, les bougnoules chez eux, les travailleurs à l'atelier, les criminels à l'échafaud, les prélèvements obligatoires à la poubelle, les politiciens et toute la race des profiteurs au bagne, les administrations au dégraissage, les syndicats à la casse, les Juifs au ghetto... et surtout : les intellectuels — surtout les philosophes — chez les fous, en camisole ; les francs-maçons et toute l'engeance des bavards corrupteurs au poteau. Le bon sens, le retour aux traditions, la pratique religieuse pour ceux qui en ont besoin, cela nous suffit ; on a déjà beaucoup trop pensé, péroré ; que vienne le temps de l'action : le militantisme, le "survivalisme" si rien d'autre n'est à envisager pour le moment, la dénonciation des méchants, il n'y a que cela de vrai. Ceux qui font profession de penser n'agissent ni ne militent, nous en avons assez de leurs leçons amphigouriques. Non seulement nous les nourrissons, mais encore ils viennent cracher dans la soupe en prétendant nous faire la leçon. De tels bavards ont tout intérêt à nous faire accroire qu'ils sont indispensables ; ils ne s'efforcent à éclairer notre action que pour se dispenser d'agir, et en vérité ils retardent l'action et la paralysent, en jetant le doute parmi nous, la zizanie et l'incompréhension. L'instinct vital en sort affaibli, et nous finissons par ressembler à ces avortons. »

Oui, peut-être. Mais que mettre à la place, au terme de ce grand nettoyage ? Ne faut-il pas philosopher pour s'éviter de réenclencher le processus qui nous a menés au point où nous en sommes ? Décrire le résultat que l'on souhaite de l'action politique n'est pas résoudre — à supposer déjà que telle soit bien la représentation de l'ordre voulu par la nature des choses — le problème des conditions de possibilité de son obtention. Une société n'est pas un jeu de lego dont les parties s'emboîtent les unes dans les autres au gré de la fantaisie du constructeur ludique. Elle est une réalité organique faite de personnes qu'il

CHAPITRE IX

faut convaincre et ainsi dont il faut faire concourir les efforts en vue d'un bien appétible par toutes et capable d'emporter leur adhésion quand bien même sa recherche exige le sacrifice suprême de certains et le sacrifice quotidien de l'égoïsme de chacun. Quelle que soit la puissance policière ou militaire dont on dispose pour imposer à une multitude sa volonté supposée éclairée par le « bon sens » et la dilection pour la « simplicité », on ne pourra jamais faire, sans recours à la philosophie qui seule se préoccupe des fins ultimes, que des hommes puissent parvenir à harmoniser l'horizontalité de leurs aspirations politiques et la verticalité de leurs vœux religieux, sans s'interroger sur la manière dont s'articulent deux mouvements si spontanément éloignés de la tendance à aller dans le même sens. Et ne convient-il pas de philosopher de manière un peu nouvelle, sans toutefois rompre avec la « *philosophia perennis* », s'il est vrai que tous les problèmes philosophiques n'ont pas été réglés, en particulier celui du rapport vrai entre politique et religion ?

CHAPITRE X

Le fascisme, antithèse du personnalisme

§ 36. Rien n'est plus étranger à la manière fasciste de concevoir la condition humaine que celle à laquelle renvoie la formule suivante, d'Emmanuel Mounier : l'amour « s'adresse au sujet *par delà sa nature* (nous soulignons), il veut sa réalisation comme personne, comme liberté, quels que soient ses dons et ses disgrâces qui ne comptent plus essentiellement à son regard : l'amour est aveugle, mais c'est un aveugle extra-lucide » (*Le Personnalisme*, Que sais-je ?, 1965, p. 41). Nous reviendrons certainement sur ce point dans quelques paragraphes en évoquant la doctrine de Cajétan, ce grand commentateur de la *Somme théologique* de saint Thomas, que nous connaissons un peu moins mal après avoir lu, avec le soin qu'il mérite, l'ouvrage de l'abbé Guillaume de Tanoüarn consacré à son maître et champion le cardinal de Saint-Sixte : *Cajétan : Le Personnalisme intégral*, Cerf, 2009. Nous ne voyons pas comment la personne pourrait être au-delà de la nature humaine, telle une détermination ineffable qui lui serait surajoutée, parce que, s'il en était ainsi, elle serait extrinsèque à sa nature, de sorte que cette dernière devrait perdre toute valeur normative, et il serait plus logique dans cette perspective d'aller jusqu'au bout de cette exaltation de la liberté avec l'existentialisme athée de Jean-Paul Sartre : l'homme est chose, être ou nature parce qu'il est matière, il est naturel par son corps et, par ce qu'il est convenu d'appeler faussement son esprit, il est personne, liberté et néant, trou d'être, indétermination pure sans figure ni nature, par là disposé à s'autodéterminer. Nous n'allons pas nous mettre à lasser déjà le lecteur en proposant méthodiquement, surtout à ce stade d'élaboration de l'ouvrage, une réfutation en règle de l'existentialisme, mais nous nous permettrons quand même de faire observer ceci :

Choisir suppose que l'on délibère, et il n'est pas possible de juger tel choix meilleur qu'un autre si l'on ne dispose pas *a priori* d'un idéal de la bonté, puisque, dans l'ordre qualitatif, toute hiérarchie s'établit à partir d'un maximum : telle douleur est jugée inférieure à telle autre parce que le malade est comme possesseur de l'idée d'un maximum envisageable de la souffrance, et il en est de même pour le plaisir et autres déterminations qualitatives ; dès lors, ce qui est principe de délibération ne saurait être objet de délibération, ce qui est principe de choix exclut d'être objet de choix ; on ne saurait choisir les valeurs et les faire exister comme valeurs par le fait de les choisir, puisqu'il faut être en possession de valeurs pour choisir. On ne peut pas sans se payer de mots se dispenser de l'existence d'une nature humaine en laquelle sont inscrites *a priori* les valeurs par lesquelles s'exerce la liberté. Loin d'éclipser la liberté, la nature humaine la rend possible. Cela rappelé, la nature, dans un être, est son essence même, *ce* qu'il est, le principe de ses opérations et de ses qualités, de toutes les déterminations qui le définissent, ainsi sa *cause* immanente. Elle est, sous ce rapport, le sujet d'exercice de l'acte d'exister, ce qui spécifie un tel acte, ce qui le limite à l'exister de telle chose déterminée, à l'exclusion de toute autre. Dans cette perspective, le sujet qui *est* une nature individuée *a* un exister. Mais il faut être pour être quelque chose, il faut être pour être essence, car une essence qui n'existe pas n'a même pas le statut d'essence ; un projet non réalisé, privé de son existence de réalité extra-mentale, ne se dispense pas d'exister au moins comme un possible actuellement pensé dans l'esprit de son concepteur, de sorte que l'existence est intrinsèque à l'essence en tant qu'elle est essence, autant qu'elle lui est extrinsèque en tant que reçue par elle ; et de ce point de vue l'essence d'un être est ce qu'il *est* ; elle est cet exister même en tant que mesuré par elle qui, sans lui, ne serait rien, car il faut être, pour être essence ; elle n'est essence que par l'exister qu'elle mesure et dont en même temps elle se distingue comme se distingue une mesure de ce qu'elle mesure. Si donc l'existence est de surcroît exercée par l'essence, c'est qu'elle est différente de l'essence ; l'essence est identique à ce dont elle se distingue, ce qui paraît à première vue impossible si, semble-t-il, quelque chose ne se surajoute pas à l'essence pour l'habiliter à avoir ce qu'elle est, et c'est ce quelque chose qui, joint à l'essence, fait qu'on nommera cette essence une « personne » à ce titre envisagée tel un sujet d'attribution dernier, tel ce dont on dit qu'il *est*, et qu'il *a* une essence ou nature. Et nous voilà réduits, contre toute attente, à confesser, en nous rendant à l'idée que même l'essence individuée ne serait pas encore personne, un cajétanisme que nous disions irrecevable.

Il existe une nature humaine, l'individu est individuation de sa nature ou sa nature individuée, et en même temps il a une nature, et c'est parce qu'il a sa nature, ainsi qu'il n'est pas ce qu'il est, qu'il est doué du pouvoir tantôt de ratifier sa nature, tantôt de la traîner tel un fardeau dont il s'émancipe en agissant contre nature, cependant que, étant ce contre quoi il agit, tirant de sa nature le pouvoir de se soustraire à elle, il se conteste lui-même en agissant contre nature et se détruit, ce qui est l'acte immoral ou péché. Si la nature était extérieure à la personne, la personne n'agirait pas contre elle-même en agissant contre nature, et le péché ne serait pas son péché, il ne l'affecterait pas en tant que personne, ce qui a pourtant lieu.

Ce qui est sujet dernier d'attribution semble indéfinissable non seulement pour nous mais en soi, car, s'il l'était, il pourrait être circonscrit dans une définition expressive d'un concept, et il pourrait être attribué à un sujet, ce qui revient à dire qu'il ne serait pas sujet *dernier* d'attribution : on serait renvoyé à l'infini, l'intelligibilité du suppôt le convertirait en attribut prédicable et renverrait à un autre sujet ; cela dit, s'il est indéfinissable en soi, il est parfaitement indéterminé en lui-même, il a pour détermination de n'en avoir aucune, et il équivaut au néant ; ce qui est sujet dernier d'attribution est en demeure, pour être ce qu'il est, d'être, et il doit n'être pas du néant pour être. Dans cette perspective la personne n'est pas surajoutée à la nature humaine, elle est cette nature individuée. Tout autant, la personne peut dire non seulement qu'elle a un corps, un passé et un avenir, mais encore une conscience, une capacité de penser, un caractère ; elle peut même dire qu'elle a une personnalité. Et il faut, pour l'avoir, n'être pas ce que l'on a ; ici, il faut bien que la personne se contre-divise à la nature même individuée, autrement elle ne saurait dire qu'elle a telle nature individuelle, et qu'elle est ce qui existe selon telle nature individuelle, ce que pourtant elle fait spontanément. Que la personne soit à la fois la nature de cette personne et ce qui exerce une telle nature, c'est imputable à ce que les Scolastiques ont nommé « subsistence » : quelque chose qui donne à l'essence non seulement de recevoir mais d'exercer l'existence qui par là s'en distingue, quelque chose qui semble relever de l'essence et ne lui ajoute pourtant rien, ne relève pas de l'ordre quidditatif, sans quoi, relevant de ce qui est possédé, il ne saurait être ce sujet possédant son essence, cette personne ayant cette nature. Ne relevant pas de l'ordre de l'essence, il s'invite à prendre place dans celui de l'existence, mais là encore il y répugne parce qu'il est ce sujet qui existe, qui a son acte d'exister, et qui n'est pas son acte d'exister puisqu'il n'existe que selon une certaine mesure qui est précisément ce qu'il est, à savoir son essence ; mon essence est *ce* que je suis mais, entretenant à son égard une relation d'avoir, elle est telle que *ce* que je suis n'est pas ce que je *suis*. Alors que penser ? Ce quelque chose nommé « subsistence » relève à la fois de l'essence et de l'existence tout en répugnant à appartenir à aucune des deux. Il doit relever de l'essence mais comme néant d'essence dans l'essence. Et c'est cela qu'il faut expliquer.

Résoudre ce problème sans avoir recours à l'idée impensable de personne au-delà de sa nature, c'est l'une des pistes que nous avons suivies pour nous autoriser à proposer une réponse qui ne figure pas dans la lettre du corpus thomasien, et plus généralement pour illustrer cette idée, féconde à la mesure de sa dangerosité, à savoir que l'hylémorphisme ne dissout ses apories que par l'intromission, dans le corpus réaliste, du concept de réflexion ontologique ; si tant est qu'il existe une seule idée originale dont nous puissions nous prévaloir, c'est celle-là. C'est là du patois hyrcanien pour le lecteur de bonne volonté, nous le savons. Et le propos du présent ouvrage est aussi de mettre en évidence, en des termes non techniques, la fécondité de cette trouvaille qui, dans notre petite tête, tient la fonction de Maître Jacques et de dada.

§ 37. On a voulu voir, dans cette « subsistence » (telle est la position de l'abbé de Tanoüarn, probablement fidèle à Cajétan), un rapport entre l'essence (individuée) et l'existence (l'essence existante), un rapport toujours mouvant qui rend possible l'accession, en forme de métamorphose, à de nouveaux modes d'existence, telle l'existence surnaturelle prodiguée par le don de la grâce. Mais un rapport n'existe que par ses termes, il les présuppose ; la « subsistence » ne saurait être « entre » l'essence et l'existence, tel un rapport toujours modulable ou révocable selon le bon plaisir du Créateur, car, présupposant les termes du rapport, à savoir l'essence et l'existence, il ne saurait remplir la fonction que l'on attend de lui, c'est-à-dire celle de disposer l'essence à exercer l'existence, laquelle doit être, exister, pour recevoir une disposition. Et le néant sartrien supposé expliquer la conscience qui est liberté, ce néant d'être dans l'être, cette fêlure de l'En-Soi, ne saurait remplir ses promesses s'il s'agit, ainsi que l'entend Sartre, d'un néant de matière, seule à mériter pour lui le nom d'être, puisque la matière est dans un être le déterminant à raison duquel il n'est pas ce qu'il est, s'échappe de soi et se rend incapable de coïncider avec lui-même, se révèle déjà potentiellement tel cet autre qu'il pourra devenir : l'amphore contient du vin, mais elle ne peut se contenir elle-même, avoir elle-même pour contenu, intérioriser son extérieur, et c'est à raison de sa matérialité qu'il en est ainsi ; il en résulte qu'elle est extérieure à soi et qu'elle s'échappe d'elle-même, confessant, en cette matérialité, qu'elle est déjà potentiellement autre chose que soi, faisant ainsi l'aveu qu'elle n'est pas véritablement ce qu'elle est, que par là elle n'est pas authentiquement être, mais déjà néant. Le Pour-Soi, la conscience, la personne, est un néant d'être dans l'être, mais dans l'être qui n'est pleinement être qu'à être esprit ; un néant d'être plus radical que la matière soutenu dans son être de néant par l'être dont il est la néantisation : posé comme néant d'être, il est immédiatement volatilisé, il se révèle déficit d'être, être déficient, ainsi encore être. Pour être un déficit d'être maintenu comme néant d'être échappant au statut d'être déficient, il doit être maintenu en son être de néant d'être par un être (une nature) capable de se renier en lui sans se perdre. Et c'est bien cela qu'il convient d'expliquer.

Nous venons d'établir qu'il y a du pain sur la planche quand on s'essaie à penser la personne. Notre monde crève du fait que les hommes veulent être des personnes sans nature, des libertés sans déterminations, qui se donnent les déterminations par lesquelles elles consentent à se faire affecter, des personnes qui entendent se créer. Quand elles consentent à se reconnaître une nature qu'elles n'ont pas choisie, c'est à condition qu'elles ne soient pas leur nature mais qu'elles se contentent de l'avoir sans l'être. C'est ce que nous appelons le subjectivisme. Le corollaire obligé en est l'esprit démocratique et la philosophie des Droits de l'Homme.

Ce qu'il y a, selon nous, de plus intime dans un homme, ce ne sont ni son passé, ni ses origines, ni même ses actes, ni ce qu'il est convenu de nommer ses « petits secrets » qui recouvrent d'ordinaire ces misères communes au nom desquelles, selon le mot de Hegel, nul n'est un grand homme pour son valet de chambre. Ce qu'il y a de plus intime est ce qu'il tient pour le plus précieux. En droit, le plus précieux des biens étant Dieu dont lui parle sa raison et que lui enseigne sa religion, le plus précieux de ce qu'il a en lui est cette aptitude à tendre vers Dieu ; or la religion unit les hommes sur le mode mystique au point qu'ils en deviennent les membres d'un grand corps, ce qui signifie qu'au lieu de renvoyer chacun à sa vie intérieure privée, elle satisfait les réquisits les plus exigeants de son intériorité en le sommant de dévoiler son trésor de manière publique ; et la raison est dans l'homme ce qu'il a de plus propre mais aussi ce qu'il y a de plus commun et qui se déploie en et comme le souci de l'universel. Ainsi donc, ce qu'il y a de plus intime en un homme se résout-il, en droit, dans ce qu'il y a de plus commun à tous les hommes. Les secrets privés, les misères celées, les inclinations qu'on croit toutes personnelles, tout cela relève au fond de l'écorce de la personne. S'il y a dans toute communication une aspiration confuse à la communion, c'est dans le dévoilement de ce que l'homme pense qu'elle peut trouver le moyen de se réaliser. Les philosophes, enseignait Étienne Gilson, communiquent d'abord dans et par leurs livres plus que par leurs conversations ou leurs confidences existentielles privées. Cela rappelé, il se trouve que notre temps ne reconnaît plus en Dieu et dans la contemplation des fruits de la raison spéculative les vrais principes d'unité du genre humain. C'est pourquoi, pour qui entend aujourd'hui faire mémoire de ces derniers, il semble bien nécessaire d'adopter le mode d'expression qui revient aux « confidences », aux exhibitions poisseuses.

Ce qu'il y a de plus intime dans un homme, ce n'est pas sa personne entendue tel l'autre de sa nature, même s'il est aussi vrai de déclarer qu'il a une nature que de dire qu'il est sa nature individuée ; ce n'est certainement pas la personne se complaisant dans cette altérité par rapport à sa nature ; c'est bien sa personne si l'on y tient, mais la personne qui, s'éprouvant comme en retrait par rapport à sa nature, choisit de se comporter telle sa nature individuée que la personne est aussi, et décide d'exécuter ce que lui prescrit sa nature. Un tel hiatus entre elle et sa nature n'est là que pour lui donner de ratifier le processus d'individuation dont elle est le résultat, ainsi de coopérer en tant que personne ou liberté à l'opération divine qui la crée ; mais c'est encore à l'initiative de cette opération divine qui met en œuvre la causalité de la nature humaine, c'est sous l'injonction de cette dernière et par sa puissance causale que la personne exerce sa coopération. C'est de la dignité de sa nature que la personne tient sa propre dignité. Le personnalisme est un existentialisme qui n'ose dire son nom parce qu'il n'ose assumer les conséquences de ses engagements et de ses dilections.

Pour les Anciens, la liberté était d'abord une condition sociale. On était homme libre parce qu'on n'était pas esclave. Et les Chrétiens de se rengorger en fustigeant le paganisme qui aurait ignoré l'éminente dignité de la personne humaine, la gloire des petits et la relativité, la contingence et la superficialité des hiérarchies politiques dont ils dénonceront à qui mieux mieux le totalitarisme. On ne manquera pas de faire observer que la question du constitutif formel de la personne ne s'est véritablement posée que par la provocation du dogme de l'Incarnation et de l'union hypostatique : le Christ a deux natures et n'est qu'une seule Personne, celle du Verbe ; il n'y a pas de personne humaine dans le Christ ; le Christ est pleinement homme, doté d'une nature humaine individuée, et Il est la nature divine considérée selon la deuxième Personne de la Trinité ; si donc la Personne divine assume la nature humaine individuée, c'est qu'il manque, dit-on, à cette dernière quelque chose qui en ferait une personne humaine ; de là, on en conclut que la personne ou suppôt est au-delà de la nature.

On a pourtant vu plus haut que la question du rapport entre personne et nature se posait en termes purement philosophiques, et que cette question, en droit, aurait pu être posée sans la Révélation.

Nous voulons bien que l'esclavage soit tenu pour contre nature ; l'esclave n'était pas reconnu comme personne humaine, alors qu'il est dans la nature de cette nature de s'accomplir comme personne ; mais c'était là un mal beaucoup moins radical que l'exaltation de la personne au profit de ceux qui, déchristianisés ou n'ayant jamais été chrétiens mais frappés par les poisons de la modernité issue d'une laïcisation du christianisme, privés de ces dons surnaturels qui par définition élèvent l'homme au-dessus de soi-même, ne sont plus capables de vivre selon les exigences de la nature humaine, se révèlent incapables d'en satisfaire les exigences même dans son état de nature déchue, ainsi blessée ou affaiblie mais non intrinsèquement corrompue, de sorte qu'ils ne la dépassent en tant que personnes que pour la transgresser et accuser sa blessure originelle. Comme le rappelle le poète Lucain, le genre humain ne vit que pour un petit nombre d'hommes, et sous ce rapport la chose n'a guère changé depuis l'Antiquité, sauf qu'ils ne le savent pas, et que ceux qu'ils servent ne le méritent plus. Mais le genre humain vit *pour* peu d'hommes parce qu'il vit en vérité *en* peu d'hommes. Que fait l'homme moyen d'aujourd'hui de son savoir et de son aisance ? Il envie son voisin, se repaît d'idioties, n'apprend à lire et à écrire que pour se vautrer dans les inepties. L'esclave jouissait de la dignité d'une humanité participée : il était homme sans être vraie personne, mais il jouissait d'une personnalité participée en rendant possible l'accès de son maître à une vie proprement humaine, celle de l'activité spéculative. Spirituellement parlant, la condition d'esclave était de beaucoup supérieure à celle du contribuable télévore et démocrate. Le vrai Chrétien est un Païen surmonté. Si le Païen ne sauve l'héritage prestigieux dont il est dépositaire qu'en se faisant chrétien (« ôtez la surnature, il ne reste même plus la nature », enseignait Chesterton), inversement le Chrétien doit réapprendre à cultiver en lui le Païen pour ne pas faire dégénérer le christianisme en humanisme, religion des sous-hommes, c'est-à-dire de ceux qui soustraient la personne à la nature. On peut se demander si le cajétanisme — cette manière d'être thomiste négatrice de l'existence d'un désir naturel de Dieu, soucieuse de préserver la transcendance par peur panique du panthéisme paganisant honni — n'est pas, historiquement — Cajétan et le Pic de la Mirandole du *Discours sur la dignité de l'homme* appartiennent au même univers philosophique —, la racine de ce qu'il suffirait de laïciser un peu pour produire le personnalisme moderniste et l'existentialisme athée.

CHAPITRE XI
Le mondialisme

§ 38. Conformément à notre intention de départ, nous voudrions désormais aborder pour elle-même la question du rapport entre politique et religion, État et Église, ayant esquissé jusqu'ici les enjeux que cette question conditionne, en essayant de montrer qu'il appartient à la philosophie de la traiter. Mais il nous faut préalablement parler du bien commun et dissiper quelques équivoques concernant cette notion. C'est pourquoi nous aborderons le traitement du concept de bien commun à travers celui du concept de l'État mondial.

Nous avons déclaré plus haut (dès le § 1) que nous nous situons politiquement dans la ligne politique des collaborationnistes français, ce qui ne signifie pas que nous avaliserions aujourd'hui toutes les raisons qu'ils ont pu invoquer pour justifier leur engagement. Nous préférons être en servitude allemande et demeurer français plutôt que de jouir d'une souveraineté illusoire au prix de notre identité française et européenne détruite par le libéralo-marxisme. Une telle souveraineté est illusoire parce que les peuples européens réduits à une poussière d'individus déracinés et américanisés, abrutis et tétanisés par l'idéologie intrinsèquement internationaliste des Droits de l'Homme, subissent la tyrannie molle — pour le moment — du mondialisme bancaire promoteur de l'invasion migratoire qui les assassine. Et cette servitude allemande n'en eût pas été une parce que la suzeraineté du Reich n'eût pas été ablative de la souveraineté des nations européennes, au moins dans le domaine de la politique intérieure de chacune d'elles. À tout le moins, si un Himmler « racialiste » et régionaliste (substituer des régions ethniquement homogènes aux nations historiques dont il faudrait démanteler les États) pensa son Europe autrement, tel n'était pas le projet d'Hitler que de détruire les nations historiques. La France débarrassée de sa maladie jacobine eût recouvré sa vitalité intellectuelle, spirituelle, artistique, scientifique, et eût embrassé le service de sa vraie vocation qui est celle d'une suzeraineté intellectuelle et religieuse — mais non politique et guerrière — sur l'Europe. Des maurrassiens résistants aux gaullistes, des Catholiques conservateurs antifascistes aux pétainistes, les nationalistes français antiallemands ont objectivement servi les intérêts de l'URSS, des États-Unis et, avec eux, du mondialisme, ainsi les intérêts de ce qui détruit la nation française.

Il ne nous semble pas que cela ait été un calcul très conséquent, qui permit de perdre sur tous les tableaux avec pour seule récompense le colifichet d'une indépendance nationale toute nominale, et avec pour conséquence que nous héritons d'un pays orphelin de son identité aussi bien raciale que culturelle ou religieuse, dépossédé de son droit de battre monnaie, de mener une politique conforme aux droits de la justice et aux intérêts stratégiques de notre peuple, déstructuré par des lois iniques et contre nature, et asservi par les puissances bancaires et la tyrannie insidieuse de la pieuvre maçonnique en son fond gnostico-satanique. Et tel est le mondialisme, qui s'est installé au fond dès 1945 sur cette planète mais de manière plus ou moins occulte, et qui se révèle aujourd'hui pour ce qu'il est.

§ 39. Le mondialisme est cette doctrine politique selon laquelle le genre humain en son entier aurait vocation à se rassembler dans une unique société régie par un seul État, afin de constituer une unique communauté temporelle de destin. Il est l'égout collecteur de toutes les erreurs politiques. Et la croisade des fascismes fut la dernière digue ayant eu quelque chance d'en retenir le flot abject en lequel se noie, de manière irréversible, l'humanité contemporaine.

CHAPITRE XI

La nature d'une chose est sa fin. La fin de la cité est le bien commun. Le bien commun est le bien du tout entendu comme tout, et il est la partie la meilleure du bien de chacun. Il est le bien de la nature humaine immanente à chaque homme.

Le bien commun de l'armée est la victoire, laquelle peut exiger le sacrifice du soldat, et en même temps la victoire de l'armée est la part la plus noble et en droit la plus appétible du bien propre de chaque soldat qui sait que sa progression professionnelle et sa solde sont ordonnées au bien de l'armée. En tant qu'il est la partie la plus précieuse du bien de chacun, tout en étant ce qui peut exiger le sacrifice de la partie, le bien commun est un bien qui se donne à aimer tel un bien qu'on désire en tant qu'on lui est rapporté, et non en tant qu'on le rapporterait à soi. Nos appétits naturels procèdent de notre essence, ils sont plantés en nous par notre nature, mais ce qu'ils visent est en dernier ressort l'adéquation de chacun d'entre nous à cette essence : appéter consiste à manquer, à n'être pas complètement soi-même, à être à distance de soi, de sorte que l'objet de l'appétit est la quête de ce qui rend l'être de désir adéquat à son essence ; l'essence est origine et fin de celui qu'elle habite, l'essence se veut en lui qui, par là, n'y aspire qu'en lui étant rapporté. Dès lors, le bien commun est effectivement le bien de la nature humaine. Mais le bien de la nature humaine est le déploiement exhaustif de ses virtualités, l'actualisation de ses potentialités, la hiérarchisation de ses facultés ordonnées au bien qui satisfait en l'homme l'appétit induit par sa différence spécifique, à savoir sa raison. Donc le bien commun, qui est le bien de la nature humaine, est la réalisation en acte de toutes les potentialités de cette nature, hiérarchisées en vue de l'activité contemplative exercée par tous, autant qu'il est possible, selon la mesure de chacun. Il en résulte que la cité, définie par sa fin qui dit son essence, est la projection communautaire de la nature humaine investie comme individuée en chaque homme, lequel ne saurait, parce qu'il n'est qu'une individuation parmi d'autres de sa nature, faire se réaliser par lui tous les aspects de la nature humaine, et c'est pourquoi l'homme entre en société, non parce qu'elle serait le moyen de satisfaction de ses besoins privés, mais parce que sa nature lui enjoint de faire exister la cité en laquelle seule s'extériorisent et s'actualisent toutes les potentialités de l'essence humaine. Puis donc qu'on peut distinguer trois parties ou trois fonctions essentielles dans l'âme humaine — l'intelligence, la volonté ou « cœur », et les appétits sensibles —, il y a nécessairement trois parties dans la société : les contemplatifs, les guerriers, les producteurs, et c'est aux premiers qu'il appartient, sinon de commander par eux-mêmes, à tout le moins de donner son sens à l'autorité de celui qui a la charge de guider la communauté.

Il y aura autant de façons de déroger aux exigences de la société bonne que de manières de violenter les exigences du bien commun, soit en s'opposant directement au bien commun, soit en compromettant l'intégrité des autres causes (efficiente, matérielle et formelle) de la cité naturellement destinées à se subordonner à la cause finale. Pour rappel, et dans un langage aristotélicien, la cause efficiente de la société est la nature politique de l'homme, intérieure à chaque membre de la cité, et s'actualisant d'une manière particulière, comme tenant lieu de volonté de tous les autres membres, dans les fondateurs de cités : le peuple reconnaît, dans le chef ou grand homme inspiré par un puissant charisme, l'actualisation et la conscience de soi, ou encore la personnification de la nature de la volonté commune à tous les hommes. La cause matérielle d'une société est l'existence d'un peuple, doté d'une identité nationale qui signe en lui la vocation d'une communauté de destin. Sa cause formelle est le régime qui la structure, ou encore l'immanence de l'institution étatique à toutes ses parties, immanence assurée par le fonctionnement des organes administratifs et par les lois. La plus radicale des perversions est celle qui substitue le bien privé de chacun au bien du tout, et cette perversion est réalisée dans la démocratie qui se propose pour fin, en proclamant la souveraineté de chaque individu, la somme et la coexistence des biens privés dont chaque détenteur sera supposé capable de définir infailliblement le contenu moralement légitime. Ce qui revient à avaliser le principe de la tyrannie de tous sur tous, parce que si chacun est pour lui-même sa propre fin, il est dieu, mais l'idée d'une pluralité de dieux est contradictoire, car il faudrait que chacun fût cause première et fin dernière de tous les autres en tant qu'il est un dieu, dans le moment où il lui faudrait accepter d'être effet et instrument des autres en tant qu'ils sont aussi des dieux ; d'où l'hostilité radicale exercée entre des hommes qui se savent dépendants les uns des autres et ne poursuivent d'autre fin que de s'en rendre indépendants pour les dominer, cependant qu'ils savent en même temps que la prétention de chacun à se vouloir divin présuppose l'acceptation de la prétention de l'autre à le vouloir aussi. La démocratie à souveraineté populaire est un bagne dans lequel sont enchaînés les uns aux autres des hommes qui au mieux s'ignorent, mais qui veulent s'ignorer parce qu'ils se méfient les uns des autres, qui vivent donc leur dépendance réciproque obligée dans la haine. Mais ce bagne est plébiscité par ses victimes, qui jouissent en cet enfer — comme dans l'autre qui les attend — du sentiment de liberté infinie parce que « libérée » du magistère d'une fin qu'elle n'aurait pas choisie. Et la masse, qui n'est plus un peuple, célèbre et entretient ce sentiment dans la recherche indéfinie des plaisirs matériels dont elle se masque la bassesse par l'invocation incantatoire de la « dignité de la personne humaine ».

§ 40. Nous affirmons que l'État mondial est la consommation exhaustive des virtualités de l'idée démocratique. Voici pourquoi :

« L'humanité » signifie l'espèce humaine, l'essence humaine, ou bien tous les hommes, mais on n'a jamais rencontré l'humanité ailleurs qu'en des individus ; l'universel n'est pas subsistant par soi. Un seul homme ne peut à lui tout seul déployer toutes les potentialités de la nature humaine qui, en retour, n'advient à l'existence qu'en se réalisant en des individus dont chacun la contient tout entière, mais non totalement : chaque homme porte en lui la marque de toute l'humaine condition, mais il n'est qu'un homme parmi maints autres hommes. L'homme est substance, il est doté d'une existence propre, il subsiste en lui-même. Par ses accidents, en particulier par les opérations qu'exercent ses facultés, il actualise sa substance, l'explicite, l'extériorise et la parfait. Mais la tendance de toute substance est de se rendre au mieux adéquate à l'essence dont elle est l'individuation et qu'elle ne concrétise qu'en contractant sa puissance universelle de causalité ; c'est la même nature humaine qui agit en tout homme, et aucun ne l'exprime totalement bien qu'il puise à sa puissance causale le pouvoir de s'actualiser accidentellement. C'est pourquoi sa nature se veut en lui, elle le convoque pour se le subordonner. C'est pourquoi, en tant qu'ils actualisent la substance sous la pression de son essence qui l'invite à se conformer à elle et tend à la faire s'identifier à elle, les accidents ont raison de paradigmes : il y a des manières exemplaires d'être homme, des types excellents de réalisation de la nature humaine. Et puisqu'une réalité communautaire déploie mieux qu'en un individu les potentialités de la nature humaine, chaque nation est porteuse d'un certain type exemplaire d'humanité. Toutes les nations sont admirables, parce que chacune a vocation à illustrer excellemment un aspect particulier de la nature humaine qui opère en tout homme. Ainsi les autres nations renseignent-elles l'homme d'une nation sur quelque aspect de la nature humaine qui est en lui ; les nations se reconnaissent les unes les autres, chaque nation reconnaissant dans les autres une perspective originale sur la nature humaine. Mais de même qu'un simple individu est impuissant à poser des accidents qui exprimeraient le tout de la nature humaine, de même une nation parmi d'autres est indigente à extérioriser toutes les virtualités de cette même nature. C'est que, pour qu'un être fût capable d'exercer opérativement toutes les ressources de sa nature, il faudrait qu'il fût sa nature à lui tout seul, à la manière dont la « gabriéléité » est épuisée en l'ange Gabriel, chaque ange étant son espèce. Ainsi sommes-nous invités à comprendre que la prétention à exercer opérativement toutes les ressources de son essence équivaut à la prétention à être son essence, à prétendre à un mode d'être angélique. Or l'État mondial, par définition, n'a pas d'extérieur, il rassemble l'humanité entière sous un seul gouvernement. Mais pour cette raison il est cette « méga-nation » se proposant, de manière avouée ou non, de déployer tous les aspects de la nature humaine sur le mode communautaire. Il en résulte que la pulsion mondialiste procède du secret désir de faire accéder la société mondiale au statut angélique. Cela dit, la société n'est pas substance mais simple tout d'ordre, elle n'est substantielle que dans et par ses membres. De sorte que l'État mondial, en assignant à la société globale la tâche d'être la nature humaine, en lui enjoignant ainsi de se substantifier, satisfait la prétention des individus à se faire angéliques : chaque homme, dans l'État mondial, sera son espèce, l'homme générique de Marx, le genre humain tout entier. Mais la société n'est que par l'homme, qui peut agir sur elle. Donc la société mondiale érigée en État planétaire sera la société dans laquelle chaque homme non seulement sera sa nature, mais sera cause de sa nature, créateur de lui-même. La société planétaire se révèle tel le moyen par quoi l'homme proclame qu'il est créateur de soi, ainsi divin. Elle substitue le désir d'être Dieu au désir de Dieu, et elle tente de se donner les moyens de vivre un tel désir. On ne peut pas aller plus loin dans le mal.

§ 41. Un bien participable est un bien que l'on peut posséder et donner avec largesse sans en rien perdre, tels la science et le bon exemple qui, répandus par leur possesseur, loin de l'appauvrir, l'enrichissent. Un tel bien peut être tout entier en tous sans être divisé. Il est éminemment *commun* puisqu'il peut être le bien de tous. Il est *diffusif de soi* puisqu'il est de son essence de croître en étant communiqué. Il est indivisible puisqu'il peut être tout entier en chacun et ne souffre pas de division : la vérité, éminemment communicable, n'est plus la vérité du tout aussitôt qu'elle ne l'est plus totalement. Il est *spirituel* et non matériel, parce que la matière est principe de divisibilité, ainsi de haine potentielle entre les hommes : un bien matériel ne peut être tout entier dans tous les ventres ou dans toutes les poches. Un bien participable est un bien qu'on aime non en le rapportant à soi mais *en étant rapporté à lui* à raison même du fait qu'il est commun : un bien commun est aimé comme la part la plus précieuse du bien propre, tout en exigeant que l'on se sacrifie pour lui, tel le soldat qui offre sa vie pour la communauté. De cette convertibilité entre les quatre notions — bien commun, bien diffusif de soi, bien spirituel, bien aimé comme se subordonnant l'aimant — résultent deux choses. Avant que de les exposer, nous nous permettrons de faire observer que ces quatre notions sont solidaires de celle d'organicité, qui caractérise le vivant dont le propre est d'être autonome : il a en lui-même le principe de sa différenciation intestine, il est un tout qui pose et synthétise ses parties, qui se fait dépendre de ce qui dépend de lui, qui se fait analogiquement cause de soi, et qui, en tant qu'autonome, jouit de la dignité de substance, à savoir d'une réalité existant en elle-même, ou jouissant d'un acte d'exister qui lui est propre. La cité dont le bien commun est son ordre immanent n'est certes pas substance, mais elle a fonctionnellement, sinon entitativement, les attributs d'une substance : le tout se veut dans ses parties qui vivent de lui, et c'est pourquoi elles l'aiment comme se rapportant à lui. Revenons aux deux remarques annoncées.

D'abord, le bien matériel ne saurait, dans la pathologie morale de l'égoïsme qui n'est qu'un nom pour dire l'orgueil, être l'objet d'une passion *sui generis*, comme si l'on devenait consumériste sous la seule pression d'un dérèglement de la sensibilité. Le consumérisme naît de la substitution du plaisir au bonheur, de la réduction de la recherche du bonheur à la recherche du plaisir. Mais le plaisir exclut l'effort qui fait souffrir, et la société de consommation exige à sa manière maints efforts, une foule de contraintes pour parvenir à se livrer à son vice. La vie du consumériste est faite de stress, de compétitions, de précarité professionnelle, de promiscuité, de bruit et de relations conflictuelles ablatives de toute amitié. Dès lors, c'est un désir plus profond et plus sournois que le désir de jouir dans sa chair qui anime le consumériste. Au reste, Platon enseignait, dans un dialogue nommé *Le Philèbe*, que les désirs du corps ne sont pas du corps — s'exercent dans et par le corps mais n'ont pas en lui leur origine — mais de l'âme, puisqu'ils peuvent détruire le corps et en viennent presque toujours à le tuer. Si l'on se souvient que les biens matériels sont non participables, ainsi sont des biens qu'on aime en les rapportant à soi, on comprend mieux, semble-t-il, le paradoxe du consumérisme, lequel consent, contre toute attente, à la souffrance. Des désirs de l'âme fourvoyés dans le corps de manière inflationniste sont des désirs corrompus, non seulement parce qu'ils excèdent les pouvoirs du corps, mais parce qu'ils sont des désirs spirituels fourvoyés dans un élément qui se révèle incapable de les satisfaire, et qui sont corrompus en tant que spirituels. Nous avons vu qu'un bien spirituel est un bien que l'on aime en lui étant rapporté ; le bien qui correspond à ce désir est donc celui d'un désir en droit vécu sur le mode oblatif d'un appétit de servir, qui ne possède son bien qu'en tant qu'il se met au service de la gloire d'un tel bien qui en vérité le possède. Envenimer ce désir spirituel, c'est le faire s'exercer en se proposant pour fin non la gloire de l'objet aimé, mais celle du sujet aimant. Et c'est là le subjectivisme, tout simplement. Mais nous avons compris aussi qu'un bien matériel est un bien qui répugne à être diffusé, qui donc est essentiellement un bien privé. Il est ainsi permis d'en déduire que le consumérisme s'enracine dans le subjectivisme, non au sens où le matérialiste refuse, par faiblesse, de faire l'effort de se tirer de sa servitude avilissante, mais au sens où il choisit délibérément d'investir son désir dans les biens matériels, non en tant que matériels, mais parce qu'ils sont des biens que l'on rapporte à soi. La malice du consumérisme tient non d'abord dans la bassesse triviale des appétits qu'il met en branle, mais — ce qui est bien pire — dans le fait qu'il est la stratégie par laquelle la liberté obtient l'intumescence de la subjectivité.

Ce résultat nous permet de comprendre que le subjectiviste puisse préférer l'égalité dans la pénurie à l'inégalité dans l'abondance générale, puisque le matérialisme n'a raison que de moyen, alors que l'égalité entre des petits dieux en vient à avoir raison de fin : le seul rapport possible qui puisse subsister entre des petits dieux, c'est le rapport égalitaire qui sert de substitut tangible à leur impossible déification. On peut donc prévoir que la société mondialiste à venir sera socialiste, puisqu'elle sera la consécration du subjectivisme absolument consommé (§ 40).

§ 42. De la convertibilité entre les quatre notions évoquées plus haut (§ 41), on peut tirer une deuxième leçon. Le bien est d'autant meilleur qu'il est plus commun : s'il est aimé comme exigeant que l'on se rapporte à lui, il est d'autant meilleur qu'il est plus à même de se subordonner plus radicalement ceux qu'il aime, et que plus nombreux sont ceux qui aspirent à le posséder en le servant, c'est-à-dire à ne le posséder qu'en tant qu'ils se veulent possédés par lui. Mais alors, s'il est d'autant meilleur que plus nombreux sont ceux à pouvoir l'aimer, c'est que le bien est par essence commun. Cela dit, si le bien est d'autant meilleur que plus commun, c'est que le bien commun universel, celui qui concerne toute la communauté humaine, l'emporte, en droit, en valeur sur le bien politique national. Mais alors d'où vient que l'État mondial puisse être tenu pour intrinsèquement pervers ?

Si le lecteur veut bien se souvenir de ce qui a été développé à propos du bien commun, il comprendra que la cité a raison de fin pour la personne humaine, puisque cette dernière a vocation à aimer le bien commun politique tel un bien auquel elle se veut rapportée. Ce bien commun, concrètement, consistera dans le déploiement hiérarchisé de toutes les potentialités de la nature humaine à l'intérieur d'une communauté particulière de destin donnée, illustrée dans et par la promotion d'un type d'homme paradigmatique, c'est-à-dire d'une personnalité collective nationale. C'est que, si la nature est tout entière et non totalement en chaque homme, elle le travaille de l'intérieur de lui-même, en tant qu'elle y est tout entière, et le somme d'en manifester les richesses, chronologiquement dans l'engendrement physique d'autres humains, et synchroniquement dans le désir de faire société, immanent à tout homme. En tant qu'elle consiste dans une extériorisation — qui embrasse tous ses membres — de la structure ontologique commune à chacun de ses membres, la société est un peu comme un homme en grand, ce qui explique que ses parties constitutives soient les mêmes, analogiquement, que les parties de l'âme humaine. Mais il revient à la nature humaine de se réaliser comme personne. Il revient donc à la société de s'accomplir elle aussi dans une forme personnelle mais, parce qu'elle n'est pas substance mais tout d'ordre, la cité se personnifie dans la personne du monarque et seulement en elle. La totalité, par définition *unité* de l'unité et de la pluralité, est en demeure, quand il s'agit d'une pluralité de personnes, de conférer une forme personnelle à son *unité*. La société est fin des

CHAPITRE XI

personnes, *et* elle aspire à être personne. Elle est personne dans le monarque, donc les personnes aspirent à la personnification de la société ; elles aspirent naturellement à la réalisation d'une forme monarchique de la totalité qui les intègre. Tout autant, la personne du monarque est elle-même ordonnée au bien commun de la cité, et elle a raison de moyen de ce dernier : la couronne est une fonction, un état, elle est même l'État prenant conscience de lui-même, et sous ce rapport le personnel royal se renouvelle quand elle demeure identique à soi, comme l'avait bien vu à sa manière, au XVe siècle, le juriste Jean de Terrevermeille. Puis donc que les membres de la cité sont ordonnés à elle comme à leur fin — et cela dans l'exacte mesure où ils sont ordonnés à la réalisation en acte de toutes les potentialités de cette nature humaine dont chacun est l'individuation —, quand la personnification monarchique de la cité a raison de moyen, c'est que la personnification de la cité dans le monarque est le substitut, ou l'expression seulement inchoative, de la personnification de la nature humaine universelle, vœu ultime du désir politique et fin dernière de ce dernier. Une telle personnification de la nature humaine universelle, qui fait s'identifier l'essence humaine et la singularité de l'existant, n'est autre que l'Idée de l'homme, Idée créatrice : Dieu se connaît non seulement tel qu'Il est en lui-même, mais tel qu'Il est en tant que participable par des créatures, et la connaissance éternelle que Dieu a de Lui-même en tant que participable est l'ensemble des Idées archétypales en et par lesquelles Dieu crée les individus de chaque espèce. Les Idées sont divines et se confondent, au moins sous un certain rapport, avec l'essence divine elle-même. Autant dire que la fin ultime du désir politique de l'homme excède la cité, excède le Politique et prend la forme de la religion. Il en résulte que la fin ultime du Politique, religieuse, fait de la religion la vérité du Politique, lequel s'achève dans ce qui le sublime, ainsi s'achève au double sens du terme. Si la vérité du Politique est la religion, le Politique ne s'accomplit que pour se sublimer, ainsi se supprimer, de sorte que, pour subsister, il est contraint de ne pas aller jusqu'au bout du vœu de la pulsation qui l'anime. Et c'est pourquoi l'État n'est pas mondial : il n'y a de bien commun universel, par-delà les nations, que religieux et ecclésial, et non pas politique. C'est ce que Charles Maurras avait voulu nous rappeler en affirmant avec force, peut-être de manière trop exclusive ou trop étroitement nationaliste, que la seule Internationale qui soit recevable est l'Internationale de l'Église catholique.

On peut mesurer, sous ce rapport, la perversité profonde de l'État mondial : il est telle une chrysalide qui se refuserait à son destin de papillon, qui prétendrait s'accomplir sans se sublimer, confisquer la fin qui l'excède et en droit la transfigure en la sommant de mourir à elle-même, et se faire cause finale de ce qui est pourtant, objectivement, sa raison ultime d'être. L'État mondial, c'est l'Église de la religion de l'Homme, c'est donc la contre-Église et la synagogue de Satan, tout simplement. Il est aussi permis de faire observer qu'il était rationnel que le peuple juif, forgé providentiellement pour préfigurer l'Église et préparer l'avènement du Sauveur, fût constitué dans une forme politique, précisément parce qu'il avait vocation à se transfigurer, y perdant sa dimension politique et nationale, dans l'Église par essence universelle et non politique, à savoir l'Église catholique.

Parce que la perversion politique caractéristique de l'idée d'État mondial a la même structure que la perversion religieuse caractéristique de ce qu'est devenue l'eschatologie juive après la déchirure du voile du Temple, on comprend pourquoi la communauté juive œuvre depuis toujours et par tous les moyens à l'érection historique de l'État mondial. Et c'est bien ce qui se produit aujourd'hui.

Parce que la vérité du Politique est la religion en laquelle il s'achève, l'idée même d'État laïque est une fausse idée, une contradiction : l'État de la République jacobine n'est pas séparé de la religion, mais il s'agit de la religion gnostique, laquelle inspire à la fois la franc-maçonnerie, à la fois l'ésotérisme juif ; elle affirme l'homme consubstantiel à Dieu, mais au dieu luciférien porteur de Lumière et non au Dieu créateur des Chrétiens ; les fanatiques du laïcisme sont d'une évidente mauvaise foi, qui ne réclament pas la séparation de l'État et de la Synagogue, laquelle séparation est si peu consommée que, par exemple, tous les chefs d'État français sont en demeure d'aller chercher au CRIF leurs lettres d'accréditation.

§ 43. « Pourquoi, dira-t-on encore, s'embarrasser de raisonnements aussi pesants, nauséeux, indigestes et laborieux, pour donner l'illusion de fonder en raison ce dont tout le monde a saisi l'existence et pressenti le danger ? Il suffit d'ouvrir les yeux et les oreilles, de sortir dans la rue et d'écouter les informations, qui ne peuvent pas toutes mentir sur tout, pour comprendre ce qui se passe. Et tout ce que notre œil ne voit pas nous est dévoilé par les spécialistes du conspirationnisme, les maîtres de l'histoire parallèle ou non officielle. La philosophie feint de déduire ce qu'elle a, comme tout le monde, appris de l'expérience inductive, elle se donne des airs importants en cultivant l'art d'exposer de manière compliquée ce qui saute aux yeux. Il y a les bons et les méchants, les partisans de l'ordre des choses et les autres, et puis c'est tout. Il y avait l'Église et l'ordre traditionnel, et il y avait les chambardeurs de cet ordre, les hérésiarques, les satanistes, les sectes maçonniques, et ces derniers ont gagné la partie aujourd'hui, et il faut ("y a qu'à...") dénoncer les méchants, les exhiber, dévoiler au grand jour leurs plans subversifs, et restaurer l'ordre ancien pour que revienne le cours de la vie paisible. Pourquoi couper les cheveux en quatre, s'échiner à théoriser, fleureter avec les idées dangereuses sous le fallacieux prétexte de renouveler les anciennes qui avaient fait leurs preuves ? »

Tout d'abord, cher contradicteur, ces raisonnements et analyses fastidieux montrent que l'on peut entrevoir une certaine logique dans le cours du monde, même quand ce dernier déraille. Ensuite que l'on peut prévoir — sous réserve de cette incompressible dimension de contingence dont le réel est tissé, et qui fait que si le réel est rationnel, c'est au sens où il est rationnel qu'il y ait de l'irrationnel — jusqu'à un certain point, à partir de l'étude des idées par lesquelles il se fait habiter, ce qui attend le genre humain, sans avoir nécessairement recours au conspirationnisme, lequel reste toujours intéressant et opportun, mais nous renseigne sur ce qui se trame, sur les causes instrumentales du cours de l'histoire contemporaine, et non sur ses causes principales, qui sont de nature métaphysique. Et il est nécessaire d'identifier les causes profondes de ce qui arrive pour élaborer des contre-attaques qui, ne se dirigeant que vers les effets auxquels seuls nous aurons prêté toute notre attention, risquent de mésestimer les responsabilités de nos aînés débordés par un processus subversif aujourd'hui à vue d'homme invincible. Ce qui dispensera les responsables de ces contre-attaques de reproduire les erreurs de leurs prédécesseurs en croyant reprendre le glorieux flambeau de leur tradition défunte. Nous avons déjà rappelé la leçon de saint Pie X : la force des méchants est la faiblesse des bons. Et la faiblesse des bons n'est pas seulement leur indigence cachectique suscitée par leur tiédeur en matière de rigueur morale. Elle peut aussi être — et à nos yeux c'est cela qu'elle commence par être, c'est dans cette forme qu'elle se préfigure, c'est à raison de cette forme qu'elle devient mortifère parce qu'irréversible — le fait d'une incapacité des dépositaires d'une doctrine à en déployer les conséquences ou à en assurer les fondements. Il s'agit d'abord d'une négligence dans l'approfondissement de la recherche du vrai, et ensuite seulement d'une incapacité pratique à vivre au niveau sublime de ses certitudes exigeantes. On croit qu'on a tout compris, on se repose dans la conviction qu'on possède la doctrine invincible et complète. Ce faisant, on ne veut pas s'apercevoir que l'on exige des non-convaincus l'acceptation de postulats qu'on tient pour évidents et qui ne le sont pas. Alors on laisse proliférer les critiques et se développer des visions du monde antagoniques de celle que l'on tient pour la seule bonne, et on s'étonne ensuite de constater que le monde a changé sous la pression de ces contestations, puis on finit par invoquer le travail de sape des sectes maçonniques pour s'innocenter de ses responsabilités dans le processus de décadence.

CHAPITRE XII
État et Église

§ 44. Ces considérations devraient nous permettre d'aborder le problème bien délicat des conditions du rapport harmonieux entre politique et religion, entre État et Église. Depuis la chute de l'Empire romain, qui enterrait l'Antiquité, toute l'histoire de l'Europe — ainsi de cette partie de l'univers en laquelle l'« esprit du monde », c'est-à-dire le savoir de soi de l'humanité à un moment de son développement historique, accède à la conscience réfléchie de son destin — fut scandée par la genèse de nations issues de la décomposition de cet empire universel, mais dont chacune aspirait à reconstituer à partir d'elle-même cette unité perdue. Non toutes à vrai dire, mais les plus fécondes et les plus puissantes, à savoir la France et l'Allemagne. Et toute l'histoire de l'Europe est tissée par les éléments du conflit entre la France et l'Allemagne qui, toutes deux, revendiquaient l'héritage des Césars. Mais elles le revendiquaient dans un contexte nouveau, qui est celui du christianisme, du catholicisme dont le chef est à Rome. Le monde païen n'était certes pas ce qu'eût pu être le monde si l'homme avait été créé en état de pure nature, parce que la nature humaine du Païen était héritière du péché d'Adam, ainsi blessée et affaiblie, et dotée d'une confuse réminiscence de ses origines et de ce que les théologiens nomment la Révélation primitive : Adam, avant sa chute, savait que Dieu s'incarnerait, non certes en sachant pourquoi, parce que c'eût été l'annonce de sa chute. Il reste que le monde païen reposait sur ses seules forces, celles de la nature humaine. Pour les raisons développées ici dans les paragraphes précédents, il est dans l'ordre que le chef politique soit aussi, en contexte païen, chef religieux et médiateur entre le bien commun immanent et le Souverain Bien transcendant ; et, de fait, César était « *pontifex* ».

Si les chefs temporels issus de la décomposition du monde romain aspiraient au rôle de césar, il est inévitable qu'ils aient aussi aspiré à se faire « *pontifices* ». Mais là ils s'opposaient à l'autorité du pape, nouveau venu dans l'arène du pouvoir.

L'Église a vocation à reconnaître au Politique la prétention à être habité par une force dynamique lui donnant de s'accomplir en s'excédant dans la sphère religieuse, au lieu de cantonner le Politique dans l'ordre purement instrumental et gestionnaire des affaires strictement temporelles. Et le Politique a vocation à reconnaître dans l'Église l'instance surnaturelle seule capable de satisfaire ce qui, dans la dynamique propre du Politique, l'excède, et qu'il est incapable d'assumer lui-même, à savoir tout ce qui concerne la vie éternelle des sujets du responsable politique, et de lui-même.

Le rapport entre politique et religion n'est pas aussi simple que celui d'une relation de coexistence dont chacune des parties aurait sa zone de compétence bien délimitée. Et c'est parce qu'il n'est pas simple que l'une des deux instances tend toujours plus ou moins à faire de l'autre un organe de son propre corps, ainsi une instance subordonnée. Tantôt l'Église, se faisant théocratique, en vient à faire des princes ses lieutenants auxquels elle consent à déléguer le glaive temporel que cette même Église prétend posséder en propre en même temps que le glaive spirituel ; c'est là l'esprit théocratique. Tantôt c'est le prince temporel, empereur ou roi, qui prétend se subordonner l'Église et l'intégrer à sa fonction politique propre, en déléguant à l'Église devenue son organe l'exercice de sa vocation de « *pontifex* » ; c'est là l'esprit gallican ou anglican, ou, en sa version germanique, le césaropapisme. Les deux comportements sont évidemment unilatéraux et fautifs, mais il n'est pas sûr que la solution théorique permettant de les conjurer ait été élaborée de manière satisfaisante.

CHAPITRE XII

Le césaropapisme s'inscrit dans le sillage du règne de Constantin au début du IVe siècle. Il se prolonge à Rome pendant l'Antiquité tardive, puis dans l'Empire byzantin jusqu'à sa chute, et en Occident tout particulièrement pendant la période ottonienne. Depuis Auguste, l'empereur était « *pontifex maximus* », personnification de la communauté politique *et* médiateur entre le peuple et le monde divin. Eusèbe de Césarée fera l'apologie de l'empire providentiellement voulu par Dieu. Il considérait que la diffusion de la seule vraie religion, seule capable d'assurer l'unité religieuse, requérait l'unité politique. Dans l'empire ainsi conçu, l'hérésie était tenue pour un crime civil, et l'excommunication mettait au ban de l'empire celui qui en était frappé.

Dès le IVe siècle, saint Hilaire de Poitiers et saint Ambroise protestent contre cette prétention de la volonté impériale à diriger l'Église. Le « bon sens » suggère que l'on aurait pu penser régler le différend en se rendant à l'arrangement suivant : le pape est sujet de l'empereur en tant qu'il est lui-même citoyen de l'empire, c'est-à-dire pour les affaires temporelles, et l'empereur est soumis au pape comme tout autre baptisé qui doit appartenir à l'Église pour être sauvé, et être soumis au pape en matière de foi et de mœurs pour être membre de l'Église. C'est l'occasion de rappeler la formule provocante de Lanza del Vasto selon laquelle rien n'est plus acharnement, aveuglément contraire à la sagesse que le bon sens.

De fait, l'empereur se reconnaissait le droit de contrôler l'élection pontificale, de faire déposer les papes, se croyait coresponsable avec le pape de la promulgation des dogmes, et convoquait les conciles ; ce qui contrevenait à la souveraineté du pape dans sa sphère propre, de sorte que les hommes d'Église se sont vite aperçus de la nécessité de se rendre politiquement indépendants des papes pour conserver la liberté d'exercer leur pouvoir magistériel. Il faut cependant reconnaître, au crédit des empereurs, que ces derniers avaient eu à subir certaines manœuvres bien ecclésiastiques assez difficiles à avaler, telles la fausse Donation de Constantin et les fausses Décrétales. Au reste, en 1001, les rapports entre Sylvestre II et l'empereur seront précisés : la Donation de Constantin sera reconnue tel un faux, et en retour Otton III accordera au souverain pontife huit comtés de la Pentapole, duché italien de l'Empire byzantin ; il s'agissait bien d'un don, et non d'une restitution. Il reste que l'empereur de manière générale outrepassait ses droits : l'empereur se voulait toujours l'égal du pape en matière spirituelle.

D'autre part, nous avons suggéré plus haut que le souci purement politique du bien commun était déjà en lui-même, au moins par participation, gravide de souci du Souverain Bien, de sorte que la séparation des sphères — à tout le moins leur distinction dépourvue d'ambiguïté — demeurait — et demeurerait toujours — non impossible mais pratiquement problématique. La situation qui voyait le pouvoir politique excéder les prérogatives lui revenant naturellement se prolongea en Occident jusqu'au concordat de Worms de 1122. Après la promulgation, en 1075, du *Dictatus papae* de Grégoire VII proclamant que la plénitude de tout pouvoir appartiendrait au pape, le concordat de Worms mettait fin à la querelle des Investitures et enterrait le césaropapisme en promouvant en retour cette théorie des deux glaives qu'explicitera Boniface VIII en 1302 dans sa bulle *Unam sanctam*. Dès 1250, à la mort de Frédéric II Hohenstaufen, les canonistes médiévaux s'étaient mis à soutenir que les papes possédaient les pouvoirs spirituel *et* temporel, c'est-à-dire le pouvoir de juger les rois, de les déposer, de disposer de leurs royaumes. Mais l'idée figurait déjà dans les déclarations de Grégoire VII. Les historiens nous apprennent que jamais un saint Louis n'eût accepté une telle doctrine. Recevant en 1301 les ambassadeurs d'Albert de Habsbourg élu roi de Germanie à Francfort — élection dont la validité était contestée par le pape —, Benedetto Caetani, coiffant la couronne impériale en brandissant une épée, leur déclara, après leur avoir annoncé qu'à ses yeux le siège impérial était vacant : « Ne puis-je veiller sur les droits de l'Empire ? Je suis l'empereur... »

Que l'immense empire de Charlemagne, qui se voulait le continuateur de l'Empire romain, en soit venu à être confié aux rois de Germanie, n'empêcha pas, pendant des siècles, les rois de France, ou la plupart d'entre eux, de convoiter la couronne impériale au profit de la France, jusqu'à Louis XIV. C'est que, selon saint Remi, le royaume franc aurait vocation à durer jusqu'à la fin des temps, embrassant les limites de l'Empire romain, en soumettant tous les peuples à son sceptre ; c'est pourquoi l'histoire de France a pu être comprise, non sans une bonne part de véracité, telle la tentative de faire se réaliser les prévisions de saint Remi.

Ce qui s'est passé en réalité, c'est que le monde germanique s'est providentiellement révélé, par sa puissance et son aptitude à protéger la Chrétienté des dangers venant de l'Est, tel le candidat le plus approprié à l'assomption de la vocation impériale, mais qu'il abusa de cette aptitude en compromettant la liberté de l'Église qui, en retour, s'appuya sur ce qui deviendrait la France pour se soustraire à la férule encombrante des césars allemands ; d'où cette tradition judéomorphe et passablement faisandée, sans réel fondement historique, et sans aucun fondement théologique ou métaphysique légitime, d'une France « peuple élu » ayant vocation à prendre le relais de l'élection d'Israël. Cette France, célébrée par trop de nationalistes, en conçut le projet de se substituer à l'Empire, non sans, à son tour, s'efforcer à compromettre la liberté de l'Église jusque dans le domaine spirituel, cependant que les hommes d'Église, mus par une volonté de puissance décidément incapable d'épargner qui que ce fût, en vinrent à revendiquer un pouvoir universel qui excédait le champ légitime d'exercice de leur vocation spirituelle, et qui fit d'eux les théocrates que l'on sait. Si les césars s'étaient vus respectés, jusque dans leur vocation naturelle de « *pontifices* », par l'Église, peut-être n'eussent-ils pas été tentés de dominer l'Église et de se subordonner une vocation surnaturelle qui n'appartient pas à l'ordre politique. Mais il eût fallu pour cela définir le terme à partir duquel commence un pouvoir et en lequel s'achève l'autre. Toujours la question du « point de suture »…

§ 45. Qu'il nous soit permis, pour prolonger ce qui précède sur un point donné, de faire profiter le lecteur de ce qui est rapporté dans la livraison n° 112-113 de la revue *Le Sel de la Terre* des dominicains d'Avrillé, pages 375 à 379.

Nommé secrétaire général du concile (Vatican I) par Pie IX, Mgr Joseph Fessler (1813-1872) publia en 1871 *La Vraie et la Fausse Infaillibilité des papes*, afin de combattre les erreurs et les calomnies qui s'étaient répandues au sujet de l'infaillibilité. Par un bref du 27 avril 1871, Pie IX signifia son approbation à l'auteur en l'encourageant à poursuivre son œuvre très opportune et très utile. En sa qualité de chef visible de l'Église, le pape est à la fois le suprême docteur de la vérité révélée de Dieu, le prêtre suprême, le suprême législateur dans les affaires ecclésiastiques, le suprême juge des causes ecclésiastiques, et il ne possède le don de l'infaillibilité que dans l'exercice de sa charge de suprême docteur, enseignant la vérité nécessaire au salut, révélée de Dieu. Ce qui se rapporte à la foi, à la morale, à la discipline, au gouvernement de l'Église est soumis au pouvoir suprême du pape, mais c'est uniquement au sujet des décisions du pape touchant la foi et les mœurs explicitement présentées comme dogmes révélés de Dieu, que ces décisions sont infaillibles. Même dans les décrets dogmatiques, bulles dogmatiques, etc., même quand il est question de foi et de mœurs, on ne doit pas regarder indistinctement tout ce qui s'y trouve comme décision dogmatique, et par suite comme objet de l'infaillibilité. Ce qui n'est mentionné qu'en passant ou ce qui sert d'introduction ou de considérants ne doit pas y être considéré comme infaillible. Une déclaration ne peut être tenue pour infaillible que si l'objet de la décision concerne la foi et les mœurs, et pour autant que le pape exprime l'intention de déclarer, de proclamer, en vertu de sa suprême autorité doctrinale, et dans une véritable définition, cette doctrine de foi et de mœurs comme faisant partie intégrante de la vérité révélée par Dieu, qui doit être crue par l'Église catholique tout entière. Si un doute pouvait subsister, il serait toujours possible de demander au pape quelle a été son intention dans une telle décision.

Pour illustrer son propos, Mgr Fessler donne l'exemple de la bulle de Boniface VIII, *Unam sanctam* :

« C'est pourquoi nous déclarons, nous disons, nous définissons et prononçons, que toute créature humaine, pour opérer son salut, doit être soumise au pontife romain » (Boniface VIII).

CHAPITRE XII

« Or ces mots, et ces mots seuls, commente Mgr Fessler, constituent la définition de foi de la bulle *Unam sanctam*. Tout ce qui précède, après les premiers mots, qui posent comme point de départ un article de foi parfaitement reconnu, *est une sorte de traité théologico-canonique conçu d'après les idées de ce temps* <nous mettons en italique> au sujet des rapports en question <entre le pouvoir spirituel et le pouvoir temporel>, et pas du tout une définition dogmatique. » « La définition elle-même ne fait qu'énoncer la doctrine catholique touchant la primauté du pontife romain ; car si le pape est établi par Dieu le chef suprême de son Église, et si tout homme qui veut faire son salut doit appartenir à l'Église du Christ, alors il doit être soumis au pape comme au chef de l'Église. » « Et si un homme qui s'est distingué entre tous les papes par ses hautes qualités de législateur, place le mot décisif <*definimus*> non pas au commencement de la décrétale, mais seulement avant la conclusion citée plus haut, personne n'est autorisé à dire que ce qui précède aussi doit être considéré comme décision pontificale *ex cathedra*. » La partie de la bulle de Boniface VIII consistant en une espèce de traité théologico-canonique relève seulement du magistère ordinaire du pape, qui n'est pas, de soi, infaillible.

Nous retenons quant à nous, simple fidèle, de cet enseignement, deux choses. D'abord, on ne saurait exciper de la bulle *Unam sanctam* pour imposer la théocratie comme vérité dogmatique. D'autre part, même en ce qui concerne la foi et les mœurs, le magistère ordinaire n'est pas par soi infaillible.

Du premier point retenu, nous pensons pouvoir être autorisé à refuser la doctrine théocratique, et à ne considérer en elle qu'un excès circonstanciel répondant tant à l'excès césaropapiste qu'à l'excès gallican ou anglican (théocratie royale). Nous reconnaissons au pape un pouvoir temporel indirect, mais non direct. Que l'autorité dépositaire de la communication des trésors de la grâce, à savoir l'Église, ait raison de *cause finale* de l'autorité dépositaire des biens temporels dispensés par le Politique, ne fait pas de l'Église la *cause efficiente* de la légitimité du pouvoir politique. L'esprit théocratique relève du surnaturalisme, erreur symétrique de celle du naturalisme. Le pape ayant un pouvoir direct ou immédiat sur tous les baptisés, il est fondé à inviter ces derniers à s'insurger contre un monarque ou un régime qui violente l'ordre naturel présupposé et confirmé par l'ordre surnaturel. Mais le pape ne possède pas le glaive temporel qu'il déléguerait au prince. Le père de famille jouit d'une autorité immédiate sur ses enfants, qui lui est conférée par la nature humaine, ainsi directement par Dieu et sans la médiation de l'Église, et c'est si certain que l'autorité religieuse ne se reconnaît pas le pouvoir d'arracher ses enfants à un père, même quand il n'est pas catholique. Or le pouvoir politique de l'homme sur l'homme est aussi naturel, pour un thomiste et contre les augustiniens, que le pouvoir paternel. Donc ce pouvoir est immédiatement donné au chef politique, sans la médiation de l'Église, de sorte que le constitutif formel de la légitimité n'est nullement le sacre. Le pouvoir politique appartient à celui qui le prend, pour autant qu'il l'ordonne au bien commun. La doctrine théocratique est à notre sens incompatible avec les principes du thomisme, et elle n'est en phase — comme au reste la philosophie du royalisme légitimiste — qu'avec celle de l'augustinisme politique, selon laquelle le pouvoir de l'homme sur l'homme ne serait pas naturel mais effet du péché, comme sanction divine, et n'aurait d'autre vocation qu'une vocation d'essence castigatrice. Le pape est vicaire du Christ, le Christ est roi des nations, donc, dit-on, le pape est roi des nations et les rois et chefs d'État en général sont les lieutenants du pape nommés et dirigés par lui. Mais c'est là un paralogisme, parce que la fonction de vicaire du Christ ne fait pas du pape le créateur de ses sujets, alors que le Christ est Dieu, Dieu créateur, cause efficiente de toute créature. Notre Seigneur possède éminemment les deux glaives dont Il confie l'un au pape, l'autre aux princes qui sont en demeure de se considérer comme Ses lieutenants. Mais le pape est vicaire du Christ pour les affaires spirituelles et non pour les temporelles, sinon en tant que ces dernières, concernant les mœurs, tombent dans le champ d'application de l'autorité morale du pape qui sous ce rapport, à l'égard des chefs d'État, ne dispose, en droit, que du pouvoir — indirect —

d'inviter ses ouailles, qui sont aussi sujets politiques des chefs d'État, à se soustraire à leur autorité.

Du deuxième point retenu, nous pensons pouvoir affirmer que le sédévacantisme procède à une extension illégitime du champ d'infaillibilité du pouvoir papal en déclarant que le magistère ordinaire en matière de foi et de mœurs serait par soi infaillible (alors qu'il ne l'est que dans certains cas précisés par exemple dans *Satis cognitum* de Léon XIII), et que, du seul fait de l'enseignement erroné de Vatican II, les auteurs de cet enseignement auraient *ipso facto* prouvé qu'ils étaient hors de l'Église, parce que Vatican II relève du magistère ordinaire. Nous croyons qu'il est contradictoire de revendiquer un engagement fasciste — anti-théocratique — en se déclarant sédévacantiste. Et nous pensons que le sédévacantisme, par là qu'il est théocratique, relève du surnaturalisme, avec tous les travers moraux, politiques et psychologiques qu'induit l'adhésion au surnaturalisme. Nous savons que cette déclaration ne nous vaudra pas que des amis, surtout du côté sédévacantiste, mais nous savons par expérience qu'il est bien difficile de discuter avec beaucoup d'entre ces gens-là, qui ont des comportements passionnels et parfois malhonnêtes : agressivité, caporalisme, volonté de puissance frustrée, impatience, médisance, procès d'intention, dilection fielleuse à salir son prochain, manœuvres sournoises, délation. Peut-être n'est-ce là le fait que d'une minorité d'entre eux, mais elle est insolente, envahissante et bruyante et déconsidère l'ensemble à force de s'arroger le rôle de représentant attitré. Nous refusons d'avance aujourd'hui toute discussion avec eux. Et c'est pour nous une raison — non certes la seule — de nous réjouir de pouvoir publier sous pseudonyme, parce que c'est là une manière expédiente, non infaillible mais relativement efficace, d'éviter de perdre son temps en s'engageant dans des dialogues de sourds. La radicalité tout apparente des sédévacantistes les somme objectivement d'avaliser des positions politiques favorisant la décadence : s'ils étaient cohérents, ils seraient, compte tenu des enseignements et décisions pratiques de Léon XIII, de Pie XI et de Pie XII, démocrates-chrétiens. Et ils devraient professer l'augustinisme politique et abandonner la philosophie thomiste du bien commun. Ce n'est pas la position sédévacantiste en tant que telle qui est condamnable, laquelle, tenue pour une hypothèse, emporterait plutôt notre sympathie. C'est que, pour se donner l'impression d'avoir raison *aujourd'hui*, ainsi pour élaborer un argumentaire les habilitant à trancher avec certitude dès maintenant, ils sont obligés de procéder à une extension indéfinie de la zone d'infaillibilité du magistère, ce qui leur enjoint d'embrasser un théocratisme qui relève du surnaturalisme.

§ 46.1. La politique, comme nous avons tenté de l'établir plus haut (§ 42), se sublime en religion. Il faut donc trouver un point de suture entre nature et grâce appliqué au rapport entre politique et religion.

César était « *pontifex* » en tant que médiateur entre le bien commun de la cité et le Souverain Bien transcendant : la personnification de la cité — pour autant qu'elle œuvre à la réalisation de l'ordre — en quoi consiste la personne du roi est à la fois le « *terminus ad quem* » du bien commun immanent ou réalisation en acte communautaire des potentialités vertueuses de la nature humaine, à la fois la préfiguration ou « *terminus a quo* » de la personnification de la nature humaine prise comme universel de causalité, c'est-à-dire prise comme Idée divine créatrice des hommes en laquelle opère le Dieu créateur, ainsi considérée comme Dieu même. Donc ce point de suture est, en première approximation, la personnification de la cité dans le monarque en tant qu'il est non seulement ordonné au bien commun de la cité, mais encore aussi en tant qu'il est l'anticipation et comme l'image du Souverain Bien, le tenant-lieu de Dieu, et c'est en tant qu'il en est l'anticipation et l'image qu'il se veut médiateur entre bien commun et Souverain Bien.

Le surgissement de la Révélation, qui s'introduit dans ce point de suture et le métamorphose, fait que la personnification de la cité en quoi consiste la personne du monarque n'est plus rien d'autre que l'achèvement du bien commun temporel, l'Église jouissant seule des pouvoirs surnaturels de dispenser ce qui est nécessaire au salut éternel ; et cette vocation religieuse

CHAPITRE XII

mais naturelle, exercée dans le « *terminus ad quem* » de son exercice, ainsi dans la forme personnelle que contracte la cité, est la manière dont cette même cité en vient à se faire analogiquement substance, en accédant en cette forme au statut de similitude naturelle de l'Idée divine d'homme. Il y a donc une sacralité par participation — qu'on songe à l'étymologie du mot « hiérarchie » — associée à l'idée du chef politique, en tant qu'il est conscience de soi du bien commun lui-même préfiguration du Souverain Bien.

Ainsi, la recherche de l'ordre politique en sa forme impériale — sommet de l'unité politique du genre humain, déjà plus que national mais à jamais en-deçà de l'État mondial qui est intrinsèquement mauvais — n'est pas seulement le moyen de permettre aux individus de trouver les conditions d'une vie vertueuse en vue de leur salut surnaturel individuel. Cet ordre politique est déjà, cependant que seulement politique, une participation, une similitude participée de l'ordre éternel qui est au Ciel. Et c'est aux seuls Politiques que revient de procéder à l'instauration de cet ordre naturel. En faisant de la politique, on contribue déjà à quelque chose qui convoque la vertu naturelle de religion.

L'entéléchie du Politique est la cité se faisant personne dans son prince qui la hiérarchise, ainsi la cité accédant à un mode d'existence organique (celui d'un vivant) lui conférant analogiquement la dignité d'une substance raisonnable, mais communautaire et à ce titre expressive, analogiquement, de Dieu même en son Idée créatrice des hommes ; et sous ce rapport il existe une portée religieuse naturelle inhérente au Politique. Cette entéléchie s'achève dans ce en quoi le Politique s'éclipse, et ce terme, surnaturel, est le point de départ d'une vie ecclésiale et non plus politique. Qu'il en soit ainsi, cela signifie que la cité, se régénérant ou renouvelant en permanence par la naissance de nouveaux hommes issus de la fécondité des vies familiales, meurt en retour à elle-même dans la mort de chacun des hommes qui décèdent — cela vaut aussi pour le souverain singulier en lequel la cité se fait personne — et accèdent à la vie éternelle, cependant que la vie religieuse surnaturelle qu'exercent les croyants dans l'Église les prend et les investit, en tant que chef, citoyens et/ou sujets politiques, dès le moment de leur vie temporelle, de sorte que la vie ecclésiale du sujet politique est comme une anticipation terrestre de sa mort temporelle, et avec elle de la cité qui vit par lui. C'est, nous semble-t-il, en tant que la cité accède, sous le rapport de l'analogie, à la dignité d'une substance, que saint Thomas peut enseigner ceci : « La piété s'étend aussi à la patrie en tant qu'elle est pour nous *un certain principe d'être* ("*secundum quod est nobis quoddam essendi principium*"), mais la justice (dont la vertu naturelle de piété filiale est une partie) regarde le bien de la patrie en tant qu'il est le bien commun » (*Somme théologique*, II[a] II[ae], qu. 101, a. 3, ad 3).

Dans ces conditions, il faut reconnaître à l'autorité du chef politique, quelle que soit la transcendance de la vocation personnelle surnaturelle de chaque membre de la cité, la responsabilité de cette portée naturellement religieuse de la vocation du Politique. Cette vocation ou finalité vaut pour elle-même dans son ordre propre, et n'est pas destinée à être assumée par l'autorité ecclésiale. Ce qui revient à dire qu'il n'appartient pas aux clercs, fussent-ils papes, de définir le destin qu'une nation doit embrasser, de commander sa politique extérieure, non plus que de déterminer la forme de gouvernement qu'elle doit se donner, sous couvert du respect des impératifs moraux dont l'Église a la garde, et au nom desquels elle est fondée à s'ingérer indirectement dans les affaires politiques. Il nous semble que la relation de type concordataire est la forme adéquate des relations rationnelles entre Église et État, et qu'il ne doit pas y avoir de séparation entre l'Église et l'État, mais pour autant qu'il soit tenu compte de ce que nous avons tenté d'expliciter ici, à savoir l'idée d'une « transcendance immanente » de la vocation du Politique. Nous empruntons au Père Serge-Thomas Bonino, o.p., dans son article « Vertus sociales et sens de Dieu selon saint Thomas d'Aquin » (2015, *Doctor communis*) l'expression « transcendance immanente », sans nous préoccuper de savoir s'il accepterait qu'on usât de sa formule pour définir ce que nous avons cru bon de tenter ici d'établir : que le Politique, à raison de ses propres ressources, est invité à faire l'épreuve de sa vocation à excéder le champ de ce qui lui est habituellement dévolu en contexte catholique, à savoir la gestion des affaires strictement temporelles. Si le responsable politique est moralement en demeure, en tant que catholique, de servir autant qu'il est possible les vrais intérêts de l'Église (qui ne coïncident pas nécessairement avec l'idée que s'en font, à tel ou tel moment de l'histoire, ses chefs experts en manœuvre diplomatiques tortueuses), si donc le devoir du chef d'État catholique est d'œuvrer — en obéissant par exemple à l'appel à la croisade — à la protection de l'indépendance de l'Église et de son œuvre apostolique, il reste que la culmination de la vocation du Politique, considéré en sa dimension religieuse naturelle, demeure d'actualité et n'a pas à être court-circuitée par les initiatives ecclésiastiques. **Ce sont le chef d'État, et le génie de son peuple, qui savent, mieux que les hommes d'Église, ce qu'il appartient à une nation de réaliser pour conférer à la cité organique sa forme de similitude participée de la cité céleste.**

§ 46.2. On l'a vu :
La pulsion naturelle habitant tout homme et le définissant tel un animal politique vise la réalisation en acte de toutes les potentialités de la nature humaine et, à ce titre, elle tend à faire s'approcher au mieux la cité du statut de substance, parce que la nature humaine se réalise en droit comme substance et comme personne. Mais il est tout aussi définitionnel de la cité d'être un tout d'ordre et de n'être qu'un tout d'ordre non substantiel, parce que seules les personnes qui constituent la cité sont des substances, de sorte que la pulsion politique se révèle contradictoire quand elle entend satisfaire aux réquisits de tous ses aspects en même temps : la nature humaine n'existe en tant que personne que comme individuée, comme substance raisonnable, comme telle personne singulière parmi d'autres personnes, avec cette restriction que, selon ce régime ontologique, elle est tout entière en chaque homme, mais elle n'y est pas totalement ; si en retour elle parvient à se donner un mode d'existence tel qu'elle y soit tout entière et totalement, ce ne peut

être qu'en la forme communautaire de la cité, mais alors elle échoue à s'y réaliser comme personne et n'y est que comme tout d'ordre. Pour dépasser la contradiction à quoi l'acculent ses exigences internes, la pulsion politique s'excède et ne s'achève que dans ce qui relève alors du religieux qui, sans abolir la substantialité des personnes, les rend membres d'un même corps mystique. Substantifier la cité, ce serait hypostasier la nature humaine en tant que nature ou essence, et cela s'accomplirait dans l'État mondial qui est satanique parce qu'il a pour sens de déifier la personne humaine.

Mais cela ne signifie pas que, quand survient la Révélation qui assume et dépasse la religion naturelle, la pulsion politique naturelle de l'homme devrait frustrer sa tendance non moins naturelle à s'excéder en religion naturelle. La Religion révélée est évidemment révélée par Dieu s'adressant aux hommes, elle n'est pas un produit des fermentations spéculatives de l'intellect humain ; mais l'exercice de cette religion, opéré par les hommes, a lui-même la forme intemporelle d'une sublimation de leurs aspirations politiques ultimes.

Aussi longtemps qu'il ne se connaît pas exhaustivement, l'homme pensant est toujours plus ou moins étranger à lui-même, et par là quelque peu étranger aux autres hommes, incapable de former une unité définitive et complète avec tous ses frères. Mais l'homme ne se connaît complètement qu'en Dieu son Auteur, son Origine première, là où il fut et est conçu, dans son ultime raison d'être. Donc il demeure comme étranger à soi aussi longtemps qu'il ne se connaît pas en Dieu, et toute unité du genre humain n'est véritablement consommée qu'en Dieu. Tous les hommes sont comme un seul homme dans leur cause immanente, à savoir leur nature et leur origine adamique communes : « Du fait que deux êtres sont semblables comme n'ayant qu'une forme <entendons : une nature>, ils sont en quelque mesure un en cette forme. De là vient que l'affectivité de l'un tend vers l'autre comme ce qui ne fait qu'un avec soi, et qu'il veut ce qui est bon pour lui comme s'il s'agissait de soi » (*Somme théologique*, I^a II^{ae}, qu. 27, a. 3). Mais c'est seulement en Dieu que cette nature devient absolument intelligible. On voit ainsi plus clairement pourquoi l'unité du genre humain relève du Théologique autant que du Politique. L'unité communautaire entre les hommes, fondée sur le déploiement *exhaustif* de leur nature commune, n'est telle que si *tous* les hommes sont ainsi rassemblés. On obtient alors, si tant est qu'elle soit historiquement réalisable, l'unité politique inchoativement planétaire de type impérial. Une telle unité suppose et atteste, tout à la fois, que les hommes ne sont plus étrangers les uns aux autres, qu'ainsi chaque homme est réconcilié avec lui-même, et que donc tous les hommes sont parvenus, ou plutôt sont en passe de parvenir à quelque chose qui ressemble à une connaissance de soi en Dieu. S'il est dans la vocation du Politique de se sublimer en religion, il est dans la vocation de l'État, forme obligée du Politique, à la fois de se parfaire et de se nier, ainsi de s'achever lui-même, dans quelque chose qui, pour appartenir au Politique (en tant qu'il l'accomplit), doit ne pas relever de la religion et qui, pour constituer le « *terminus a quo* » naturel de la religion, doit être l'amorce de l'exténuation du Politique étatique. Si la religion est vérité du Politique, l'Église est vérité de l'État qui, n'ayant pas vocation à se supprimer quand advient l'Église puisque la surnature n'abolit pas la nature mais la parfait, s'excède lui-même, ainsi se renie, mais selon une modalité qui le fait se conserver en elle sans s'y exténuer radicalement. Et tel est l'empire. L'empire est, en droit, comme catégorie non contingente du Politique, la forme d'unification du genre humain en laquelle s'excède, pour s'y accomplir, la forme étatique du Politique ; cette forme impériale de l'unité du genre humain est finalisée par le culte, régi par la vertu *naturelle* de religion, du même Dieu transcendant commun à tous les hommes. Parce que d'une part la surnature ne surélève la nature qu'en la parfaisant dans son ordre propre, parce que d'autre part la perfection d'un ordre est son entéléchie, la fin naturelle ne saurait être supprimée par le surgissement de la fin surnaturelle, même si celle-ci n'assume celle-là qu'en la transfigurant, en l'occurrence dans et par l'établissement de l'Église ; dans le même ordre d'idées, cette béatitude naturelle en quoi consiste la « *theoria* » des Anciens, surnaturellement transfigurée en vision béatifique, n'est pas rendue obsolète par le fait du surgissement de la Révélation salvatrice. L'entéléchie naturelle du Politique est l'acte de faire s'excéder sans l'abolir l'unité politique en direction de l'unité religieuse considérée en sa dimension naturelle ; le couronnement impérial du Politique est en quelque sorte le référent naturel de l'unité ecclésiale du genre humain. Et la manière dont subsiste une telle entéléchie naturelle en régime théologique de condition humaine surnaturellement rachetée, c'est l'unité impériale. Il résulte de ces considérations que l'empereur, non par accident mais par essence, est chargé d'une vocation religieuse qui, naturelle, ne fait pas de lui le rival du pape mais son lieutenant à lui soumis à la manière dont la nature est en demeure de plébisciter le magistère de la surnature. Mais il en résulte aussi, en retour, que le pape n'a pas plus vocation à réduire l'empereur à son bras armé ou à se substituer à lui qu'à proclamer la caducité de l'empire — ce à quoi équivaut la manœuvre papale consistant à inviter les nations intégrées à l'empire, ou vouées à s'y intégrer, à s'insurger contre ce dernier en excipant du souci de la défense de la foi. Nous laisserons aux historiens le soin de se demander si la papauté a toujours respecté de tels principes.

Dans l'unité politique à figure impériale, ainsi potentiellement planétaire, la nature humaine atteste politiquement son pouvoir de faire s'effectuer l'unité réelle du genre humain dont l'unicité de leur espèce n'était que la promesse. Et ainsi une telle effectuation politique est l'extériorisation temporelle de cette unité spécifique ou formelle intérieure à chaque homme ; mais cette effectuation politique n'est jamais définitive, elle est toujours fragile et toujours remise en question, elle n'est que la version naturelle de cette unité surnaturelle à raison de laquelle, membres du même corps mystique, tous les hommes sont rendus un dans le Christ. **Et en cela l'idée d'empire satisfait, sur le plan politique, au réquisit d'un point de suture entre nature et surnature, entre politique et religion. Si la fin surnaturelle n'abolit pas la fin naturelle qu'elle dépasse en l'assumant, c'est à l'empereur et non au pape que revient la charge d'accomplir ce qui, dans l'exercice de la religion naturelle, n'est**

CHAPITRE XII

pas et ne peut pas être assumé par l'Église : conférer une forme *politique* à cette unité morale — dont le pape est l'opérateur et le responsable souverain — induite par le rassemblement transnational des hommes en une seule religion révélée ; à cette condition seule est écarté ce scandale de guerres menées entre nations catholiques. C'est comme recherche de l'ordre universel, ainsi de la paix terrestre planétaire — recherche toujours légitime mais jamais réalisable de manière pérenne dans la sphère politique — que s'exerce sans se dénaturer la tendance de la pulsion politique naturelle à s'excéder en religion. Et c'est dans la forme de l'empire supranational, assumé par une nation particulière — tel le Saint-Empire romain germanique — que s'exerce cette recherche de la paix politique universelle. Donc, dans le régime historique de la Religion révélée, la vocation du Politique — qui le parfait en tant que Politique — à s'excéder en religion se consomme en recherche de l'ordre impérial par essence précaire mais légitime. La surrection de l'Église ne se substitue pas par principe à l'empire ; la vocation temporelle de l'Église n'est pas — même si elle s'en charge par accident, ainsi ponctuellement et du fait des carences accidentelles du Politique — de servir d'arbitre politique entre les nations. Il n'y aura jamais de « paix perpétuelle » mondaine extirpant de la condition humaine toute possibilité de guerre, et toute tentative politique de faire descendre le Ciel sur la Terre se soldera par l'avènement de l'enfer terrestre. Mais il y aura toujours une tendance non peccamineuse à s'approcher de l'ordre politique planétaire. Et la frustration de cette tendance — fût-ce au nom des impératifs religieux les mieux intentionnés — rejaillira toujours, pour les adultérer, sur les formes nationales de réalisation de l'ordre, parce que le mouvement qui mène asymptotiquement vers cet horizon impérial stable définissant la fin idéale de l'Histoire est habité par la même pulsation que celle qui anime la recherche des organisations nationales.

On peut se demander, compte tenu de ce qui précède, si l'art diplomatique consommé, pratiqué par les princes de l'Église, de faire jouer les ambitions nationales les unes contre les autres afin d'assurer sa souveraineté spirituelle, fut bien la méthode la plus adéquate pour promouvoir le règne social du Christ.

On peut se demander aussi si le nationalisme anti-impérialiste, selon lequel l'organisation impériale relèverait de l'« hubris » et serait contre nature, n'est pas voué à l'échec à raison même — sous couvert de dénoncer la démesure de l'empire — de sa prétention à se suffire à lui-même. Le refus nationaliste de l'idée impériale condamne la raison politique à se restreindre à une coexistence d'États-nations entendus comme autant de Léviathans hostiles. Il n'y a pas, dans cette perspective, de bien commun immanent qui soit assez commun pour intéresser le genre humain tout entier. Et cela répugne aux exigences de la nature humaine, parce que le bien commun est d'autant meilleur qu'il est plus commun. Si l'on nie l'existence d'un bien commun universel, on doit nier celle du bien commun national. Cela dit, si l'homme avait été créé en état de pure nature, il n'y aurait pas eu d'Église en forme d'institution internationale, et la vertu (naturelle) de religion se fût exercée dans le cadre de la piété nationale, de sorte que, si l'on exclut la vocation impériale du Politique, la religion naturelle n'aurait pas été capable d'instaurer un bien commun immanent supra-politique ; ce qui revient à dire que les capacités politiques de la nature humaine même non blessée seraient impuissantes, même sur le mode d'une recherche seulement asymptotique, à faire se réaliser l'ordre terrestre consacré par l'état de paix, et qu'il serait nécessaire, pour atteindre ce dernier, d'en appeler à l'existence de l'Église et de la Révélation ; mais alors qu'en est-il de la gratuité de la grâce ?

L'État mondial se prétend la réalisation historique, fondée sur l'homme déifié, de l'unité ecclésiale. L'État mondial, l'État naturaliste de l'homme qui se fait dieu, tient pour mystificatrice, parce que surnaturelle, l'unité d'une Église fondée sur ce qu'il tient pour un mensonge, à savoir le Dieu-Homme, et il se veut la vérité laïque et athée de l'unité ecclésiale. L'État mondial est la perversion de l'empire. **L'empire, qui se veut l'analogue temporel d'une unité ecclésiale éternelle, est la *vérité captive* du mondialisme, et il appartient aux nationalistes de l'arracher à ce qui la subvertit.** À refuser l'idée d'empire entendu comme horizon achevant l'histoire humaine terrestre, on frustre sans le vouloir la portée théologique du Politique, mais par là on en vient à cantonner le Politique dans la sphère instrumentale de la gestion des besoins, ce qui fait dégénérer le bien commun en intérêt général, nourrit lentement l'individualisme et en vient par là à réamorcer les conditions d'avènement du mondialisme dont le nationalisme étroit se croyait l'antidote.

Les nationalistes s'étonnent et se désolent que nos contemporains soient au fond si peu réactifs au danger mondialiste, quitte à se laisser conduire comme des veaux par le mondialisme bancaire, en esclaves consentants. Nous comprenons cet étonnement douloureux, et nous le partageons. Nous savons qu'à bien des égards nos contemporains supportent les méfaits de la décadence et son pouvoir de nous mettre en état de servitude parce qu'ils sont complices des jouissances individualistes qu'elle leur offre. Mais il nous paraît nécessaire d'ajouter ceci :

Nos contemporains sentent bien, et à juste titre quoique de manière non éclairée, que la notion de sens idéal de l'Histoire n'est pas une idée chimérique, qu'elle est dans la nature des choses, et qu'elle a vocation à se réaliser en droit dans la forme d'un empire universel, à tout le moins prépondérant, qui serait facteur de paix.

La guerre fait partie de la paix comme la mort fait partie de la vie, laquelle est, dans son essence, victoire sur la mort dont elle requiert la possibilité, ne serait-ce que pour la nier. Il serait suicidaire (telle est peut-être, au reste, l'essence du suicide) de refuser la vocation naturelle de l'homme à mourir ; l'homme se fuit lui-même en fuyant sa mort, ainsi fuit-il sa vie puisque la mort fait partie de la vie ; en refusant la vie qui assume la mort, il plébiscite la mort qui n'annonce plus la vie. Mais il serait aussi vain, consentant sagement au fait indépassable de la possibilité de la guerre, de se refuser à aspirer à la paix, parce que la raison d'être de la mort est la vie, au lieu que la raison d'être de la vie n'est pas la mort.

Cet empire n'est pas ablatif de la possibilité de la guerre : l'empire n'est pas un État (qui réduirait les guerres à des opérations de police) ; le lien entre les nations, à l'intérieur de l'empire, n'est que féodal et non étatique, et l'État assumant une vocation impériale ne perd pas son statut de forme d'une nation parmi d'autres nations. Cette recherche de l'ordre impérial est asymptotique, ne produit historiquement que des empires limités et destinés à passer sous la pression de revendications nationales nouvelles qui, en retour, se muent en prétentions à l'empire. Et l'empire effectivement réalisé, empire fédérant des nations, innocent des travers du mondialisme, terme de cette dialectique naturelle entre nation et empire, coïncide avec la fin de l'Histoire. Tel est selon nous le rythme naturel de la vie politique internationale. L'empire n'est pas ablatif de la possibilité de la guerre et, à ce titre même, il est radicalement différent de l'État mondial : la négativité latente qui l'habite (tensions dialectiques entre aspirations nationales et aspiration impériale) atteste que le Politique a vocation à se sublimer en religion, au lieu que l'État mondial prétend faire, de lui-même, l'Église, et célébrer en et par lui-même la religion de l'homme. Cela dit, quand un empire — tel le Saint-Empire — surgit sous l'égide de la vraie et unique Religion et reconnaît en elle cette perfection supra-politique dont il se sait n'être que la préfiguration mondaine, on peut et l'on doit dire qu'il est le début et l'annonce, dans l'Histoire, de la fin de l'Histoire, ce qui revient à dire qu'il n'a pas, quant à lui, vocation à se défaire sous la pression de revendications nationales nouvelles. Et c'est pourtant ce qui s'est produit, sous la pression de la France envieuse de la vocation impériale germanique, alliée systématique des Mahométans et des Protestants.

Ainsi, parce que nous, nationalistes, n'avons pas su expliquer à nos contemporains que l'État mondial n'est que la perversion de l'empire, la plupart des nationalistes actuels, dans le sillage de leurs devanciers, contestent la solidarité entre nationalisme et idée impériale, quand, corrélativement, nos contemporains dépolitisés, déconnectés de leur identité nationale, consentent au mondialisme en croyant consentir à la consommation rationnelle ultime de la raison politique.

On assiste comme d'habitude à un dialogue de sourds, qui sont sourds parce qu'ils ne se savent pas communier dans le même principe erroné. Ce principe erroné consiste en ceci : il n'y aurait dépassement de la sphère nationale que dans la forme d'un État mondial ; les nationalistes en déduisent que tout ce qui est supranational serait intrinsèquement pervers ; les masses abusées par la propagande médiatique en déduisent qu'il faudrait consentir à abolir le principe national pour réaliser le véritable ordre mondial. Les sectes maçonniques, le judaïsme politique, les puissances bancaires sont-ils responsables de l'actuelle précipitation — au sens chimique du terme — des mesures favorisant l'avènement de l'État mondial ? Oui certes. Mais leur influence sur les sociétés n'eût pas été la même si l'on avait su faire comprendre aux peuples qu'il existe une médiation naturelle entre politique et religion, entre État et Église, entre immanence et transcendance, une médiation qui se concrétise historiquement dans la forme d'une recherche de l'ordre impérial. La tentation mondialiste eût été inopérante si l'on avait su faire désirer, à tous les Européens, ce dont le mondialisme est la perversion. Par effroi à l'égard de cette dernière, mais aussi sous l'effet d'une volonté de puissance nationaliste inavouée celant sa démesure sous les traits avouables de la peur du mondialisme ou du « totalitarisme écrasant la personne humaine », on a préféré exacerber les rivalités nationales en Europe. Et c'est ainsi que le mondialisme humaniste, c'est-à-dire en son fond athée, a pris le relais de l'aspiration impériale frustrée.

CHAPITRE XIII

La doctrine nationaliste ne peut se désintéresser des conditions d'harmonie entre nature et surnature.

§ 47. Tout nationaliste aime sa patrie ; il est prêt au moins en paroles (mais ce n'est déjà pas rien en fait) à donner sa vie pour elle ; la difficulté est que les nationalistes d'une même nation n'ont pas la même conception, ne se font pas la même représentation de la nation qu'ils vénèrent, par là ne convoquent pas les mêmes principes politiques généraux. Cette situation engendre des conflits interminables entre factions, d'autant plus intransigeantes qu'elles sont plus étiques. Et les militants, frappés d'impuissance pratique par une telle « divisionnite » endémique, en viennent à se décourager, à tenir leur engagement nationaliste pour erreur de jeunesse, à mesure que le « sérieux » de la vie s'empare d'eux avec plus d'emprise. C'est qu'il faut composer avec le monde tel qu'il est quand on doit poursuivre des études, trouver un travail, faire une carrière, plaire à une femme qui vous plaît et qui n'appartient pas nécessairement à l'ergastule nationaliste : ce dernier est parfois peuplé de ratés sociaux ayant fini par trouver expédient de celer leur indigence et leurs échecs en les faisant mettre au compte d'un engagement politique courageux, généreux et périlleux ; il est aussi, souvent, peuplé de marginaux qui auraient fort bien pu, comme on dit, réussir brillamment dans la vie (ce qui est le cas, fort heureusement, de certains nationalistes très engagés) si l'activisme ne les avait dévorés vainement au regard des résultats obtenus, usant leur bonne volonté et leur générosité, et rendus découragés au point de ne plus trouver la force de rebondir dans un autre univers social. Il faut être « réaliste » quand on entend fonder un foyer, obtenir un crédit immobilier, être affilié aux caisses de retraite et de sécurité sociale, se forger une surface sociale, contracter ce minimum de sérénité requis pour éviter d'être en permanence la proie des angoisses propres aux inadaptés sociaux refoulés par leur époque. Après tout, dit-on, l'homme est par nature un animal politique, son humanité est tronquée s'il se coupe de la société qui l'a vu naître ; il faut la prendre telle qu'elle est, s'intégrer en elle nonobstant ses défauts et ses tares, si l'on entend conjurer la triste condition de raté ; on pourra toujours tenter de la réformer de l'intérieur. Alors on fait des concessions, on goûte aux charmes de la société de consommation, on s'accoutume aux facilités matérielles et au laxisme moral de son temps. On s'attiédit, on est récupéré, on perd toute pugnacité, puis viennent les misères de l'âge mûr, le temps des regrets et des bilans, la mauvaise conscience — génératrice d'aigreurs — d'avoir été traître à la cause. Quand, par chance, vos enfants ne sont pas complètement noyés dans l'atmosphère de décadence qui va toujours plus loin à mesure que le temps passe, ils reproduisent l'erreur de leurs aînés, et les groupuscules renaissent avec leurs haines recuites, qui finissent par servir d'épouvantail à la société démocratique en son besoin vital de se forger des ennemis afin de justifier des mesures répressives que répudie son concept en son fond individualiste et libertaire. Il est inutile de donner des noms et de citer des formations anciennes et nouvelles : tout le monde les reconnaîtra.

Toute mesure pratique relevant de ce qu'il est convenu d'appeler « l'entrisme » est vouée à l'échec, parce qu'elle finit par dissoudre ses soldats dans la pâte de ce qu'ils prétendaient transformer, à force de concessions stratégiquement consenties. Paul Bourget — nous l'avons déjà rappelé — enseignait qu'à force de vivre autrement qu'on ne pense, on finit toujours par penser comme on vit. Et cela est inévitable, parce que la dialectique de l'intérieur et de l'extérieur est implacable. L'extérieur est par définition extériorisation de l'intérieur, ils ne se repoussent que pour s'appeler l'un l'autre parce qu'ils sont essentiellement dépendants l'un de l'autre, au point que, quand l'un se veut oublieux de son contraire en se faisant par exemple l'extérieur d'autre chose que de cet intérieur dont il est en droit l'extériorisation, alors ou bien l'intérieur le rappelle à l'ordre, ou bien il en vient à se conformer à cet extérieur qui le trahissait.

Si la société démocratique à base de souveraineté populaire, inspirée par les Droits de l'Homme, ne souffre pas d'être transformée de l'intérieur par infiltration subreptice, quand il est impossible de s'en accommoder, il reste à n'entretenir avec elle que les rapports vitaux minimaux en tentant de reconstituer des microcosmes de plus en plus massifs et durs, qui seront autant de bastions pour passer à l'attaque du gros ventre mou quand les contradictions de la démocratie et du libéralisme se feront telles que ses institutions se déliteront. Cela dit, encore faut-il que la doctrine inspirant ces bastions fasse consensus, par là ne soit pas grevée de défauts ou de points de vue unilatéraux qui la fragilisent et finissent par la rendre non crédible, soutenue seulement par la passion des seuls adeptes qu'elle satisfera pour des raisons sentimentales.

Les difficultés commencent, surtout quand il s'agit de la France, aussitôt qu'on s'interroge sur le contenu vrai de l'identité française.

§ 48. Pour certains, la France est ce que son histoire en a fait, parce que l'histoire serait l'expression du vœu de la Providence, et elle serait telle parce que la France serait le peuple élu, l'objet d'une translation de l'élection juive sur le royaume des Francs ; la France aurait à être ce qu'elle fut en ses périodes de grandeur militaire et artistique, quoi qu'elle ait fait de moralement répréhensible, et il serait nécessaire de tout assumer, de Clovis à saint Louis, de Philippe le Bel à Louis XIV, de l'amiral de Coligny à la Commune, de Robespierre à Henri de La Rochejaquelein, de Bonaparte à Léon Blum, de Louis XV à de Gaulle. Certes, tout n'est pas bon dans toutes ces figures, pense le nationaliste providentialiste, mais enfin, c'est la France, la patrie de Dieu, et tous ses enfants terribles sont encore français, jouissant d'une protection toute particulière qui fait qu'ils ne peuvent pas être absolument mauvais, puisqu'ils sont français.

Quand bien même ils seraient fort peu chrétiens, en délicatesse avec Rome, voire en rupture de ban avec la religion, ils resteraient marqués du sceau mystique de l'élection nationale. Et cette surdétermination de la sacralité religieuse de la nation en tant que nation en viendra à conférer à cette dernière une autorité et une souveraineté qui lui permettra volontiers de donner des leçons au pontife romain, à tout le moins de se soustraire sans grand scrupule à son magistère.

Pour d'autres, tout n'est pas bon dans leur patrie, tout ne forge pas son identité vraie, parce que tout ce qui est substantiellement mauvais, ayant raison de défaut et de privation, ne saurait faire advenir des valeurs positives définitionnelles d'un peuple. Et il est vrai que lorsqu'on accepte une succession, on en assume le passif, ce qui revient à dire que l'on paie ses dettes, ou bien on refuse la succession en son entier : on exclut le manque. Et refuser une privation, c'est précisément recueillir tout ce qu'il y a de positif dans ce dont on hérite, ce n'est nullement écarter l'un des aspects positifs du legs sous le prétexte qu'il ne nous conviendrait pas. Ce n'est nullement trahir l'identité française que de refuser de digérer la Révolution française. Mais alors ces mêmes gens, tout de même plus raisonnables que les précédents, non sans conserver quelque aspect du providentialisme judéomorphe de tels nationalistes, en viennent à considérer que l'idée même de nation serait perverse parce que procédant de la Révolution : on se serait mis à aimer la nation pour se soustraire à l'autorité du roi. La patrie, dans ce cas, c'est l'allégeance au prince, unique principe d'unité de la multitude, et le prince lui-même est légitime en tant que procédant d'une dynastie providentiellement choisie et au reste consacrée par l'Église.

§ 49. Nous avons évoqué plus haut (§ 42 et suiv.) ce paradoxe de la vocation du Politique à excéder naturellement sa propre sphère. Le désir de société immanent à tout homme est désir de soi de la nature humaine en lui, désir exercé par la

CHAPITRE XIII

nature en quelque sorte, désir de déployer toutes ses potentialités ; parce qu'il est dans la nature de cette nature de se réaliser comme personne, la cité vit la tendance à se constituer en personne, mais la personne en laquelle elle accède à la conscience d'elle-même est et ne peut être que celle du dépositaire singulier de l'autorité dans la cité, puisque cette dernière n'est qu'un tout d'ordre et non une véritable substance. Cela dit, si celui qui a la charge de la communauté est lui-même au service du bien commun de la cité, c'est que la nature humaine déployée dans un mode d'existence communautaire n'est pas là dans son mode d'être le plus parfait, parce que, si c'était le cas, le corps étant pour la tête, le corps de la cité reconnaîtrait dans son chef sa raison d'être, ce qui fort heureusement n'a pas lieu, sauf dans les délires des empereurs romains qui se faisaient adorer. Dès lors, le mode d'être le plus parfait de la nature humaine est cette Idée créatrice de l'homme qui subsiste dans l'entendement divin et qui se confond avec lui. Et c'est pourquoi la pulsation du désir inspirant le Politique, cet appétit communautaire immanent à chaque homme et cause efficiente de la cité, trouve sa satisfaction dernière hors du Politique, dans la vie religieuse qui achève ce dernier, le consommant dans l'acte de l'exténuer. La cité meurt à elle-même dans la mort de chaque homme qui vit en elle et en lequel elle vit ; il la quitte au terme de sa vie communautaire pour embrasser la vie éternelle. La cité contient en elle-même sa propre mort qu'elle vit dans la mort de chacun de ses membres et surmonte, dans un renouvellement immanent, par la naissance d'autres hommes. Sous ce rapport, la conscience de soi de la cité exercée par le roi s'éclipse et renaît, ce qui est le propre de tout vivant ayant par définition en lui-même le principe de son mouvement, ainsi de sa régénération permanente. Mais ce dans quoi elle s'éclipse, et en quoi elle se régénère, est aussi le « *terminus a quo* » de la vie religieuse. Le prince temporel est bien l'image du Maître éternel, et la cité, qui est en lui personnelle, est ainsi inclusive, comme de son « *terminus ad quem* » politique, du « *terminus a quo* » de la vie religieuse. Quand la Religion révélée surgit, ce « *terminus a quo* » est immédiatement assumé par les gardiens de la vraie religion, à savoir par l'Église.

Ce qui signifie que la vie religieuse du citoyen/sujet, mais aussi celle du prince temporel, en tant qu'exercée dans la cité, est l'annonce de la vocation de la cité à se sublimer en religion, par là à faire l'aveu de sa vocation à mourir.

La relation entre politique et religion est *dialectique*, en ce sens que la politique s'achève dans la religion, aux deux sens du terme, ce qui la conduit à s'unir à ce qui lui donne son congé, de sorte qu'elle tend à freiner des quatre fers devant un accomplissement qui la supprime, à se repousser de ce à quoi elle tend pourtant par nature. Et cette relation d'attraction et de répulsion est bien ce que l'on nomme couramment « dialectique » : être renvoyé dans le contraire de ce à quoi l'on aspire, par le fait même de l'atteindre. Si l'on veut bien s'en souvenir, on sera conduit, dans une perspective qui se veut pleinement catholique, mais non théocratique, aux conclusions suivantes :

§ 50. La vie religieuse du sujet/citoyen dans la cité conforme à l'ordre, ainsi dans la cité dont l'État ne se veut pas séparé de l'Église, est le commencement de cette portée supra-politique du Politique, mais exercée au sein du Politique. Tout Catholique dans la cité lui rappelle, lui qui vit en elle, qu'elle surexiste en lui mais comme assumée et dépassée, comme vie ecclésiale, comme ce qui, de la cité, subsistera dans les siècles des siècles.

La première manière de violenter cet équilibre dialectique entre État et religion consiste à oublier que la religion, qui n'est vérité du Politique qu'en s'en faisant procéder comme sa sublimation, n'est pas positionnelle du Politique : ce n'est pas l'Église qui a la charge de faire exister les sociétés dont elle serait la cause efficiente ; les hommes n'ont pas attendu la fondation de l'Église pour décider de vivre en société dotée d'une autorité naturelle. Cette première erreur consiste à traiter le Politique comme s'il était posé par la religion, sous le prétexte qu'elle en est la vérité, et c'est là l'erreur surnaturaliste polymorphe qui consiste à faire du roi un appendice du pouvoir papal, ou au contraire, par réaction, à faire du roi un pape. Dans les deux cas, il y a substitution de la religion au Politique.

La deuxième erreur, symétrique de la première, est de croire que puisque la religion n'est pas positionnelle du Politique, elle n'en est nullement la sublimation, et l'on considère alors, quand on consent à la supporter, qu'elle se grefferait sur le Politique comme un apport extrinsèque n'ayant pas vocation à le vivifier de l'intérieur, voire comme un parasite qu'on supporte et qu'on relègue dans le domaine de la vie privée, d'où la tendance à séparer l'État de l'Église, ou à aboutir à une situation qui lui serait pratiquement équivalente, tel le gallicanisme.

On remarquera que, dans les faits, l'erreur surnaturaliste consistant à faire du roi un presque pape, un évêque, une fonction surnaturelle — favorisée par l'habitude du sacre, qui est à double tranchant : le pape veut faire du roi son obligé (il en veut faire le lieutenant du pape sous le prétexte qu'il est le lieutenant du Christ), le roi en retour se dit investi d'une légitimité surnaturelle qui fait de lui le rival du pape —, coïncide avec l'erreur naturaliste consistant à faire du pape un appendice supporté par le pouvoir politique jaloux de son magistère exclusif sur ses sujets.

§ 51. Le Christ est Dieu. Le Christ est homme. Le Christ est roi des nations, de toutes les nations, qu'elles le veuillent ou non. Il n'est pas d'autorité humaine qui ne procède du Christ, il n'est pas de pouvoir humain — domestique, politique, ecclésial, naturel ou surnaturel — qui ne procède du Christ, origine et fin de tout pouvoir. Telle est la vérité catholique, c'est-à-dire la vérité.

À partir de cette indubitable prémisse, un certain nombre d'observateurs bien intentionnés, effrayés par le caractère unilatéral — souvent historiquement daté et presque toujours soutenu par leurs adeptes sur un mode passionnel exclusif de la raison sereine — des doctrines politiques — en particulier des nationalismes — à eux proposées, en viennent à penser que, puisque le Christ est roi, c'est de Lui qu'il faudrait partir pour élaborer une doctrine politique rationnelle et non tronquée. Alors, au lieu de s'interroger sur l'essence du bien commun, sur les principes qui le fondent, sur l'art de le faire advenir historiquement, on se préoccupe essentiellement de la manière dont le pouvoir pourrait attester qu'il procède du Christ, et l'on se focalise avec enthousiasme sur la vertu de guérir des écrouelles, sur l'authenticité de la Sainte Ampoule ; on fait du sacre un huitième sacrement, on va chercher une légitimité politique dans une filiation juive de la dynastie royale, on s'invente un passé mythique (l'origine troyenne du peuple français, ou l'origine du peuple anglais supposé descendant de la treizième tribu d'Israël), etc.

C'est là, nous le pensons, une erreur de méthode conditionnée par une erreur doctrinale : c'est le surnaturalisme qui substitue une fin surnaturelle du Politique à sa fin naturelle, alors que la première présuppose la seconde, la fin naturelle s'identifiant dans son terme avec le « *terminus a quo* » de la fin surnaturelle, en un point de suture qui assure tant leur continuité que leur rupture et leur incommensurabilité. Nous avons montré (§ 42 et 49) que la raison politique, rationalité induite par la nature politique de l'homme, avait vocation à s'accomplir dans un terme qui est aussi ce en quoi elle s'achève et s'excède en religion. Une erreur peut se greffer sur cette vision juste des choses, qui consiste à partir de la religion pour en déduire une organisation politique adéquate au service de la religion, formatée pour elle et conditionnée par elle, ce qui prendra la forme soit de la théocratie qui réduit les rois à des appendices du pape, soit celle d'une surdétermination religieuse de la transcendance de l'autorité politique, faisant du roi un presque pape, un évêque, un vicaire du Christ lui aussi. Un tel tour de pensée revient à oublier que le Politique ne s'accomplit pas dans ce qui le prolonge et dont il pourrait à ce titre être déduit ; le Politique s'accomplit certes dans ce qui le prolonge, mais qui ne le prolonge qu'à condition de le faire se supprimer en lui, de sorte que le Politique ne peut pas être déduit de la sphère religieuse. C'est de l'ordre naturel qu'il faut partir, dût-on — comme on a le devoir de le faire — prendre le soin de faire mesurer la rectitude de sa raison par la « *stella rectrix* » de la Religion révélée. Et c'est là encore une occasion de montrer que le souci philosophique est plus que jamais d'actualité, plus urgent que le souci de dévoiler les complots, les turpitudes des Grands et les manœuvres sournoises des francs-maçons et des Juifs.

CHAPITRE XIII

Quand les savants élaborent des théories scientifiques et font des découvertes, ils jouissent d'une compétence dont ne jouissent pas les papes. Il n'appartient pas aux papes de diriger les travaux des scientifiques. Ces derniers ont leurs méthodes propres, et partent de l'observation de la nature en s'armant des vertus de formalisation de modèles théoriques livrées par les mathématiques. En revanche, le pape jouit d'un savoir surnaturel qui lui fait connaître les conclusions ultimes des scientifiques, un peu comme un surveillant de salle d'examen et de concours qui possède les résultats des épreuves sans avoir étudié la discipline des doctes élèves qu'il surveille. À tout le moins le pape sait-il, par une sagesse infuse échappant aux pouvoirs des scientifiques, ce sur quoi ces derniers ne doivent pas conclure. Et il est du devoir du scientifique d'accepter humblement, en fils soumis de l'Église, les décisions et condamnations papales dont il peut être l'objet quand il erre dans son domaine propre. En ce sens, rien n'échappe à l'autorité du Saint-Père. Mais cela ne fait pas du pape le chef et l'inspirateur direct des travaux des scientifiques. Il en est de même pour le Politique. Tout chef d'État est en demeure d'accepter les remontrances du pape quand ce dernier, armé d'une sagesse surnaturelle, lui signifie que sa politique contrevient aux exigences du dogme et de la morale. Mais il n'appartient pas aux papes de nommer les rois et de fonder les sociétés. S'ils y prétendent, c'est un abus de pouvoir.

Si l'on entend par nationalistes tous les hommes de bonne volonté hostiles à l'internationalisme ou mondialisme, qui laïcise l'idée catholique d'Église corps mystique de Dieu pour en faire la contre-Église maçonnique de la déification de l'homme, on sera habilité à penser que tous les nationalistes se désolent de la profonde décadence de leur pays et aspirent à le voir se relever. Il n'est pas inopportun d'évoquer le caractère corrupteur des judéo-maçons, du protestantisme individualiste et subjectiviste, du naturalisme de la Renaissance, de la volonté de puissance des dynasties bancaires, des effets émollients du progrès technique, de l'influence délétère des crypto-marxistes ; cela dit, un corps sain ne périt pas des microbes qui l'agressent ; ils n'ont raison de lui que parce qu'il est déjà affaibli. Et il est nécessaire, pour se poser en sauveur de la civilisation occidentale, d'identifier les causes premières de cette décadence, afin de ne pas s'épuiser à concocter des cautères destinés à être appliqués sur des jambes de bois.

Pourquoi la France est-elle entrée en dégénérescence au point de vivre le début de son agonie ? À cause de la Révolution française dont les turbulences ont précipité en décadence toute l'Europe, et avec l'Europe le monde entier.

Pourquoi la Révolution française a-t-elle pu trouver les conditions de son diabolique surgissement ? Parce que la société était fondée sur une conception surnaturaliste de l'autorité politique : on tenait pour légitime un chef parce qu'il était sacré, sans se préoccuper tant de son souci du bien commun que de sa compétence pour faire advenir ce bien commun. Cette négligence engendra celle du souci de l'organicité de la cité ainsi vouée à être progressivement divisée contre elle-même, dégénérée en société de classes hostiles entre elles, parce que divisée en ordres crispés sur eux-mêmes échappant à l'emprise d'un État véritablement organique se faisant maître de ses différences intestines et principe d'unification de ces dernières, par là en particulier maître de son système monétaire : les rois durent se faire les obligés des banquiers pour financer leurs entreprises militaires, et les banquiers finirent par devenir les maîtres des rois. Un autre effet non moins destructeur de cette conception surnaturaliste de l'autorité consista dans le refus de la prise en compte de l'idée de nation, d'identité nationale porteuse de l'idée de communauté de destin, essentielle à la notion de bien commun ; le système monarchique d'Ancien Régime était dynastique, fondé sur le principe de la famille et non sur celui de l'État national.

Aussi longtemps que la foi était vive et héroïque, les dysfonctionnements sociaux ne purent ébranler la société inspirée par le théorique souci de faire se refléter en elle l'ordre universel lui-même analogiquement expressif de l'ordre divin. Mais parce que la surnature présuppose la nature pour y fleurir, négliger la nature revient à compromettre la diffusion de la surnature au point de laisser poindre le spectre du déisme, puis de l'athéisme. La monarchie franque, adoptée par l'Église pour soutenir son

CHAPITRE XIII

aspiration à s'émanciper des tutelles politiques, choisit comme modèle de son organisation politique celui de la royauté juive d'Ancien Testament, et cela sous l'injonction des hommes d'Église, au détriment d'une réassomption, dans le contexte nouveau du christianisme, du principe antique de l'identité nationale.

Pourquoi la société fut-elle fondée sur une conception surnaturaliste du pouvoir ? Parce que cette tendance à faire du roi un clerc était l'envers de la tendance théocratique à faire du pape le suzerain temporel de tous les rois (§ 50).

Et pourquoi cette tendance théocratique ? Parce que le point de suture adéquat entre nature et grâce, entre pouvoir politique et pouvoir religieux, n'a pas trouvé sa solution satisfaisante. D'où ce balancement mortifère, qui scande toute l'histoire de l'Europe depuis la chute de l'Empire romain, entre césaropapisme et gallicanisme (et plus généralement théocratie royale), face à la prétention théocratique de l'Église.

La France, l'Europe, la Chrétienté, ont pu entrer en décadence parce que la théorisation du rapport harmonieux entre fini et infini, immanence et transcendance, nature et surnature, n'a pas fait l'objet de soins suffisants, semble-t-il.

Alors où est l'urgence ? Dans l'activisme attaché à tel ou tel aspect du passé dont on entend opérer la reviviscence, par là les travers objectivement gravides de la modernité honnie, ou dans la sérénité audacieuse des lieux de méditation philosophique émancipés des préjugés d'école ?

§ 52. Nous avons rappelé à l'instant que les monarchies étaient dépendantes de la Banque. Dans le *Rivarol* du 18 décembre 2019 n° 3404, page 8, Jean Terrien nous donne une leçon d'histoire non conformiste qui illustre notre propos :

« Au XVIIIe siècle, explique Bernard Lazare, "le capitalisme s'était développé parmi les nations ; l'agiotage et la spéculation étaient nés ; les financiers chrétiens s'y livraient avec ardeur, comme ils se livraient à l'usure, comme, en qualité de fermiers généraux, ils percevaient les impôts et les taxes. Les Juifs pouvaient par conséquent prendre leur place au milieu de ceux que 'les escomptes enrichissaient aux dépens du public ; et qui étaient les maîtres de tous les biens des Français de tous les ordres', ainsi que le disait déjà Saint-Simon" (Bernard Lazare, *L'Antisémitisme, son histoire et ses causes*, 1894, Kontre-Kulture, p. 93). » Jean Terrien montre ensuite, s'appuyant sur Lazare (*ibid.*, p. 130 et 131) que la bourgeoisie chrétienne s'est alliée à la bourgeoisie juive en diffusant dans toute l'Europe la doctrine libérale de Claude-Henri de Rouvroy de Saint-Simon (1760-1825) qui a établi la domination du capitalisme bourgeois au XIXe siècle. La Révolution française fut d'abord économique, résultat d'une lutte entre le capital immobilier ou foncier et le capital industriel ou agioteur. Dans sa lutte contre l'aristocratie foncière, la bourgeoisie avait besoin du Juif. Ils soutinrent ensemble la Révolution et Napoléon qui la stabilisa en protégeant les privilèges acquis par le Tiers, puis ils présidèrent à la chute de l'Empire (quand il devint trop oppressif pour le capitalisme) par l'accaparement des vivres lors de la campagne de Russie, et aidèrent au désastre final en provoquant la baisse de la rente et en achetant la défection des maréchaux.

§ 53. Confrontés à cette invitation à la méditation discrète, beaucoup d'hommes se voulant et se croyant sincèrement « réalistes » et de bonne volonté, nous diront que nous invitons notre prochain à imiter ces intellectuels décadents flétris par ce qu'on appellerait plus tard, à cause d'eux et de leur triste souvenir, le byzantinisme, parce qu'ils se préoccupaient du sexe des anges quand l'Infidèle féroce enfonçait les portes de la Rome orientale, et dont les rescapés firent infondre dans le monde occidental les racines gnostiques de la Renaissance.

« Pas besoin de gloser de manière pathologique, nous savons ce que nous voulons : que les Français restent des Blancs ; que les trains arrivent à l'heure ; que nos filles puissent se promener au bois sans crainte d'être violentées ; que soit proclamée et effectuée la séparation de l'État et de la Synagogue ; que les gens honnêtes ne soient dépouillés ni par les racailles allogènes ni par la fiscalité qui nourrit les fainéants ; que les lois mémorielles soient abrogées parce qu'elles deviennent assourdissantes : "il n'y en a que pour eux" ; que les grands principes de la morale naturelle soient rétablis, au moins à titre de principes ; ils doivent être tenus pour honorables même si tout le monde les viole, et il ne conviendrait pas d'instaurer un ordre moral trop coercitif, on ne saurait faire retour en arrière, il y eut du bon dans la Révolution de 1789 dont maintes dispositions étaient au reste déjà esquissées sous la royauté ; c'était dans le vent du progrès, dans le sens de l'Histoire, il est seulement dommage que ç'ait été si sanglant. Nous souhaitons que le principe de l'autorité soit réhabilité, que l'on se libère de la réalisation trop ostensiblement oligarchique de la démocratie, que l'on rétablisse la peine de mort, que les hommes cessent de se reposer sur l'État pour vivre, et qu'ils s'accoutument à reposer sur eux-mêmes en respectant la loi civile. Nous souhaitons un avenir pour nos enfants, un avenir de paix et de prospérité, une ascension sociale, une plus grande prudence dans l'usage des progrès de la science, un peu plus de respect des Anciens. On pourrait quand même mettre de côté la question religieuse et tout ce qu'elle charrie d'interdits (les questions du divorce, des contraceptifs et de l'avortement), au moins lui mettre une sourdine, parce qu'il ne faut pas que celle-là aussi soit envahissante et en vienne à diviser les Français. Le monde a évolué, on n'est plus au Moyen Âge. Le respect de la morale traditionnelle en matière de mœurs a quelque chose d'excessif, il faut laisser ça à l'appréciation de chacun, ça concerne la vie privée, restons-en à la séparation de l'Église et de l'État. Sens du travail, protection de la famille unie, culte de la patrie : c'est pas compliqué, ça suffit amplement, avec ça on vous refait un peuple ; libre à chacun d'être plus exigeant dans la construction de sa personnalité. Nous aspirons à une société qui conserverait quelque chose du pétainisme pour les mœurs publiques, les vertus de l'esprit conservateur, l'éthique du travail, la reconstitution de la paysannerie et l'acceptation des inégalités naturelles et sociales ; mais une telle société tiendrait aussi du gaullisme pour ce qui est du rayonnement spirituel de la France, de l'idée de grandeur sans laquelle elle n'est plus la France. Un esprit louis-philippard tempéré ("enrichissez-vous") par des lois sociales et des aides raisonnables, le respect de la propriété privée et le développement de l'esprit de responsabilité, la cessation de toute hargne idéologique divisant les Français, voilà qui est bon, voilà qui est réaliste, à toute distance des spéculations hasardeuses des philosophes et des théologiens ; ces oiseaux, on a déjà la bonté de les nourrir, alors il ne faudrait pas qu'ils en viennent à prétendre parler trop fort. Avec ces dispositions, tout le monde s'entendrait sur un programme minimal ; ce serait une espèce de Cinquième République musclée proche de la monarchie constitutionnelle, dégagée de l'influence excessive du parti communiste et des Loges, de ses haines antichrétiennes, mais religieusement neutre, et circonspecte à l'égard de l'Europe. Nous sommes les héritiers d'une France qui est celle de Jeanne d'Arc et de Robespierre, de saint Louis et de Jules Ferry, il n'y a pas à choisir, on prend tout et on fait avec, on ne peut au reste faire autrement. Il faut être malade, complètement déconnecté de la réalité, pour oser croire que la question du point de suture entre nature et grâce conditionnerait toute initiative de restauration. »

Ce sont là, nous le pensons, des renvois gastriques suscités par la nostalgie de ce que Mgr Williamson nomme le « cinquantisme », conjugués à des pulsions poujadistes et à une stratégie presque inconsciente de mauvaise foi destinée à permettre à ceux qu'elles habitent de sauver leurs habitudes hédonistes. Ces gens ne veulent pas comprendre que toutes les dispositions épouvantables en matière de mœurs prises par les légistes contemporains, toutes les mesures mondialistes qui éclatent aujourd'hui au grand jour étaient déjà là en puissance active dans « l'heureux temps » des années cinquante. Il y a une logique des idées à la pesanteur de laquelle ploient tant la réalité que les volontés de ceux qui les embrassent, quelles que soient les raisons subjectives ayant animé les cerveaux de ceux qui ont accepté de se faire habiter par de telles idées.

Quelque tempérées que soient les concessions faites à la modernité décadente, on ne fera pas l'économie de ses conséquences actuelles, mondialistes, si l'on ne se libère pas du subjectivisme. Les tares du monde d'avant 89 ne sont pas niables et il n'est pas question de faire retour au passé dans ce qu'il a de

« passé », d'obsolète, de contingent ; mais il avait le mérite de n'être pas, au moins dans ses principes, subjectiviste. C'est avec son antisubjectivisme qu'il est nécessaire de renouer. Il est de l'essence de l'ordre social, en ses exigences intemporelles, d'être inspiré par le bien commun. Tout le monde a le bien commun à la bouche, mais il se réduit, dans l'esprit de l'immense majorité, à l'idée de coexistence des biens privés saupoudrés de vertu traditionnelle plus apparente que réelle. Le vrai bien commun est ce bien qu'on aime en lui étant rapporté ; il est la réalisation en acte de toutes les potentialités de l'essence humaine, à l'intérieur d'une communauté historique de destin qui en quelque sorte freine, par son caractère particulier (une communauté nationale parmi d'autres), la pulsation inspirant ce désir de réalisation, afin de le maintenir dans sa sphère politique au-delà de laquelle il se sublime en aspiration religieuse ou bien dégénère en mondialisme ; c'est ce que nous avons tenté d'établir ici au § 51. De même que l'espérance est un désespoir surmonté, de même la normalité est le résultat héroïque d'une victoire obtenue sur la tendance naturelle à la dégénérescence, à l'anomalie, à l'entropie, au désordre. L'héroïsme est en quelque sorte la condition *sine qua non* à raison de laquelle l'homme conjure son destin mortifère de sous-homme. Quelque pesante que soit la nostalgie, chez les gens « réalistes », de l'époque où le subjectivisme n'avait pas produit tous ses effets, ces derniers seront inévitables, invincibles, si le subjectivisme n'est pas remis en cause de manière radicale. Et c'est par la seule reviviscence du souci du vrai bien commun que ce subjectivisme peut être conjuré. Autant dire les choses clairement : c'est seulement par l'instauration d'une société fasciste dans ses principes que les notes définitionnelles du bien commun peuvent être, en contexte moderne de développement technique, conservées : a) l'organicité qui instaure une réciprocité d'action entre le tout et les parties, afin que le désir du tout exercé par les parties soit le désir de soi du tout en elles ; organicité qui rend possible la recherche d'un bien qui soit le meilleur du bien de chacun tout en étant un bien auquel on est rapporté ; b) la spiritualité du bien recherché, car un bien matériellement commun, c'est-à-dire un bien ayant raison de moyen commun à tous pour tendre vers une fin propre à chacun, est un bien matériel, un bien qui divise les hommes ; c) le caractère diffusif de soi d'un tel bien, qui unit les hommes à raison de lui-même, en vertu de sa nature. Et parce que le bien est d'autant meilleur qu'il est plus commun, cependant que, politique, ainsi immanent, il ne saurait se substituer au bien transcendant seul absolument commun et seul bien absolu, le bien commun de chaque nation a vocation à tenir compte du bien commun politiquement planétaire, mais sans prendre la forme d'un État mondial, et ce ne peut être que dans la forme de l'empire subsumant les nations dans une relation non étatique et de nature féodale.

§ 54. La science de l'architecte est dite architectonique, parce qu'elle dirige les arts du maçon, du couvreur, du charpentier, en les présupposant et sans s'y substituer. La science architectonique dans l'ordre spéculatif est la métaphysique. La science architectonique dans l'ordre pratique est la politique. Et ainsi la politique subsume la morale, mais elle ne la subsume qu'en l'assumant, et c'est en l'assumant qu'elle la rend viable et opératoire. Une politique en délicatesse avec la morale se détruirait elle-même. Une morale non intégrée à une vision politique du bien, ainsi non ordonnée à un bien commun, s'étiolerait à la manière d'un maçon ne sachant que faire de son art aussi longtemps qu'il ne serait pas guidé par un architecte. Comme partie la plus précieuse du bien particulier, le bien commun, objet de la politique, convoque déjà la morale qui vise le bien vertueux particulier, et en retour la recherche morale du bien vertueux enclenche le processus qui conduit au bien commun, de sorte que la morale sans la politique, ou le souci de moralité vécu comme déconnecté du souci politique, est une morale qui dépérit. Une république jacobine et libérale « bonne fille » avec maintien de la peine de mort, prohibition des mauvaises mœurs publiques et interdiction de l'avortement, laissant à chacun son espace privé pour se livrer à ce qu'elle appellera ses patenôtres, ne peut pas, dès lors qu'elle ne vise pas le bien commun, ne pas castrer la vitalité religieuse et morale de ses citoyens.

CHAPITRE XIII

Ainsi, c'est tout ou rien. Il est impossible de constituer un consensus minimal autour du simple refus de tel ou tel effet de la décadence.

« Votre "tétrapilotomie", doublée d'une fâcheuse propension à faire subir aux mouches les derniers outrages, ne nous sert de rien pour acquérir nos certitudes. À quoi bon s'efforcer à rendre raison de ce qui est évident ? Tout le monde chez nous sait bien que la miscégénation est facteur de désordre et de décadence, que la démocratie est une foutaise, que les principes virils de la société patriarcale sont vitaux pour la conservation de la société, et que l'État doit être assez fort pour ne pas se faire subjuguer par les puissances d'argent. À quoi bon noircir des centaines de pages pour le démontrer de manière aussi laborieuse et obscure ? Et puis, quand on est catholique, on sait, au point où l'on en est, que rien ne se fera sans intervention divine, et qu'il n'y a plus qu'à prier en sauvant son âme, et quelques meubles et bas de laine de surcroît... La question de la rationalité des idées politiques, et son traitement, pour le croyant, c'est du temps perdu, Dieu transfigure n'importe quelle organisation politique quand Il met les pieds dans le plat. »

Nous connaissons la ritournelle. Répondons par quelques observations particulières.

Soutenir, par exemple, que les races humaines sont des réalités objectives, qu'elles ne sont pas sans influencer le type de culture qu'un peuple peut développer, cela suppose — parce que tant la science expérimentale que la théologie révélée sont muettes sur ces questions — que l'on aborde la question du rapport exact de causalité entre nature et culture, que l'on se prononce sur la question de l'individuation de la forme par la matière, et pour cela il faut philosopher. Quand on entend montrer que le nationalisme promeut des types d'homme ayant raison de paradigmes, force est de convoquer les notions de substance, d'accidents, d'essence, etc. Quand on entend conjurer l'avènement de l'État mondial, il ne suffit pas de dire que les Loges et les banques juives contribuent à le faire advenir. Car enfin pourquoi, en dernier ressort, est-il nécessaire, objectivement et rationnellement, d'être opposé à la maçonnerie, à la vision judaïque du monde, au mondialisme, au consumérisme ? Quand les positions fondamentales d'un engagement politique sont fondées sur des évidences qui se dispensent de vraies raisons, de telles évidences, qui crèvent les yeux comme les fausses évidences et font croire à l'aveugle qu'il voit, ne sont soutenues que par la passion, l'amour ou l'aversion, et rien n'est plus fragile, labile que le sentiment. En se fondant sur des raisons passionnelles ou esthétiques, on est incapable de se justifier, on se dispense de raisons en se confiant à l'inclination subjective, on finit par ne plus croire à la pertinence de ce que l'on veut, et tout cela se solde par l'affaiblissement de la volonté elle-même qui se révèle incapable de vouloir sans raison aucune, pour la seule raison qu'elle le voudrait despotiquement.

Enfin, on ne peut s'engager en politique sans s'engager religieusement. Si l'on veut bien prendre en considération ce qui a été développé ici (aux § 41 et suiv.), on retiendra qu'il est dans la nature du Politique, livré à sa propre dynamique, de s'excéder en religion. S'il ne le fait pas en direction de la religion de Dieu, il le fera au profit de la religion de l'homme, il déifiera l'homme et se déconstruira en tant que politique pour s'affaisser en social pur, égalitaire, tentaculaire, communiste. Saint Thomas enseigne, comme nous l'avons souvent rappelé, que la grâce est au-delà de la nature, mais qu'il est contre nature de refuser la grâce. Cela vaut pour le domaine politique : la vie ecclésiale est au-delà du Politique, mais il est antipolitique de se refuser à elle quand, révélée, elle s'impose comme réalité surnaturellement fondée. Il ne doit pas y avoir, même si l'on considère la chose du simple point de vue étatique, de séparation de l'Église et de l'État. Et la seule religion vraie est le catholicisme, parce qu'elle est la seule vraie religion ; elle est la seule à relier véritablement parce qu'elle est la religion de la médiation ; Dieu se fait l'unité de Lui-même et de l'homme, ainsi est-Il son propre témoignage, Dieu s'y fait Religion, acte de relier. La seule religion qui fasse se sublimer le Politique sans détruire l'ordre naturel et même en le confortant dans sa plénitude propre est le catholicisme, qui invite à rendre à César ce qui est à César et à Dieu ce qui est à Dieu, tout en rappelant que l'homme n'aurait aucun pouvoir sur

CHAPITRE XIII

le Médiateur s'il ne lui avait été donné d'En-haut : tout pouvoir procède de Dieu, même le plus laïc des pouvoirs. Le catholicisme est cette religion qui sait faire se sublimer le Politique au sein du Politique sans l'abolir ; qui sait inviter le Politique, sans le trahir, sans restreindre ses attentes propres, à ouvrir en son sein une dimension transcendante supra-politique non exclusive de sa vocation immanente, qui sait ainsi faire ou plutôt laisser surgir la surnature dans la nature sans la contraindre ni la frustrer parce qu'il est capable d'inviter le croyant à se soucier de sa nature dans l'affirmation d'une différence réelle entre nature et surnature. Et c'est là une chose que seul le catholicisme sait faire, ce qui nous suffirait à la limite pour reconnaître en lui la vraie religion. Il n'est rien de dû à César qui ne soit d'abord, absolument, la possession de Dieu, et pourtant Dieu nous enseigne qu'il faut rendre à César ce qui est à César, et à Dieu ce qui est à Dieu. Cela signifie que, bien que tout soit dû à Dieu, ce même Dieu veut que ce dont la nature est l'instrument, à savoir l'ordre surnaturel qui est la nature même de Dieu, soit tel que cet instrument ne soit pas dépossédé de ses biens propres, et ne soit pas contraint d'usurper les biens de ce qui le dépasse pour conserver son identité naturelle sans la laisser se faire dévorer par le service de la fin surnaturelle. Évidemment, pour étayer tout cela, il faut encore philosopher.

Sans remonter au principe *métaphysique* des discordes internes à notre camp, ces dernières empêcheront toute unité ; aucun consensus pratique ne sera possible, elles contraindront les factions à végéter, à s'étioler dans l'aigreur et sans même comprendre pourquoi elles dépérissent.

CHAPITRE XIV

Surnaturalisme et cléricalisme
La démocratie, système du mensonge

§ 55. La soutane nous a toujours, comme à tout Catholique, inspiré le plus grand respect. Le prêtre est le Christ parmi les hommes, celui qui dispense les sacrements vitaux pour le salut, celui qui se sacrifie pour le salut de tous, celui que son Auteur marque d'un caractère éternel. Et nous reconnaissons un courage immense, une générosité non humaine dans cet acte audacieux, presque téméraire, d'oser accepter d'être prêtre. Le « métier » du prêtre est de se sanctifier et de sanctifier les autres en se sanctifiant ; le prêtre est comme mort à la vie terrestre à laquelle il emprunte encore quelques éléments vitaux, mais seulement afin d'entretenir la machine physiologique dont il a besoin pour prier, apporter la parole de Dieu et célébrer sa fonction sacrée, salvatrice, de sacrificateur propitiatoire. On peut affirmer de lui qu'il a tout donné. Nous pouvons attester, quant à nous, que nous n'avons pas rencontré un seul prêtre qui, d'une manière ou d'une autre, ne nous ait été utile en nous aidant à désirer d'être un peu moins mauvais que nous ne sommes. Autant dire que nous éprouvons pour la condition de l'homme consacré une immense reconnaissance.

Aussi avons-nous toujours éprouvé le plus grand étonnement, générateur de malaise, au spectacle des petitesses bien humaines de ces hommes de Dieu. Quand nous parlons de petitesses, nous ne voulons pas dénoncer les faiblesses charnelles, la gourmandise, la colère, un reste de fainéantise ou de luxure, ou même un reliquat de vanité ou de médisance. Tout le monde charrie ces misères à des degrés divers, au sens où, comme le faisait observer Montaigne, tout le monde fiente, même les jolies dames : tout le monde connaît des chutes de vigilance dans sa vie charnelle, même les religieux qui ont pourtant adopté les conditions requises idéales pour parvenir à renoncer à tout. Ce qu'il y a de plus difficile à notre sens, dans la condition d'homme consacré, ce ne sont pas les privations des douceurs mondaines en tant que telles — l'élégance vestimentaire, le plaisir de posséder et de réussir, la joie d'avoir des enfants et une femme aimante, l'exaltation des compétitions sociales, le charme des voyages, les jeux physiques producteurs d'adrénaline, les plaisirs de la table et du lit, la convoitise convoquée sans retenue par les délectations artistiques ou spéculatives —, c'est l'obligation d'être focalisé en permanence par ce qui excède l'humanité dans l'homme ; c'est le fait d'avoir renoncé à s'appartenir, c'est le choix de s'interdire de se ménager un jardin discret en lequel, sporadiquement, on s'autorise à ne penser qu'à soi en posant son fardeau, non d'ailleurs pour se livrer à des activités honteuses, mais pour souffler en quelque sorte, pour cesser d'être en représentation. On vit toujours en représentation parce que le regard des autres est là pour nous exhorter à tenir la barre en nous invitant, par le seul fait de sa présence, et dans le cadre de notre condition sociale et de nos devoirs d'état, à respecter les exigences vertueuses induites par nos propres certitudes ; et quand autrui n'est pas là, le croyant sait qu'il évolue sans cesse sous le regard de Dieu. Le laïque, même pieux, conçoit sa vie comme un tissu fait de devoirs, de jouissances, de souffrances, d'espérances terrestres, sur le fond duquel il perce, par l'oraison et la prière, des lucarnes plus ou moins grandes qui l'ouvrent à l'altérité radicale du surnaturel en lui donnant de respirer un peu de l'étrange vent venu du Ciel. Il lui est toujours loisible de fermer les fenêtres et de se reposer de temps à autre dans la médiocrité quiète de l'immanence faite à sa mesure ; il se paie le luxe, la licence, de ne pas toujours penser à Dieu dans un acte d'espérance et de contrition qui en droit devrait le requérir à tout instant. Le prêtre, au contraire, a pour ordinaire cette occupation exceptionnelle d'être tendu en permanence vers le Ciel, ne se concédant que quelques regards utiles, pour reposer la bête, vers la Terre. Plus que les privations des plaisirs de la vie, c'est cette tension héroïque — que soutiennent les privations — qui nous paraît singulièrement éprouvante et digne de la plus grande admiration. Il nous paraît évident que l'immense majorité des prêtres est composée de saints hommes innocents des turpitudes ignobles que l'on trouve statistiquement beaucoup plus chez les rabbins et les « éducateurs » de la Laïque que chez les membres du clergé catholique. Il y a des scandales aussi au sein de ce dernier, parce qu'il y a de l'hommerie partout où il y a des hommes. Mais jamais il ne nous fut donné de constater par nous-même l'existence de telles turpitudes.

§ 56. Non, ce qui nous étonne dans les travers du prêtre, c'est son surnaturalisme, induit, à n'en pas douter, par un reste d'esprit théocratique au sommet de l'Église, et rejaillissant sur les comportements des ecclésiastiques. On a l'impression parfois que les membres du clergé se prennent pour une race élue autorisée à traiter tout laïque tel un vulgaire Goï exploitable à merci, qui doit accepter de tout supporter de leur part sans jamais broncher, avec soumission et reconnaissance. C'est l'application de l'adage « *pay, pray, obey* ». La soutane semble autoriser, par son prestige auprès des croyants, toutes les privautés, toutes les audaces, toutes les exigences : mesures d'intimidation, chantages à la charité et à la générosité, insolences, ingérences dans l'intimité des familles et des cœurs, abus d'autorité, médisances, initiatives intempestives, méconnaissance des difficultés propres à la condition de laïque. Le prêtre est doté de pouvoirs dont sont privés les anges, il peut transsubstantier et remettre les péchés. Privilège prodigieux vécu souvent par lui dans un esprit de reconnaissance, d'humilité et de crainte révérencielle. Mais privilège vécu parfois aussi dans une ruineuse tendance à confondre nature et surnature, à laisser se faire en leur esprit une indifférenciation entre les deux domaines, dont croit se prévaloir le prêtre pour s'arroger des initiatives et des compétences naturelles au nom de la dignité surnaturelle de son état. C'est alors qu'il est responsable de maintes catastrophes qu'il suscite, par-dessus le marché, avec les meilleures intentions du monde et la plus grande bonne conscience. Ce tour d'esprit favorise l'inclination à céder à une volonté de puissance que les dons naturels du prêtre ne lui eussent pas permis d'exercer s'il n'avait été appelé. De telles fautes de jugement s'accomplissent, dans l'élément des brebis de son troupeau, à propos des choix politiques, de l'éducation des enfants, des relations conjugales. Et il est nécessaire de les évoquer, parce que personne n'en parle en dépit des ravages dont elles sont responsables.

§ 57. Avec les militaires, les policiers, les éducateurs de la vieille école, et certains voyous dotés d'un sixième sens leur ayant poussé pour prévenir les dangers, le prêtre est un grand psychologue, plus encore peut-être que ceux qui viennent d'être nommés, dans la mesure où il développe une intuition morphopsychologique de l'homme par l'habitus du confesseur, qui lui fait voir l'envers du décor. Ce don de psychologue est un privilège dont il a tendance à abuser sous le couvert de servir la bonne cause, mais aussi un avantage qui lui confère trop souvent une assurance infondée, laquelle lui fait commettre des erreurs dont il ne mesure pas la portée.

Tel fidèle essaie d'expliquer à un prêtre que le mal en général consiste tout entier dans la privation d'un bien, ce qui fait que le mal n'a pas d'être positif propre, et que tout ce qu'il a en propre est un non-être, à savoir le manque, dans un être, de ce qu'il devrait posséder par nature. L'ecclésiastique n'écoute que d'une oreille, agacé de ce qu'un laïque puisse oser penser, et croit avoir tout compris avant que d'entendre la fin. Il partira persuadé que son interlocuteur était en train, sans le déclarer expressément, de nier l'existence du diable, et qu'il file un mauvais coton. Pour préserver l'orthodoxie des autres fidèles, cet homme de Dieu s'empressera de mettre ses ouailles en garde contre un esprit aussi téméraire, lequel devra porter l'étiquette infamante de Chrétien suspect. Il s'était pourtant contenté de développer une thèse thomiste.

Tel autre fidèle fait l'aveu de son exaspération à l'égard de ce culte de la France « fille aînée de l'Église », des « *Gesta Dei per Francos* », de cette idée selon laquelle l'élection du peuple juif serait passée au peuple français, en expliquant que cette idée est absurde, et qu'au reste elle agace beaucoup les Catholiques non français, même des hommes de Dieu. Et de parler d'une conception « judéomorphe », par là incohérente, de la nation française. Notre fidèle n'a pas achevé son bref discours qu'il est pris à parti par un prêtre entouré, tel un coq, d'un essaim d'adulateurs pieusement excités : « Vous êtes un marcionite, vous êtes infidèle au catholicisme, vous êtes un gnostique infiltré. »

Éprouvant quelques difficultés à s'accorder en toutes choses avec son époux plus âgé qu'elle mais fort vert, cette femme tardivement mariée était demeurée religieuse pendant sept années avant de s'apercevoir, à la veille de la cérémonie de ses vœux perpétuels, qu'elle n'avait pas la vocation. Elle se confie à un prêtre que ses plaintes calculées jettent dans le plus grand trouble des sens et du cœur, et elle parvient à lui arracher le conseil qu'elle attendait sans vouloir convenir qu'elle avait tout fait pour l'obtenir : d'entrer dans un tiers-ordre la rapprochant de ses anciennes sœurs en religion, mais en cachant pieusement la chose à son grossier mari, serait pour elle un facteur d'apaisement et de sanctification. Cette vie secrète l'éloigne évidemment un peu plus de son devoir d'état, mais aussi de son mari auquel elle se refuse de plus en plus souvent, lequel, devenu suspicieux, finit par découvrir le pot aux roses, et s'en prend, excédé, à l'imprudence du prêtre mauvais conseiller dont il secoue les puces sans ménagement. L'autre pousse des cris d'orfraie, en appelle à l'éminente dignité de son état, dresse par ses propos et insinuations un cordon sanitaire, dans la paroisse, autour du mari abusé, pendant que la femme de ce dernier se forge à bon compte une réputation d'épouse martyre supportant héroïquement la brutalité de son seigneur et maître. Cette affaire finit par un divorce, au terme duquel le mari, chargé de tous les torts, finira par mourir de chagrin, emporté par une maladie foudroyante. Une conclusion si lamentable ne servira même pas de leçon à l'ecclésiastique, qui se persuadera, en en persuadant les autres, que ce fut là une sanction providentielle destinée à châtier l'impudence des laïcs.

La liste serait longue si l'on voulait illustrer toutes les manières dont les prêtres abusent de leur autorité. Nous achèverons cette pénible évocation en faisant mémoire des tentatives imprudentes et cavalières de vouloir à tout prix, et trop vite, au nom de l'impératif de charité, faire se réconcilier des gens qui, opposés entre eux par un grave différend, ne sont pas mûrs pour cela, ce qui envenime le différend au lieu de l'apaiser ; et tout familier de ce milieu catholique traditionaliste connaît la propension de trop de prêtres à faire se conditionner toute leur foi et toute leur spiritualité par la vision réductrice des révélations privées auxquelles ils sont sentimentalement attachés ; il sait aussi leur dilection pour la formulation de jugements à l'emporte-pièce sur de grands esprits, littéraires, scientifiques ou philosophes, sous le prétexte que la sagesse divine l'emporte sur la sagesse humaine. Il connaît leur autoritarisme, leur caporalisme, leur prétention à marier des personnes qui ne sont pas faites l'une pour l'autre, à les traiter comme des pions manipulables ; il sait leur délectation à humilier ceux qui expriment les plus timides réserves ; il sait leur tendance à mettre le désordre dans les familles sous le prétexte de les sanctifier — ainsi en est-il de ces ensoutanés refoulés professant à de jeunes mariés que les relations conjugales en dehors des strictes périodes de fécondité seraient peccamineuses. Un mépris aussi affiché pour l'humble condition de laïque est corrélatif d'une volonté de puissance que leur simple nature ne leur aurait pas permis de faire jouer. Tous ces comportements haïssables s'expliquent certes par la faiblesse de la nature déchue, mais c'est là une explication trop générale pour être vraiment éclairante. Il y a, comme cause spécifique, le ressentiment des hommes d'une Église marginalisée jadis puissante socialement et en perte de vitesse sous les coups sataniques de la laïcité : ne pouvant se venger sur les francs-maçons, le prélat fait passer ses nerfs sur les fidèles et leur fait payer les humiliations résultant de l'insolence des incroyants qui pavoisent ; ce qui, à titre d'exemple, l'autorise à les tondre autant qu'il le peut, en collectionnant les dons et héritages arrachés, au nom du Sacré-Cœur, sur le lit de mort des

CHAPITRE XIV

tondus lors de la réception des derniers sacrements. Sous couvert de lutter contre le péché, ces prêtres mènent une véritable guerre contre les laïques qu'il s'agit de rabaisser toujours un peu plus en les interrompant, en les provoquant, en multipliant les procès d'intention et démarches indiscrètes, etc. Et il ne vient à l'esprit d'aucun de ces clercs qu'il se pourrait que l'Église eût été en perte de vitesse non seulement par les fautes des laïques infidèles, mais par la leur, celle de leurs aînés dans le sacerdoce. Tout comme ces derniers si souvent solidaires du catholicisme des bourgeois enrichis par la Révolution française, la seule chose qui fasse s'amuïr nos prélats est au fond la puissance de l'argent devant laquelle ils s'inclinent sans réserve, trouvant toutes les excuses à l'homme riche dont ils convoitent la générosité. Ils la convoitent non certes pour mener grande vie, mais « pour la bonne cause », parce que tout serait permis à celui qui tient entre ses mains le salut de ses frères. Il y a cette idée latente, chez le prêtre ici décrit, qu'au fond, de même que le souverain pontife posséderait les deux glaives pour en confier un au laïque, de même toutes les richesses mondaines devraient appartenir aux religieux, parce que la fortune des laïques leur serait concédée par l'Église, laquelle, en sollicitant leur générosité non sans user de toutes les formes d'intimidation, se contenterait de rentrer en possession de ce qui lui appartiendrait de droit. C'est ainsi qu'un curé flanqué de son vicaire visita un jour une digne demoiselle cinquantenaire, notaire de son état, qui, ayant reçu un héritage consistant, constituait pour eux une proie facile ; il lui fallut supporter, jusqu'à ce qu'elle leur signât le gros chèque attendu, leurs leçons comminatoires sur la nécessité de quitter les biens du monde pour gagner ceux du Ciel en offrant largement aux ministres du culte, entrecoupant leurs boniments édifiants de plaintes destinées à émouvoir. Pour ces prélats, tout laïque est au fond une mauvaise graine, un grand enfant vicieux et retors ; s'il ne l'était, il serait devenu prêtre. Tout laïque est le grossier Goï au service illimité, dans une attitude reconnaissante, des Cohen catholiquement ensoutanés. Quand l'Église était florissante, la sublimité de leur condition de prélat était reconnue, et la société les prive aujourd'hui de cette reconnaissance. Or la société, ce sont les laïques, donc ils sont congénitalement et structurellement en guerre avec ces derniers, et ils tentent, de manière vindicative, de reconquérir l'idée qu'ils se font d'une telle dignité en rabaissant de manière systématique la plèbe des cochons non consacrés. Il n'est pas douteux que ces comportements nourrissent l'anticléricalisme.

§ 58. Dans ses rapports toujours tendus avec les États, l'Église, entendue comme cette institution terrestre à laquelle elle ne se réduit pas, a toujours été, il faut bien l'avouer, du côté du plus fort, en son souci maternel de s'adapter aux circonstances pour poursuivre son œuvre d'apostolat. Son impératif pratique fut toujours le suivant : « Respectez l'ordre établi, quand bien même il est pénible et chargé d'iniquités, les autorités civiles sont en droit les ministres de Dieu ; nous condamnerons vos révoltes contre les pouvoirs civils abusifs, sauf si vous réussissez, car dans ce cas nous nous inclinerons devant le fait accompli. » Il n'y a pas là lieu de s'en émouvoir ni de s'en scandaliser. Ce qui peut en revanche susciter l'indignation à l'égard des clercs, c'est que ces derniers ne s'en sont pas toujours tenus à un tel comportement. Sous couvert de vivifier surnaturellement les sociétés en lesquelles ils étaient investis, les clercs, qui sont la cinquième colonne de l'État du Vatican, ont été chargés ou se sont arrogé trop souvent le privilège d'infléchir les mentalités des fidèles, qui sont des sujets ou des citoyens, dans le sens de la conception que les décideurs politiques du Vatican se faisaient des intérêts de l'Église ; en bref, ces derniers ont fait de la politique, au lieu de la laisser faire par les laïques et de se contenter d'un pouvoir indirect qui leur est légitimement dévolu. Ce qui produisit les catastrophes que sont le Ralliement et l'affaire des Cristeros, par exemple.

§ 59. Si le rapport entre nature et grâce avait été mieux défini, ce manque d'huile dans les rouages des rapports personnels humains, mais aussi des rapports sociaux de hiérarchie entre clercs et fidèles, serait moins accusé. La relation est encore un peu plus envenimée qu'avant depuis la conjonction de Vatican I (en soi impeccable évidemment) et la perte des États pontificaux. « Il y a nous, et il y a le reste du monde, se disent-ils. » Leur devoir d'être dans le monde sans être du monde prend la forme perverse suivante : « Nous sommes dans les nations comme des étrangers en territoire hostile, et non chez nous ; nous ne faisons pas corps avec la vie nationale, nous sommes des citoyens de la Cité du Vatican, laquelle est notre vraie et seule patrie terrestre. » Si l'on ajoute que la perte des États du Vatican se solda par la montée, chez les clercs, d'un esprit de revanche amer et vindicatif, on comprend qu'ils en soient venus, sous couvert d'apostolat, à transformer les responsables familiaux et politiques en sous-curés dociles par le moyen de la funeste « Action catholique » : « Ne vous préoccupez pas de politique, nous agissons pour vous ; soyez nos assistants dans la grandiose entreprise de christianisation des sociétés par le moyen de l'apostolat. » Ce qui revenait à castrer toute pugnacité politique chez les Catholiques opposés à la Gueuse, avec les effets que l'on sait : la montée de la « démocratie chrétienne » au détriment des fascismes, c'est-à-dire la montée de la démocratie au détriment du christianisme.

§ 60. Ce sont là des choses pénibles à rappeler, mais il convient de le faire d'abord parce que la politique de l'autruche n'est jamais productive, fût-ce au nom de la sainte ignorance des misères de son prochain, ensuite parce que l'on touche du doigt, de la manière la plus existentielle et la moins spéculative qui soit, les effets ravageurs d'une négligence cultivée dans les domaines de la spéculation. Quels sont les réquisits pour que la nature humaine soit le réceptacle adéquat de la grâce ? La vie ecclésiale est cause finale de la vie politique. En même façon, *mutatis mutandis*, la vie paroissiale est cause finale de la vie domestique. Mais tant la vie ecclésiale que la vie paroissiale n'ont aucunement raison de causes efficientes de la vie politique et de la vie domestique. Pourtant, dans l'ordre naturel, la cause efficiente est en quelque sorte l'anticipation de soi de la cause finale : assister à des cours d'université qui se solderont par l'obtention d'un diplôme est un acte efficient qui n'est autre que la présence, dans l'étudiant, de l'appel de la finalité de son assistance au cours. Si la cause efficiente est l'anticipation de soi de la cause finale, on est invité à penser que les prérogatives de l'opérateur de la cause finale devraient être exercées par ce dernier dès le stade des initiatives de l'opérateur de la cause efficiente. Mais il n'en est rien dans tout ce qui concerne le rapport entre nature et surnature. Il faut bien qu'il y ait continuité entre nature et surnature, entendue telle une convenance de la nature par rapport à la grâce, si l'on entend que la vocation surnaturelle ne violente pas la vocation naturelle ainsi organisée de telle sorte qu'elle puisse jouer son rôle de sujet récepteur de la grâce, et de sujet d'exercice des dons gracieux. Et il faut bien qu'il y ait en même temps rupture entre nature et surnature, si l'on entend préserver la gratuité de la grâce et son incommensurabilité par rapport à la nature qui, de son côté, a intérêt à préserver cette incommensurabilité, parce que ce qui donne à l'ordre naturel, qui appartient au domaine du fini parce que créé, d'exister, c'est précisément sa limite : ce qui limite une chose à n'être que ce qu'elle est, c'est ce qui la circonscrit mais par là ce qui lui donne d'être, tout simplement. On reconnaît, dans cette exigence de continuité-rupture, les traits définitionnels de ce « point de suture » dont il a été amplement question ici, et dont nous affirmons que son statut ontologique n'a jamais été défini de manière définitivement satisfaisante. Aussi longtemps que la chose ne sera pas faite, et aussitôt que la foi perdra de sa vigueur, le conflit entre clercs et fidèles couvera. Et il est permis d'oser suggérer que c'est la non-résolution du problème du point de suture entre nature et grâce qui a contribué en bonne part à affaiblir le zèle de cet effort consistant à conserver la foi.

§ 61. Avant d'aborder le chapitre suivant, revenons un instant sur l'illusion attachée à l'idée de « démocratie chrétienne » puisqu'il en fut question ici au § 59. D'aucuns pourraient nous faire observer que l'idée démocratique n'est pas intrinsèquement perverse, et qu'elle le devient seulement si elle est fondée sur le principe de la souveraineté populaire, qui fait du peuple le maître de l'échelle du bien et du mal et nie que l'autorité procède de Dieu ; que la démocratie chrétienne ne reconnaît au peuple que la compétence de désigner le sujet d'un pouvoir qu'il tiendra d'En Haut. Cela est vrai, mais, quelque bien intentionné qu'il soit, le peuple ne peut élire ses chefs que selon l'idée qu'il se fait de l'élite, et il faut être de l'élite pour reconnaître l'élite ; la masse est médiocre, non seulement parce que, de fait, ses membres le sont souvent, mais encore parce que ces derniers, même excellents, ne jouissent pas du point de vue qui leur permettrait d'avoir une claire vision de ce que requiert la société. Et puis, jouir du pouvoir de désigner le sujet de l'autorité suppose que l'on ait l'autorité de le désigner, ce qui revient à la situation du régime fondé sur la souveraineté populaire.

Le régime démocratique ne peut pas ne pas mentir et se dispenser de fonctionner sur le principe du mensonge. S'il ne se propose pas de rechercher le bien commun, il est déjà menteur car il se veut régime *politique*, alors que l'essence du Politique est la recherche d'un bien commun immanent. S'il se propose de rechercher, au moins de temps à autre et dans certains domaines, le bien commun — ce qu'il ne peut pas ne pas tenter de faire, fût-ce de manière éminemment inadéquate, autrement la société se déferait complètement puisque telle est l'essence de la société que de consister dans une communauté finalisée par un bien commun —, il ne peut encore que mentir, parce que le bien commun est toujours principe de relative frustration des biens particuliers à l'inflation desquels la démocratie est objectivement vouée. S'il pouvait satisfaire sans les discipliner — étant bien entendu que les discipliner équivaut à les frustrer en partie — tous les biens particuliers, répondant à toutes leurs attentes particulières, il coïnciderait avec les biens particuliers, et le bien particulier serait le bien commun ; ce qui peut se voir autrement : s'il n'était que la somme des biens particuliers, sa recherche n'exigerait pas que le bien particulier fût de temps à autre sacrifié. Donc la recherche du bien commun n'est pas sans une certaine exigence d'abnégation de la part des particuliers mus chacun par la recherche de son bien propre. Mais un pouvoir qui est dans son principe suspendu à ceux qu'il est censé régir ne saurait prendre le risque de les frustrer, à peine de se suicider. Il doit donc, pour poursuivre un bien commun, donner l'impression qu'il aspire à la satisfaction sans réserve des biens particuliers, et cela même consiste à mentir.

On pourrait penser qu'il s'agit là d'un pieux mensonge, d'un mensonge pédagogique, d'une stratégie justifiée par l'éminente qualité de la fin poursuivie qui, atteinte, est un principe de réconciliation et d'unité entre les hommes ; mais il n'en est rien. On ne peut pas mentir à tout le monde en même temps ; on ne peut pas frustrer peu ou prou, en même temps ou tour à tour tout le monde en permanence sans qu'il s'en aperçoive et en vienne à rejeter ceux qui sont censés représenter les intérêts de tous et qui précisément dépendent du pouvoir de la masse. Ce qui revient à dire qu'un tel régime est structurellement faible et instable ; or c'est là précisément ce qui fait son mérite pour certains : étant faible, il est aisément manipulable. Et, de fait, les puissances d'argent, elles-mêmes inspirées par une idéologie d'essence mondialiste, n'ont pas de mal à se subordonner tous les facteurs de conditionnement de l'opinion, par là à contrôler les résultats des consultations populaires, à formater les goûts et à engendrer les réflexes pavloviens. Ce qui se passe concrètement, c'est que le pouvoir politique manœuvré par les puissances d'argent satisfait tant bien que mal, comme substitut du bien commun, les intérêts du plus grand nombre, ce qui lui donne de se maintenir sans être vraiment aimé (il donne libre cours aux tendances avilissantes du peuple qui par là ne s'aime pas lui-même et n'aime pas ceux qui l'avilissent, mais veut les conserver pour satisfaire son désir de s'avilir et son refus d'abnégation), pendant que les vrais maîtres conditionnent intellectuellement le peuple et l'approprient aux finalités idéologiques, mondialistes et juives, que visent les puissances financières par le moyen du contrôle de toutes les instances faiseuses de l'opinion. Le peuple regimbe, rue dans les brancards, mais se garde bien de casser son joug, parce qu'il sait au fond qu'il a ce qu'il veut avoir. On ne peut faire confiance au jugement des élites manipulatrices ou à celui du peuple dénaturé — et il l'est aussitôt qu'il est livré à lui-même —, non plus qu'à celui de leurs institutions. Ce qui revient à dire qu'on ne peut viser le bien commun en système démocratique, fût-il saupoudré de vertu

CHAPITRE XIV

chrétienne. Les hommes d'Église, sans jamais revenir sur leur décision — témoin les lamentables plaidoyers d'un Pie XII en faveur de la démocratie, et son choix suicidaire de se positionner en faveur des « Alliés » —, ont embarqué leurs fidèles dans la voie sans issue de la démocratie. C'est donc non avec ses prêtres, mais contre eux, que le peuple se soustraira à la servitude de la décadence.

Un gouvernement est tel qu'il ne peut conserver le pouvoir qu'avec l'aval tacite de la majorité. Il est vrai que cet aval, en tant que tacite, n'exclut pas les mécontentements, les révoltes partielles même, lesquelles peuvent se multiplier et s'envenimer à un point tel qu'on peut se demander s'il ne vient pas un moment où cet aval tacite n'est pas déjà une remise en cause de principe. Ce qui n'est que tacite est déjà puissance à l'aval franc et décidé, et la puissance est puissance des contraires, elle est déjà puissance à l'insurrection révolutionnaire. Mais qu'est-ce qui décide du sens de l'actuation d'une telle puissance, élisant seulement l'un des deux contraires qu'elle fait s'identifier en elle ?

Les démocraties contemporaines ont perdu toute légitimité selon les critères de la légitimité qu'elles se reconnaissent, puisque leurs dirigeants n'inspirent plus confiance aux citoyens. Que les gens n'aillent plus voter et sachent qu'on leur ment n'est pas nécessairement un signe de grande fragilité de la démocratie, à notre sens, puisque, selon nous, les gens peuvent très bien avaliser un régime qui satisfait leur subjectivisme en décidant de supporter le mensonge qu'ils savent consubstantiel au régime parce qu'il est condition de sa viabilité. En revanche le sevrage des glandes consuméristes, condition du subjectivisme en acte (fin de notre § 41), obtenu par une crise économique planétaire que personne n'aurait maîtrisée ou dont personne n'aurait prévu tous les effets, peut inviter les peuples à remettre en cause le subjectivisme lui-même, à la manière dont l'ivrogne qui hait son vice en même temps qu'il le chérit (il refuse l'abnégation liée au sevrage mais ne peut aimer sa déchéance) peut, forcé à l'abstinence, en venir à trouver désirable la tempérance. Mais alors ce n'est pas la démocratie chrétienne — modèle supposé de démocratie vertueuse, non démagogique, supposée ordonnée au bien commun — qu'il en viendra à appeler de ses vœux, c'est le refus de la démocratie et la dictature seule capable de nettoyer les écuries d'Augias. Ce sera tout ou rien. Il y a bien commun s'il n'y a pas subjectivisme, il y a bien commun s'il y a organicité, il y a organicité s'il y a fascisme. Et nous confessons qu'il ne nous semble pas que ce stade ait été atteint aujourd'hui.

§ 62. Il a été question au § 61 du mensonge démocratique et de la complicité des masses. Le lecteur lira avec plaisir ce passage suggestif du journaliste Hannibal (*Rivarol* n° 3404 du 18 décembre 2019, dernière page).

« Pour qu'il n'y ait plus jamais de délit d'opinion, il suffit que certaines opinions deviennent des délits (...). <Le système révolutionnaire> repose sur des vérités à cours forcé. Il y en a quatre principales. Un, les races n'existent pas et la population d'Europe continue celle de 1970. Deux, on ne naît ni homme ni femme, on le devient à sa convenance... Trois, l'homme réchauffe le climat si fortement qu'il est urgent de changer toute notre façon de vivre. Quatre, Hitler a exterminé six millions de Juifs principalement dans des chambres à gaz conçues à cet effet. Douter de ces vérités est puni par la loi ou les convenances. Ces quatre colonnes de notre consensus scientifique sont indiscutables, comme un axiome ou un précepte moral. La quatrième de ces propositions est la première dans l'ordre chronologique. Elle a joué un rôle pionnier dans la pédagogie du dogme arc-en-ciel. La sanctuarisation de la Shoah par la loi Gayssot fut une éducation à la perte du sens critique. En supprimant toute liberté de recherche dans un domaine donné de la connaissance pour en faire une certitude dogmatique, on a suspendu le cours normal de la pensée scientifique, et de toute pensée rationnelle. On a provoqué l'affaissement des connaissances et des méthodes nécessaires à la reconnaissance du vrai et du faux, du bien et du mal, du beau et du laid. L'affaissement s'est étendu ensuite à tous les domaines souhaités. Soustraire la Shoah aux connaissances discutables habitue les esprits à acquiescer sans discuter. Sans la pédagogie de la Shoah, le dogme "réchauffiste", qui accuse de négationnisme quiconque affiche un doute ou une différence, n'aurait pas été possible. La religion de la Shoah produit l'indifférence à la réalité et à la raison. (…) Flotte un peu plus loin le drapeau arc-en-ciel, oriflamme de la convergence des luttes et de la synergie des subversions. (…) l'intime liaison de l'antiracisme, du LGBTQ et de l'écologisme (…) est le cœur de la révolution arc-en-ciel. »

Nous nous permettrons d'ajoute ceci : le dogme de la Shoah, l'impératif par excellence incapacitant et castrateur ablatif de toute lucidité et de tout esprit d'insurrection, n'a pas toujours existé ; il n'a pu s'imposer de manière coercitive que parce que les esprits s'y étaient préparés d'eux-mêmes et y avaient d'avance consenti, comprenant d'instinct que ces limites à leur liberté étaient nécessaires au maintien du principe selon lequel la liberté serait à elle-même sa propre fin — principe auquel tient la masse plus qu'à la prunelle de ses yeux. On ne peut attendre, ni de cette masse ni de ces élites, qu'elles reconnaissent la valeur de travaux issus du camp des antidémocrates. Il n'y a plus de grands esprits pour éclairer le public, et il n'y a même plus de vrai public pour reconnaître la fécondité du travail des grands esprits. Mais que les seuls esprits encore libres soient du côté des Réprouvés ne signifie pas qu'il suffirait d'être réprouvé pour être libre, loyal, honnête et intelligent.

CHAPITRE XV

Nationalisme nationalitaire : une manière d'éviter les enjeux métaphysiques de la doctrine nationaliste

§ 63. Il y a des gens aujourd'hui, en France, que le souci identitaire gêne, surtout quand ce dernier insiste sur le respect de l'intégrité du patrimoine biologique du peuple français.

Il n'y aurait là rien d'étonnant si ces gens étaient antinationalistes, ainsi mondialistes ; ce serait même plutôt cohérent : la France est pour eux un reliquat du passé, comme toutes les nations historiques dont les frontières géographiques, ethniques, linguistiques, culturelles sont autant de cicatrices mal résorbées dans le tissu de la communauté humaine vouée à retrouver son unité supposée primitive dans un métissage systématique et l'érection d'une culture mondiale ; cette dernière, comme héritage commun susceptible d'être enrichi à l'infini, sera originalement exercée par le génie de chaque individu procédant allégrement au mélange de tous les genres dans les domaines artistique et religieux par exemple. Chaque culture ayant prohibé en son propre sein tout ce qui, d'elle, pouvait avoir quelque chose d'exclusif à l'égard des autres, ayant de surcroît fait l'effort d'intégrer toutes les autres, alors toutes les cultures n'en seraient plus qu'une et les temps seraient mûrs pour conformer le devenir culturel du monde avec des institutions mondialistes, un État véritablement mondial, et ce serait là l'avènement de la fin de l'Histoire collective et le début radieux de l'histoire de l'individu enfin émancipé de modèles coercitifs. La promotion de l'individu en sa créativité idiosyncratique lui donnant de faire s'incarner en lui, de manière ineffable et insubstituable, l'humanité entière, aurait pour envers la nécessaire destruction de ce qui — cela vaut même pour les différences sexuelles — divise en espèces et sous-espèces, en réalités collectives mais non universelles, ainsi de tout ce qu'il peut y avoir de particulier, et qui médiatise le singulier et l'universel. Une telle vision des choses est évidemment catastrophique, qui méconnaît cette loi dialectique régissant le rapport entre l'universel et le particulier, laquelle exige que le singulier vrai, le singulier concret, soit l'identité concrète de l'universel et du particulier. Ce qui appelle, nous en convenons, une explication destinée aux gens honnêtes indisposés par les complaisances jargonnesques. Commençons par quelques analyses conceptuelles élémentaires.

§ 64. Est singulier, dans le langage courant, ce qui ne se produit qu'une seule fois, ce qui ne peut exister qu'en un seul exemplaire, ce qui n'est pas reproductible, ce qui ne se définit que par soi-même. Mais il est deux manières d'être singulier.

Il peut s'agir de ce qui n'est lui-même qu'en répugnant à entretenir avec un autre un quelconque rapport de similitude qui l'identifierait aux autres sous un certain rapport.

Il peut s'agir aussi de ce qui n'est définissable que par lui-même, ainsi ineffable, mais cela non pas parce qu'il répugnerait à être identique aux autres, mais parce qu'il contient en lui-même tout ce que sont les autres, ainsi tout ce qui assume toutes les manières particulières d'exister ; le rouge est irréductible au bleu ou au jaune, mais le blanc les contient tous les trois en puissance active ; il ne les fait s'indifférencier en lui que parce qu'il les assume et sait les engendrer tous ; il n'est pas le « *caput mortuum* » résultant d'une exclusion de ce que chaque particulier a d'exclusif par rapport aux autres (telle est la matière prime), ce qui serait là l'universel abstrait ; il est universel concret, ce qui contient suréminemment tout ce que chacun a en propre, sans les faire se juxtaposer en lui mais en les réduisant à son unité. On voudra bien noter que l'universel concret équivaut au singulier, et qu'il ne répugne nullement à la particularité.

CHAPITRE XV

Est particulier, on l'a compris, ce qui, sans avoir l'extension nulle d'un singulier, n'a pas cette extension virtuellement infinie d'un universel qui, indéfini en tant qu'infini, serait l'indéterminé, lequel, sous ce rapport, équivaudrait au néant, parce que le néant a lui aussi pour détermination propre de n'en avoir aucune.

À titre d'exemple, considérons l'humanité. « L'humanité » se prédique de tous les animaux raisonnables passés, présents et futurs, réels ou possibles. On a là un universel. Pierre ou Paul, né à tel endroit et qui mourra en tel autre, est un singulier : il n'y eut jamais d'individu strictement identique à lui avant qu'il ne naquît, et il n'y en aura jamais plus : il est unique. Être masculin ou féminin, européen ou africain, relève, en revanche, de la particularité.

Il est à présent permis de développer un raisonnement dialectique dont on est en droit d'espérer qu'il ne sera pas reçu tel un verbiage inintelligible et grotesque en sa prétention absconse.

Si l'universel était exclusif du particulier, il y aurait l'universel d'un côté, le particulier de l'autre, et les deux formeraient un tout dont chacun serait une partie, ce qui obligerait à reconnaître, dans l'universel, quelque chose faisant l'aveu du fait qu'il est particulier. Si le particulier était exclusif de l'universel, il serait quand même nécessaire de convenir du fait que tous les particuliers, quelque différents qu'ils soient entre eux, ont en commun d'être des particuliers, or l'idée de communauté totale connote celle d'universalité, et l'on serait contraint de reconnaître dans le particulier quelque chose qui relève de l'universel. On constate que l'universel et le particulier, pris comme exclusifs l'un de l'autre, basculent l'un dans l'autre dans un va-et-vient indéfini. Si l'on entend soustraire le particulier au destin lui enjoignant de se renier, de se convertir comme malgré lui en universel, on doit le soustraire à ce qui fait qu'il bascule en son contraire ; mais ce qui fait qu'il bascule en son contraire, c'est lui-même : il lui suffit d'être un particulier exclusif de l'universel pour épouser le destin de son auto-négation. C'est donc en l'invitant à se soustraire à lui-même que l'on conjure ce système de bascule. Mais le soustraire à lui-même, cela signifie : d'une part le faire se renier en tant que particulier, et sous ce rapport c'est le convertir en universel ; d'autre part, puisque cet acte de se soustraire à ce qui lui enjoint de s'universaliser est ce qui l'enracine dans sa particularité, ainsi ce qui radicalise sa particularité, alors le soustraire à lui-même revient à le faire se singulariser, car la singularité est maximisation de la particularité. On obtient donc, paradoxalement mais logiquement, que le singulier coïncide avec l'universel, mais avec l'universel considéré comme identification réflexive à lui-même, comme résultat de la négation (singularisante) de ce en quoi (le particulier) cet universel se reniait. Force est d'en conclure que le singulier consiste dans l'identité de l'universel et du particulier ; et tel est bien ce que nous avons nommé, en faisant mémoire de Hegel, l'universel concret.

Les catégories logiques de l'unité, de la pluralité et de la totalité sont telles que la troisième est l'unité de la première et de la deuxième : fait totalité ce qui, doté d'une particularité diversifiante, contracte une unité. Pour autant qu'il soit permis de discerner, dans la notion de totalité, celle d'universel, on peut lire à l'envers cette présentation successive des trois catégories kantiennes de la quantité : mérite d'être tenu pour singulier ce qui se fait l'unité de l'universel et du particulier.

Retenons de cette élémentaire dialectique qu'il n'y a pas de singulier qui ne soit la singularisation d'un universel, et qu'il n'est pas d'universel qui ne conjure sa réduction au néant par une manière particulière de se réaliser, laquelle lui confère une détermination. Traduisons en termes de représentation : il n'est pas de singulier qui ne soit l'individuation d'un universel doté en retour d'une manière particulière d'exister ; il n'est pas d'individu qui ne soit l'individuation d'une essence par la médiation obligée d'une manière particulière d'incarner cette essence ; il n'est pas d'humain concret, personnel, qui ne soit l'incarnation de la nature humaine, moyennant une manière ou masculine ou féminine, ou européenne ou africaine (et ainsi de toute autre détermination particulière) d'être humain ; la nature humaine est tout entière et non totalement en chaque homme concret, et la particularité qui rend possible cette immanence jouit d'une valeur médiatrice excellente qui en fait un paradigme auquel l'individu se conforme plus ou moins adéquatement : la féminité ou la virilité, l'européanité ou l'arabéité sont autant de modèles nécessaires tels que, plus on est masculin (ou féminin), ou européen (ou arabe, ou nègre, ou asiatique), plus on est humain ; loin d'éloigner l'individu de l'universel de l'essence humaine, l'enracinement dans sa particularité rend possible l'incarnation de l'universel.

§ 65. Si, comme pour le citoyen de l'État mondial, on entend faire se réaliser la condition humaine par des individus sans manière d'être particulière diversifiant l'universel, on n'obtient pas des individus personnels ou réellement humains, mais seulement des individus abstraitement identiques à une condition humaine sans contenu réifiant, ainsi réduite au néant. On obtient des subjectivités pures sans figure ni nature, absolument interchangeables. Et c'est bien là ce que nous promet le mondialisme géniteur de zombies « pucés » comme des veaux, sans racines, sans intériorité, sans transcendance, sans consistance et parfaitement interchangeables.

Ce qu'il y a d'étonnant, c'est qu'il existe des nationalistes, antimondialistes donc, qui cependant répugnent à compter la détermination biologique comme une particularité nécessaire de l'identité nationale. La France serait une construction historique résultant de l'histoire et du volontarisme de ses rois et de leurs successeurs, une réalité purement culturelle, un héritage seulement spirituel qu'on adopte ou que l'on récuse, mais qui fait toujours l'objet d'un choix. Ce n'est pas tout à fait l'idée d'une forme juridique sans contenu, sans matière, ou encore l'idée d'une nation réduite à la citoyenneté légale, comme le voulaient Sieyès et Kant (un peuple se réduirait à un ensemble d'individus vivant sous une loi commune, ayant décidé d'y vivre par contrat social), car ce serait là le reflet, dans l'élément de la vie collective, de la thèse existentialiste vécue individuellement, selon laquelle je suis ce que j'ai décidé d'être. La France serait quand même, avec certes le conditionnement accepté de son héritage particulier, la patrie de ceux qui décident d'y appartenir ; appartiendrait à cette communauté non un homme auquel une particularité naturelle déterminée le destinerait, mais celui qui choisirait d'en faire partie sans autre raison que sa décision ; serait français celui qui — au rebours d'un existentialisme strict —, acceptant un certain héritage historique et culturel, une certaine mémoire, et les recevant comme un ensemble de devoirs et de droits irrévocables, aurait quand même décidé, quelles que soient ses racines biologiques qui n'auraient aucune importance, de s'inventer collectivement. On peut nommer « culturaliste » une telle conception de l'identité nationale. Et ce « culturalisme » est solidaire d'une bonne dose de volontarisme, puisque, selon ce point de vue, il est possible de faire intégrer à la nation n'importe quel type d'homme, pourvu qu'il le veuille.

Maintenir l'héritage biologique comme élément constitutif de l'identité nationale, ce serait là la conception allemande et non la conception française de cette identité. Adopter pour la France la conception allemande de l'identité nationale reviendrait à précipiter, au rebours des intentions de ceux qui soutiennent cette thèse, la France dans une identité anglaise, ou équivaudrait à lui faire adopter malgré elle une conception anglo-saxonne de l'identité, car cela reviendrait à promouvoir le communautarisme puisque, dit-on, la France ne serait pas un peuple biologiquement homogène, mais une nation historique forgée par l'État, un peuple fruit de l'art humain, du volontarisme politique et de l'entreprise des légistes. Il serait par conséquent exclu de revendiquer pour la France une identité raciale, et ce serait trahir l'identité française que de chercher à en trouver une à la France.

C'est là, disons-le sans détour, un sophisme ; un reliquat d'esprit nationalitaire (« droit des peuples à disposer d'eux-mêmes », contre le devoir nationaliste des peuples à demeurer eux-mêmes) lové dans un costume de nationaliste.

Que le peuple français ne soit pas issu d'un seul rameau ethnique homogène mais de plusieurs, cela n'empêche pas que tous ces rameaux soient indo-européens, issus d'une même souche. Il y a donc une certaine homogénéité biologique du peuple français, même si elle est moins spécifique que l'identité « *völkisch* ».

CHAPITRE XV

D'autre part et surtout, comme on l'a vu, la dialectique élémentaire de l'universel et du particulier établit que l'universel n'est pas sans sa particularisation : déconnecté du particulier, l'universel se met à coexister avec lui, forme avec lui un tout dont il se révèle n'être qu'une partie, et de ce fait se trouve réduit à une détermination particulière. Que l'identité française, qui est spirituelle comme toutes les identités nationales, la destine tout particulièrement à promouvoir l'universel, fait de cette destinée une vocation particulière, comme le faisait observer Paul Valéry : la particularité de la France, c'est son sens aigu de l'universel. Et que cette vocation spirituelle soit la promotion de l'universel ne l'empêche pas de requérir des conditions biologiques d'incarnation particulières : la France est comme la synthèse de tous les aspects du génie européen, au point que c'est culturellement au travers des feux de l'esprit français que les autres peuples européens accèdent chacun à la conscience de sa propre identité ; mais l'esprit français n'est cette synthèse spirituelle que parce que les Français sont aussi biologiquement la synthèse des peuples européens, et seulement de ces derniers. Il faut comprendre qu'une particularité consiste dans le fait que le singulier est l'universel se donnant une manière particulière d'être, laquelle peut être, dans le cas de la France, la synthèse de diverses manières particulières de se réaliser, mais non de toutes ou de n'importe quoi. On peut faire des Français avec des Celtes, des Germains, des Latins, et il faut tout cela pour faire la France ; mais on ne peut pas faire des Français avec des Chinois, des Arabes ou des Congolais. Faire fi du soubassement biologique, divers mais non indifférent, de l'identité française, revient à adopter une conception constructiviste de la nation française, dans la ligne de Sieyès, des Lumières et de Kant : il s'agit de la philosophie des Droits de l'Homme, qui corrompt en le laïcisant le message chrétien, non sans corrompre corrélativement l'ordre naturel lui-même. Un plat de choucroute ou un couscous requiert des aliments divers, mais cela ne veut pas dire que l'art du cuisinier pourrait faire de la choucroute avec des spaghettis ou du couscous avec du manioc en imposant à une matière supposée indifférente une disposition des éléments qui en constituerait la forme ou l'essence. Si l'ethnie française est biologiquement un mixte, les proportions de ce mixte doivent rester des constantes : « On discute sur la valeur de la race dans la composition du peuple, mais on ne peut discuter sur le mélange des sangs, sur les diverses compositions de sang qui font les Italiens, les Français, les Espagnols, les Allemands, les Anglais et ainsi de suite, différents entre eux » (Enrico Corradini, *L'Ombra della vita*, p. 287, cité par Jacques Ploncard d'Assac, *Doctrines du nationalisme*, Chiré, 1978, p. 112-113). Et que les Identitaires soient souvent des régionalistes séparatistes ne prouve nullement que le souci du patrimoine biologique serait une hérésie trahissant l'identité française ; cela prouve seulement que les Identitaires régionalistes n'ont pas compris la nature de l'identité française. La France est à l'Allemagne ce que la Grèce fut à Rome ; et la Grèce était ethniquement déterminée ; elle l'était même probablement plus que le monde latin.

Les peuples que l'on tient pour homogènes et purs, les vraies ethnies, qui sont depuis des siècles éclatés en diverses nations, tels les Celtes, auxquels se réfèrent les nationalistes régionalistes dans la ligne d'Olier Mordrel ou divers européistes nationaux-socialistes de la ligne de Himmler, étaient déjà, probablement, les résultats, stabilisés par l'endogamie et l'Histoire, de mélanges antérieurs. Leur identité accusée est un fait de culture devenu seconde nature. Que la France, l'Allemagne, l'Italie, l'Espagne, l'Angleterre et les Pays-Bas soient autant de recompositions issues de la décomposition d'ethnies plus anciennes ne révèle pas que les nations actuelles seraient, elles aussi, destinées à périr pour servir de matière à de futures communautés humaines, car ces nations sont parvenues à maturité politique par l'instauration de l'État, lequel est à la nation comme la forme à la matière.

On nous dit qu'il existerait une logique des comportements aristocratiques, de ces élites qui sont des fondateurs de peuples, et que ces aristocraties sont internationales, et que le concept de nation charnelle serait, en tant que « zoologique », bourgeois et sans grandeur, que toute l'histoire serait faite de migrations et qu'il n'y aurait pas de véritable enracinement, lequel serait chimérique, réduit à l'expression datée d'un certain nationalisme, fruit de la décomposition de l'Ancien Régime. On nous explique doctement qu'il serait impossible de définir l'essence d'une nation, son âme, par sa différence spécifique, et que ce qui répugne à tenir dans un concept explicite n'existe pas, à tout le moins n'existe pas comme idéal : la nation serait ce que les nationaux en font et ne pourrait être définie que par eux.

On entend nous faire admettre que ce que l'on nomme idéal national n'aurait rien d'une idée expressive d'une essence, mais se réduirait à la sédimentation, arbitrairement choisie comme modèle, d'un moment du devenir d'une communauté, laquelle aurait vocation à évoluer sans cesse et n'aurait aucune stabilité ; l'identité d'un peuple ne serait pas tant dans ce qu'il est que dans sa manière de devenir. Or répudier la causalité d'une essence intemporelle, c'est bien là congédier les enjeux et la dimension métaphysiques de la doctrine nationaliste. Pour nous, l'aspect biologique ne saurait être tenu pour surdéterminant : il n'est que la cause matérielle de la nation, la simple condition de possibilité de l'idéal formel. Mais en faire mémoire, ne pas le mépriser, revient à confesser que la forme idéale, en tant qu'idéelle, ne se réduit pas à l'idéal historique tel qu'il est élaboré sur le mode volontariste par ceux qui se disent faire la nation. Pour nous, la culture d'un peuple est la manière dont il tente d'exprimer cet idéal qui ontologiquement préexiste à ce qui l'exprime ; pour les volontaristes « culturalistes », le contenu de cet idéal se réduit à son expression historique, fruit de la volonté des hommes. C'est l'essence qui, si l'on peut dire, choisit le matériau biologique ayant raison de sujet de son incarnation, ce n'est pas la volonté intégratrice et assimilatrice des hommes se targuant de faire des Français avec des Nègres ou des Martiens. De sorte que paradoxalement, le souci de l'héritage biologique, en lequel un esprit court serait tenté de dénoncer un relent de matérialisme, est bien plutôt l'expression de la reconnaissance du caractère métaphysique de la réalité nationale.

Que la réalité historique soit, en ce qui concerne la nation, impuissante à se rendre définitivement adéquate à son concept ne la laisse pas d'être en demeure, aussi bien physiquement que moralement, de tenter de s'y rendre ; que le péché soit universel dans le temps et dans l'espace n'implique pas qu'il serait normal ou naturel.

Il nous paraît nécessaire, afin d'étayer ce qui précède, de procéder au rappel de la démonstration de deux choses. D'une part, le principe d'individuation de la forme est la matière. D'autre part, il en est de l'identité nationale entendue comme paradigme normatif du devenir d'un peuple comme il en est de l'identité paradigmatique d'une langue et des critères convoqués pour conserver cette identité nonobstant son nécessaire devenir dans le temps.

§ 66. Si le lecteur qui a bien voulu nous suivre jusqu'ici consent à ne pas « décrocher », il peut, supposé que le vocabulaire convoqué, d'inspiration scolastique, le rebute, se référer aux chapitres XVI et XVII, consacrés au thomisme. Il comprendra que l'âme est au corps comme la forme l'est à la matière. Nous avons déjà dit, après une multitude d'autres, ces choses maintes fois, mais notre lecteur n'est pas tenu d'avoir lu nos autres livres.

« *Operatio sequitur esse* » : l'opération suit l'être, un être agit selon ce qu'il est, il s'extériorise en accidents actualisant la substance, il extériorise son intériorité essentielle par ses opérations, lesquelles actualisent des puissances opératives, c'est-à-dire des facultés ; si l'extérieur n'était pas extériorisation de l'intérieur, alors l'intérieur, indépendant de l'extérieur, serait *extérieur* à l'extérieur et ne serait pas un intérieur. L'âme humaine est capable d'opérations excluant la participation intrinsèque d'un organe physique, puisqu'elle est capable d'opérations réflexives, comme penser qu'on pense, vouloir qu'on veut, alors que la vue est incapable de voir sa vision ; et ce qui empêche le retour sur soi des facultés opératives est la matérialité dont les parties, extérieures les unes aux autres, excluent de pouvoir coïncider avec elles-mêmes tout entières ; le gras de l'index peut bien toucher le pouce, il ne peut se toucher lui-même. Ce qui est corporel est incapable de réflexion, or l'âme humaine est capable d'opérations réflexives, donc ces opérations sont immatérielles. Or l'opération suit l'être. Donc la forme ou essence s'actualisant en

CHAPITRE XV

ces puissances opératives ou accidents est elle-même immatérielle. Mais alors, dira-t-on, l'âme est sans contact avec le corps, ne dépend nullement de lui puisqu'ils ne sont pas de même nature. N'empêche. Que la forme soit immatérielle au point de ne pas dépendre, quant à son existence, de la matière — c'est bien plutôt la matière qui dépend quant à son existence de la forme —, n'exclut nullement que la forme soit l'acte premier du corps, son principe d'information : c'est la même âme qui fait vivre, penser, vouloir, sentir, digérer, grandir, qui fait pousser les cheveux et qui renouvelle les cellules mortes. L'âme humaine est non seulement immatérielle mais spirituelle, et elle est spirituelle parce qu'elle est principe de l'activité pensante, porteuse de la puissance de penser. Et si l'âme informe le corps, elle se fait conditionner par lui, elle se fait individuer par lui : ce qui fait que la nature humaine est telle âme de tel homme, conçue pour tel corps, c'est qu'elle est affectée par les notes individuantes de telle matière cependant que, étant l'acte de la matière qui est sa puissance, c'est elle qui donne à la matière d'être individuante. Et la chose peut s'illustrer comme suit :

L'actuation de la matière par la forme est la réponse, dans la matière, à un appétit défini par une privation : la souche de bois est déjà une matière informée par la forme (essentielle) du bois, mais elle est privée de la forme (accidentelle) du meuble, et, à l'information par la forme du meuble, communiquée par l'art de l'ébéniste, correspond un appétit, dans cette matière déjà déterminée qu'est la souche, induit par la privation de la forme du meuble. S'il faut bien trois principes pour expliquer le devenir — la matière, la forme, la privation —, on doit remarquer que la différence entre matière et forme est réelle, mais que la différence entre cette matière dite « désignée » et la privation est une différence de pure raison : dans notre esprit, la matière n'est pas la privation, mais dans la chose (la souche), la privation est identique à la matière (le bois). Or la privation et la forme à venir entretiennent un rapport de contrariété ; l'une est la négation de l'autre, parce que les deux termes du devenir sont par définition opposés. Donc le surgissement de la forme est la négation de la matière, cependant que cette puissance à recevoir la forme, à savoir la matière, est d'autant plus puissance à ou capacité de recevoir la forme qu'elle est mieux habitée par elle : plus l'intellect est perfectionné par l'habitus de science, plus il est intellect ; si le vase vide est puissance à contenir de l'eau, il est d'autant plus capable de la contenir qu'il la contient de manière plus actuelle ; s'il en était autrement, le vase se viderait aussitôt que rempli ; on ne peut être vide et plein en même temps et sous le même rapport, mais cette aptitude à être plein, qui n'est pas exercée aussi longtemps que le vase est vide, subsiste dans le vase en tant qu'il est plein, et c'est elle qui définit l'être en puissance. Dès lors, si le surgissement de la forme nouvelle est, sous un certain rapport, négation de la matière, il est sous un autre rapport sa confirmation et sa conservation. Mais ce qui conserve ce qu'il nie, c'est ce qui le sublime, le métamorphose, tel le papillon par rapport à la chrysalide qu'il achève en la supprimant, et qui s'achève en lui parce que conservée par lui : il la conserve en son sein sur le mode de puissance à produire d'autres papillons ; la puissance à de nouveaux papillons est, dans le papillon en acte, l'intériorisation de cette puissance à être ce papillon qu'il est, puissance dont il procède et qui était la chrysalide. Si la forme est à la matière comme l'est le papillon à la chrysalide, alors la substance nouvelle, au terme du changement, conserve en son sein ce dont elle procède, elle fait mémoire dans sa structure nouvelle de cette réalité ancienne dont elle est issue. La matière issue des géniteurs, investie par une âme humaine — qui, spirituelle, est créée puisqu'elle ne saurait s'expliquer, en tant que spirituelle, par les potentialités de la matière —, est à la fois conservée et niée par le rejeton ; elle est niée parce qu'elle n'est plus une matière purement organique ou animale comme pouvaient l'être les gamètes ; elle est conservée parce que la forme nouvelle, l'âme du rejeton, conserve en sa structure individuelle les déterminations sensibles dont elle procède ; elle est bien individuée par la matière. Tout ce qui, dans un homme, ne relève pas directement de la puissance intellective, mais qui est requis par cette dernière — la sensibilité, les appétits corporels, l'imagination, la mémoire —

CHAPITRE XV

est marqué par les déterminations corporelles, ainsi par le patrimoine biologique de cet individu. Il n'est donc pas étonnant que les productions spirituelles de ce dernier soient en partie conditionnées par son corps.

L'opération suit l'être : développer une culture déterminée dépend de conditions historiques et géographiques, du génie individuel de certains des membres du peuple qui la déploie, et d'un certain nombre d'événements contingents. Il n'empêche, encore une fois : la réaction d'un certain peuple aux événements historiques, au climat, dépend en premier lieu de sa complexion spirituelle, laquelle est en partie conditionnée par son héritage racial. Donc l'intégrité d'une culture dépend au moins pour partie de celle du patrimoine biologique du peuple qui l'a engendrée. Changer l'identité raciale d'un peuple, c'est changer son identité spirituelle. Peut-être est-ce la conception allemande de la nation. Mais si elle repose sur des principes universels, pourquoi ne serait-elle pas la conception adéquate de toute nation ? Pourquoi faudrait-il se priver de l'exacte conception de la nation sous le prétexte que cette conception est née chez les Germains, à supposer qu'elle leur soit propre ?

La France n'est pas cette matrice purement formelle d'intégration de n'importe qui, quelle que soit son origine. Elle se renouvelle biologiquement d'abord par la fécondité de ses familles. Depuis son origine gallo-romaine et l'apport fécond des incursions germaniques, elle conserva une extrême stabilité raciale jusqu'à la fin du dix-neuvième siècle. Les choses changèrent un peu avec les apports polonais et italien après la guerre de 1870, quand il fut question de fabriquer dans l'urgence de la chair à canon pour préparer la « revanche » de 1914, où s'enterra l'Europe dans une boucherie qui ne servit que les intérêts des Juifs, des Anglo-saxons et des francs-maçons frénétiquement hantés par le désir de détruire la dernière monarchie catholique d'Europe. Et c'est avec de Gaulle, après la catastrophe de 1945, que commença ce qui fut bien nommé le « grand remplacement ». Il ne nous paraît pas cohérent, quelque lucide et courageux que l'on soit dans les autres domaines — les mécanismes de l'argent-dette, la domination judaïque, la vérité sur la

« Shoah », la puissance des Loges, les effets délétères du féminisme et son rôle d'instrument objectif de l'exploitation capitaliste, l'intention louable ayant présidé à l'élaboration de la doctrine sociale de l'Église, les ravages du mondialisme bancaire —, de prétendre contribuer à relever la France gangrenée par mille maux fort bien décrits d'ailleurs par ces mêmes hommes soucieux de la relever, en prétendant conserver l'héritage des Lumières, de la Révolution française, du rousseauisme, de ce nationalitarisme d'inspiration jacobine qui peut certes se targuer de maints hauts faits d'armes, de la philosophie des Droits de l'Homme, du « patriotisme anti-boche » des Poilus, de l'héroïsme des « Résistants » fussent-ils maurrassiens, de l'œuvre constitutionnelle et des principes de politique étrangère du « nain interminable » tout de grandeur en carton-pâte. La coquetterie consistant à se vouloir « de gauche » en luttant contre le mondialisme peut être expédiente pour se dispenser d'être rejeté dans la fosse médiatiquement abjecte et indéfendable du fascisme et du national-socialisme ; elle peut permettre de rallier, contre la subversion sioniste, une partie des millions de Beurs qui occupent notre pays et le dénaturent. Si elle n'est que cela, une telle entreprise n'est qu'une manière de se faire accepter par les corrupteurs en hurlant avec les loups. Si elle n'est pas une stratégie destinée à être dépassée par le ralliement au fascisme explicite et sans concession, antidémocratique et raisonnablement raciste, européo-centré et profondément catholique — ainsi fondé sur une foi vivante, et non réduit à un attachement culturel —, cette tentative bien sympathique mais brouillonne et éclectique, grevée de concessions sous un style d'intransigeance, de réfection de l'identité française et de lutte antimondialiste se révélera pour ce qu'elle est : une manière de focaliser ce qui reste des bonnes volontés pour les fourvoyer dans une voie de garage. Si en revanche, effectivement, l'entreprise est une ruse destinée à libérer, pour les vulgariser, certains thèmes de la droite radicale interdits de diffusion et affligés d'une absence de crédibilité à cause de l'étiquette infamante dont est affublée l'école politique dont ils sont issus, alors il faut dire que cette démarche ostensiblement brouillonne l'est intentionnellement, afin précisément de brouiller les cartes ; et il faut ajouter qu'elle est une réussite remarquable, parvenue à diffuser des vérités indésirables et pourtant essentielles. La moindre des choses est même de faire observer qu'elle manifeste un grand talent et autant en vertus d'audace, de vitalité et de pugnacité dont il faut bien avouer que la droite radicale n'a pas toujours fait preuve.

Quoi qu'il en soit de l'intention de ses auteurs que la présente critique ne se soucie pas d'atteindre parce qu'elle s'attache seulement aux idées officiellement professées par ce courant de pensée et d'action, nous nous contenterons d'affirmer que l'identité nationale déconnectée de toute préoccupation raciale et ralliée à une conception antifasciste de la France nous paraît erronée, et contre-productive. Si nous devons nous sauver, nous n'avons rien à attendre d'un renfort islamique issu de l'immigration sous le prétexte qu'elle est anti-américaine et israélophobe. Les maux qui affligent notre nation et notre Europe sont engendrés par des ennemis qui, quelque hostiles qu'ils soient entre eux, se réconcilient toujours à notre détriment ; loin de se faire annuler les uns par les autres, les maux s'additionnent. Quand viendra le temps de la grande explication, les Musulmans de France s'allieront peut-être, ponctuellement et sporadiquement, aux nationalistes français pour neutraliser la puissance sioniste qui sévit en France. Mais ils s'acoquineront sans scrupule avec le reliquat des Juifs pour égorger ce qui restera des « souchiens », parce que leur combat n'est pas le nôtre.

§ 67. Une langue vivante, avons-nous suggéré plus haut, présente des caractères semblables à ceux d'une identité nationale ; c'est au reste normal puisque la langue est un élément définitionnel de cette identité. Nous nous permettrons donc de procéder à une analogie.

Nul ne niera qu'il est dans la vocation d'une langue vivante d'évoluer. C'est pourquoi la formulation des dogmes intangibles trouve dans une langue morte — le latin — son mode d'expression le moins inadéquat. Mais l'évolution d'une langue peut être heureuse comme elle peut être un effet de décadence. Dans l'ordre quantitatif, on élabore des jugements de valeur à partir d'un minimum tenu pour étalon de mesure. Dans l'ordre qualitatif au contraire, on se réfère à un maximum : telle chose est dite meilleure qu'une autre parce qu'elle se rapproche plus que l'autre de l'absolu du bien dans un domaine donné. Mais comment définir cet absolu du bien ? On est tenté, dans le cas de la langue, de considérer que cet absolu résulte d'un choix plus ou moins arbitraire, et cela est inévitable : il faut parler pour penser, parce que le langage n'est pas le simple véhicule de la pensée, il est intrinsèque à la pensée en acte ; n'est vraiment pensé que ce qui a trouvé le moyen de se faire dire, ainsi d'exister dans des mots ; mais s'il faut penser pour juger la parole, ainsi la langue, alors, du fait qu'on ne dispose pas d'une langue intemporelle et intangible pour élaborer la pensée supposée juger la langue vivante, on ne peut que disposer de cette dernière pour la faire se juger elle-même. Et l'on pourra toujours la soupçonner d'être partiale ou arbitraire. Mais alors, s'il n'existe pas de critère objectif, universel, valable pour juger de l'évolution d'une langue, n'est-ce pas qu'on a érigé en absolu un moment de l'évolution de cette langue ? Et sur quoi ce choix se fonde-t-il ? Pourquoi faudrait-il tenir pour intemporel — condition requise pour qu'il y ait mesure du devenir, ainsi de la temporalité — ce qui pourtant ne laisse pas de s'inscrire ou de s'être inscrit dans le temps ?

S'il n'existe pas de critère objectif, force est de se rendre à l'idée que toute évolution peut être tenue pour légitime. On pourra ratifier, au nom de l'usage devenu maître absolu, tous les glissements de sens, toutes les hérésies grammaticales ou syntaxiques. Le langage mondialiste de l'anglais des États-Unis, qui déteint sur toutes les langues du monde, l'influence de l'usage que font les immigrés des langues de leurs pays d'accueil, les déformations imposées à la langue par la diffusion foudroyante des jeux vidéo et des téléphones portatifs, tout cela sera légitimé au nom de l'usage devenu majoritaire. Rien ne pourra juger l'usage puisque l'usage sera devenu le seul critère de jugement.

En dépit du malaise en lequel se trouve un « réactionnaire passéiste » chaque fois qu'il est sommé de répondre à la question

CHAPITRE XV

du critère objectif capable de discriminer entre novation légitime et déformation fautive, tout homme de bon sens se refusera à cautionner toutes les nouveautés survenues dans la langue ; il sait que même les autorités officielles — l'Académie française, les instituts éditeurs de dictionnaires et précis de grammaire élaborés par les linguistes — sont victimes complaisantes de la pression de l'idéologie mondialiste, comme au reste tous les scientifiques contemporains.

Mais alors comment échapper au piège du relativisme ou à l'accusation d'arbitraire ?

On peut se souvenir, nous semble-t-il, du fait que la pensée en général s'objective, se fait objet, se chosifie dans la langue, et que c'est en réfléchissant sur cet objet qu'elle se découvre elle-même. Auguste Comte enseignait que le public est le véritable auteur du langage, mais à son époque un tel public avait encore une âme française et européenne. Le fondateur du positivisme expliquait que même les ambiguïtés de la langue avaient un sens, parce qu'elles invitaient à procéder à des rapprochements conceptuels spéculativement féconds. Ce qui revient à dire que le langage est le pédagogue de la pensée, cependant qu'il est engendré par elle. Il y a là un paradoxe qu'il faut dissiper, et c'est dans l'effort de le dissiper qu'il sera peut-être possible de répondre aux progressistes qui nient l'identité intangible tant d'une langue que d'une nation.

Le langage est gorgé de pensées, de toutes les pensées qui se sont incarnées en lui, et c'est à lui que la pensée individuelle puise pour y découvrir son activité et son contenu. En tant qu'elle se découvre en lui, elle accède au savoir d'elle-même, et ensuite elle s'appuie sur elle-même pour le rectifier quand l'occasion s'en fait sentir. En tant que la pensée collective l'engendre inconsciemment, la pensée individuelle consciente fait de lui son pédagogue et son modèle afin de s'identifier elle-même. Cette réciprocation de causalité entre pensée et langage serait impossible si ne s'accomplissait quelque part l'identité de la pensée et du verbe dans un principe commun aux deux, qui explique leur congruence. Du fait que notre pensée ne se fait pas exister en se pensant, dans le moment où la langue est elle-même le fruit de la pensée collective, cette identité de la pensée et du verbe ne peut se réaliser que dans la cause première de la pensée humaine, à savoir en Dieu. Une telle identité est présupposée par toute pensée, et elle exige que toute pensée lui ressemble à la manière dont une œuvre ressemble à l'artiste qui la produit. Et c'est dans cette identité principielle de la pensée et du verbe que gît l'idéal d'une langue parfaite.

Tout esprit est hanté par le désir de remonter au principe : penser, c'est définir pour comprendre, et définir appelle de rechercher la cause, car on ne comprend une chose qu'en sachant ce dont elle procède. Un tel désir de remonter au principe, conjugué au fait de la ressemblance entre la pensée et son principe, fait que cette pensée contient en elle-même la vertu de reconnaître le principe dans ses effets, l'identité de la pensée et du verbe dans les paroles qui constituent une langue. Ce qui l'habilite à reconnaître la langue idéale dans les langues historiques, lesquelles ne sont jamais totalement adéquates à leur concept. La pensée possède le principe qu'elle cherche, sur le mode du désir de l'atteindre. Cette démarche est ce qui fonde notre pouvoir d'induction : reconnaître la beauté dans les choses belles, la justice dans les actions justes, l'essence de la bonté dans les choses diversement bonnes. Car c'est bien ainsi que nous procédons : en quête de l'essence de la justice, nous convoquons des exemples d'actions justes au travers desquels nous visons ce qu'ils ont de commun, sans nous rendre compte qu'il fallait bien que nous fussions en possession de l'Idée de justice pour procéder au rassemblement de tels exemples. C'est bien là ce que Platon nomme réminiscence : connaître est se ressouvenir, toute connaissance est reconnaissance. Nous accouchons, en cherchant à connaître, d'un savoir que nous ne nous savions pas posséder, et cela est possible parce que tant l'être à connaître que la connaissance de cet être préexistent dans l'Idée dont procèdent l'être et le connaître. Et c'est pourquoi le mouvement consistant à chercher à connaître, nécessairement finalisé, n'est pas moins nécessairement un mouvement doté d'un terme. La recherche n'est jamais indéfinie ; plus généralement, tout mouvement a un terme, car ce mouvement est l'anticipation de soi du résultat ; c'est la solution qui s'anticipe dans les données du problème à résoudre, c'est elle qui les pose et les définit, comme le savent tous les mathématiciens. Appliquons ces éléments de réflexion au langage :

Tout le mouvement de nos efforts dirigés vers la connaissance de la langue parfaite, de la perfection de notre langue toujours en état d'évolution, est lui-même l'anticipation de soi de cette perfection de la langue immanente à ce mouvement même. On voit que, dans les démarches inductives, on ne peut déduire le principe vers lequel on tend, mais cela ne veut pas dire qu'il n'existerait pas. Ce n'est pas parce que nous avons du mal à définir l'idéal de la langue en laquelle nous apprenons à penser et formulons toutes nos pensées, que cet idéal serait chimérique et ainsi arbitraire, au point que nous serions mis en demeure de consentir à toutes les nouveautés, ce qui reviendrait à prendre le fait pour le droit. Un esprit délicat sait d'instinct reconnaître dans certaines évolutions de langage des novations heureuses, qui lui permettent de mieux incarner ses pensées dans la langue, et surtout de mieux penser par sa langue. Ce même esprit sait dans d'autres cas, d'instinct, repousser les innovations inopportunes. La langue parvenue à un état de relative perfection engendrait de belles pensées éternisées par de belles œuvres. Notre langue abâtardie par l'immigration, l'inflation de l'informatique et de l'audiovisuel, la dégradation des mœurs et le pragmatisme hédoniste états-unien engendre les « philosophes » à la mode (de Derrida à BHL), Guillaume Musso, Marc Levy et Virginie Despentes.

Ce qui vient d'être esquissé à propos de la question de l'évolution d'une langue vaut analogiquement pour le devenir d'une identité nationale. Cette dernière se reconnaît dans les constantes de ses concrétions historiques. On ne peut certes la déduire à partir d'une idée abstraite de l'homme. On peut, quand on a du goût, la montrer sans la démontrer, l'éprouver sans la prouver ; on peut la reconnaître, reconnaître le meilleur de soi-même en elle. L'essentiel est de savoir qu'elle existe et qu'elle peut être reconnue. Les sophistes nient son existence, imposent à notre peuple toutes les transformations les plus dégradantes, sous le prétexte qu'on ne peut la déduire et la circonscrire *a priori*. Mais du seul fait du processus de la réminiscence (il faut posséder ce que l'on cherche pour s'habiliter à le chercher), nous sommes assurés, même si nous sommes incapables de le circonscrire *a priori*, de l'existence de cet idéal de notre langue, et de cet idéal de notre identité nationale. C'est en vertu de cet idéal que notre souci de distinguer entre ce qui est progrès et ce qui est décadence n'est pas une chimère.

Là encore, nous dira-t-on, pourquoi s'ingénier à se rendre la vie compliquée ? Pourquoi se fatiguer à produire des argumentations complexes et fastidieuses pour établir des choses que tout homme de bonne volonté et dont l'instinct vital n'est pas exténué connaît comme une évidence ? Parce que le peu de crédit dont jouissent nos idées dans la foule indécise des neutres, qui forment la majorité, ne tient pas seulement à leur lâcheté ou à leur dilection pour la décadence. Il procède du fait que nos idées ne jouissent pas, telles qu'elles sont présentées par nous, de leur pouvoir pourtant naturel de contraindre la raison. Les gens se disent à peu près ceci :

« Nous n'avons pas envie, pour le moins, de reconnaître quelque pertinence que ce soit à de telles idées, parce que cela nous imposerait des devoirs moraux que nous n'avons pas envie d'assumer. Cela nous mettrait en porte-à-faux insupportable avec l'esprit général de notre temps. Heureusement, de telles idées ne valent que par l'adhésion qu'on leur accorde, au gré des préférences de chacun. On aime les idées politiques, les engagements religieux, comme on aime les plats en sauce et le chocolat. Donc, puisque nous ne les aimons pas, nous n'avons aucune raison de les embrasser. Après tout, pourquoi pas l'État mondial, le village global, le métissage universel, l'amour libre ? On traiterait les problèmes sociaux et écologiques de manière rationnelle, à l'échelle planétaire. Pourquoi entretenir, de manière onéreuse — dans tous les sens du terme — un culte de la patrie, des Anciens, des morts, du dépassement de soi, de l'abnégation ? Il faut se contraindre pour cela, et il est bien peu naturel de se contraindre, à moins qu'il soit rationnel que l'ordre

CHAPITRE XV

naturel s'accomplisse moyennant une lutte contre soi-même. Mais qu'est-ce qui le prouve ? Y a-t-il une raison à cela ? »

Par la force des armes, en 1945 mais aussi lors de l'épopée révolutionnaire et napoléonienne, la gauche a conquis le monopole de la pensée, mais au fond elle l'avait déjà conquis avant ses victoires militaires, précisément pour se donner les moyens politiques d'accéder à la puissance des armes. Et il en fut ainsi parce que les dépositaires de la vérité éternelle avaient renoncé tacitement à fonder en raison leurs certitudes qui, de ce fait, se muèrent en convictions, pour finir par s'attiédir et s'émousser en opinions. C'est si vrai que le grand courant opposé aux progrès de la Révolution, au reste condamné par l'Église, fut le traditionalisme : « système en réaction contre l'individualisme rationaliste du XVIIIe siècle, qui fait de la tradition, c'est-à-dire du *consentement commun* ou de la révélation divine transmise d'âge en âge *l'unique source* de la *connaissance même naturelle* et philosophique » (*Dictionnaire de culture religieuse et catéchistique*, chanoine L.-E. Marcel, Besançon, Éditions Servir, 1949). Ce courant, illustré par Burke, Maistre, Bonald, Chateaubriand (que Maurras n'aimait guère) fut caractérisé par un historicisme politique selon lequel la raison est impuissante à atteindre la vérité, de sorte qu'il convient de se référer, en dehors de la Révélation, à l'histoire et à elle seule, comme expression de toutes les leçons de l'expérience et des vœux de la Providence. Même l'empirisme organisateur — le nom qu'il se donne est lui-même une définition — participe de ce courant qui fait évidemment un usage de la raison, mais comme moyen de dégager les leçons de l'histoire et non comme principe d'accès à des vérités métaphysiques. Le rationalisme du XIXe siècle était bien peu rationnel, d'abord parce qu'il prétendait se soustraire au magistère de l'Église et substituer la raison à la foi, ensuite parce qu'il était scientiste, réduisant les pouvoirs de la raison à la recherche des lois de la nature, la dépossédant de ses capacités métaphysiques. Au lieu de combattre le rationalisme sur son propre terrain, de lui montrer que la raison du rationaliste n'était pas rationnelle, la droite antirévolutionnaire en est venue à condamner toutes les prétentions de la raison en croyant s'opposer au rationalisme. Or c'était là se couper l'herbe sous le pied. Il y a eu certes le renouveau thomiste, mais enfin, c'est celui qui a relancé de telles études qui a aussi prôné le ralliement à la République. Ce n'est peut-être pas tout à fait un hasard, s'il est vrai que l'œuvre de saint Thomas est susceptible de plusieurs lectures : les plus grands spécialistes du thomisme sont aujourd'hui, et depuis des décennies, des modernistes. Faut-il rappeler qu'il n'existe pas de philosophie thomiste, mais une théologie thomiste se subordonnant des outils philosophiques, et que la reconstruction, à partir de l'œuvre de l'Aquinate, d'une philosophie réaliste est problématique, de sorte qu'il est possible de lui faire dire maintes choses peu compatibles entre elles ?

Il est bien fastidieux de faire se succéder des raisonnements mais, si nous ne le faisions pas, on nous reprocherait d'affirmer gratuitement ce que nous avançons.

§ 68. Au refus, chez les nationalistes français qui parviennent à se faire entendre, de faire mémoire du souci du patrimoine biologique de la nation, il y a peut-être une explication qui diffère sensiblement des raisons habituellement avancées par eux.

D'abord c'est peut-être en partie par ce refus même qu'ils parviennent à se faire entendre, et ils le savent mais ne peuvent l'avouer. Ensuite, il y a tout simplement que faire mémoire de la nécessité d'une défense de la race pour soutenir une position nationaliste rapproche dangereusement de tels nonconformistes des aînés collaborationnistes. Or il n'est pas facile de revendiquer la paternité de ces derniers.

Emmanuel Berl, dans *La Fin de la Troisième République* (1968), disait des collaborationnistes : « Pro-allemands parce qu'antifrançais, antifrançais par haine de soi, de tous les abandons, de toutes les compromissions, de tous les manquements qu'ils se reprochaient, ne se pardonnaient pas à eux-mêmes, ils devenaient autant de petits Saint-Just qui auraient magnifié non pas Fleurus mais Waterloo — et non pas leurs compatriotes mais les ennemis de leur patrie. » Dans un registre de beaucoup plus bas et trivial, quoique de la même eau croupie au fond, un Bernard Tapie, impudent petit arriviste faisant de sa médiocrité la mesure de toute chose, révélateur de l'affligeante misère

CHAPITRE XV

morale du temps qui laisse proliférer et monter socialement les rats d'égout de son espèce, ne cessait d'affirmer, pendant la première guerre du Golfe, que Jean-Marie Le Pen avait été toujours du côté des ennemis de la France. On a beau dire qu'on se moque du jugement d'autrui, on n'est jamais sans être affecté par ce dernier. En tant qu'animal social, on est ainsi conçu qu'on est fait pour se faire influencer par son prochain et pour influencer autrui. Il faut une couenne de sanglier pour se gausser sans rire jaune, sans être tourmenté par le besoin douloureux de se justifier, de la réprobation universelle, pour faire son deuil sans souffrance de l'estime et de la reconnaissance d'autrui. Se voir renvoyer l'image du traître, se faire accuser de cultiver la haine de soi, ce sont là des rôles sociaux dont on aimerait se passer. Quand on est français, on se sent et se veut solidaire malgré soi de ses compatriotes, quelque suicidaires et enfoncés dans l'erreur qu'ils puissent être. Le lien politique est fondé sur l'amitié, et l'on ne peut être ami que de ses pairs puisque l'amitié, qui n'exclut ni la hiérarchie ni l'inégalité, consiste à aimer l'autre tel un autre soi-même. L'amitié appelle l'amitié, l'amour de bienveillance n'est jamais désintéressé, non au sens où il se réduirait à une relation synallagmatique le faisant dégénérer en amour de concupiscence, mais au sens où, comme le prouve Aristote dans ses *Éthiques*, l'amitié est fondée sur l'amour de soi, sur cette « philautie » qui, à toute distance de l'égoïsme, consiste à s'accepter tel qu'on est, à plébisciter la manière dont la nature humaine a condescendu à s'incarner en nous : « je m'aime » signifie que je ne suis pas en conflit avec moi-même et ne suis pas préoccupé par moi-même, disponible pour d'autres ; cela signifie que j'aime ma nature pour elle-même en sa décision de se faire subsister en moi ; que, par là que je l'aime pour elle-même, je l'aime en sa décision de se faire subsister en autrui que, de ce fait, j'aime aussi du mouvement à raison duquel je m'aime moi-même. S'il en est bien ainsi, la réciprocité dans la relation d'amitié me conforte dans l'estime de moi-même, dans cette estime qui est précisément requise pour que j'en vienne à aimer l'autre tel un autre moi-même. Il en résulte que l'amitié pour l'autre appelle sa réciproque pour entretenir le mouvement qui me porte vers l'autre de manière désintéressée. L'amitié est intéressée en tant qu'elle appelle l'amitié de l'autre à notre égard pour nourrir sa vocation oblative. Or vouloir être ami de l'autre dont on veut être l'ami, cela suppose que l'on gagne son estime, que l'on soit reconnu par lui. Il existe en tout homme une tendance presque invincible à quêter la reconnaissance de son compatriote, et cela le dispose à mettre de l'eau dans son vin quand il sent que cette reconnaissance est compromise, quand bien même il sait corrélativement, par les leçons du Stagirite, que l'amitié n'est plénière qu'exercée entre gens vertueux, qui donc aiment la vérité, même quand elle prend l'esprit du temps à rebrousse-poil.

Il nous semble qu'il est normal, par amour de la France, par piété patriotique, d'être contre ceux qui se disent être la France, et même contre les Français qui se reconnaissent dans les premiers, quand la France officielle s'est réduite à la République jacobine, qui est par essence antifrançaise. Ceux qui ont inventé la France républicaine sont des traîtres à la patrie, et c'est servir la France que de combattre ceux qui l'ont confisquée et dénaturée, quand bien même les Français dans leur majorité plébiscitent cette dénaturation. Il est détestable et injuste, sous couvert de patriotisme, désireux d'être du côté des vainqueurs après avoir fleureté avec le Maréchal Pétain dont il écrivait les discours, qu'un Emmanuel Berl en vienne à condamner ceux qui eurent le courage d'être lucides quand tout était encore possible, même si les motivations de certains d'entre eux n'étaient pas toutes honorables.

Il existe une fausse conception du nationalisme qui consiste, au regard d'une essence supposée immaculée et intangible de la nation, à tenir pour accidentels, par là contingents et superficiels, les régimes et les idéologies que charrient ces derniers, comme s'il ne s'agissait que du vêtement dont se pare une personne sans être intrinsèquement modifiée par eux. Telle fut la conception gaullienne de la nation. Telle fut aussi, à bien des égards sa conception maurrassienne. Quand le corps biologique d'une nation en vient, par une invasion pacifique favorisée par la logique du capitalisme, les calculs mondialistes des Loges et

CHAPITRE XV

la volonté de puissance des Hébreux tout affairés à détruire Édom pour le dominer, à être modifié de manière irréversible, quand sa cause matérielle en vient à se corrompre, quand l'idéal humain ou manière paradigmatique d'être homme, incarné par une nation, en vient à se substituer au précédent en lequel cette même nation s'était primitivement reconnue, ce n'est plus la même nation, purement et simplement : « *forma dat esse rei* », c'est l'essence d'une chose qui la fait exister et, en l'occurrence, c'est le type d'homme que la nation s'efforce à incarner qui fait son essence. Or le type d'homme dont la France est le héraut est un Occidental, elle requiert un matériau biologique déterminé comme condition adéquate de réception de son identité formelle. Il est révoltant d'être tenu pour traître par les corrupteurs institutionnels de la nation. Et la manière dont Emmanuel Berl décrit les collaborationnistes est une forfaiture.

Il reste que c'est ainsi que furent perçus les collaborationnistes. Et c'est encore de cette façon que sont appréhendés, par nos contemporains, ceux — dont nous sommes — qui eussent été dans le camp germanophile s'ils avaient vécu à cette époque. C'est cette infamante défroque que nous sommes en demeure de porter, ce qui ne rend un homme ni sympathique à son prochain ni serein.

Maints nationalistes très à droite, antirépublicains, antidémocrates, catholiques, antimodernistes, qui eussent été très hostiles à l'actuel « grand remplacement », ont investi, tel le délicieux Jacques Perret, leur patriotisme dans le camp de la « Résistance ». Leur courage, leur sincérité ne sauraient être mis en doute.

L'engagement collaborationniste de Martin de Briey nous paraît cependant plus rationnel. Ce Lorrain avait compris qu'il ne s'agissait pas d'une guerre entre la France et l'Allemagne, mais entre l'Europe et les forces du mondialisme.

« Je tiens à dire encore que je n'ai à recevoir de personne des leçons de patriotisme, et que je puis prétendre au contraire à en donner. Je suis un de ceux qui, s'ils avaient été écoutés et suivis avant guerre, voire depuis l'armistice, auraient évité à notre patrie tous ses malheurs, les auraient en tous cas largement réparés déjà. J'ai acquis le droit d'entendre mon devoir à ma façon, et d'estimer que c'est la meilleure (...). La France est gravement malade, de lésions profondes et purulentes. Ceux qui cherchent à les dissimuler, pour quelque raison que ce soit, sont des criminels » (Lucien Rebatet, *Les Décombres*, avant-propos).

Que dirait-il aujourd'hui ?

§ 69. Corrélative au moins en partie de la conception « culturaliste » de la nation telle qu'elle vient d'être évoquée (§ 63 à 67), existe cette conception étroite, anti-européenne, de la nation. Il y a une logique dans cette affaire. Nous avons vu au § 65 (huitième alinéa) que le refus de prendre en compte la question du patrimoine biologique d'une nation pour s'assurer de son intégrité spirituelle et/ou de sa vitalité et de sa pérennité culturelle, était solidaire du refus de reconnaître en la nation une réalité à fondement métaphysique. Mais ce refus remet inévitablement en cause la vraie conception du bien commun, qui est elle aussi métaphysique.

Le nationalisme étroit, celui de la « France seule » s'offrant le privilège de passer alliance avec n'importe qui, même au détriment de l'Europe et de la race blanche, pourvu que ses intérêts soient satisfaits, n'est pas adéquat au souci du bien commun, il est entaché d'individualisme, puisqu'un bien est d'autant meilleur qu'il est plus commun ; or le mode de pensée occidental est commun à toutes les nations d'Europe. Par là, il est objectivement entaché, en tant qu'individualiste, et malgré ses dénégations indignées, d'esprit mondialiste latent, puisque l'État mondial est la réalisation en acte, en sa forme politique, de la prétention du genre humain à se créer en ne se reconnaissant aucune nature qui serait norme de la subjectivité (voir notre chapitre XI).

Le bien est d'autant meilleur que plus universel ; donc puisque le mondialisme est le mal (il transgresse les limites du Politique et usurpe l'universalisme propre à la religion) et que le nationalisme égoïste contrevient aux exigences du bien commun, force est de convenir qu'il y a nécessité d'une instance vicariante qui est l'empire occidental, habilitée à développer

CHAPITRE XV

l'universalité du bien politique selon toute son extension possible sans se convertir dialectiquement en mondialisme, et cela contre la revendication de « la France seule ». Mais alors à qui revient-il d'assumer une telle fonction ?

A toujours existé en notre histoire une prétention de la France à réincarner l'Empire romain, favorisée par l'Église en sa version théocratique pour se soustraire à la sujétion allemande. Il semble bien que l'Angleterre, par sa mentalité, soit par essence nominaliste, empiriste, pragmatiste, et en son fond matérialiste, mercantile et individualiste. Cromwell et ses Juifs et la « *Glorious Revolution* » financée par ces derniers, après avoir coupé la tête de leur roi un siècle avant les Français, ne sont pas des accidents superficiels de la psychè anglaise. Tout Luther était dans John Wyclif un siècle avant les hurlements et les beuveries du moine augustin. Ne pouvant, faute d'ampleur spéculative, prétendre à exercer une hégémonie impériale sur l'Europe par elle unifiée et qui, à ce titre, serait habilitée à s'introniser suzerain naturel de tous les pays de la Terre, l'Angleterre a trouvé expédient de poursuivre sa prétention à l'hégémonie en luttant systématiquement contre la nation dominante du continent européen, tout en contournant la puissance européenne en se rendant maîtresse des mers, ainsi du commerce international et de la Banque, fonction aujourd'hui relayée par les États-Unis, mais fonction qui finit par faire l'aveu qu'elle coïncide avec le projet mondialiste : si le projet d'État mondial fut promu par les puissances anglo-saxonnes, au début, comme instrument du rayonnement international de leur puissance nationale, ce sont les mondialistes intentionnels et réfléchis qui ont fini par se subordonner les prétentions nationales anglo-saxonnes au service d'un État mondial antinational. Le mot d'ordre de Jean Hérold-Paquis, « l'Angleterre comme Carthage doit être détruite », est toujours d'actualité. Et il en est de même pour la Carthage américaine. Parmi les nations européennes susceptibles, par leur rayonnement spirituel et leur puissance militaire, de se faire le continuateur de l'Empire romain, ne restent que la France et l'Allemagne.

Tant la psychologie des peuples que leurs vertus naturelles nous prédisposent à penser que la France n'a pas cette vocation politique. Peut-être est-ce sa vocation intellectuelle, mais non sa vocation politique et militaire. Toutes les fois où elle prétendit exercer le rôle de suzerain des trônes d'Europe, ce fut en favorisant l'hérésie protestante, janséniste, gallicane, ou la puissance islamique, au détriment du bien commun surnaturel, catholique, de l'Europe et du monde.

Osons conclure ce chapitre en déclarant que le nationalisme bien compris n'est pas sans l'appel à la suzeraineté du Saint-Empire romain germanique.

CHAPITRE XVI

Le thomisme en quelques paragraphes : la philosophie de la nature

§ 70. Il est temps, pensons-nous, d'aborder la question de ce « point de suture » entre fini et infini, entre nature et grâce ou naturel et surnaturel, qui est pour nous le nerf de nos convoitises intellectuelles. C'est la solution que nous proposons à ce problème qui conditionne nos choix politiques et moraux. Ayant, pensons-nous, établi que la cause première de la décadence de la cité catholique en général, et de la destitution de l'Occident de son rôle de centre spirituel et culturel du monde, tient dans le fait que le principe d'harmonie entre nature et surnature ou fini et infini n'a pas été adéquatement dégagé, nous nous proposons désormais de suggérer une esquisse de réponse à ce problème. Elle sera menée dans une perspective thomiste, mais non sans le recours au concept de réflexion ontologique, d'origine néo-platonicienne et redécouvert, intégré à une vision rationaliste de l'être, par Hegel. Et le lecteur aura compris que cette réponse à la question du point d'articulation entre fini et infini est aussi celle qui serait susceptible d'établir que la doctrine nationaliste, antithétique du mondialisme, est plus qu'une réponse de circonstance historiquement datée, marquée par la contingence de l'état de l'Europe à la fin du XIXe siècle.

Cela dit, les choses ne se sont pas passées comme cela pour nous : nous n'avons pas buté un beau matin sur la question de l'hymen entre nature et grâce, pour nous lancer dans l'élaboration d'une solution personnelle après avoir éprouvé l'insuffisance des réponses offertes par l'histoire de la philosophie et l'arène des idées. Notre foi religieuse et notre éducation reçue nous ont orienté vers l'étude du thomisme, et c'est en nous efforçant, comme tout élève, à penser ensemble les éléments de philosophie épars dans l'œuvre théologique de saint Thomas, que nous avons commencé par éprouver des difficultés de compréhension, sur le problème de la causalité, sur celui du rapport entre essence et acte d'exister, matière et forme, temporalité et éternité, bien commun et Souverain Bien, et enfin seulement nature et surnature. « Il ne se peut pas, nous disions-nous, qu'une erreur ou une incomplétude grève le thomisme, ce sont les limites de notre raison qui nous rendent obscures les grandes thèses du réalisme. » Nous nous sommes échiné pendant des années à tenter de dissoudre ce qui se présentait à nous comme autant d'apories. À notre corps défendant, contraint d'avaler les connaissances du programme des concours officiels, il nous fallut passer, entre autres choses, par l'étude du néo-platonisme, de la philosophie d'Avicenne et de l'hégélianisme, et c'est contre notre volonté que nous dûmes nous rendre à l'évidence : il existe des éléments de solution aux apories de l'aristotélisme chrétien, mais ils doivent être dessertis de la gangue vénéneuse en laquelle ils ont fleuri. C'est à nos yeux le concept de réflexion ontologique qui, intégré à l'hylémorphisme après avoir été libéré de l'émanatisme plotinien en sa version anti-créationniste (car saint Thomas lui-même ne craint pas de définir l'acte créateur telle une « *emanatio totius esse* »), fait tenir ensemble toutes les thèses philosophiques maîtresses du réalisme thomiste, voire est capable de les compléter sur certains points qui font l'objet aujourd'hui encore de litiges cruciaux, en particulier le problème de l'existence d'un désir naturel de Dieu, et plus généralement celui du rapport entre nature et surnature.

Nourrissant plus que jamais le souhait de réfléchir dans l'élément, dans la lumière et selon la dynamique du thomisme, il nous paraît nécessaire, pour aborder ce sujet du point de suture entre fini et infini, de proposer préalablement un succinct résumé des positions maîtresses de l'Aquinate. Afin d'éviter toute ambiguïté qui pourrait résulter d'une lecture trop personnelle du Docteur commun, influencée par nos marottes, nous nous permettrons d'avoir recours à un manuel pour débutants, qui compta pour nous dans notre vie, au temps lointain de notre adolescence : *Le Thomisme*, de Paul Grenet, collection « Que sais-je ? », PUF, 1964. Les cent vingt-six pages du travail de ce grand pédagogue tiendront ici en quelques paragraphes. Autant dire qu'il ne s'agira nullement de restituer fidèlement, dans le respect de sa richesse, la synthèse de Paul Grenet ; il ne s'agira que d'un bref survol destiné à aider le lecteur à se remémorer certaines choses, à se familiariser avec un certain vocabulaire sans l'intelligence desquels notre prose resterait inintelligible. Ce manuel en vaut bien un autre ; il est clair, dense, charpenté. Depuis que nous sommes un peu moins ignorant en philosophie scolastique, nous avouons nous être écarté de certains jugements de Paul Grenet à propos de la philosophie de saint Thomas. Mais l'évoquer ici est une manière de lui rendre hommage en lui signifiant notre gratitude, s'il veut bien nous entendre et nous lire de Là-haut. Il supportera avec bienveillance que nous mêlions au résumé de son exposé, de temps à autre, un peu de notre intempestif grain de sel.

§ 71.1. Le problème fondamental de la philosophie est celui de l'Un et du Multiple. Envisagé du point de vue dynamique, c'est le problème du devenir. Envisagé du point de vue statique, c'est le problème de la diversité. Le problème du devenir est l'objet de la philosophie de la nature. Le problème de la diversité est l'objet de la métaphysique. Il s'agit, dans les deux cas, de conjuguer le même et l'autre qui pourtant semblent s'exclure : l'être qui change se différencie de lui-même sans cesser d'être identique à soi ; tout est de l'être, tout communie dans l'être, et cet être se diversifie sans cesser d'être être.

§ 71.2. Tout ce qui est objet des sens, ainsi matériel, naît, varie et périt. Il existe le changement extrinsèque, qui concerne les changements de place d'un objet, et le changement intrinsèque, qui affecte l'objet dans son être et non seulement dans sa position par rapport à d'autres. Le changement intrinsèque peut être superficiel ou profond. S'il est superficiel, il concerne la manière d'être d'une chose, ce qu'il y a d'accidentel en elle. S'il est profond, il atteint l'identité même de l'être changeant. Un être se change en un autre être, celui qui était cesse d'être, celui qui n'était pas commence d'être : changement profond. Tel être devient autre qu'il n'était sans cesser de demeurer le même individu : changement superficiel. Tout devenir réalise la même fusion de l'Un et du Multiple. Le même être devient autre sans cesser au moins sous un certain rapport de demeurer le même que soi et un avec soi. Le devenir est à la fois permanence et substitution, et en vérité il n'est ni l'un ni l'autre, mais l'unité des deux, qui les assume en les dépassant. Partout où il y a changement, il y a deux termes : le départ et l'arrivée. Le point de départ doit se prolonger dans le point d'arrivée, autrement il n'y a pas devenir mais substitution d'un terme à l'autre, et la question se pose de savoir, avec la position du nouveau, ce qu'est devenu l'ancien. Le point d'arrivée doit être aussi une réelle négation du point de départ, sans quoi il n'y a pas changement mais permanence. Il y a continuité *et* rupture entre les deux termes du devenir, c'est-à-dire conservation (du premier dans le second) et négation (du premier par le second). Il y a ce que les Allemands nomment « *Aufhebung* ». Et ce fait constitue un problème, parce qu'il semble repousser le principe de non-contradiction, principe suprême de la pensée, dont la violation fait se court-circuiter — ainsi s'éclipser — la pensée : le devenir semble inintelligible, par là impensable, c'est-à-dire impossible, puisqu'il semble conjuguer les contradictoires (on ne nie pas ce que l'on conserve, on ne conserve pas ce que l'on nie). Pourtant, le devenir est. Ce qui est possible n'est pas nécessairement réel, mais ce qui est réel est nécessairement possible. À quelle condition ce qui se présente telle l'identité des contraires est-il pensable ?

§ 71.3. La solution d'Aristote et de saint Thomas consiste à déclarer que l'être changeant est composé, non pas composé de deux êtres, mais de deux principes d'être *un* être, lesquels ne sont, eux-mêmes, que dans et par leur composition. L'un des

CHAPITRE XVI

deux principes assure le fait de la permanence, l'autre celui de la rupture, négation ou nouveauté. Le premier principe est commun aux deux termes du changement, le deuxième n'appartient qu'au deuxième terme. Tels sont la puissance (ou être en puissance) et l'acte (ou être en acte). La puissance est, de soi, indifférente à être avec l'élément formateur du premier terme du changement, et est réellement privée de l'élément formateur du second. La puissance est réceptivité et aptitude réelles. L'acte ou entéléchie ou forme n'est pas ce qui existe mais l'élément déterminant de ce qui existe. Ce qui est se révèle tel un composé de « de quoi être *un* être » (la puissance), et de « ce par quoi il existe *tel* être » (l'acte).

« Commencer d'être est un processus ordonné à l'existence. Par conséquent, il ne convient à proprement parler de commencer d'être qu'aux réalités auxquelles il convient d'exister. Or exister ne convient proprement qu'aux choses qui subsistent (qui existent en soi et non en un autre). (...) Les formes, au contraire (...) ne méritent pas le titre d'être comme si c'était elles qui existaient, mais uniquement à raison de ce que par elles quelque chose existe » (*Somme théologique*, I^a, qu. 45, a. 4).

« La forme d'un corps naturel n'est pas une réalité subsistante (existant en soi), mais seulement un principe ou un élément par lequel une chose est ; et c'est pourquoi, puisque commencer d'être et en particulier être créé ne convient au sens propre qu'à la réalité subsistante, il ne revient pas aux formes de commencer d'être (*fieri*), ni d'être créées (*creari*), mais d'être l'effet de la création en liaison avec le reste ("*concreatas esse*" : être concréées ; est créé ce qui est, il y a concréation de ce par quoi est ce qui est) » (I^a, qu. 45, a. 8).

Le réel, ce qui est, contient un élément réel mais négatif, et c'est l'être en puissance : le mode d'être du n'être pas, néant partiel ou relatif. Être savant en puissance, c'est avoir la puissance d'être savant, et cela, cette puissance, n'est pas rien : cet humain n'est pas savant mais peut le devenir, ses chaussures ne sont pas savantes mais ne sauraient le devenir, ce qui signifie que le « pouvoir être » n'est pas rien ; et en même temps dire de quelqu'un qu'il est savant en puissance, c'est bien signifier qu'il ne l'est pas (en acte). La génialité d'Aristote est d'avoir introduit de la négativité dans l'être, de la négation d'être qui est elle-même de l'être, afin d'expliquer que le même se puisse différencier et diversifier sans cesser d'être du même.

§ 71.4. La première application de la doctrine de la puissance et de l'acte est celle de la substance et des accidents. La substance est ce qui existe en soi, l'accident (ou forme accidentelle) est ce qui existe en un autre, à savoir dans la substance. Pierre est substance, la couleur de sa peau ou le degré de sa dextérité sont des accidents. La substance est puissance, l'accident est acte, il actualise et explicite, manifeste ou extériorise la substance, et il la parfait. La distinction réelle de la substance et des accidents permet d'expliquer le changement accidentel : la substance demeure identique à soi et est commune aux deux termes du changement, seuls les accidents varient.

« La substance seule est nommée *être* ou *existante* à raison d'elle-même. En effet, les termes qui désignent purement et simplement la substance désignent "ce que cela est". Tous les autres sont dits *êtres*, non point parce qu'ils auraient d'eux-mêmes la moindre consistance, comme s'ils étaient d'eux-mêmes existants, mais uniquement du fait qu'ils *sont de tel être*, c'est-à-dire qu'ils ont un certain rapport à la substance qui, elle, est de soi existante » (*VII Metaph.*, n° 1251 : commentaire de saint Thomas de la *Métaphysique* d'Aristote, numéros de l'édition Cathala).

La substance est ce qui change et ce qui agit, elle agit selon sa nature, dès lors elle est puissance déjà déterminée, capacité d'accueil pour certains accidents seulement, elle joue un rôle déterminateur (Pierre peut soulever très lourd parce qu'il est né très fort) autant que récepteur (Pierre est affecté par l'enseignement qu'il reçoit de sa famille) dans l'apparition de ses propriétés et dans la non-apparition des autres. La nature d'un être est le principe du changement à l'intérieur de ce qui existe en soi. En tant qu'habitée par une nature, la substance est puissance active : est puissance passive ce qui reçoit de l'extérieur tout ce qui l'actualise ; est puissance active ce qui a en soi le principe de

CHAPITRE XVI

son changement, ainsi ce qui possède l'acte qu'il exerce et qui le parfait.

§ 71.5. La deuxième application de la doctrine de la puissance et de l'acte est celle de la matière et de la forme, qui permet d'expliquer le devenir intrinsèque profond, et qui donne son nom à la doctrine d'Aristote (hylémorphisme) ; il va de soi qu'ici le mot « forme » ne désigne pas la configuration (elle est un accident), mais l'essence. Il s'agit non plus du passage d'une manière d'être à une autre, mais du non-être à l'être, ainsi de l'apparition d'un être nouveau, qui n'était pas. Tel est le changement substantiel, genèse d'une substance nouvelle à partir de la corruption d'une ancienne : Pierre ne préexistait pas en petits morceaux ou en tout petit dans les cellules de ses géniteurs, la genèse du papillon est la corruption de la chrysalide. Si la substance est vraiment nouvelle, elle n'était pas dans l'ancienne mais, pour résulter de la transformation de l'ancienne, elle devait y préexister d'une certaine façon. Saint Thomas explique (*ibid.*, n° 1688-1689) que la matière est « sub-stance », puissance, puissance au second degré si l'on veut, puissance intérieure à cette puissance des accidents qu'est la substance. « Sub-stance » désigne le sujet commun aux deux termes du changement, qui sous-tend le passage d'un contraire à l'autre, d'une privation de forme à la forme dont l'autre était la privation ; ce sujet est actualisé tantôt par une forme et tantôt par une forme moins complexe qui a raison de privation de cette forme. Considéré en lui-même, privé de toute forme, il est nommé « matière prime », laquelle ne subsiste pas à l'état pur, parce qu'elle tient son être de matière du fait d'être actualisée par une forme ; la matière, dont tout l'être est d'être en puissance, ainsi qui consiste en un non-être relatif, n'est pas un corps, mais un « de quoi être un corps » ; un corps est déjà un composé de matière et de forme. Et la forme qui l'actualise est une forme substantielle et non plus accidentelle. « La matière désire la forme comme la femelle désire le mâle » (Aristote, *Physique*, I, 9), elle est en attente d'être actualisée, à ce titre dotée d'un appétit propre :

« La forme est quelque chose de divin et d'excellent et de désirable. Quelque chose de divin parce que toute forme est une certaine participation à la ressemblance de l'être de Dieu, qui est acte pur, et que rien n'existe en acte que dans la mesure où il a une forme. Quelque chose d'excellent parce que l'acte est la perfection de la puissance et son bien. Et par conséquent elle est quelque chose de désirable parce que chaque être désire sa propre perfection » (*Physic.*, I, 15 d : commentaire de saint Thomas sur la *Physique* d'Aristote).

« Tout corps porte une Idée divine venant de la pensée divine jusqu'à notre pensée. (...) Le monde corporel n'a donc pas seulement un sens profane, que les scientifiques déchiffrent ; il a aussi un sens religieux que la poésie devine, que la Bible exprime, que l'Incarnation magnifie, et que les Sacrements utilisent » (Grenet, *op. cit.*, p. 22).

« *Operari sequitur esse* » : on agit selon ce qu'on est. Lorsqu'une substance est capable d'opérations excluant la participation intrinsèque d'un organe matériel, elle est elle-même immatérielle et peut subsister par soi, telle l'âme humaine après la séparation du corps ; tel aussi l'ange qui est son espèce (alors que l'homme se contente d'être l'individu d'une espèce dont il n'épuise pas la richesse) et qui en tant que forme subsistante n'est pas l'acte d'un corps. Dans ces cas la forme est ce qui agit, ce qui est, et non simplement ce par quoi quelque chose est et agit.

§ 71.6. Quand la substance est vivante, sa forme est nommée âme. Est vivant ce à quoi il revient de se mouvoir par soi, d'un mouvement spontané quant à son origine et immanent quant à son terme. Le degré de vie est mesuré par le degré d'immanence d'un tel mouvement. Il existe quatre espèces de mouvements : local, qualitatif, quantitatif, substantiel ; et quatre espèces de qualités : les habitus (dispositions stables, acquises par l'exercice, perfectionnant intrinsèquement une faculté), les figures (ou configurations), les qualités sensibles, les facultés ou puissances opératives. Tout, matériellement, dans le vivant matériel organique, est d'ordre physique et chimique, et tout en lui y est pourtant incommensurable à un corps brut car il est capable d'évolution, de reproduction, de conservation, de régénération, de nutrition. Il reste que des non-vivants deviennent vivants (nutrition) et que des vivants deviennent non-vivants (mort). Pour expliquer cette originalité, on doit faire appel à la notion d'âme, principe d'animation, pour tout vivant. L'âme est au corps comme la forme à la matière, elle est acte du corps, acte premier d'un corps organisé ayant la vie en puissance. L'acte premier est la forme, l'acte second est l'opération. Le vivant est un par soi (les parties n'existent que de l'existence du tout qui, selon la causalité mais non chronologiquement, les précède) ; la machine est une par accident (le tout existe de l'existence des parties qui le précèdent chronologiquement et selon la causalité). Les éléments une fois unis dans l'unité substantielle du vivant y subsistent en puissance mais non en acte :

« Il faut donc découvrir une autre manière d'exprimer comment d'une part les éléments sont authentiquement unis, et, d'autre part, comment ils ne sont pas totalement corrompus, mais demeurent dans le mixte d'une façon spéciale. Ce sont les forces actives émanant des formes substantielles des corps simples, qui sont conservées dans les corps mixtes. Par conséquent les formes substantielles des éléments existent dans les mixtes non point selon leur acte propre (*non quidem actu*) mais selon leur pouvoir actif (*sed virtute*) » (saint Thomas, *La Mixtion des éléments*, fin). L'oxygène et l'hydrogène ne subsistent pas en acte dans l'eau, mais seulement en puissance, et ils redeviennent en acte lors de la corruption de l'eau ; l'essence de l'eau n'est pas la simple disposition des particules, elle est ce principe métaphysique actualisant la matière, corrélatif de la disposition des particules. Cette dernière dit le « comment » de la genèse de l'eau ; l'éduction de la forme en explique le « pourquoi ».

Tout animal est aussi virtuellement végétal et minéral puisqu'il en assume les pouvoirs actifs.

La synthèse du vivant, selon les principes de l'hylémorphisme, est métaphysiquement possible, pourvu qu'un agent assez puissant dispose convenablement les éléments matériels afin qu'une forme plus complexe que leurs formes d'origine en soit éduite : la disposition adéquate des éléments est le principe d'actualisation de la matière dont alors est éduite une forme nouvelle. Il existe un dynamisme de la matière, en tant qu'elle est appétit. Mais l'âme humaine, en tant que spirituelle, ne peut être éduite ou tirée de la matière, parce que la matière n'est pas en puissance à ce qui l'exclut ; donc cette âme est immédiatement créée (produite *ex nihilo*), ce qui est le propre de Dieu seul. Ce qui est spirituel exclut la matérialité, parce qu'il est réflexif, alors que la matière exclut la réflexion : l'acte de voir n'est pas visible, alors que l'acte de penser est pensable.

§ 71.7. La puissance (passive) est un réel non-être, mais aussi un non-être réel, un non-être relatif, une manière d'être du non-être (être en puissance est une manière de n'être pas). Elle est négateur et récepteur de l'acte. Ce qui n'est que capable de recevoir un acte ne peut suffire à le faire apparaître. D'où la nécessité d'un déterminant extrinsèque, à savoir la cause efficiente. Mais cette dernière ne passe à l'acte que si elle est elle-même mue par une cause finale qui l'attire.

Tout ce qui change ne change que sous l'influence d'un autre, et rien ne fait changer qui ne soit en acte. Un être ne peut être en puissance et en acte en même temps et sous le même rapport, une chose ne peut être ce qui change et ce qui fait changer en même temps et sous le même rapport. Pour un thomiste, le principe de causalité est tenu pour analytique : il est définitionnel de l'être contingent d'être causé, il suffit d'analyser le concept d'être contingent pour trouver celui d'être causé.

Quand un être extérieur se révèle être ce par quoi l'être ancien a acquis la perfection qu'il n'avait pas, on a la cause efficiente, ce d'où le changement prend son origine (*unde motus primo*). Un corps agit en tant qu'il est en acte sur un second en tant qu'il est en puissance : « formule qui n'a jamais prétendu *expliquer*, mais seulement *exprimer* les faits, et par là non pas supprimer le *mystère* (mise en italique par nous), mais le constater » (Grenet, *op. cit.*, p. 32). On voudra bien noter que, pour l'orthodoxie thomiste, la causalité demeure un mystère. Toute la question sera de savoir comment l'acte du moteur peut être immanent au mobile sans cesser d'être immanent au moteur, puisqu'il est le moteur même en tant qu'il est en acte. L'acte du moteur et celui du mobile sont un seul et même acte : l'acte d'enseigner est l'acte d'être enseigné, mais considéré du point de vue du donateur ou du point de vue du donataire ; mais l'acte d'enseigner est exercé par celui qui enseigne, l'acte de penser exercé par quelqu'un est ce quelqu'un en tant qu'il est pensant en acte ; dès lors, l'acte du moteur, qui est le moteur en tant qu'il est en acte, est à la fois identique au moteur et immanent au mobile, alors que moteur et mobile sont différents. On croit souvent, cédant aux prestiges de l'imagination, que la causalité efficiente s'exercerait à partir d'un mouvement pour susciter le mouvement du mobile : ainsi le forgeron est-il contraint de se mettre en mouvement pour communiquer au métal le mouvement lui conférant la forme souhaitée. Mais cette contrainte, loin d'être attachée par essence à la causalité, est bien plutôt le fait d'un déficit de puissance causatrice. En effet, si le moteur devait changer en tant que moteur pour causer, il passerait du statut de moteur à celui de non-moteur précisément pour mouvoir, ce qui est absurde ; cela reviendrait à dire que le savant doit passer du statut de savant à celui d'ignorant en exerçant l'acte de communiquer son savoir ; tant l'expérience que la raison attestent le contraire : plus le savant communique son savoir, plus et mieux il le possède ; ce qui est chaud en acte fait passer ce qui est froid de la puissance à l'acte, mais il serait ridicule, enseigne saint Thomas, de penser que ce passage consiste dans le transfert, à ce qui est froid, de la chaleur de ce qui est chaud. Dès lors, plus une cause est élevée dans la ligne de la causalité, plus elle est immobile. Et c'est en cela que le thomiste contemporain parlera de « mystère » : s'il est immobile, le moteur ne se dépossède pas de l'acte qui le constitue ; et pourtant l'acte de causer consiste à rendre immanent au mobile l'acte pourtant constitutif du moteur, de telle sorte que le mobile s'assimile progressivement à son acte moteur reçu.

La causalité nous invite à tenter de penser l'identité dans la différence, ou la différence dans l'identité, ainsi la différence telle une différenciation de soi de l'identité, mais selon une modalité qui ne compromet pas l'identité.

§ 71.8. « Tout agent agit en vue d'une fin. » La fin est le résultat de l'action en tant qu'il attire l'agent, en actualisant l'appétit naturel du mû, qui peut fort bien n'être pas conscient. Tout agent agit soit en suivant sa pensée soit en suivant sa nature. S'il suit sa pensée, il est clair qu'il conçoit préalablement dans son esprit ce qu'il entend obtenir par son action. S'il agit selon sa nature, « il existe de même à l'avance, dans l'agent naturel, une représentation naturelle de l'effet, et c'est à partir de cette représentation que l'action est déterminée à tel effet » (*Somme contre les Gentils*, III, 2, *adhuc*). Toute la question sera de déterminer comment ce qui n'est pas encore réalisé peut se précéder lui-même sous la forme d'une certaine représentation dans l'agent supposé agir selon cette fin mais par définition privé de sa fin puisqu'il opère le mouvement de tendre vers elle.

Tout agent tend à un résultat déterminé, or la nature est dans tous les êtres le principe de leur agir, donc chaque nature tend à un résultat déterminé. La nature, en tant que cause efficiente ou motrice, se dit à la fois, sous des rapports différents, de la matière, de la forme et de la fin ; plus un être est parfait, plus les causes formelle, efficiente et finale tendent à s'identifier, plus la cause matérielle tend à s'exténuer.

§ 71.9. L'homme est une nature libre. L'homme est doué du pouvoir de devenir quelque chose d'autre que lui, sans cesser de demeurer lui-même : il est doué de pensée. Il convient donc d'exposer une doctrine générale de la connaissance entendue comme devenir non physique, et une doctrine générale de la tendance ou appétit. Ces deux réactions fondamentales que sont la connaissance et l'appétit opèrent sur deux plans : sensible et intellectuel. Il y aura donc une connaissance sensible (sensation, imagination, mémoire, estimative, cogitative, sens commun ou « conscience » sensible), une connaissance intellectuelle (concept, jugement, raisonnement, réflexion ou conscience intellectuelle), un appétit sensible (concupiscible et irascible, dont les mouvements sont les passions ou sentiments) et un appétit intellectuel (volonté).

CHAPITRE XVI

Connaître est devenir l'autre en tant qu'il est autre, «*fieri aliud inquantum aliud*», faire exister en nous le connaissable en tant qu'il est autre que nous, ce qui nous fait exister dans l'autre et le fait exister en nous. L'acte du cognoscible et l'acte du connaissant sont un seul et même acte. Pour que connaissant et connaissable s'identifient dans un même acte sans se confondre dans un même être, il faut que la forme du connaissable, sans cesser de subsister en lui, subsiste, en l'informant, dans le connaissant, mais sans sa matière, et sans affecter la matière du connaissant. Le « ce par quoi » la chose est ce qu'elle est est aussi le « ce par quoi » elle est connaissable, mais selon deux modes d'existence différents. Informée par l'objet, la faculté de connaître devient intentionnellement ce dernier, et elle a vocation ensuite à réagir de manière originale en produisant en elle-même une représentation de l'objet, en laquelle elle le connaît. La forme intentionnelle ou détermination par quoi le sujet est informé n'est pas ce qui est connu (« *id quod cognoscitur* »), mais ce par quoi (« *id quo* ») il l'est. Dans la connaissance sensible, la sensation est l'acte commun du sens et du sensible, et l'acte de l'organe (l'œil) est identique à celui de la faculté (la vue) : une lumière trop vive, ainsi trop visible, corrompt l'œil en échappant à la vue, alors qu'une vérité trop intelligible pour l'intellect humain, ainsi trop élevée, ne corrompt pas le cerveau bien qu'elle échappe à l'intellect. Le phénomène physique de l'excitation sensorielle n'est pas le phénomène psychique d'actuation du sens. Le concept, universel, n'est pas l'image, toujours singulière. Est un universel tout contenu de pensée capable de demeurer identique à lui-même et en même temps identique en plusieurs qui sont par ailleurs différents : « En effet, tout ce qui est reçu dans un sujet y est reçu selon le mode du sujet récepteur. Or un objet n'est connu que dans la mesure où sa forme est dans le connaissant. Mais l'âme intellectuelle connaît la réalité considérée dans sa nature prise absolument. La forme de la pierre, prise absolument, c'est-à-dire selon sa notion formelle propre, existe dans l'âme intellectuelle. Donc celle-ci est une forme existant en soi, et non une réalité composée de matière et de forme. Si en effet l'âme intellectuelle était composée de matière et de forme, les formes qu'elle recevrait existeraient en elle de manière singulière ; et ainsi elle ne connaîtrait que le singulier, comme il arrive aux facultés sensibles qui reçoivent les formes des objets dans un organe corporel ; car c'est la matière qui singularise les formes » (*Somme théologique*, I^a, qu. 75, a. 5, *in* c. *secundo*).

La forme d'une chose est son essence, son essence est sa cause immanente : ce qui fait qu'elle est ce qu'elle est. Seule l'abstraction, qui saisit l'universel, fait accéder à la cause. Et seul l'intellect est abstractif. Cela dit, une pensée humaine sans images est impossible, car c'est dans l'image que l'intellect procède au processus abstractif. L'objet propre de l'intelligence humaine est l'essence ou nature existante dans la matière corporelle ; il reste que si son objet *propre* — celui qui est le propre de la condition humaine, qui est incarnée — est l'être investi dans la quiddité (ou essence) du sensible, son objet *adéquat* est l'être en tant qu'il est être.

Si, pour saint Augustin, « la lumière de Dieu, soleil des esprits, fait luire dans ses créatures matérielles les idées intelligibles selon lesquelles Il les crée » (Grenet, *op. cit.*, p. 48) ; si le Donneur de Formes avicennien « extrait de la matière les formes intelligibles qui y dorment (en puissance) et les donne à notre intelligence » (*id.*), saint Thomas considère que c'est l'intellect humain qui, en tant qu'intellect agent, fait passer de la puissance à l'acte l'intelligibilité en puissance dans le sensible, en dégageant par abstraction la forme universelle qui était individuée dans et par la matière, quand l'intellect considéré comme intellect possible reçoit cet intelligible ainsi actualisé.

§ 71.10. Par la connaissance, nous nous ouvrons au réel pour l'accueillir. Par l'appétit, nous nous portons vers lui pour l'assimiler et tendre à ne faire qu'un avec lui, ainsi nous assimiler à lui et l'assimiler à nous. La connaissance se tient dans l'ordre de la causalité formelle, l'appétit dans celui de la causalité finale. Le bien, objet de l'appétit, a raison de fin. L'appétit sensible est éveillé par une connaissance sensible. L'appétit concupiscible tend vers le bien pour se reposer en lui, mais l'animal, séparé du

CHAPITRE XVI

bien par un obstacle, marche vers lui en étant mû par l'appétit irascible : tendance vers un bien ardu en tant qu'ardu. L'irascible fait se détourner d'un bien pour affronter un mal, il ressemble à l'acte volontaire et à ce titre semble plus digne que le concupiscible, bien qu'il lui soit ordonné puisqu'il a pour raison d'être d'en préserver l'acte.

La volonté est l'appétit intellectuel, tendance éveillée par la connaissance intellectuelle d'un bien, ou tendance vers un bien en tant qu'il est conçu par l'intellect. Tout ce que l'homme veut est ordonné au bonheur, fin ultime qui n'est pas objet mais principe de choix, de sorte que la volonté ne peut pas ne pas le vouloir. Mais elle est libre à l'égard des fins prochaines, parce qu'elles ne la nécessitent pas. Volonté et nature s'opposent parce que la volonté seule est maîtresse de son acte. Mais la volonté est fondée elle-même sur une certaine nature qui la pré-ordonne à une fin, à savoir l'activité spéculative, dont la puissance opérative exprime la différence spécifique de l'homme, ainsi son essence (*Somme théologique*, I^a II^{ae}, qu. 10, a. 1, ad 1).

« De même que de la pensée résulte une conception de l'objet dans le sujet, de même de l'amour résulte comme une empreinte de l'objet aimé dans l'affectivité de l'amant ; à ce titre, on dit que l'aimé est dans l'amant » (I^a, qu. 37, a. 1). L'amitié ou amour de bienveillance consiste à aimer l'autre comme un autre soi-même, à l'aimer en lui voulant du bien, ainsi à faire un tout avec lui et à vouloir le bien de ce tout en tant que tout, ce qui est le bien commun. Le citoyen vertueux expose naturellement sa vie pour le salut de la cité (I^a, qu. 60, a. 5).

§ 71.11. L'homme est substance dotée de raison ; la stature verticale (I^a, qu. 91, a. 3) et la religiosité procèdent de sa raison : « L'homme possède une aptitude naturelle à penser et à aimer Dieu ; et cette aptitude réside dans la nature elle-même de l'esprit qui est commune à tous les hommes » (I^a, qu. 93, a. 4). L'âme humaine est forme du corps et principe de la pensée. L'âme humaine commence d'exister par création parce qu'elle est spirituelle, mais il y a pour saint Thomas succession d'âmes dans l'embryon (I^a, qu. 118, a. 2, 2) : végétative, animale, enfin humaine, qui surgit par corruption des précédentes dont elle conserve les potentialités. L'âme humaine est immortelle parce que, spirituelle, elle est simple. Saint Thomas a pensé avec Avicenne que notre pensée d'ici-bas est, par rapport à notre pensée exercée par l'âme séparée du corps, comme la vie intra-utérine par rapport à la vie après la naissance (*Somme contre les Gentils*, II, 81), puis il s'est ravisé (*Somme théologique*, I^a, qu. 89, a. 1) : l'âme est par nature unie à un corps et désire retrouver son mode d'être naturel. Le problème est que la résurrection de la chair est strictement surnaturelle. Faut-il penser qu'il existerait pour saint Thomas un désir naturel du surnaturel ? Ce dernier serait-il encore gratuit ? Comment, sans compromettre la gratuité de la grâce, le désir en l'âme d'être unie à son corps peut-il précéder la réception de la grâce (qui ressuscite le corps), si cette réception est condition *sine qua non* d'une telle réunion ?

CHAPITRE XVII

Le thomisme en quelques paragraphes : l'ontologie

§ 72.1. Si l'on considère l'être non plus en tant que changeant, mais en tant qu'être, le problème de l'Un et du Multiple est celui de la diversité. L'être considéré en tant qu'être est l'être envisagé dans son rapport à l'existence. On se demandait en philosophie de la nature comment le même peut devenir autre. On répondait : à condition qu'une même puissance entre en composition avec divers actes ; on se demande en métaphysique ou ontologie comment le même peut être autre. On répond : à condition qu'un même acte puisse entrer en composition avec diverses puissances. Le même : la blancheur, la sagesse, la santé, ou toute autre perfection, réalisées en divers sujets, déterminent les sujets qui les exercent, et rendent chacun d'eux même que les autres sous le rapport de cette perfection reçue, cependant que chacun est lui-même et non pas l'autre. Considéré en lui-même et à l'état pur, non mesuré par les limites de ce qui le reçoit et le nie en le limitant, l'acte est unique et total. Ici encore, l'acte (qui fait s'identifier les différents) et la puissance (qui diversifie l'identique) ne sont que par leur communication même, ils ne subsistent que l'un avec l'autre. L'infini potentiel est celui de la matière prime, et sous ce rapport la perfection est du côté du fini. L'infini de perfection est celui de l'actualité pure. « Ou bien on *est* sa propre perfection subsistante et alors on est seul de son espèce, et l'on est infini dans cette ligne. Ou bien on *a* sa perfection qui alors est en composition avec un récepteur-limitateur, et l'on peut être plusieurs de la même espèce »

(Grenet, *op. cit.*, p. 75). Telle est la doctrine générale de l'acte et de la puissance entendus comme causes intrinsèques de la diversification de l'identique.

§ 72.2. La première application de cette doctrine est le traitement du rapport entre essence et existence. Le grand problème de la philosophie est le statut de la raison formelle de l'être en tant qu'il est être. Seule la philosophie se pose la question de l'essence de l'être en général. Qu'est-ce que l'étant, qu'est-ce qu'être un étant, un être en tant qu'il est non ceci ou cela, mais en tant qu'il est, simplement ? Après qu'on a tout dit d'une chose, reste à dire d'elle qu'elle est de l'être. Mais qu'est-ce qu'être de l'être ? L'être est ce qu'il y a de plus commun, puisque, de tout, on peut dire qu'il est de l'être. Mais l'être se dit aussi de ce que chaque chose a en propre et qui la contredistingue du reste, car si sa différence d'avec les autres n'était pas de l'être, elle ne serait rien, et alors une telle différence ne serait pas, et ne différencierait rien, car il faut être pour être quelque chose ; il faut être pour différencier. L'être se dit de ce qui rassemble et de ce qui oppose, de ce qui identifie et de ce qui divise ; on peut dire de lui qu'il est unité de l'attraction et de la répulsion, de l'identité et de la différence. Comme identité de l'identité et de la différence, il semble contradictoire, impensable, impossible. Pourtant il y a des êtres.

Cette contradiction peut être formulée autrement : tout ce qui est hors de l'être est du non-être, lequel n'est pas. Donc tout ce qui se trouve hors de l'être n'est rien. Or l'être est un, car si l'être était divers, il serait différencié en tant qu'être, or autre est ce qui différencie, autre ce qui est différencié, différenciant et différencié ne sont pas de même nature sans quoi le différenciant s'identifierait au différencié et il ne le différencierait pas ; or l'autre de l'être en tant qu'il est être est le néant ; donc tout ce qui est hors de l'un n'est rien. Mais la pluralité des êtres, et le fait de leur devenir (changer consiste à être autre) attestent qu'il y a quelque chose en dehors de l'un. Donc ils sont logiquement illusoires. Or ils sont réels ; on doit conclure ou bien que le réel est impensable et que la pensée est irréelle, ou bien que seule la pensée est réelle et que ce qui n'est pas la pensée est illusion. La diversité et le devenir semblent impossibles.

En tant qu'il est ce qu'il y a de plus commun et qui par là rassemble tous les êtres en les identifiant sous ce rapport les uns aux autres, l'être semble avoir le statut d'un genre suprême. Il existe des catégories, qui relèvent tant de l'être que du connaître : la substance, la qualité, la quantité, la relation, le lieu, la position, le temps, l'action, la passion, l'avoir ; tout ce qui peut être prédiqué d'un sujet entre dans l'une de ces catégories ou genres de l'être, car si l'on entend aller, du point de vue de l'universalité logique, au-delà de ces dernières, on ne trouve que la notion d'être. Toute espèce s'obtient par addition, au genre prochain, d'une différence spécifique, laquelle est extérieure au genre : l'homme (espèce) est animal (genre) raisonnable (différence spécifique). Si l'être est un genre suprême au-delà des catégories, il doit être possible de retrouver toutes ces dernières en ajoutant à l'être autant de différences spécifiques qu'il y a de catégories ou prédicaments. Mais ces différences devront être prises hors de l'être. Or, hors de l'être, il n'y a rien. Donc l'être n'est pas un genre. Mais alors que doit-il être pour englober tous les êtres sans être un genre inclusif de tous les genres ? Tel est le problème de l'ontologie.

Puisqu'un être « ne se divise d'avec un autre être que par le fait qu'en celui-ci est contenue la négation de celui-là » (saint Thomas, *Boethium de Trinitate*, 4, 1 : commentaire sur le *De la Trinité* de Boèce), on doit s'interroger sur le statut de cette instance de négativité — ainsi de cette instance de non-être jouissant du pouvoir d'être quelque chose et non pas rien — qui rend raison de la diversité des êtres, c'est-à-dire de la diversification de l'identique. La solution thomiste consiste à faire observer que l'essence est à l'existence (ou acte d'exister) ce que la puissance est à l'acte :

L'exister est « l'acte qui entretient avec tout, le même rapport qu'entretient l'acte avec la puissance. Rien, en effet, n'a la moindre actualité, sinon dans la mesure où cela existe ; c'est donc l'exister même qui est l'actualité de toutes les réalités, et même d'abord des formes elles-mêmes. Ainsi, ce n'est pas lui (l'exister) qui entretient avec le reste le rapport du récepteur avec le reçu, mais à l'inverse celui du reçu au récepteur. Car enfin, quand on parle de l'existence d'un homme ou d'un cheval, ou de n'importe quoi, c'est l'exister même qui est regardé comme formel et reçu » (*Somme théologique*, I^a, qu. 4, a. 1, ad 3).

Consultons d'autres textes proposés par Grenet :

« En ce qui concerne la notion formelle d'exister, ne peut exister sans limite que l'Être en lequel est incluse toute la perfection de l'existence, laquelle est une variable prenant en ses divers sujets une infinité de valeurs : et c'est ainsi que, seul, Dieu est infini par essence, parce que son essence n'est pas limitée à une perfection déterminée, mais inclut en soi toute valeur de perfection à laquelle peut s'étendre la notion formelle d'existant. Mais cette absence de limite ne peut convenir à aucun des êtres donnés dans notre expérience, car l'exister de chacun d'eux est limité à la perfection propre de son espèce » (Question disputée *De Veritate*, 29, 3).

Il est en effet clair ici que, l'exister de la créature étant limité à la perfection de son espèce ou essence, cette essence joue le rôle de récepteur et de limitateur de la perfection qu'est l'acte d'exister : l'essence est puissance de l'exister. Et corrélativement Dieu est parfait absolument parce que l'essence de Dieu contient toute la perfection en quoi consiste l'acte d'exister, de sorte qu'il n'y a pas de puissance en Dieu qui est seulement acte pur : « *infinitum esse non potest nisi illud in quo omnis essendi perfectio includitur, quae in diversis infinitis modis variari potest* ». Mais cela n'empêche pas l'essence divine d'être parfaite et infinie parce qu'elle n'est pas limitée à une perfection déterminée : « *Deus infinitus est secundum essentiam ; quia ejus essentia non limitatur ad aliquam determinatam perfectionem.* »

Le lecteur voudra bien, peut-être, noter à ce sujet que, pour saint Thomas, tantôt l'essence est ce qui limite l'acte d'exister et qui, à ce titre, est limitée elle-même, tantôt elle ne limite pas l'acte d'exister quand elle est positivement infinie, ainsi quand elle inclut toute perfection. Mais alors, quand elle est infinie d'une infinité actuelle, elle ne joue plus la fonction de puissance, à tout le moins de puissance passive. Cela dit, s'il est de la raison

CHAPITRE XVII

formelle de toute essence, en tant donc qu'elle est essence, de recevoir et de limiter l'exister, on s'attendrait à ce que Celui qui est l'acte même d'exister n'eût pas d'essence : si l'essence limite, c'est la négation d'essence qui illimite. Et pourtant le degré de l'exister d'un être est aussi le degré de perfection de son essence. Il y a donc, dans la ligne des degrés de perfection, coextensivité entre le degré de perfection de l'essence et celui de l'exister, et en même temps relation inversement proportionnelle entre les deux puisque l'essence, comme puissance de l'exister, a pour office de le limiter.

Il semble qu'il y ait là au moins un paradoxe, lequel peut être levé si l'on suggère ceci : tant l'essence que l'exister sont parfaits en tant qu'ils ne sont pas, chacun dans sa ligne, limités à un certain degré de perfection, de sorte que l'essence ne contracte le statut de limitateur ou de puissance de l'exister qu'en vertu de sa limitation intrinsèque ; ainsi Dieu peut-il être dit infini dans la double ligne d'actualité pure de l'essence et de l'existence, au point que, dira-t-on, l'essence de Dieu se confondra avec son exister puisque toute composition convoque une relation de puissance à acte. Mais alors, si c'est en vertu d'une limitation *intrinsèque*, dans sa ligne d'essence, que l'essence est limitateur d'exister, c'est que toute la perfection de l'essence ne tient pas dans sa seule vertu, qui serait toute négative, de ne pas limiter l'exister ; toute la perfection ou infinité positive de l'essence, quelque coextensive qu'elle soit à la perfection de l'acte d'exister qui lui correspond, *n'est pas définie par sa participation à l'acte d'exister et jouit d'une consistance propre.*

Ce qui semble infirmé par les textes suivants, que cite aussi Paul Grenet (p. 77) :

Tous les êtres donnés à notre expérience « ont un exister reçu et participé ; et c'est pourquoi ils n'ont pas l'exister à la mesure de la force totale de l'exister. Au contraire, Dieu, et lui seul, parce qu'il est l'Exister même à l'état subsistant, possède l'exister à la mesure de la force totale de l'exister » (*De Divinis Nominibus*, V, leçon 1 : commentaire de saint Thomas sur *Les Noms divins* de Denys le Pseudo-Aréopagite).

« En effet, l'exister de l'homme est terminé à l'espèce humaine ; et il en va de même de l'exister du cheval et de n'importe quel autre objet de l'expérience. Au contraire, l'exister de Dieu, parce qu'il n'est pas reçu dans un terme récepteur, mais est l'exister pur, n'est limité à aucune valeur de la perfection "existence", mais possède en lui la totalité de l'exister » (Question disputée *De Potentia*, I, 2, c) : « *Esse enim hominis terminatur est ad hominis speciem, quia est receptum in natura speciei humanae ; et simile est de esse equi, vel cujuslibet creaturae. Esse autem Dei, cum non sit in aliquo receptum, sed* **sit** *esse purum, non limitatur ad aliquem modum perfectionis essendi, sed totum esse in se* **habet***, et sic, sicut esse in universali acceptum ad infinita se potest extendere, ita divinum esse infinitum est, et ex hoc patet quod virtus vel potentia sua activa est infinita* » <les caractères gras sont de nous>.

Dieu « *est* l'exister même » ; Dieu « *possède* en lui la totalité de l'exister » ; et ainsi Dieu *a* son exister. Dieu est ce qu'il a, n'est pas ce qu'il est pour l'avoir, n'est pas ce qu'il a pour l'être, car autre chose est de posséder, autre chose est d'être possédé. Cela, évidemment, saint Thomas ne le dit pas. Mais il nous semble qu'il n'est pas interdit de lui demander, à travers ses disciples d'aujourd'hui, si ce paradoxe est une illusion d'optique ou bien une difficulté relevant de la contradiction. Et, si ce n'est ni l'un ni l'autre, on conviendra que la doctrine thomiste est en attente d'une explicitation dont il n'est pas certain qu'elle en possède en elle-même le principe.

Nous remarquons aussi que saint Thomas définit Dieu comme « acte pur » *et* comme « puissance active » infinie. La puissance n'est pas réceptrice quand elle est active puisqu'elle possède son acte et n'en est pas privée ; mais précisément : elle le possède et elle l'exerce, elle en est maîtresse, elle a ce qu'elle est, elle est maîtresse de sa propre perfection qu'à ce titre elle a autant qu'elle l'est. Quelle est la structure ontologique de ce dont le propre est d'avoir ce qu'il est ?

Quand la perfection de l'essence est tenue pour intrinsèquement relative à celle de l'exister, c'est l'exister qui est raison de la perfection essentielle ; mais si la perfection de l'essence lui est intrinsèque dans sa ligne d'essence, c'est l'essence qui doit être tenue pour raison de la perfection de l'exister qui lui correspond. De même que l'absolu exige d'être ce qu'il a, de même il exige que s'instaure une relation réciproque, sous le même rapport, entre son essence et son existence.

Il ne s'agit pas de porter une main parricide sur le thomisme lui-même dont les affirmations sont vraies cependant qu'elles appellent peut-être des compléments susceptibles d'en dissiper les contenus aporétiques. Il s'agit de porter une main parricide sur les thomistes qui prétendent que la philosophie thomasienne, en l'état, ne souffrirait d'aucune ambiguïté et n'appellerait aucun complément. Poursuivons l'exposé de Paul Grenet.

§ 72.3. Les anges sont des formes pures qui sont actes dans leur ligne d'essence, mais puissances de leurs actes respectifs d'exister, de sorte qu'elles se distinguent de Dieu à ce titre sans qu'il soit besoin d'invoquer, pour garantir aux anges le statut de créatures, la présence, en eux, d'une matière (*Somme théologique*, I^a, qu. 50, a. 2).

Dans les réalités corporelles, le même type spécifique se réalise en plusieurs qui pourtant ne sont pas le même être, ainsi se communique à plusieurs qui ne peuvent plus se communiquer les uns aux autres. La « socratéité » de Socrate est incommunicable, son humanité l'est, donc humanité et « socratéité » sont réellement distinctes, et leurs principes respectifs (d'individuation et de spécification) le sont aussi. L'acte est multiplié par la puissance en tant qu'il est reçu en elle. Grenet désigne la matière prime comme principe d'individuation. La matière individue la forme et la forme individue le composé : l'individuation ne procède pas de la matière comme de son principe actif car, indéterminée, elle n'a rien d'individuant ; elle procède de la matière comme de son principe passif. Et la matière n'est cette matière individuante que par un principe de distinction qu'elle ne possède pas en tant que matière, à savoir la quantité, qui vient de la forme et qui fait la spatialité. Il n'est pas sûr, sur ce point, que Paul Grenet emporte l'adhésion de tous les commentateurs ; pour maints d'entre eux, et peut-être pour saint Thomas lui-même, la matière est principe d'individuation en tant que matière *désignée*, « *materia signata* ».

§ 72.4. Pour Aristote, existe en soi ce qui est substance, composé de matière et de forme quand il est question de substance mondaine. Mais la Révélation nous apprend que, dans l'union hypostatique, on trouve deux natures (humaine et divine) et une Personne (divine). Le sujet dernier d'attribution des déterminations définissant un être ne peut plus être la substance en tant que telle puisque le Christ est homme, composé de matière et de forme, *et* Personne du Verbe. Ce sujet est le subsistant, l'hypostase, le suppôt, la personne, laquelle est réellement distincte, selon ces présupposés, de la substance qui se définit dès lors non plus comme ce qui existe en soi, mais comme ce à quoi il revient d'exister en soi. Le Christ est pleinement homme et vraiment Dieu, Il a cette nature humaine individuée qui fait de Lui un homme, mais il manque à cette nature individuée, pour être une personne humaine que précisément elle n'est pas, la « subsistence », « mode substantiel positif qui termine et clôt sur elle-même la substance de façon à la rendre immédiatement exigitive de son existence propre » (Grenet, *op. cit.*, p. 86). La « subsistence » n'ajoute rien à l'essence dans son ordre d'essence, et les thomistes se séparent sur la question de son constitutif formel ; pour Capreolus et le cardinal Billot, c'est l'existence ; pour Cajétan il est du côté de l'essence. Ainsi Paul Grenet comprend-il Cajétan, et comprend-il saint Thomas à travers Cajétan.

§ 72.5. La métaphysique thomiste s'efforce de rendre compte de la diversité des êtres (d'où le souci des conditions de leur individuation et le besoin de préciser le statut de la personne dans ses rapports avec la substance), mais aussi de leur communication dans l'être. D'où le thème de la participation.

Tout créé est un composé de puissance et d'acte, d'essence et d'existence, il est une synthèse du Multiple et de l'Un, et c'est ce qui explique la diversification de l'identique. Cela dit, puissance et acte sont des principes d'être, et aucun des deux n'est la raison suffisante de leur composition : la puissance n'est rien par soi, et l'acte qu'elle reçoit, qui lui est proportionné, ne saurait suffire à conférer à la puissance la vertu de le conditionner, ainsi de le proportionner à elle, car il faudrait, dans l'hypothèse, que l'acte fût déjà mesuré par la puissance pour s'habiliter à conférer, à la puissance qui le reçoit, la vertu de le limiter et donc de le disposer à être reçu par elle ; il faudrait que la puissance fût déjà intronisée récepteur et limitateur pour constituer l'acte limité dont en retour elle est censée tenir sa vertu limitatrice. Il est nécessaire d'en appeler à un compositeur qui ne saurait être lui-même composé, car on serait renvoyé à l'infini ; un tel compositeur de puissance et d'acte, d'essence et d'existence, est lui-même simple et ainsi purement acte, par là exister pur. Participer consiste à recevoir de manière particulière ce qui appartient à un autre de manière universelle (*Boethii De hebdomadibus*, II). La participation implique donc d'une part la composition d'un acte avec une puissance à laquelle il doit d'être diminué en tant que mesuré par elle, d'autre part la dépendance causale de ce composé à l'égard de l'acte pur, enfin une ressemblance entre l'acte pur et l'acte reçu, mais mêlée de dissemblance à raison de la mesure imposée à l'acte communiqué. Ce mixte de ressemblance et de dissemblance invitera à réfléchir sur l'analogie.

Dire qu'il y a participation ou ressemblance, c'est dire que plusieurs choses peuvent être semblables. Elles sont dites semblables quand elles communiquent dans la même forme et selon le même type, et de surcroît selon la même mesure, et alors elles sont dites égales. C'est la ressemblance la plus parfaite. Elles peuvent communiquer dans la même forme et selon le même type mais selon une mesure différente. Elles peuvent enfin communiquer dans la même forme mais selon un type différent, et c'est ce qui se produit en cas de cause équivoque, c'est-à-dire quand l'agent est d'une autre espèce que l'effet. Quand l'agent est radicalement autre que tous les êtres au point de n'appartenir ni à la même espèce ni au même genre — si élevé soit-il — que celui d'aucun d'eux, il y a analogie :

« (...) l'être lui-même est commun à tous. Et, de cette manière, ce qui existe par Dieu lui est rendu semblable en tant même qu'être, comme au premier et universel principe de tout l'exister » (*Somme théologique*, I{a}, qu. 4, a. 3).

Ce qui assure la relation entre les êtres est ainsi une relation réelle de dépendance fondatrice d'une relation réelle de ressemblance.

§ 72.6. On aborde enfin, par la participation, la doctrine de l'analogie. Est analogue ce qui n'est ni équivoque ni univoque.

Avant d'en dire quelques mots selon l'exposé de Grenet, nous exprimerons encore notre perplexité à propos de la participation elle-même : la perfection reçue est intrinsèquement modifiée, en tant que mesurée, par son sujet récepteur ou potentiel, mais c'est d'elle qu'il tient sa vertu de la modifier ; pour ne pas tomber dans le dilemme de l'action réciproque — il faut ouvrir la porte du coffre pour accéder à la clé qu'il renferme, cependant qu'il faut avoir la clé pour ouvrir cette porte —, on convoque la réalisation hypostatique de la perfection communiquée — l'acte pur, ce dont l'essence est d'exister — au titre de principe de composition des termes qui composent l'un avec l'autre : Dieu confère l'exister au récepteur et au reçu, il les fait communier dans un même exister, et c'est ainsi qu'il peut les faire composer l'un avec l'autre ; Dieu fait composer l'essence avec la « part » d'exister qui lui revient, parce que tant cette essence que cet exister fini prennent part à ce dont l'essence est d'exister, à ce qui identifie en maximisant leur perfection ceux dont l'union est problématique, et est problématique en tant qu'ils se présupposent réciproquement : ils sont donnés ensemble dans leur cause où ils surexistent en s'y identifiant l'un à l'autre. Mais on retrouve l'aporie précédemment évoquée : Dieu doit avoir, pour la communiquer, la perfection qu'Il est. Dieu doit en effet conférer cette perfection qu'est l'acte d'exister à une puissance ou essence chargée de mesurer en le recevant ce même acte d'exister qui, ainsi mesuré, sera proportionné à l'essence réceptrice. La puissance qui est mesure n'est pas la raison suffisante de sa vertu mesurante, elle la tient du mesuré. Quelque soucieux que l'on soit de ne pas réifier des principes d'être et de ne pas confondre antériorité selon la causalité et antériorité selon le temps, force est de remarquer ceci : l'exister confère à l'essence la vertu mesurante à raison de laquelle il lui sera proportionné ; donc ce sur quoi opère la mesure n'est pas l'*esse* proportionné ; donc ce dernier est l'exister illimité, qui pourtant n'est pas Dieu puisqu'il est ce qui est donné à l'essence pour qu'elle le mesure et y prenne part en le mesurant ; donc cet exister offert à la vertu mesurante de l'essence est possédé par Dieu qui nécessairement a ce qu'Il est, car, en donnant l'exister, Dieu ne se donne pas lui-même. Et le problème, qui peut-être n'engage que nous et n'atteste que la pauvreté de notre pouvoir de méditation, est de savoir à quelle condition le parfait peut avoir ce qu'il est. Revenons à l'analogie, tenue, par certains thomistes, tel le fondement de toute la métaphysique de leur maître.

« Être » se dit de la substance et des accidents, des créatures et du Créateur. Le terme n'est ni équivoque ni univoque. « Être » se dit de Dieu et de la créature, de la substance et des accidents, comme « sain » se dit de l'aliment, de la médecine, de l'urine, du climat, de l'animal, parce que l'aliment entretient la santé, la médecine rétablit la santé, l'urine manifeste la santé ; le climat cause la santé. « Être » se dit des accidents parce qu'ils sont en rapport avec la substance. « Être » se dit des créatures et de Dieu parce qu'elles sont causées par Dieu. Telle est l'analogie dite d'attribution. Un même terme se dit de la cause et des effets parce qu'ils ressemblent à leur cause en tant qu'ils préexistent en elle en puissance, comme dans leur puissance active. Mais certains diront que « santé » ne convient pas intrinsèquement à l'urine, au climat, à la médecine, mais seulement à l'animal, « premier analogué », de sorte que, pensent-ils, il faudra en appeler à une autre forme d'analogie pour que la perfection considérée convienne intrinsèquement à tous les analogués.

Il en résulte que « être » se dit de la substance et des accidents en ce sens que l'être de la substance est à la substance ce que l'être des accidents est aux accidents ; l'être de Dieu est à Dieu ce que l'être des créatures est aux créatures. Telle est l'analogie dite de proportionnalité propre, qui a manifestement la préférence de Paul Grenet sur ce point ostensiblement fidèle à la lecture cajétanienne de saint Thomas. S'il existe entre tous ces êtres un « rapport de ressemblance » au point qu'on peut les désigner par le même nom (« être »), c'est, comme le fait observer Grenet (p. 97 de son ouvrage déjà cité), parce qu'il existe une « ressemblance de rapports ». La sagesse de Dieu n'est pas la sagesse de l'homme, tout comme l'essence de Dieu n'est pas l'essence de l'homme ; mais la sagesse de l'homme est à l'essence de l'homme ce que la sagesse de Dieu est à l'essence de Dieu. Le rapport de ressemblance entre les sagesses humaine et divine est fondé sur la similitude des rapports que l'homme et Dieu entretiennent avec leurs sagesses respectives.

Autorisons-nous l'aveu suivant : il nous semble que si l'analogie se veut exclusive de toute forme d'univocité (et c'est bien le cas en particulier de l'analogie de proportionnalité propre), nous avons bien peur qu'il faille en appeler à la causalité pour fonder l'analogie, à la participation pour fonder la causalité, et en dernier ressort à l'analogie pour fonder la participation... Et il sera bien difficile de discerner beaucoup de vertu dans un tel cercle dont le vice est qu'il nous invite à nous payer de mots qui ne sont que des mots. Si l'être est unilatéralement analogue, exclusif de toute univocité, la science de l'être en tant qu'être — qu'est-ce que l'étant en tant qu'il est étant ? que veut-on signifier quand on dit que l'étant est ? et qu'en est-il de l'essence de ce « est » qu'on dit être exercé par l'étant ? — se résoudra immanquablement dans l'affirmation du premier Étant, cause des autres : il y aura ontologie parce qu'il y aura théologie ; il faudra donner raison sur ce point à Averroès contre Avicenne.

Qu'est-ce que l'être, considéré dans cette plénitude et pureté où se dévoile son essence en tant qu'être, et non en tant que tel ou tel être dérivé que seul explique l'être absolu ? C'est Dieu. Qu'est-ce alors que Dieu ? C'est Celui dont l'essence est d'être. Et puis c'est tout, un tel va-et-vient sera le dernier mot de la sagesse, brandissant, de manière incantatoire, l'analogie comme une armure, un Maître Jacques, un colifichet pour bonne conscience, mais aussi un coupe-faim. On peut se demander, dans ces conditions, si le projet même d'élaboration d'une ontologie a encore un sens. Le dernier mot de l'ontologie, comme au reste de la théologie naturelle, sera l'apophatisme, un « apophatisme de l'*esse* » qui, pour rassurer les consciences sourcilleuses toujours hantées par la crainte du panthéisme, basculera de manière inavouée dans le fidéisme, quand ce ne sera pas dans l'athéisme : la théologie négative radicalisée devient indiscernable de la négation de la théologie, comme l'enseignait Brunschvicg de manière grinçante. Nous n'entendons pas, ce disant, signifier notre préférence pour le scotisme dont le volontarisme nous a toujours plongé dans le plus grand malaise, parce qu'il est porteur de ce nominalisme qui enterre sans retour la métaphysique. Nous entendons seulement suggérer que la doctrine de l'analogie n'est à nos yeux féconde et résolutive que si elle fait sa part à une certaine forme d'univocité, et que le thomisme, en l'état où il nous est livré par bientôt huit siècles de commentaires, ne rend pas raison de la compatibilité entre les deux. Nous avons longtemps pensé que le cajétanisme était, comme nous l'apprit Gilson, un « corrupteur de Thomas », en tant que Cajétan était un thomiste « scotisé » ; nous pensons aujourd'hui que si les réponses de Duns Scot sont contestables, ses questions et objections au thomisme ne le sont pas, et que Cajétan s'est efforcé à sa manière — qui certes n'emporte pas l'adhésion — de tenir compte des objections scotistes, et qu'il était fondé à le faire. Quand bien même on doute du fait que l'être est fini ou infini, équivoque ou univoque, on doit, au moins pour que l'acte d'en douter soit possible, se référer à une seule et univoque notion d'être, car pour attester leur différence, les objets auxquels réfèrent ces notions doivent être comparables et, pour être comparables, ils doivent s'identifier sous un certain rapport. Nous ne voulons pas dire par là que l'être serait univoque, mais que la doctrine satisfaisante de l'analogie de l'être doit faire sa part à l'univocité sans que cette dernière soit ablative de l'analogie. Et l'on doit convenir que cette doctrine ne se trouve pas dans le corpus thomiste, non plus que dans celui de ses successeurs au sein de l'École.

§ 72.7. « La méthode de la métaphysique consiste donc à passer des objets sensibles donnés à notre expérience aux objets intelligibles qui ne peuvent pas y être donnés » (Grenet, *op. cit.*,

p. 105-106). La méthode d'analogie consiste à élaborer un concept valable, à partir des objets de l'expérience humaine, de ces objets qui excèdent les possibilités de l'expérience humaine. « Pour qu'un être ne répondant pas aux conditions de l'expérience soit cependant l'objet d'une intellection, il faut et il suffit : 1° Que cet être présente une *ressemblance réelle* avec l'un ou l'autre des objets de l'expérience ; et 2° *Que la non moins réelle différence* entre les deux soit connue en même temps que leur ressemblance » (*ibid.*, p. 106).

Nous avons ici du mal à retenir notre grain de sel coupable de mauvais esprit.

Comment sait-on qu'il y a ressemblance réelle sans connaître les deux termes de la ressemblance, ainsi sans avoir accès à une connaissance univoque du premier analogué ? Comment peut-on discerner une différence, sinon sur fond d'identité, s'il est vrai que l'acte d'attester des différences suppose qu'elles soient comparables, ainsi qu'elles communient dans un point qui leur est commun et les identifie sous ce rapport ?

On répondra : par l'analogie.

Mais comment distinguer entre analogie de proportionnalité propre et analogie de proportionnalité métaphorique ? « Les eaux vives » ne vivent pas, la vie des eaux n'est pas aux eaux comme la vie du corps l'est au corps, et cette différence est connue parce qu'on possède la raison de l'analogie, à savoir quelque définition de l'essence de la vie qu'on sait inapplicable aux eaux : elles n'ont pas en elles-mêmes le principe de leur mouvement qui, pour cette raison, n'est pas spontané et immanent. Posséder l'essence de la vie revient à entrevoir la nature du premier analogué, ici l'être vivant dont on a l'expérience. L'être est analogue, dit-on ; soit. Mais alors, si ce n'est pas une métaphore, c'est que le premier analogué est connu, qui nous livre la raison de l'analogie : Dieu, dont l'essence est d'être. Mais précisément, l'identité de l'essence et de l'existence ne semble pas, quand on est armé du seul hylémorphisme, pensable par nous, puisque l'essence exerce l'existence que de ce fait elle n'est pas, au point que l'identité de l'essence et de l'exister semble contradictoire. Aura-t-on plus de chance avec l'analogie d'attribution ? L'être en tant qu'être, livré dans l'être absolument être ou être divin, nous est analogiquement dévoilé parce que l'effet (le créé) dit quelque chose de sa cause à laquelle il ressemble comme le rejeton à son père. Oui, mais seulement si le principe de causalité est analytique, réductible au principe de non-contradiction, comme nous l'avons rappelé ici au § 26. Les logiciens conviennent et nous apprennent que le fait d'être causé n'entre certes pas dans la définition de l'être contingent, parce qu'il est un accident propre de ce dernier, comme l'est le rire par rapport à l'homme : l'homme est animal raisonnable, le rire ne fait pas partie de sa définition, le rire n'est pas déductible du concept d'homme, mais, si l'on a l'expérience du fait que l'homme rit, on comprend que c'est là son accident propre, parce qu'il découle de sa différence spécifique, ainsi de sa raison. Appliquons ce résultat au contingent : être causé n'appartient certes pas à la définition de l'être contingent, mais, si l'on se place du point de vue de l'origine de cet être, si donc on fait l'expérience du fait qu'il est causé, on comprend qu'être causé est accident propre du contingent parce que cela résulte de son statut de contingent. Fort bien, mais de même qu'il faut avoir fait l'expérience du rire chez l'homme pour y discerner un accident propre, effet obligé de la raison incarnée, de même ici il faut avoir fait l'expérience de l'acte d'être causé chez le contingent pour reconnaître en cet « être causé » un accident propre de sa contingence ; or nul n'a l'expérience de l'acte de causation exercé par la Cause première, non plus que de la Cause première elle-même. Se placer du point de vue de l'origine de l'être contingent revient à tenir pour acquis ce qui est en question, à savoir qu'il a une origine et que donc il est causé. Donc le principe de causalité repose sur une pétition de principe qui n'est levée que dans la mesure où est fondé le principe de raison suffisante : rien n'est sans raison suffisante, tout être en tant qu'il est être a sa raison suffisante d'être et d'être ce qu'il est. Mais fonder ce principe suppose que l'on ait accès à l'être en tant qu'être afin de constater qu'il est en dernier ressort sa propre raison d'être. L'analogie d'attribution supposée nous donner accès à l'être non empirique à partir de l'être empirique ne remplit son office que par la saisie préalable de l'être métempirique.

Et quand nous déclarions (§ 71.7) que, pour un thomiste, le principe de causalité est analytique, nous sommes en demeure de nuancer cette assertion puisqu'un commentateur aussi éminent que Cajétan le conteste, et sur ce point nous le suivons : « Impossible, pour Cajétan, de considérer que le principe de la causalité universelle *serait devenu un principe analytique réductible au principe d'identité et réduisant donc toute proportion à l'identité, comme le pensait, avec quelque naïveté, le Père Garrigou-Lagrange* » (Guillaume de Tanoüarn, *Cajétan*, Cerf, 2009, p. 30). Ce qui signifie que l'appel implicite au principe de raison suffisante, au reste explicitement tenu pour principe légitime par Pie XII dans *Humani generis*, était au moins latent chez les grands commentateurs de l'École, et qu'il est dans la logique du réalisme thomiste d'en appeler à lui.

L'analogie appelle, pour être fondée, le recours au principe de causalité, lequel en appelle à la participation : avoir de manière particulière ce qu'un autre possède de manière universelle ; mais le particulier est particularisation de soi de l'universel qui doit être connu pour qu'il soit possible de reconnaître le particulier comme cette particularisation même : on identifie le gris comme gris par la connaissance antérieure du blanc, on reconnaît le blanc parfait dans tel blanc imparfait, et toute reconnaissance suppose par définition une connaissance. Nous voilà renvoyés à la connaissance *a priori* de l'être en tant qu'être, ainsi à une connaissance univoque pour fonder l'analogie.

La vraie réponse à la question de l'être telle que nous l'avons formulée ici (§ 72.2) est la question de son *sens* : sa signification et sa direction, ce en vue de quoi il est ce qu'il est et qui explique qu'il soit tel. Mais parce que tout est de l'être, le « ce en vue de quoi » de l'être est encore l'être, de sorte que l'être est fin pour lui-même, il revient sur soi, il est donc origine de soi. Aussi la vraie réponse à la question de l'être est-elle le dévoilement de la structure de l'être cause de soi. Ce qui revient à montrer en quoi il est raison suffisante de lui-même ; ce qui fonde le principe de raison suffisante et avec lui le principe de causalité : rien n'est sans raison suffisante ; le contingent n'est pas sa raison suffisante, donc il est causé. Saisir le pourquoi de l'étance de tout étant, c'est, dès lors que ce pourquoi est encore de l'être, rendre raison de manière logiquement satisfaisante de ce concept de cause de soi qui semble défier toute logique : il faut être pour être cause, et n'être pas pour être cause de soi, ainsi effet de soi. Et sur ce point, sur cet unique point peut-être, on est contraint de donner son congé au thomisme qui rejette la notion de cause de soi. « *Primo in intellectu cadit ens* » (saint Thomas, *Commentaire de la Métaphysique d'Aristote*, I, 2) : la première chose que l'on sait de ce que l'on sait, c'est que c'est de l'être, et toute connaissance est suspendue à cette chose ; le sens de tout ce qu'on dit d'un être se résout ultimement dans le fait de savoir que c'est de l'être, parce que ce savoir enveloppe tous les autres qui se contentent de l'expliciter ; c'est le sens de l'être qui donne sens à tous les sens, mais alors si un tel sens se dérobe, tous les sens sont suspendus dans le vide.

Se dire thomiste et s'écarter sur un point aussi important du thomisme qu'est la recevabilité de la notion de cause de soi, c'est, dira-t-on, mentir et/ou être incohérent. Qu'on veuille cependant examiner la notion de puissance active : est puissance active ce qui est maître de son acte. Et tout thomiste consentira que le Dieu de saint Thomas est à la fois acte pur et puissance active infinie. Qu'est-ce à dire, sinon que Dieu est souverainement maître de Son acte d'être qu'Il est, ainsi possède ou a ce qu'Il est, par là n'est pas ce qu'Il est, ainsi n'est ce qu'Il est qu'en assumant une différence ontologique ou intestine dont Il s'émancipe souverainement ? Est puissance active ce qui possède son acte et le pose en tant qu'il l'exerce ; est acte pur ce qui est innocent de toute puissance passive et possède si parfaitement toute perfection possible qu'il est ces perfections mêmes enveloppées dans une seule raison formelle infiniment simple ; est donc puissance active *et* acte pur, identité — il le faut bien ! — de la puissance et de l'acte, ce qui, comme puissance, pose son acte qui, identique à sa puissance, se pose lui-même ; et ce qui se pose est cause de soi.

§ 72.8. Pour mémoire, nous rappellerons le contenu des « cinq voies » établissant, par la simple raison naturelle, l'existence de Dieu (*Somme théologique*, I\u1d43, qu. 2, a. 3). Elles sont toutes fondées sur le principe de causalité tenu pour analytique. Cette démonstration en cinq voies se veut la synthèse et le couronnement de toute la philosophie spéculative.

La première preuve se prend du changement. Le mouvement suppose des contraires, il n'est ni le départ ni l'arrivée, ni un état intermédiaire : ni le froid, ni le chaud, ni le tiède. Il est l'échauffement, l'acte même de devenir chaud ; le départ est l'être en puissance à être chaud ; l'arrivée est l'acte de ce qui est chaud en acte ; l'échauffement est l'acte de la puissance à être chaud, en tant que l'objet chaud ne l'est encore qu'en puissance. Il est l'acte de ce qui est en puissance en tant qu'il est en puissance. Il est donc unité du divers (puissance et acte, froid et chaud), unité qui n'est pas inconditionnelle pour l'hylémorphisme : ce qui est en puissance ne passe à l'acte que par une chose en acte ; tout ce qui est mû l'est par un autre ; on ne peut être en puissance et en acte en même temps et sous le même rapport ; ce qui est privé d'une perfection ne saurait se la donner, et à ce titre l'acquisition d'une telle information requiert une cause car il est tenu pour évident que l'être contingent est causé, quand il est indubitable que ce qui peut changer est contingent, étant en puissance à l'égard des contraires, pouvant ainsi être ceci ou cela, n'étant fixé en aucune identité nécessaire.

Tout ce qui est mû l'est par un autre qui peut aussi être mû par un autre, mais on ne peut remonter à l'infini dans la série des moteurs mobiles actuellement subordonnés, car tout moteur mobile est un transmetteur d'information ; une chaîne infinie de transmetteurs d'information est impuissante à rendre raison de l'information qu'elle communique. Il faut donc s'arrêter à un premier moteur non mû qui, parce que premier, n'est pas composé de puissance et d'acte (sans quoi il serait l'effet d'un principe de synthèse qui lui serait antérieur), est donc acte pur.

La deuxième voie se prend de la cause efficiente. Le père est cause du fils, mais non cause totale ; il est cause de la communication de ce qui dans le fils est commun au géniteur et à l'engendré, à savoir leur espèce, mais non de l'espèce elle-même, autrement il serait cause de soi, ce qui est absurde pour saint Thomas. Le père est donc informé par une détermination spécifique dont il n'est pas l'origine première, que donc il a reçue. Et, pour la même raison que dans la première preuve, on ne peut remonter à l'infini dans la série des moteurs mobiles actuellement subordonnés.

La troisième voie, selon laquelle saint Thomas suit Al Farabi et Avicenne, se prend de la contingence et de la nécessité. Si le temps a commencé, il y a nécessairement une cause du monde temporel puisque, contingent en ce sens que son concept n'enveloppe pas son existence, un tel monde est causé. Si le temps n'a pas commencé, on peut remonter à l'infini dans le passé. Mais dans cette dernière hypothèse, il faut remarquer qu'il y a trois solutions : ou bien tous les êtres naissent et périssent, ou bien aucun être ne naît ni ne périt, ou bien quelque être naît et périt. Il est clair que la deuxième sous-hypothèse est erronée : l'expérience apprend qu'il y a des êtres corruptibles, qui ont commencé d'être. Mais il faut écarter la première sous-hypothèse : si tout être, en tant qu'il est être, naît et périt, alors il ne se peut pas, sur un temps infini (dans le passé), que tout être n'ait pas déjà péri ; sur un temps fini, un possible ne se réalise pas nécessairement, mais s'il ne se réalise pas sur un temps infini qui par définition épuise tous les possibles, c'est qu'il n'était pas réellement possible. Puisqu'il y a aujourd'hui des êtres, c'est que tous n'ont pas péri sur un temps infini. Mais par là ils n'étaient pas tous périssables et générables. Il en existe donc au moins un qui ni ne naît ni ne périt, et c'est Dieu. De plus, il est unique, car l'idée d'une pluralité de causes premières est contradictoire, qui voudrait que chacune fût cause première des autres et effet de ces autres, ce qui est absurde.

La quatrième voie se prend du constat des degrés d'être. La vérité logique (celle du « logos ») est la conformité de l'intellect à la réalité. La vérité ontologique est la conformité du réel à sa nature ou essence, et ultimement (mais c'est là la conclusion de la preuve) à l'Idée créatrice en laquelle Dieu lui confère l'existence. Or il y a du plus ou moins bon dans les choses, du plus ou moins vrai (vérité ontologique), du plus ou moins être. De plus, si la mesure quantitative se fait par le recours à un minimum pris comme étalon, la mesure qualitative s'opère à partir d'un maximum pris comme paradigme. Ainsi ne peut-on déclarer telle chose meilleure ou plus vraie qu'une autre que si l'on possède préalablement l'idée du Bien et du Vrai absolus. De plus, si cette idée paradigmatique n'exprimait que la loi de fonctionnement de notre pensée, les catégories de notre entendement ne seraient pas celles de la réalité, et nos savoirs du réel n'exprimeraient pas ce qu'est la réalité, mais seulement ce qu'est la manière dont nous la percevons ; si tel est le cas, alors cette réalité qu'est notre entendement, en se connaissant, est logiquement incapable de se saisir telle qu'elle est : si nos lunettes déformantes sont organiquement liées à notre complexion physique, nous sommes incapables de les enlever pour constater l'écart entre ce que nous apprennent nos yeux nus et ce qu'ils nous apprennent flanqués de lunettes productrices d'anamorphoses ; nous ne pouvons savoir qu'elles nous trompent que parce que nous n'en sommes pas intrinsèquement dépendants. Et si notre entendement est incapable de se connaître tel qu'il est, alors il est impuissant à comprendre qu'il ne nous fait pas connaître la réalité telle qu'elle est en soi mais seulement telle que nous nous la représentons. D'une manière générale, le doute présuppose la certitude, car c'est à l'aune du certain que l'on prend acte de l'existence du douteux, tout comme on n'identifie le manque de lumière que par référence à la connaissance de cette dernière. Dans l'acte même où l'entendement fait la supposition d'un écart entre ses catégories et celles du réel, il se contredit « *in actu exercito* ». Donc les catégories de la pensée sont celles du réel. Dès lors, si l'idée du maximum est présupposée en toute connaissance du relatif, si donc toute connaissance (des choses plus ou moins vraies) est reconnaissance de l'Idée des choses, c'est que cette Idée préexiste non seulement à nos idées des choses, mais aux choses elles-mêmes : l'essence est principe de connaissance du singulier parce qu'elle en est le principe ontologique. S'il y a des degrés d'être, c'est qu'il existe un Être qui est l'être absolu. On est ici très proche de la preuve ontologique de saint Anselme, selon laquelle penser Dieu comme n'existant pas revient à penser contradictoirement.

La cinquième voie se prend de la cause finale. L'art (la technique) imite la nature ; or il y a de la finalité dans l'art ; donc il y a de la finalité dans la nature. Or la finalité étant première en intention et ultime en exécution, elle préexiste nécessairement selon la forme d'un projet dans une intelligence. Or les choses de la nature ne sont pas pensantes et, même si elles l'étaient, leur activité pensante ne saurait être raison suffisante de l'organisation qui les habite et les habilite à être pensantes. Donc il existe une Intelligence qui fait exister les choses en les pensant. Et c'est cette même Intelligence qui fait que des choses différentes, dotées de propriétés et d'activités divergentes, coexistent et néanmoins convergent chacune pour produire un ordre universel garant tant de la pérennité de chacune que de celle des autres. Un tel ordre est nécessairement antérieur selon la causalité aux réalités qui s'inscrivent en lui, et qui s'inscrivent en lui parce qu'il habite chacune sous la forme d'une nature. Si un tout est le résultat de la composition de ses parties, il en est aussi et d'abord cause, en tant qu'il est leur fin. Et cette fin n'a d'efficace, aussi longtemps qu'elle n'est pas réalisée, que parce qu'elle surexiste dans une Pensée. Mais elle n'est jamais réalisée au point d'aboutir à un monde immobile, parce que l'identité à soi de l'univers ne se maintient que par renouvellement permanent de ses parties. Donc l'ordre universel est au principe de l'existence des parties du monde, mais aussi de sa propre conservation qui ne cesse de s'effectuer dans le temps. Et l'Intellection de cet ordre est l'activité de la Pensée divine.

La première voie atteste l'existence d'un premier Agent non agi. La deuxième celle d'une première cause efficiente, et ces deux voies révèlent l'existence d'un Acte pur. La troisième voie atteste l'existence d'un Nécessaire indépendant, et la quatrième celle d'un parfait et d'un Être sans mesure, ces deux preuves révélant que l'Acte pur est l'Acte de l'existence. La cinquième révèle que le Premier est Artisan auteur des tendances naturelles investies en chaque être, par là qu'il est doté d'intelligence et de volonté.

§ 72.9. « Sachant d'un être qu'il existe, il reste à chercher comment il existe, afin de savoir ce qu'il est » (*Somme théologique*, I^a, qu. 3, prologue). Mais Dieu est infiniment simple et Il est son savoir ; savoir ce qu'est Dieu dans un concept univoque reviendrait à être Dieu et à engendrer le Verbe en lequel Dieu se connaît. Donc on ne peut savoir positivement ce qu'est Dieu pour saint Thomas, mais seulement ce qu'Il n'est pas. Tel est au fond le dernier mot de la sagesse thomasienne et de la science thomiste.

Nous avons rappelé de manière scandaleusement ramassée les positions maîtresses du thomisme, philosophie préférée du catholicisme, afin de rendre moins obscures les considérations que nous tenterons de développer ci-après concernant cette « affaire minée » de point de suture entre nature et surnature.

CHAPITRE XVIII

Quelques éléments de solution au problème du rapport entre politique et religion

§ 73.1. Comment un point de suture entre fini et infini, nature et surnature est-il possible ? Il s'agit là d'un hymen paradoxal puisque l'un des deux termes consiste dans la négation de l'autre ; comment peuvent-ils s'unir, ainsi s'identifier l'un à l'autre en un nœud cordial non ablatif de leur antinomie, sinon parce que chacun a en commun avec l'autre de s'opposer à lui-même dans lui-même ? Mais alors comment introduire de la négativité dans l'ontologie sans la faire basculer en ontologie négative, et bien plutôt afin de conjurer cette vocation de l'ontologie à dégénérer en cette ontologie négative qui se résout en négation de l'ontologie ?

Le surnaturel est gratuit, sa donation n'était pas nécessaire à l'acte créateur. Le surnaturel ne peut être que gratuit. S'il ne l'était pas, lui dont le don fait vivre celui qui le reçoit de la vie même de Dieu, il faudrait reconnaître au désir naturel une espèce de connaturalité entre nature et surnature, parce que l'appétit est une puissance qui, comme toute puissance, est définie par son acte, lequel est acte commun de l'appétit et de l'appétible. Or cette connaturalité répugne à l'affirmation d'une césure radicale entre créé et Incréé. Si le surnaturel n'était pas gratuit, il faudrait incliner vers le panthéisme.

Le désir naturel de Dieu est un fait indubitable et ne saurait se réduire à une velléité, comme on l'a vu (§ 30). Dieu est infiniment bon et absolument juste. Parce que Dieu est juste et bon, la créature ne peut être dotée de désirs qu'il ne lui serait aucunement possible de satisfaire. Parce que la grâce est gratuite, un état de pure nature eût été possible et il eût été possible à la créature de parvenir à sa fin ultime à elle proportionnée. Parce que voir Dieu dans Ses effets se réduit à voir les effets de Dieu, qui sont finis, ainsi non proportionnés au désir naturel de Dieu qui est désir infini d'Infini, on est tenté d'en appeler à la nécessité, du côté du Créateur, de communiquer la grâce à la créature spirituelle dans et par l'acte de lui communiquer l'existence. Mais on vient de voir que c'est là une chose impossible. On peut et on a aussi suggéré qu'il existerait deux fins dans l'homme, l'une fin ultime de l'ordre naturel, l'autre fin ultime de la nature perfectionnée par la grâce et orientée par elle vers la vision de Dieu « *facie ad faciem* ». Mais c'est là déchirer l'homme entre deux fins horizontale ou immanente et verticale ou transcendante, ce qui enjoindra à l'homme ainsi conçu de renoncer à sa fin naturelle propre afin de se disposer à tendre vers sa vraie fin ultime. Mais la fin naturelle d'une chose est son essence. Il lui faudra donc renoncer au moins « *secundum quid* » à son essence pour accomplir le vœu divin de faire participer l'homme à la vie divine. Or cela est encore impossible, puisque la grâce « *non tollit naturam, sed perficit* ». De plus, s'il est contre nature de refuser la foi, c'est que la nature agit contre elle-même en refusant de consentir à aller au-delà d'elle-même.

Il est dans la nature de cette nature d'aller au-delà d'elle-même (refuser la grâce est un péché) sans toutefois sortir d'elle-même (le terme de cet au-delà ne saurait être exigible), cependant que les choses sont bien faites et ne peuvent être que bien faites (Dieu est juste et bon). Comment résoudre cette pesante équation ?

§ 73.2. Pour que le désir de Dieu soit plus qu'une velléité, il faut que son entéléchie en droit accessible (sous couvert des aspirations et des moyens intacts d'une nature intègre) soit Dieu même. Pour que Dieu demeure transcendant à la créature en prohibant toute connaturalité entre le créé et l'Incréé, il faut sous ce rapport que ce terme ne soit pas Dieu. Il faut donc que Dieu soit accessible en un aspect de Lui-même qui Lui soit intrinsèque tout en étant quelque chose qui relève de la non-déité. Du côté de la créature spirituelle, il faut que l'aller au-delà d'elle soit encore en elle.

Et il faut que le terme de cet aller au-delà d'elle soit ce moment de non-déité qui demeure en Dieu.

Pour que l'infini actuel — car c'est bien sûr de lui qu'il est question — soit en mesure de s'approprier à l'appétit du fini sans cesser d'être infini, il faut que l'absolu ait la forme d'une réflexion éternelle. Il doit s'agir d'un mouvement circulaire défini, à partir de l'origine, par la négation de soi de l'origine, mais négation s'appliquant à elle-même sa propre négativité, se réfléchissant donc sur elle-même et reconduisant à l'origine. C'est alors que la première négation de soi de l'être absolument être, ainsi le néant, se révèle comme néant de toute chose jusques et y compris de soi-même, par là comme immédiate négation réfléchie sur soi, négation restituant l'extrême inférieur de l'orbite circulaire à son origine supérieure. Dans ce schéma ontologique, l'infini actuel est victoire éternelle sur le néant pur, sur l'être en puissance radicalisé en non-être absolu. Et c'est comme divin dans le moment de son absence à lui-même, comme non-déité qui est encore divine, que l'absolu se laisse appréhender sans cesser d'être actuellement infini. Il est identité à soi de l'infini, mais identité concrète — « *concrescere* » dit « croître ensemble » —, par là identité victorieuse de sa différence, identité de l'identité et de la différence.

Pour que l'aller au-delà de soi de la créature soit encore commensurable à la créature, ainsi lui soit comme connaturel et, de ce fait, en quelque façon, intérieur, il faut et il suffit que la créature, à l'image du Créateur, ait elle aussi la forme d'une réflexion, et que le terme inférieur de cette circularité soit lui aussi néant. « Matériellement » identique au néant divin, il en est essentiellement et formellement différent puisqu'il est, dans la situation de la créature pensante, le moment négatif de l'acte de s'identifier à soi de la nature humaine selon une réflexion ontologique dont la créature n'est pas la raison suffisante, alors que, dans la situation du Créateur, le moment négatif de son identité à soi réflexive est le fait d'une réflexion dont l'absolu est évidemment la raison suffisante.

Le néant, dit-on après Parménide, n'est pas ; oui, s'il est vrai que le néant est immédiatement négation de lui-même. Mais le néant a un être, s'il est entendu que l'être du néant est le terme extrême du processus intemporel de néantisation de soi de l'être, car alors ce néant d'être, qui fait l'être du néant, est l'être même dans le moment de sa mise en régime d'absolue négativité.

Si l'on superpose les deux schémas expressifs des deux réflexions ontologiques, on s'aperçoit de deux choses. Tout d'abord, le point de suture entre le fini et l'infini est un néant, ce qui signifie que le Créateur et la créature, n'ayant en commun que le « rien », n'ont littéralement rien de commun. Il y a bien ici immanence dans la transcendance, sans contradiction. Ensuite, on comprend que la nature ou essence de la créature, ayant raison d'origine de la réflexion créatrice par quoi l'essence, principe d'être *un* être, est constituée comme cet être substantiel doté d'un acte d'exister qui lui est propre, ainsi l'essence dans son mode d'être créé, est positionnellement identique à cette essence entendue comme Idée divine, comme degré d'être éternel — éternellement assumé par Dieu en sa vie infinie mais selon un mode d'être non créaturel qui nous échappe — de la réflexion absolue par quoi le divin est Dieu. Et l'on rappellera ici qu'il faut bien qu'il en soit ainsi, à savoir que tout fini préexiste en Dieu idéellement, si l'on se souvient de ceci : ce qui est « tout-puissant », afin d'être effectivement *tout*-puissant, exige d'être maître absolu de sa propre puissance, ainsi d'*avoir* la puissance absolue qu'il *est*. C'est là une exigence, car si l'absolument puissant ne maîtrisait sa puissance, il la subirait tel un destin, il l'aurait sans l'être par là qu'il la serait sans l'avoir, et alors il ne serait pas « tout-puissant ». Or la manière dont la puissance absolue fait l'expérience de la maîtrise absolue d'elle-même, c'est de la mesurer ou exercer en elle-même selon tous les degrés de sa perfection, jusques au degré nul de sa puissance qui coïncide avec son éclipse : est tout-puissant ce qui sait se déposséder de soi sans se perdre. On trouve cette idée, mais implicite, dans l'œuvre de l'Aquinate :

CHAPITRE XVIII

« *Perfecta bonitas in rebus creatis non inveniretur nisi esset ordo bonitatis in eis, ut scilicet quaedam sint aliis meliora : non enim implerentur omnes gradus possibiles bonitatis neque etiam aliqua creatura Deo similaretur quantum ad hoc alteri emineret* » (*Somme contre les Gentils*, III, 71) : « On ne trouverait pas de bonté parfaite dans les choses créées s'il n'y avait pas entre elles un ordre de bonté, en vertu duquel certaines sont meilleures que d'autres : tous les degrés possibles ne seraient pas occupés et *aucune créature ne ressemblerait à Dieu par le fait d'en dépasser une autre.* »

Soit :

La beauté de l'univers, en vertu de laquelle Dieu, qui agit pour Sa gloire, est honoré, veut qu'il y ait de l'inégalité dans la création, et que pour cette raison tous les degrés de bonté soient représentés, et non seulement les meilleurs. Puisque les viscères sont pour le cœur et le cerveau, et plus généralement que l'inférieur est pour le supérieur, puis donc que le corps est pour l'âme et la matière pour l'esprit, on serait fondé à ne pas comprendre qu'il dût y avoir des degrés inférieurs réalisés en acte s'il est possible d'obtenir la fin supérieure sans le recours aux degrés d'être inférieurs, lesquels ont raison de moyen et n'ont d'autre bonté que celle de la fin qui est leur raison d'être. Saint Thomas nous explique ici qu'il en est ainsi parce que Dieu dépasse toutes les bontés finies, excède tous les degrés de bonté réalisés ou réalisables, et qu'en dépassant une créature, la créature ressemble à Dieu son Auteur. S'il est essentiel à la créature de ressembler à son Auteur, et si elle Lui ressemble du fait de dépasser quelque chose, c'est que Dieu est Dieu en tant qu'Il dépasse le fini. Mais s'il est de la raison de la déité de dépasser le fini, lequel est contingent quant à son existence créaturelle (Dieu n'avait nul besoin de créer pour être Dieu), c'est que, si l'on peut ainsi parler, Dieu satisfait à ce réquisit de dépasser le fini en se faisant victorieux, de toute éternité, indépendamment de la création du monde et d'un esprit fini, de toute finitude que, sous ce rapport et selon son mode propre, Dieu fait préexister en Lui-même. Si l'infini était exclusif du fini, il y aurait l'infini d'un côté et le fini de l'autre, et le fait même de leur coexistence obligée contraindrait l'infini, dont le propre est de prendre toute la place sans partage, à renoncer à son infinité. L'infini n'est donc pas exclusif du fini. Cela dit, le fini ne saurait subsister dans l'infini comme sa partie, car il faudrait reconnaître, dans l'infini, une autre partie qui, n'étant que sa partie, ne serait pas infinie, de telle sorte qu'on aboutirait à cette absurdité selon laquelle l'infini serait composé de deux parties finies. Comment l'infini peut-il envelopper le fini comme fini, pour s'en faire intemporellement le résultat victorieux ? En reniant son infinité dans une finitude absolue et en la faisant se renier en lui par l'acte à raison duquel il se renie en elle, en *posant* l'infinité qu'il *est*, ce qui revient encore à avoir ce qu'il est. Mais cet acte, que notre finitude nous contraint à nous représenter en termes de processus, n'est autre que la réflexion, acte de s'identifier à soi réflexivement. Cette exigence de l'identité de l'être et de l'avoir se trouve elle aussi dans le corpus thomasien, ainsi que nous l'avons constaté plus haut en évoquant le *De Potentia* (I, 2, c, cité ici dans notre § 72.2). Et il est clair qu'avoir ce que l'on est, c'est quelque chose de contradictoire, pris en l'état, puisque ce que l'on a est objet pour le sujet qui a. C'est sous l'injonction, discrète mais insistante, de son maître, que le thomiste devra bien un jour dépasser ses réticences à l'égard de l'idée, célébrée par les maîtres de l'idéalisme allemand, mais en se soustrayant à leur panthéisme, selon laquelle l'absolu fait se réaliser l'identité des contradictoires. Il *doit* exister une manière non contradictoire de penser l'identité des contradictoires, et dans une certaine mesure la chose est expliquée par l'hégélianisme, même si ce dernier échoue par ailleurs (ou veut échouer ?) à se libérer de son panthéisme gnosticisant. Ce que nous tenterons, périlleusement, d'exposer dans les paragraphes suivants, non sans recours à une technicité rébarbative mais sans laquelle notre exposé n'aurait aucune rigueur.

§ 73.3. Ce dont le propre est d'avoir ce qu'il est, c'est ce qui est autre que soi pour l'avoir, et même que soit pour l'être. La

CHAPITRE XVIII

chose est envisageable si l'on se donne un mouvement circulaire :

Par définition, le terme d'un mouvement est la négation de son point de départ, puisque tout mouvement est passage d'un contraire à l'autre ; il connote nécessairement un progrès ou une dégradation, sans quoi il se résorberait dans la permanence qui dit l'immobilité. Mais quand ce mouvement est circulaire, quand donc il s'agit d'un acte d'identification à soi réflexive, le point d'arrivée est identique au point de départ, il est la position de ce dernier. On obtient donc ceci quand on s'efforce à penser ce dont le propre est d'avoir ce qu'il est, c'est-à-dire ce qui *a* ce qu'il pose et qui se trouve *être* le posé lui-même : l'arrivée est négation du départ, et elle est le départ lui-même, et ainsi le départ, en son arrivée, est unité de l'attraction (identification à soi) et de la répulsion (tendance à se différencier de soi) ; en tant qu'il est définitionnel du point de départ de se renier, l'arrivée pose le départ comme étant à se renier. Mais en même temps, en tant que négation du départ, cette même arrivée, loin d'être l'annonce d'une simple réitération du processus réflexif, est tout autant position de la négation de la vocation à se renier du départ. Quel sera le résultat de cette exigence contradictoire ? Voici, en rappelant de manière schématisée ce à quoi nous venons de parvenir :

Le point de départ (A) est originellement habité par la tendance à se renier en non-A ; A s'accomplit en épousant cette tendance, ainsi en se posant en son contraire (par exemple, l'infini qui ne serait qu'infini, exclusif du fini, bascule en son contraire) ; mais puisqu'il s'accomplit en le faisant, c'est qu'il s'y affirme, de sorte que, puisqu'il est de son essence de se renier, il est de son essence de se renier jusque dans ce dans quoi il s'affirme, et ainsi non-A (extrême inférieur de l'orbite) est habité par la tendance à se poser dans la négation de lui-même, en non (non-A), soit en A, ce qui définit l'acte réflexif, acte de faire retour à soi. Cela dit, A considéré comme résultat (de la négation de soi de non-A) est à la fois le A d'origine, à la fois la négation de cette origine, puisque toute arrivée est négation du départ : A entendu comme non (non-A) est à la fois A et non-

A. Il est, en cet état, évidemment contradictoire. Il se renie donc derechef en non-A que par là il confirme, mais ce qu'il renie en non-A, c'est à la fois A et non-A, puisqu'il est, dans cet extrême supérieur de l'orbite qu'il vient de parcourir, contradictoire, unité de A et de non-A. Dès lors qu'il se renie (en non-A : extrême inférieur de l'orbite) en tant qu'il est à la fois A et non-A, il va confirmer non-A (extrême inférieur de l'orbite) en tant qu'il est A, mais tout autant il va conférer à ce non-A en lequel il s'aliène la signification non seulement de non-A, mais de A : s'il est définitionnel de non-A de se renier en A, la confirmation de non-A comme non-A en ce moment où il se renie en A (retour réflexif à l'origine) a pour signification la négation de ce reniement même ; en effet, non-A est conservé comme non-A dans l'acte où il se renie réflexivement en A. Et ainsi non-A sera A autant qu'il est non-A. Mais cette identité de A et de non-A était précisément le statut du retour à l'origine, ainsi de A reconnu comme contradictoire. Donc la confirmation de non-A est *objectivation de soi* du résultat de la réflexion dans le moment négatif de cette même réflexion : l'origine qui est résultat, contradictoire, se libère d'elle-même, ainsi se libère de sa contradiction qu'en même temps elle libère, en réduisant à un moment du processus dont elle est le résultat le résultat du processus dont elle est l'origine. Et il n'est pas contradictoire que ce qui est moment soit contradictoire, puisque le propre d'un moment est de passer, ainsi de se contredire. Ainsi conçu, l'absolu (que Bernard Bourgeois nomme « le tout ») « n'est pas contradictoire, parce qu'il *se* contredit, parce qu'il *a* en lui sans l'*être* la contradiction du fini qu'il comprend, restant ainsi identique à lui-même dans sa différenciation d'avec lui-même » (Bernard Bourgeois, *Encyclopédie des sciences philosophiques de Hegel*, Ellipses, 2004, p. 63).

Le départ de la réflexion inaugure un processus dans lequel l'origine se nie dans un terme (l'extrême inférieur de l'orbite) qui se renie lui-même en direction du point de départ ; cet extrême inférieur est le départ lui-même, mais considéré dans le moment de sa mise en régime de négativité ; et de ce point de vue, ce qui se réfléchit, qui est immanent à tous les moments de sa réflexion — dont celui de sa position dans sa négativité —, entretient à l'égard de lui-même en tant que point de départ une relation d'altérité à raison de laquelle il peut être dit avoir ce qu'il est, sans contradiction.

§ 73.4. Ce qui consiste dans l'acte de s'atteindre par réflexion, c'est ce qui *est* son objectivation : l'*être* pensant est l'être qui se met à distance de lui-même, le sujet qui se fait objet pour lui-même, qui se différencie de soi, mais précisément qui n'est être *pensant*, n'est véritablement ce qu'il est, ne coïncide vraiment avec lui-même, qu'à raison de cette objectivation, ainsi de cette différence : c'est en s'objectivant que la pensée est pensante en acte ; en termes thomistes : c'est en engendrant un verbe immanent à lui que l'intellect possible, en tant que devenu intentionnellement l'objet à connaître, connaît son objet ; il connaît son objet en se connaissant lui-même devenu l'objet. Si ce qui s'atteint par réflexion *est* son objectivation, cependant qu'il s'objective son *être*, il est nécessaire qu'il s'objective l'objectivation de soi qu'il est. Et s'objectiver l'objectivation de soi que l'on est, c'est se réfléchir dans son processus, ravaler le terme du processus au statut de moment du processus dont on est le terme. Si de plus on observe que ce qui se fait poser par son processus en lequel il se risque est ce dont l'origine — qui est aussi résultat posé — n'est elle-même qu'à se faire processus, force est de convenir que le résultat du processus circulaire est l'identité du processus et du résultat. Quand donc le résultat du processus se libère de lui-même en se réfléchissant dans un moment du processus, c'est le processus tout entier qui se libère de lui-même en se réduisant à un moment de lui-même. Un mouvement qui se libère de sa processualité, c'est un mouvement qui se fait immobilité pure. Et telle est la véritable immobilité de cet acte pur tellement acte qu'il est maître de son actualité : un mouvement circulaire, ainsi infini (ce qui est circulaire est tel qu'il est victoire sur son autre, négation de sa négation, il contient en son sein son altérité, il ne saurait être limité par de l'autre puisqu'il l'a en lui-même), par là quelque chose qui est infiniment mouvement et qui, de ce fait, fait se sublimer sa mobilité par radicalisation de cette dernière.

§ 73.5. La solution ici proposée, hégélienne, résout l'aporie liée à cette exigence consistant à introduire du mouvement dans l'être pour le saisir en tant qu'absolument être innocent de tout devenir attestant une quelconque imperfection. Et elle résout aussi l'aporie du concept de cause de soi : il est contradictoire d'être cause de soi (être son objectivation, c'est être l'acte de se poser), sauf si l'acte de se poser comme contradictoire est immédiatement l'acte de se soustraire à sa contradiction.

Et cette solution rend raison de l'existence d'un point de suture entre nature et surnature, lequel rend possible, sous la pulsation d'un seul désir principiel (le désir naturel de Dieu) s'anticipant dans les désirs divers, la recherche concomitante d'épuisement des virtualités de la nature humaine, son entéléchie naturelle, *et* la métamorphose de cette entéléchie par la grâce. La nature habitée par la grâce fait que ce qui eût été entéléchie naturelle seulement naturelle est déjà point de départ du mouvement surnaturel, de sorte que, en effet, il est contre nature de refuser la foi qui n'en reste pas moins gratuite.

Tous nos désirs, quel que soit l'objet sur lequel ils se portent, sont autant d'anticipations de soi du désir de Dieu ; tous nos désirs procèdent proleptiquement du désir de Dieu, même les plus peccamineux. Cela ne signifie pas qu'ils seraient légitimes et que le mal serait nécessaire au bien, comme s'il était un moment obligé de la réalisation du bien. Cela signifie qu'il est dans la vocation du désir d'absolu de s'investir dans les biens finis qui sont à notre portée, mais de ne s'y investir que pour s'en arracher avec la vigueur abnégative qui se nomme joie de l'effort, pugnacité insérée dans la convoitise, et cela signifie aussi que la vertu consiste à prohiber, avant même que de s'investir en eux, les biens dont la possession captative compromettrait le mouvement de s'en libérer. C'est Dieu qu'on cherche en toute chose désirable, même les choses les plus ignobles et les plus misérables, parce que, comme l'enseigne saint Thomas (*Somme théologique*, I^a, qu. 60, a. 5), « *unumquodque suo modo diligit Deum plus quam seipsum* », avec cette précision que nous Le cherchons trop souvent là où Il n'est pas, dans ce qui ne mène pas à Lui, dans des biens qui ne peuvent nous satisfaire et dont nous ne voulons pas nous défaire, et qui, précisément à cause de leur indigence, deviennent objet, sous l'effet de notre obstination dévoyée, d'un appétit inflationniste : l'inflation quantitative devient le substitut mortifère d'une pénurie qualitative que nous ne voulons pas voir, et c'est là leur manière de nous enfermer en eux, de nous priver d'un bien plus noble, par là meilleur. Et c'est en dernier ressort pour nous dispenser d'être invités à nous arracher à eux que nous nous laissons complaisamment happer par ces biens à éviter.

Ce sur quoi nous voudrions insister ici, c'est que l'existence d'un point de suture entre nature et surnature rend possible la poursuite, par la nature, du Bien surnaturel à la possession duquel elle est gracieusement invitée, mais sans lui enjoindre, en tant que nature, de se frustrer dans son ordre propre. Nous ne voulons nullement signifier que l'homme ne serait pas sommé de s'imposer des formes d'ascèse. Nous déclarons même au contraire que l'ordre naturel est ainsi fait que l'homme ne conquiert les biens supérieurs, et même n'éveille l'appétit de tendre vers eux, qu'au prix du renoncement aux biens inférieurs qu'il doit néanmoins apprendre à aimer, s'ils sont de vrais biens (tout « mauvais » bien est un bien affligé de privation qui l'empêche d'être vraiment lui-même, c'est-à-dire excellent quoique fini), ne serait-ce que pour les dépasser. Nous voulons insister sur le fait que l'intromission de la grâce dans la vie naturelle, bien qu'excédant la vie naturelle, outrepassant ainsi les limites de la nature, lesquelles définissent sa finalité, n'est pas contre nature en tant qu'elle substituerait une autre fin à la fin naturelle. Le point de suture si péniblement cherché rend possible une continuité entre nature et surnature, non ablative de la discontinuité obligée entre les deux, et cette continuité fait que *l'appétit de la nature pour sa fin naturelle demeure légitime et même expressément requis, lui et son actuation, par la fin surnaturelle qui lui est gratuitement assignée.* Que la nature soit en attente active de sa fin naturelle, du sein même de sa poursuite du Bien surnaturel, cela signifie que la nature n'épouse la dynamique l'orientant vers le Bien surnaturel qu'en se souciant, de manière concomitante, de son excellence propre, c'est-à-dire de son pouvoir de déployer toutes ses capacités intestines droites. S'il faut encore et toujours choisir entre la Terre et le Ciel, comme nous y invite l'Évangile (Jean, XV, 19), c'est au sens où il faut choisir entre le monde qui tire l'homme vers plus bas que lui-même et embourbe l'homme en lui-même, et la vie éternelle qui n'est pas de ce monde. Mais ce n'est plus entre le paganisme jusque dans ce qu'il a de meilleur, et la sainteté, parce que tout ce qui est du monde ne tire pas l'homme vers le bas ; au contraire, ce qu'il y a de meilleur dans le monde est une invitation faite par le monde à opérer l'acte de son dépassement, dans un terme naturel qui, sans cesser d'appartenir au monde, est déjà potentiellement plus que le monde, et tel est ce point de suture. Nous l'avons dit : selon nous, le vrai Chrétien est un Païen surmonté, non un Chrétien qui se dispense d'être païen ; le paganisme n'est nié par le christianisme qu'en tant qu'il est assumé par ce dernier. « Ce n'est plus moi qui vis, c'est Dieu qui vit en moi » (Gal., II, 20). Oui, au sens où l'homme nouveau est déiformé. Mais il n'en reste pas moins homme. Il conserve un exister d'homme, un exister fini, et cette finitude conservée est même la condition de sa béatitude, sans quoi il se résorberait en Dieu et ne serait plus là pour jouir de Dieu. « *Vivere enim est esse viventis* » (*Somme contre les Gentils*, II, 57) : l'acte de vivre est l'acte d'exister du vivant ; si l'exister de l'homme demeure dans la déiformation, demeure aussi sa vie naturelle dans la vie surnaturelle qu'il exerce en vivant de la vie même de Dieu. Ce que nous tentons de conjurer par l'intromission de ce point de suture, c'est cette manière d'être chrétien si répandue, à vue d'homme difficilement vincible, que nous nommons « surnaturalisme » et qui consiste à faire de l'exténuation de l'ordre naturel, de sa défaite sulpicienne morbidement cultivée, la condition de la vie selon la grâce. Tous les biens du monde, aussi excellents soient-ils, peuvent faire l'objet d'une tendance peccamineuse, parce que le désir humain, qui est en soi et dans son fond désir de Dieu, risque de s'y investir et de les démesurer, ainsi de les dénaturer et de les corrompre, ce qui en retour les leste du pouvoir de le confisquer à leur profit si ce même désir renonce à s'arracher à eux afin de se réserver pour le seul Bien qui lui soit proportionné. Alors la tentation est forte, d'autant plus dangereuse qu'elle est fondée sur de bonnes intentions, de se mettre entre parenthèses afin d'évoluer dans le monde avec le moins de risques possible. Nous sommes là pour souffrir, pour gagner notre Ciel, et cela n'est pas contestable, mais la tendance est pour le moins forte de comprendre cette injonction dans son sens surnaturaliste : « N'allons jamais jusqu'au bout de nous-mêmes dans l'art d'habiter notre monde, demeurons en deçà de nos capacités, traversons la vie terrestre avec les yeux fermés, le dos courbé, occupés à des tâches subalternes ; laissons proliférer les désordres, les iniquités et les imperfections qui sont inhérents au monde en tant que monde, et dont la présence nous incite à vouloir le quitter. » Et c'est là produire le sous-homme pour prix de la sainteté, la fascination pour la faiblesse au nom de la charité, la complaisance pour la défaite au nom de l'humilité. C'est aussi une manière peut-être pieuse mais bien peu vertueuse de faire sien le jugement de Louis XV et de la Pompadour, après la défaite française de Rossbach en 1757 : « après moi le déluge » ; soit : « Ma vocation première étant d'aller au ciel et de préparer ma mort, peu importe que je lègue à mes descendants une société forte ou un pays moribond, tout cela est de toute façon destiné à passer, laissons les hommes terrestres s'occuper des affaires terrestres, mes rejetons feront comme moi ; peu importe que je vive dès l'âge de vingt ans selon un rythme de retraité, que je végète professionnellement ou que je réussisse brillamment, l'essentiel étant d'éviter le péché ; et même une vie effacée de raté est plus propice à la sanctification qu'une vie de capitaine d'industrie, de grand artiste ou de brillant soldat, qui dispose à l'orgueil en déchaînant les passions. »

Dans le but d'illustrer ce travers et de le rendre parlant non seulement pour la raison mais aussi pour la sensibilité — laquelle « parle » mieux que la raison quand il s'agit d'attirer l'attention sur ce qu'autrui n'a pas toujours envie d'entendre —, nous nous autoriserons à donner, non sans quelque humeur destinée à faire sourire, une série d'exemples quelque peu triviaux.

Ce sont les personnes dont on exige qu'elles soient empressées à présenter leurs excuses à ceux que la moindre maladresse ou impatience des premières aurait pu froisser, qui sont sommées de manière comminatoire, au nom du devoir de charité, de pardonner le plus généreusement possible à ceux qui les ont injustement et brutalement offensées. Ces personnes sont supposées n'avoir ni amour-propre ni susceptibilité, à tout le moins être capables de les piétiner en toute circonstance, cependant qu'elles sont mises en demeure de tenir le plus grand compte de la susceptibilité des autres ; c'est là un exemple des ravages du surnaturalisme qui subrepticement se subordonne l'impératif de charité pour faire valoir la volonté de puissance subjectiviste de celui que le surnaturalisme inspire ; on écrase l'ordre naturel au nom de l'ordre surnaturel pour lequel on ne revendique la primauté que dans le but de le subordonner, en masquant sa vraie raison d'être, à un instinct de vengeance qui n'ose s'assumer, une vengeance de faible qui veut se faire passer pour de la magnanimité. Il en est de même pour les femmes laides qui fustigent les beautés du corps au nom de celles de l'âme, non pour développer la vie spirituelle mais pour sommer les femmes belles de s'enlaidir parce qu'elles donnent des complexes aux premières et suscitent leur jalousie. Dans la ligne de ce comportement, on trouve aussi les ratés « talas » accusant leurs anciens condisciples plus ambitieux de manquer d'esprit surnaturel et de se perdre dans les vanités infinies des combats temporels. Et l'on trouve aussi les laïques obsédés de l'apostolat qui invitent, l'air hautain, leurs semblables à délaisser le combat politique pour se muer en factotums des curés de paroisse et en piétaille de l'Action catholique. On trouve enfin les « bons conseils » des sages répétiteurs de philosophie thomiste mâtinée d'« apparitionnite » aiguë, qui vous somment de vous incliner devant le « mystère » chaque fois qu'une aporie philosophique lancinante se met à vous dévorer l'esprit : « il y a des questions qu'il ne faut pas se poser ; c'est là du mauvais esprit » ; et, bien sûr, de condamner en vous une perverse tendance à céder à la « *libido sciendi* ». L'humilité devient ainsi la caution de l'envie, de la pusillanimité, de la lâcheté et de la paresse.

Il n'est pas étonnant, dans ces conditions, que le catholicisme attire si peu les foules, quelque douloureux (ils le sont de plus en plus) que soient les dysfonctionnements antinaturels, débilitants et répulsifs, du monde moderne antichrétien.

§ 73.6. Nous avons vu à quelles conditions le parfait doit maîtriser sa perfection, avoir la perfection qu'il est, pour ne pas dégénérer en son contraire : il faut que l'identité soit identité de l'identité et de la différence. Si l'identité était exclusive de la différence, elle serait *différente* de la différence, elle ne serait pas l'identité. Ce qui n'est identique à soi qu'en se différenciant des autres — et tel est bien ce dont l'identité est différente de la différence —, c'est ce dont l'identité tient dans le seul fait de n'être pas les autres, et c'est ce qui confesse son essentielle dépendance à l'égard des autres : tout son être est de n'être pas les autres, il est relatif à ce qu'il conteste, par là dépendant de lui. Mais alors il ne possède rien en propre qui le fixerait dans une identité positive puisque rien ne lui appartient qui ne soit le néant de ce que sont les autres, et, n'ayant rien en propre, il ne conserve rien qui le pourrait distinguer des autres avec lesquels, en dernier ressort, il se confond. Ce qui est véritablement, positivement identique à soi n'est vraiment tel, comme identité de l'identité et de la différence, que s'il se fait victorieux de cette différenciation intestine de lui-même qu'il opère en lui-même et à raison de laquelle il s'identifie momentanément aux autres. On reconnaît, dans cette identification négative des différences, le statut de l'être en puissance, dont le propre est de faire s'identifier les contraires et les contradictoires. Que l'identité concrète soit l'identité de l'identité et de la différence, cela signifie donc : l'acte est l'identité concrète de l'acte et de la puissance. Cela dit, l'identité de l'acte et de la puissance est elle-même contradictoire, comme l'est l'identité de l'identité et de la différence, et ce qui est contradictoire ne peut subsister que sur le mode de l'être en puissance. Le processus à raison duquel l'identité se concrétise, se fait identité effective, n'est donc pas achevé au terme de la réflexion à raison de laquelle l'identité est identification à soi à partir de sa différenciation interne.

Ce qui est identité de l'identité et de la différence doit nécessairement, en vertu du contenu de son concept, se déployer dans la forme suivante : puisque l'*identité* est identité de l'identité et de la différence, alors cette *identité* (de l'identité et de la différence) est elle-même *identité* de l'identité (de l'identité et de la différence) et de la différence (de l'identité et de la différence). Mais cette exigence n'est autre que la nécessité, pour le résultat du processus, de se réfléchir dans son processus, ainsi de confirmer le moment de sa différence, comme il l'a été exposé ici dans le § 73.3 : A n'est A qu'à être, par réflexion sur soi, non (non-A) ; mais non (non-A), comme position de l'origine en tant que résultat du mouvement circulaire, est aussi, en tant que résultat d'un mouvement, l'opposé de son origine, ce qui fait que non (non-A) (extrême supérieur de l'orbite) est aussi non-A ; A est non-A, ce qui est contradictoire, et cet autre non-A, extrême inférieur de l'orbite en lequel s'aliène l'origine A, sera aussi A puisque ce A (origine) qui s'aliène ou se nie en lui est aussi non-A. On obtient donc que A, qui s'est révélé être non (non-A) et en même temps non-A, s'aliène en non-A qui est aussi A. Mais cela revient à dire qu'en confirmant le moment négatif de sa réflexion, A *s'objective* en lui, se libère de soi-même en lui, se réfléchit dans son processus, se met à avoir (ainsi à n'être pas) la contradiction qu'il est. En étant attentif à la signification de l'expression « identité de l'identité (de l'identité et de la différence) et de la différence (de l'identité et de la différence) », on s'aperçoit que cette expression ne dit pas autre chose que l'acte de se réfléchir dans son processus : le retour à l'origine par réflexion sur soi est par définition identité de l'identité et de la différence ; mais la différence de l'identité et de la différence est par définition la confirmation du moment de la différence ; dès lors, l'identité de l'identité (de l'identité et de la différence) et de la différence (de l'identité et de la différence) est bien cet acte pour le résultat de se libérer de sa contradiction en réduisant à un moment du processus dont il est le résultat ce résultat du processus dont il est l'origine. Et de même que l'identité contradictoire de l'identité et de la différence se pose comme non contradictoire en se réfléchissant dans son processus, de même l'acte contradictoire de l'acte et de la puissance se pose comme non contradictoire, ainsi acte pur, en se réfléchissant dans son processus. Est acte pur ce qui se fait victorieux de toute puissance qu'il assume, ainsi ce qui se fait contradictoirement identité de la puissance et de l'acte, et achève sa réflexion en se libérant de sa contradiction par l'acte de confirmer le moment de sa pure puissance ; si l'identité des contradictoires subsiste comme être en puissance, l'identité de toutes les perfections pourtant formellement différentes subsiste non contradictoirement dans l'acte pur. Et c'est pourquoi l'acte pur est aussi, non contradictoirement, puissance active infinie, comme l'enseigne saint Thomas.

De telles considérations, dont l'exposé donne le tournis au point de susciter l'exaspération, donnent envie de ne voir que verbiage en elles. C'est pourquoi il nous paraît opportun de les illustrer par une analogie.

Considérons les relations qu'entretient de manière générale une image avec son modèle. S'il était donné à une image d'avoir des désirs (lesquels ne subsistent en vérité que dans l'auteur d'une telle image, qui aspire à ce que le résultat de son travail soit le plus ressemblant possible), elle ne désirerait rien tant que de ressembler à son modèle au point de parvenir à se faire passer pour lui. Mais si l'image était, en tous points, identique au modèle, elle se confondrait avec lui : « *unumquodque secundum idem habet esse et individuationem* » (saint Thomas, *Q. D. de Anima, quaestio unica*, a. 1, ad 2) ; c'est selon le même principe qu'une chose, quelle qu'elle soit, contracte l'acte d'exister et son individuation (qui en fait un individu) ; puisque l'*esse* de chaque chose est strictement proportionné à son essence, alors, qu'il y ait deux *esse* — ainsi deux choses — suppose qu'elles diffèrent l'une de l'autre par leurs essences ou notes quidditatives respectives. L'image ne peut subsister dans son être d'image qu'en différant de son modèle auquel, pourtant, elle entend ressembler au mieux, cependant que l'image, si elle pouvait vouloir, entendrait, quant à elle, demeurer image et ne pas se fondre avec son modèle en lequel, ce faisant, elle perdrait son existence, et son excellence d'image qui est tout entière dans sa puissance de ressembler au modèle. Autant dire que l'image est habitée par un souci contradictoire, puisqu'elle tend fonctionnellement à s'identifier pour s'y perdre à ce à quoi elle entend, entitativement, se contre-distinguer. Remarquons que ce qui est contradictoire est ce qui est doté d'un double pouvoir d'attraction et de répulsion à l'égard de soi-même. Et l'unique manière non contradictoire, ainsi possible, de faire se réaliser une telle contradiction, est celle du mouvement circulaire en lequel ce qui est primitivement identique à soi se repousse de soi en se lançant dans un processus qui, comme régression en direction de l'origine du processus, satisfera au réquisit de l'attraction : se repousser de soi *est* s'attirer soi-même. Et la manière dont, supposé qu'elle soit consciente et voulante, l'image tendra à se libérer de sa contradiction, sera de se réfléchir dans son processus, ainsi de confirmer le moment de sa différence d'avec le modèle par l'acte à raison duquel elle tend à s'identifier à lui ; ce qui sera, parce que seul l'immatériel est réflexif, se convertir en idée, laquelle n'est pas simple représentation du modèle, mais présentation de l'essence du modèle. Tel est le prodige de l'art : non pas imiter la nature en sa phénoménalité, mais incarner phénoménalement l'essence de ce dont l'artiste s'inspire. Le beau portrait n'est pas la représentation mimétique ou anthropométrique du visage en tant que visage, mais l'incarnation de l'essence spirituelle de celui dont on fait le portrait, ce qui exigera que le visage ne soit pas simplement reproduit, mais réinventé, c'est-à-dire redécouvert, et redécouvert, en tant qu'extérieur, pour faire apparaître l'intérieur. Ces développements ne devraient pas faire difficulté.

Une chose doit être ajoutée, un peu plus délicate spéculativement, qui illustre mieux notre propos :

La nature d'une chose est sa fin, la fin d'une chose est donc sa nature. La finalité de l'image est d'imiter le modèle, donc sa nature ou essence est d'imiter le modèle. Mais il est définitionnel de l'image d'assumer une contradiction pour être image.

CHAPITRE XVIII

Donc il est de l'essence du modèle d'avoir la forme d'une négation souveraine de sa contradiction interne, puisque tout l'être de l'image est d'imiter. L'image n'a qu'une beauté — ainsi une bonté — participée, seul le modèle peut être absolument bon. Il en résulte que l'absolue bonté n'est telle qu'à proportion de son pouvoir d'assumer dans elle-même tous les degrés de bonté, jusqu'à ce degré nul à partir duquel elle se rédempte en se reconduisant réflexivement à soi.

§ 73.7. Voici une autre analogie qui, peut-être, saura faire saisir de manière intuitive ce que nous avons laborieusement tenté d'exposer de manière discursive.

Il en est du point de suture entre le fini et l'infini comme il en est de ce point de suture entre le temps et l'éternité, qui n'est autre que l'instant.

Le temps est habituellement présenté comme ce dont les parties sont le passé, le présent et le futur. Et cela est difficilement contestable, comme on s'en aperçoit chaque fois que l'on se propose de mesurer le temps en consultant une horloge. Si l'on s'interroge sur l'essence du temps, on comprend, avec Aristote, que le temps n'est pas tant une chose mesurable qu'une mesure de quelque chose. Il est la mesure du mouvement selon l'antérieur-postérieur (du mouvement). La mesure intrinsèque du mouvement est la grandeur (trois cents kilomètres d'Angers à Paris). Sa mesure extrinsèque est le temps (deux heures trente de voyage en automobile). Parce que le temps n'est pas chose mesurée mais mesure, il n'a pas, à proprement parler, de parties, et en fait seul le présent existe : le passé n'est plus et le futur n'est pas encore. Pourtant, s'il n'y avait que du présent, il n'y aurait pas de temps. On a du mal à ne pas dire du temps qu'il s'écoule. En vérité c'est la réalité en devenir qui s'écoule. « Deux heures trente », c'est la mesure du mouvement de l'aiguille d'une montre sur le cadran qu'elle parcourt deux fois et demie, mais de telle sorte que, par ce mouvement, on en mesure un autre, à savoir le trajet. Il y a deux fois et demie le mouvement de parcourir le cadran dans le mouvement d'aller d'Angers à Paris. Mais cela suppose l'établissement d'une simultanéité entre l'origine d'un mouvement et celle de l'autre. Cette simultanéité n'est autre qu'une coïncidence entre les deux origines. Et parce que cette coïncidence n'est pas physique, elle est psychique. L'acte originaire de ce qui est en puissance à être à Paris en tant qu'il est en puissance, et l'acte originaire de ce qui est en puissance à être sur le chiffre « douze » en tant qu'il est aussi en puissance, sont deux actes qui coïncident et s'identifient dans et par le fait de subsister dans un seul acte de conscience. Et c'est l'unicité de cet acte qui fait qu'ils s'identifient l'un à l'autre. L'acte psychique de les rendre présents l'un à l'autre, ainsi de les faire coïncider l'un avec l'autre, est précisément ce que l'on va nommer le présent, en l'occurrence l'instant.

L'instant est dans le temps sans être du temps, en ce sens qu'il n'est pas un morceau de temps. Il est terme du passé qui s'achève en lui, s'y accomplit et s'y supprime, et il est principe du futur auquel il appartient à ce titre, s'il est vrai que le départ d'un voyage, l'acte de partir, est l'auto-négation du fait de reposer en ce dont on part. L'instant est la limite commune au passé et au futur ; une limite est ce en quoi se supprime et s'accomplit ce qu'il limite ; en tant que ce qu'il limite s'accomplit en lui, il est bien constitutif du passé et du futur et il est dans le temps ; en tant qu'il est ce en quoi se supprime ce qu'il limite, il est l'autre tant du passé que du futur, et il n'est pas du temps. L'instant, qui n'est posé que pour disparaître, qui consiste dans l'acte de se renier en futur alors qu'il est aussi ce en quoi se renie le passé, appartient ainsi au passé et au futur qui pourtant s'excluent l'un l'autre et dont la réunion constitue le temps, donc il est bien attesté qu'il n'est pas du temps ; au reste, s'il était du temps, il faudrait distinguer en lui un passé et un futur, et il faudrait convoquer une autre limite commune au passé et au futur, et l'on serait renvoyé à l'infini. L'instant n'est pas du temps, et pourtant il est dans le temps ; il n'est ni du passé ni du futur et pourtant tous deux s'identifient en lui ; et ils s'identifient en lui en se reniant en lui. On reconnaît bien là les caractères de ce que nous avons nommé « point de suture ». Mais s'il est « point de suture » entre passé et futur, il est aussi et surtout point de suture entre temps et éternité, et c'est sous ce rapport qu'il est l'analogue fidèle du point de suture entre nature et surnature.

CHAPITRE XVIII

Si le temps contient ce dans quoi il s'éclipse, il est tel, pour cette raison, qu'il est ce qui contient sa propre négation. Mais ce qui contient sa négation est ce qui est circulaire, ce qui se quitte pour revenir à soi en changeant de sens, ce qui est rédemption de son autre en lequel il s'aliène ; donc le temps se révèle avoir la forme d'une orbite dotée de deux extrêmes supérieur et inférieur : l'instant supérieur s'identifie réflexivement à soi par la médiation de l'instant inférieur, ce qui signifie que l'intemporel se nie en passé qui s'achève dans le présent qui se nie dans le futur, lequel est tendu vers l'extrême de l'à venir qui n'est autre que l'origine du temps lui-même, à savoir l'intemporel ou l'éternel. Mais alors cet éternel, origine du mouvement orbital, est l'identité contradictoire du passé et du futur. Ainsi qu'on l'a vu plus haut (§ 73.3), s'il se libère de sa contradiction qu'en retour il libère en se réfléchissant dans son processus, en confirmant le présent tel cet instant qui se révèle bien être une objectivation de soi de l'éternel puisqu'il n'est posé que pour se renier, se révèle ainsi contradictoire lui aussi. Cet instant, extrême inférieur de l'orbite, n'est jamais le même, il est l'acte infiniment réitéré de conversion de soi du passé en futur, acte chaque fois nouveau ; mais il est aussi toujours le même en ce qu'il n'y a que du présent puisque passé et futur ne sont pas : la première négation de soi de l'origine est la position de cet instant chaque fois renouvelé, toujours différent ; la confirmation de cette négation de soi de l'origine, qui est aussi libération de soi de cette même origine entendue comme contradictoire, est la position du présent entendu comme présence même du temps, présence intemporelle du temps. En se libérant de sa contradiction, l'origine se révèle éternité, et le présent se révèle mémoire de l'éternel, reflet de l'éternel dans ce qui passe, « image mobile de l'éternité immobile », comme le dit Platon dans le *Timée*, immanence de l'éternel au devenir intérieur du monde. Le temps est ainsi enveloppé par l'éternité qui en retour se fait accueillir par le temps. Ce n'est pas le monde qui est dans le temps, c'est le temps qui est dans le monde, et ainsi le monde a « toujours » existé. De la même façon, l'infini est victoire sur le fini qu'il assume et ainsi enveloppe, qu'il consent corrélativement à habiter dans et comme l'extrême de sa finitude, par là dans et comme ce néant qui, comme néant de toute chose, se fait l'objet de sa propre négativité, s'intronise néant de néant, c'est-à-dire immédiatement position de l'infini.

Si l'on consent à admettre que l'infini et l'éternel sont au temps comme la surnature l'est à la nature, on consentira aussi à admettre que, de même que l'instant et le néant sont point de suture entre éternité et temporalité, de même l'entéléchie de la nature, comme néant de nature dans la nature, est point de suture entre nature et surnature, de sorte que la surnature peut être immanente à la nature sans cesser de lui demeurer transcendante et incommensurable. L'éternité est révocation victorieuse de la temporalité qu'elle assume en elle-même selon un mode qui nous est inconnu, comme Idée intemporelle de la temporalité. Et la surnature est révocation de ou victoire sur toute nature qu'elle pré-contient de toute éternité selon un mode qui nous échappe, comme Idée divine des choses créables.

Reste à définir cette instance de néant de nature dans la nature dont nous venons de parler.

L'intellect possible, selon saint Thomas, est cette puissance spirituelle de l'âme qui reçoit les intelligibles et les pense par l'acte unique de se les objectiver en s'objectivant elle-même en eux parce qu'elle s'est intentionnellement identifiée à eux. Mais l'intellect agent, qui est toujours intelligent en acte puisqu'il est principe d'actuation des intelligibles en puissance dans le phantasme, est en droit — et nous suivons là Dietrich von Freiberg au-delà de saint Thomas — intelligible en acte, puisque l'acte de l'intellect et celui de l'intelligible sont un. L'intellect agent, comme étant toujours en acte, est intellection, et intellection de soi : il est sujet-objet. Et toute intellection s'accomplit dans la prolation immanente d'un verbe, lequel sera précisément l'intellect possible, objectivation de soi de l'intellect agent. Cela dit, si l'intellect possible était doté d'une forme entitative propre, il serait immédiatement intelligible en acte puisqu'il est immatériel ; étant intelligible en acte il se connaîtrait lui-même immédiatement. Et l'expérience nous apprend que nous n'avons conscience de nous-mêmes qu'en ayant conscience de quelque chose que nous ne sommes pas : toute conscience est conscience de quelque chose, comme le dit Husserl redécouvrant l'intentionnalité par Brentano. Donc la forme de l'intellect possible est la forme qu'il reçoit. C'est ce qu'enseigne Cajétan, que nous suivons sur ce point : « (...) l'intellect, procédant de la puissance à l'acte, procède en fait à l'achèvement de son être (...) l'acte d'intelliger n'est rien d'autre que son être, et l'espèce <intelligée> la forme selon laquelle il est cet être » (*Commentaria in de Anima Aristotelis*, vol. III, éd. G. Picard et G. Pelland, Paris, Desclée-Debrouwer, 1965, p. 100). Il est en lui-même sans forme, il est puissance à être de l'intellect aussi longtemps qu'il est intellect en puissance. Autant dire qu'il est néant, comme l'a entrevu Sartre. Mais on se souvient qu'il est ce dans quoi l'intellect agent s'objective, ainsi la position dans sa négativité de l'intellect agent mais, comme néant, il est aussi, « matériellement » considéré, ce moment de non-déité assumé par Dieu. Dès lors, quand l'âme séparée du corps se révèle transparente à elle-même, sans l'opacité de la matière, elle se connaît jusque dans le *terminus a quo* de sa genèse, en ce néant dont elle est tirée, qui est aussi l'intellect possible et le divin dans le moment de son absence à lui-même. Ce qui distingue absolument le moment négatif de la réflexion ontologique positionnel du créé, de celui de la réflexion ontologique de l'Incréée, c'est que le second seul est raison suffisante de sa réflexion. Nous tenons là non seulement l'existence du point de suture entre nature et surnature, mais nous savons l'identifier dans son essence ; l'intellect possible est néant, et la béatitude naturelle consiste dans le fait qu'il se saisit « *ad tergum* ». Et c'est là le point de départ possible d'une déiformation gratuite.

§ 73.8. Il nous reste à montrer que notre solution ici proposée au problème du point de suture entre nature et surnature, à savoir l'intromission de la réflexion ontologique dans l'hylémorphisme, est en quelque sorte appelée par les non-dits du thomisme lui-même. Nous serons bref, parce que ce sujet ferait à lui seul, probablement, l'objet d'un gros livre. Au reste, une telle réponse aux « tensions » du thomisme, qui n'est pas nôtre mais d'inspiration hégélienne, est, à nos yeux, riche de maintes autres résolutions dans presque tous les domaines de la philosophie, et leur exposition excéderait évidemment le propos de cet ouvrage.

L'hylémorphisme, comme on l'a vu, explique le devenir et la diversité par la convocation de principes d'être *un* être, qui ne sont pas des êtres puisqu'ils sont principes d'être ; ils sont de l'être (sans quoi ils ne seraient pas, n'étant rien), sans être des êtres. Existe en soi ce qui est substance, existe en un autre ce qui est accident ; l'être de l'accident est l'être de la substance dont il est l'accident. Mais, parce qu'il ne revient d'exister en soi qu'à un individu, à *un* être, les principes d'être *un* être n'existent pas en soi, bien qu'ils ne soient pas des accidents. Ils existent de l'existence même de cet être qui résulte de leur composition. Et l'on ne voit pas que des principes d'être *un* être puissent tenir leur être de principes de cet être dont ils sont les principes, car alors ils sont principes de ce qui est leur principe.

À ce sujet, Paul Grenet, dans son livre *Ontologie* (Beauchesne, 1959, p. 45) se fait à lui-même une objection :

« Si l'être changeant et l'être multiple sont composés, leurs composants sont de l'être ou du non-être. Or ils ne sont pas de l'être, car leur composition donnerait deux êtres au lieu d'un. Et ils ne sont pas davantage du non-être, car du non-être ajouté à du non-être, cela donne toujours du non-être. »

Grenet répond :

« Nous refusons de partir d'une notion *a priori* de l'être. L'expérience nous enseigne que l'être n'est pas simple puisqu'il est changeant et multiple. C'est notre idée trop schématique qui doit céder à l'expérience, et non l'inverse. Cela dit, nous concédons que les composants de l'être sont du non-être, si par être on entend *ce qui est* : ni l'acte ni la puissance ne sont "ce qui est". Mais nous demandons que l'on nous accorde que les composants de l'être sont de l'être dans le composé qu'ils forment : ils sont "ce-par-quoi-est" ce qui est. »

Nous avons quant à nous du mal à ne pas demeurer perplexe, car s'il faut certes céder à l'expérience pour rester dans la vérité, et ne pas substituer au réel une construction qui en éliminerait les obscurités, encore faut-il que cette ouverture à l'expérience ne nous fasse pas buter sur l'absurde, car ce serait là confesser que le réel est inintelligible, irrationnel, impensable. Or pour qu'une proposition soit vraie, encore faut-il que ce soit une vraie proposition. Une proposition impensable n'est pas une vraie proposition. Si l'ouverture à l'expérience en vue de connaître la vérité nous fait aboutir à l'absurde, c'est que la vérité est inaccessible. Or des principes d'être sont antérieurs par définition, selon la causalité sinon selon le temps, à ce dont ils sont les principes, puisque, par définition, est principe ce dont procède quelque chose dans son être, son devenir ou ses opérations. Et des principes d'être *un* être qui ne sont de l'être que par l'être dont ils sont les principes, ce sont des principes qui sont postérieurs à ce dont ils sont les principes. Et ils se révèlent, en cet état, impensables.

Louis Rougier dont, pour le moins, la philosophie (nominaliste) n'est pas la nôtre, formule une objection analogue qui nous paraît recevable pour la même raison que celle que nous avons évoquée à propos de Grenet :

« Qui dit distinction réelle dit distinction de deux réalités, dont chacune ne peut être redevable à l'autre de la réalité qui la constitue <on serait en effet confronté à un cas d'action réciproque selon lequel il faut avoir A pour accéder à B quand la possession préalable de B est requise pour accéder à A, ce qui rendrait A et B impossibles>, mais qui, en se réunissant, constituent le composé réel qu'est la créature. On se demande qu'est-ce qui peut bien <sic> constituer la réalité de l'essence dans l'être concret existant, indépendamment de l'existence qui l'actualise ? » (*La Faillite de la scolastique*, Pauvert, 1966, p. 113, repris des éditions Gauthier-Villars, 1925). L'essence étant à l'*esse* comme la puissance à l'acte, Rougier se demande comment l'étant, composé d'essence et d'*esse*, peut résulter de principes qui en retour ne subsistent que par lui. Car en effet ni l'essence ni l'*esse* ne sont des êtres, mais des principes d'être *un* être, un étant. Et c'est bien ce qu'enseigne saint Thomas :

« *Non sic dicitur quod esse sit, sed quod per esse aliquid sit* » (*De Divinis nominibus*, n° 751). On ne dit pas que l'acte d'être est, mais que par l'acte d'être quelque chose est. Essence et existence, puissance et acte, sont des principes d'être un étant et ne sont pas des étants.

« *Ipsum esse non significatur sicut subjectum essendi, sicut nec currere significatur sicut subjectum cursus. Unde sicut non possumus dicere quod ipsum currere curret, ita non possumus dicere quod ipsum esse sit* » (*Comm. De Hebdom.*, lect. II, léonine n° 271). « On n'use pas du terme d'acte d'être pour signifier le sujet qui exerce l'existence, de même qu'on n'utilise pas le terme d'acte de courir pour désigner le sujet qui court. Et de même que nous ne pouvons dire que l'acte de courir court, de même nous ne pouvons affirmer que l'acte d'être est. » Dieu existe, saint Thomas l'affirme avec force et dit pourquoi ; Dieu est « *ipsum esse (per se subsistens)* », saint Thomas est le champion de cette thèse : Dieu est l'acte d'être, et Dieu est, donc l'acte d'être est ; mais il affirme en même temps qu'on ne saurait affirmer que l'acte d'être est…

De manière générale, il est définitionnel de l'acte, en tant qu'il est acte, d'être exercé par la puissance qui est son sujet et qui le reçoit. On conçoit que ce qui est parfait, dénué de toute puissance qui dit imperfection et limitation, ne soit pas reçu dans un sujet mais soit lui-même sujet : Dieu est Sa Bonté. Mais on conçoit difficilement, compte tenu de ce qui précède, que cet acte ne soit pas exercé, car il faudrait dire que la course court et que l'exister existe, ce qui est inintelligible. Mais alors, s'il n'est pas impossible que le parfait ne soit pas reçu dans un sujet, il est impossible qu'il ne soit pas exercé par un sujet qui ne peut pas ne pas avoir raison d'essence quand la perfection considérée est l'acte d'être. Ce qui implique que l'essence ne soit pas par soi et toujours réductible à une puissance passive de l'exister. Mais alors comment peut-elle jouir de la perfection de l'*esse* sans être elle-même *esse*, sinon parce que l'*esse* en tant qu'*esse* comprend son essence et consiste dans l'identité concrète de l'essence et de l'*esse*, telle une identité de l'identité et de la différence ? Saint Thomas déclare lui-même sans s'y arrêter que Dieu est l'identité de l'être et de l'avoir : « *Relinquitur ergo quod Deus* **sit** *quidquid* **habet** » (*Somme contre les Gentils*, I, 2 : il reste en dernier lieu que

Dieu est ce qu'Il a). Saint Thomas ne dit pas seulement que Dieu est ce que les autres ont, mais que Dieu est ce qu'Il a. Cela n'étonne pas l'Aquinate, ne semble pas l'interpeller, alors qu'il sait qu'autre est ce qui possède, autre ce qui est possédé, et que l'identité du possédant et du possédé exige que le possédant se fasse dans lui-même autre que lui-même et opère cette identification des deux pour être effectivement et concrètement cette identité. Nous voyons bien ici que l'invitation à penser l'identité telle l'identité de l'identité et de la différence, l'acte telle l'identité de l'acte et de la puissance, l'infini telle l'identité de l'infini et du fini, l'intérieur telle l'identité de l'intérieur et de l'extérieur, l'universel telle l'identité de l'universel et du particulier, etc., est une invitation de nature hégélienne formulée par le thomisme lui-même. Et c'est en honorant cette invitation, en résolvant cette aporie, que nous résolvons la difficulté qu'entendait éviter Grenet et par laquelle Rougier croyait abattre le thomisme : si l'un des deux termes se fait sans contradiction l'identité concrète des deux, le dépassement d'une contradiction assumée, si donc il se confère la forme d'une réflexion (ontologique), il n'est plus contradictoire qu'il se fasse procéder de ce qu'il pose : l'acte se fait procéder de la puissance en laquelle il s'anticipe et qu'il abolit souverainement en la conservant comme non-être, de sorte qu'il ne reste que l'acte pur. Si en effet la puissance est essentiellement relative à ce qu'elle conteste, c'est de l'acte — qu'elle conteste — qu'elle tire sa vertu contestatrice, mais cela revient à dire que l'acte *se* conteste en elle, se fait en elle le négatif de lui-même, se pose en elle dans sa négativité, et que, habité par la puissance de se nier, il en vient à se nier jusque dans la position de lui-même en sa négativité, ce qui revient à faire se renier ce en quoi il se nie, pour se reconduire réflexivement à soi dans la position de lui-même — contradictoire — de l'identité de la puissance et de l'acte, contradiction dont il se libère, se transfigurant en acte pur non contradictoire, par le fait de confirmer le moment négatif de la position de la puissance, conformément à ce qui fut exposé ici au § 73.3.

§ 73.9. Ce schéma de résolution générale de la difficulté principielle de l'hylémorphisme permet de dissiper maintes apories inhérentes au réalisme. Nous les évoquerons pour mémoire, sans développement et sans justification. À ces évocations, nous ajouterons deux applications de ce schéma à des thèmes particuliers, afin d'en montrer la fécondité :

1) Le problème de la prémotion physique ou problème des futurs contingents : « *Deus est causa actus peccati, non tamen est causa peccati.* » « *Actus peccati et est ens, et est actus, et ex utroque habet quod sit a Deo* » (*Somme théologique*, I^a II^{ae}, qu. 79, a. 2).

En tant qu'il est de l'être, l'acte peccamineux relève de la perfection d'être et sous ce rapport il procède de Dieu, qui est l'Être et source de tout être, bien que Dieu ne soit nullement, moralement, responsable du péché. L'homme seul est cause première du mal (*ibid.*, I^a II^{ae}, qu. 112, a. 3).

2) L'âme séparée est d'une certaine façon plus parfaite qu'unie à son corps, et pourtant elle aspire à retrouver son corps, étant sous un certain rapport en état violent en tant que séparée.

3) Le moteur est d'autant plus immobile qu'il est plus moteur, et pourtant la causalité consiste dans l'immanence de l'acte moteur au mobile.

4) La forme ou essence reçoit son *esse* en tant qu'elle est sa puissance, et pourtant « *forma dat esse rei* ».

5) La forme est d'autant plus parfaitement unie à la matière qu'elle en est plus victorieuse (*Somme contre les Gentils*, II, 68). Nous nous permettons de renvoyer sur ce point le lecteur à notre annexe, § 75.2.

6) L'intellect humain est à la fois forme du corps (*Somme théologique*, I^a, qu. 76, a. 1) *et* puissance de l'âme (*ibid.*, I^a, qu. 79, a. 1).

7) L'acte créateur est dans la créature et il est la créature, il est du créateur et il est le Créateur, et le Créateur n'est pas la créature (*ibid.*, I^a, qu. 45).

8) Si la grâce perfectionne la nature dans l'acte où elle la surélève, elle la rend d'autant plus maîtresse de ses actes qu'elle l'investit plus abondamment ; elle invite la nature à se contredistinguer de la grâce, par là à s'autonomiser d'autant mieux que celle-ci se la soumet plus radicalement. Mais dire de la nature qu'elle s'autonomise (moyennant sa soumission excluant

qu'il puisse s'agir d'un refus de la grâce ou de la fin surnaturelle et de tout ce qui est requis pour l'atteindre), c'est dire qu'elle se renforce dans son aspiration à sa fin propre ; en tendant vers sa fin surnaturelle, la nature fécondée par la grâce passe donc nécessairement par la satisfaction de sa fin naturelle, d'où la nécessité d'un point de suture entre les deux ordres. *La nature restaurée et surélevée est par là invitée à aller jusqu'au bout d'elle-même dans sa ligne de nature et, spéculativement, cet aller au bout de soi-même prend la forme de la systématicité : une ontologie réaliste (thomiste) doit être possible dans la forme (idéaliste) d'un système.*

Si (§ 73.8) l'acte est identité concrète de l'acte et de la puissance, positionnel de la puissance dont il se fait provenir et qu'il abolit radicalement en la conservant en lui-même comme non-être (accomplissement de la matière dans son ordre de matière, qui, comme matière *prime*, la réduit au néant) et en se posant par là comme purement et exclusivement acte, ainsi acte pur, c'est que l'immobilité de l'acte pur a la forme d'une réflexion qui est celle-là même de la raison systématique, laquelle atteste la vérité de ses résultats en rendant raison de ce qu'elle présuppose ; il en résulte que l'ordre des raisons de connaître est bien identique à l'ordre des raisons d'être, et c'est cela seul qui fonde le droit de la raison à parler de l'être en tant qu'être, à se faire métaphysicienne sans pétition de principe puisque, comme on l'a vu (§ 72.6), en contexte seulement réaliste, la participation, l'analogie et la causalité — ces trois manières de remonter du monde sensible dont nous avons l'expérience au monde intelligible, au monde métaphysique — se présupposent l'une l'autre et se révèlent, en l'état, suspendues dans le vide. La raison dialectique est systématique parce que dialectique : elle fait se nier toute détermination qui ne rend pas raison d'elle-même pour faire se renier le résultat de cette première négation en direction du fondement de la première, et cela jusqu'au dévoilement de la détermination qui rend raison de soi parce qu'elle est inclusive de toutes les autres. S'autorisant de son pouvoir de convertir les extrêmes à leur identité concrète, la raison dialectique se révèle capable de poser comme un résultat ce que l'intellect abstractif ou intuitif permet au mieux d'atteindre sans donner les raisons de ce qu'il voit.

Il en va là de la possibilité même de la métaphysique :

La métaphysique a pour objet l'être en tant qu'il est être, l'« *ens commune* », mais ce dernier ne s'obtient que par une abstraction bâtarde, parce que l'être n'est pas un genre ; le concept d'être n'est qu'imparfaitement abstrait de ses inférieurs qui subsistent implicitement en lui, de sorte que ce concept, pour le thomiste de stricte obédience, n'a qu'une unité analogique. Or on vient d'observer que l'analogie se fonde sur ce qu'elle est supposée fonder, ce qui revient à dire qu'elle n'est que présupposée sans être véritablement établie ; puisqu'elle est supposée conditionner l'accession à un objet opératoire de la métaphysique, cet objet n'est que potentiellement objet de la métaphysique aussi longtemps que la doctrine de l'analogie n'est pas fondée. Précisons :

Ce que l'on nomme « *abstractio totius* » consiste à tirer le genre généralissime de ses inférieurs logiques, et l'on aboutit dans cette ligne, au-delà des prédicaments, à la matière, l'indéterminé pur qui coïncide avec le néant : le genre est bien matière de l'espèce. Ce qui est nommé « *abstractio formae* » consiste à séparer la forme de la matière, l'acte de la puissance, le déterminant du déterminé ; c'est là l'essence, le « ce qui fait que » les choses de même espèce ont même nature, c'est leur cause commune. Dans la ligne de cette forme d'abstraction, on aboutit, en cherchant l'être, à l'essence de l'acte d'être, ce qui *serait* l'« *ens commune* », objet de la métaphysique. On constate à cet égard que cet être, désignant tout être en tant qu'il est être, désigne l'essence de l'acte d'être en tant qu'acte d'être, ainsi désigne l'acte d'être en sa plénitude, et tout ce qui peut être participant d'une telle plénitude ; autant dire qu'il désigne la perfection d'être telle qu'elle est réalisée en Dieu et telle qu'elle est participable par des créatures. Nous disons « serait », parce que ce dont la notion d'être est supposée être tirée est encore de l'être, de sorte qu'elle n'en est pas vraiment séparée, et c'est pourquoi on obtient une notion confuse qui ne devient claire que proportionnellement, de sorte que Dieu n'est pas subsumé sous l'« *ens commune* ». Cela dit, pour prendre acte de la confusion de cette notion, encore faut-il que l'intellect soit en possession d'une idée de la clarté, ainsi d'un concept clair de l'être en tant qu'être. Ce que précisément conteste le réaliste, qui nous renvoie à la causalité pour établir, à partir des êtres connus par expérience, que l'acte d'être est la perfection des perfections et qu'il est Dieu dont nous sommes supposés n'avoir aucun concept, de sorte que Dieu est extérieur, pour le thomiste, à l'« *ens commune* ». Mais alors ou bien le concept d'être est un être de raison (il désigne un idéal irréalisable de la raison humaine), ou bien il est le concept d'être élaboré à partir du sensible et du fini et ne concerne que lui. S'il est un être de raison, la métaphysique dégénère en gnoséologie, en connaissance transcendantale, au sens kantien : connaissance non de ce qui est mais de notre manière de nous le représenter. S'il est le concept le plus général de ce dont nous avons l'expérience, qui est sensible, la métaphysique dégénère en physique.

Ce qui se produit en fait, c'est ceci : l'intellect du réaliste élabore un concept d'être dans la ligne de l'« *abstractio totius* » et il aboutit à l'indéterminé pur de la matière prime, c'est-à-dire au néant, mais il se dit à lui-même, ce faisant, qu'il vise l'acte pur absolument déterminé de l'être absolu dont il tient l'existence pour acquise en vertu d'un usage abusif — parce que non encore fondé — du principe de causalité. Cet être absolument déterminé serait obtenu si la voie de l'« *abstractio formae* » était en l'occurrence fréquentable, ce qui est impossible : abstraire la forme de la matière, la séparer, n'est pas possible quand ce sont d'une part l'être qui a raison de forme et d'autre part les êtres (tout ce qui est doté d'une manière d'être particulière) qui ont raison de matière, parce que les manières d'être un être sont encore de l'être et que l'abstraction n'en est pas une. Le concept confus, qui se veut l'être confusément saisi, est la confusion de l'esprit du réaliste se court-circuitant en constatant qu'il vise à travers ce à quoi il aboutit (le néant) le contraire de ce qu'il connaît. Notons à ce sujet qu'un concept de l'être en tant qu'il est être doit d'abord être le résultat d'une abstraction, il doit signifier l'être en tant que séparé de toutes les manières d'être particulières et cause de ces dernières qui sont ainsi potentiellement incluses en lui, de sorte qu'il doit, abstrait de chaque manière d'être particulière, être tout entier quoique non totalement en chacune : quelque différentes qu'elles soient les unes des autres, les choses ont au moins en commun d'être de l'être ; mais il doit aussi être tel qu'il les contient toutes puisque toutes les manières d'être de l'être sont encore de l'être. Il doit être intérieur à chacune des choses qui lui sont toutes intérieures. Il doit être identité de l'intérieur et de l'extérieur, ainsi extériorisation intérieure de lui-même. Mais cela n'est autre que la réflexion ontologique : être identique à soi dans sa différence d'avec soi ; il doit demeurer auprès de soi, dans sa différence d'avec ce en quoi il se différencie, tout en étant identique à ce en quoi il se différencie ; il doit être le processus d'assomption de toutes les « manières-d'être-de-l'être » ainsi identifiées les unes aux autres par l'unicité de ce qui se dit en chacune d'entre elles, quoique différentes de lui-même et des autres en tant que moments différents d'un même processus. Et ce processus doit être circulaire pour que ce devenir de l'être soit l'être même qui ainsi, en devenant, ne fait qu'être ce qu'il est, origine du processus. Et il doit être l'immobilité de l'acte pur à raison même de son identité avec le devenir, comme il l'a été ici montré au § 25. Ce qui *est* le devenir de soi-même, en tant qu'il *est* son devenir, est ce qu'il est par là qu'il devient et, en tant que devenir *de soi*, il est le devenir d'un devenir, tel un devenir qui devient, et pour cette raison il se résout en immobilité pure.

Osons cette observation iconoclaste :

Le thomiste tient pour acquis que les catégories de sa pensée sont celles des choses, et il tient pour acquis que les articulations logiques de ses raisonnements sont fondées dans la réalité ; il a bien raison de le croire, mais il oublie que c'est là présupposer implicitement, pour penser en métaphysicien, le pouvoir de systématicité de sa propre raison ; c'est ce pouvoir de systématicité qui seul établit que l'ordre des raisons de connaître est l'ordre des raisons d'être, et que le principe de causalité engage non seulement la raison qui pense l'être mais l'être que la raison pense. Or le thomiste étroitement thomiste ne veut pas le savoir parce qu'il redoute de s'enfermer, s'il est mis en demeure de manifester ce pouvoir, dans une entreprise qui le mènerait au panthéisme. Il serait dans la logique de ses légitimes certitudes d'élaborer son savoir métaphysique dans la forme d'un système, lequel intégrerait nécessairement le principe de raison suffisante (qui culmine dans l'acte de poser ce qui est présupposé) et, par voie de conséquence, ferait sa place à la preuve ontologique. Ce qui, dans cette démarche, suffit à conjurer le monisme à bon droit repoussé, c'est la constatation de ce que le système est capable de réussir sans que la raison humaine soit la raison suffisante de sa propre systématicité ; elle n'est pas la raison divine, elle est dans son sillage, et elle sait pourquoi : l'acte à raison duquel elle atteste sa toute-puissance opératoire *est* l'acte par lequel elle fait l'aveu qu'elle est incapable de se faire exister. Pour nous, l'idéal de la philosophie consiste dans la reconstruction du système hégélien, mais avec les catégories de la raison thomiste, et en prenant acte de la difficulté du système de Hegel, non pas en tant qu'il est système mais en tant qu'il est hégélien :

« Le logique, qui en sa vérité est le concept, est le fondement du réel. Ou plutôt, il faudrait dire, puisque le fondement est une détermination abstraite de l'essence, qui se révèle être en vérité le concept, que le logique n'est le fondement du réel que pour autant que ce fondement est en lui-même le concept. Mais précisément, cette tentation d'expliciter la catégorie concrète (rationnelle) de concept par la catégorie abstraite (relevant de l'entendement) de fondement, que nous avons aperçue chez Hegel lorsqu'il parle *essentiellement* du *concept*, exprime peut-être la difficulté, sinon l'impossibilité, de saisir *comme concept* le rapport du logique au réel, de la pensée et de l'être. Nous touchons ici, sans vouloir le développer dans la présente introduction, à un problème majeur — *le* **problème peut-être** — **posé par le hégélianisme** <les caractères gras sont de nous> » (Bernard Bourgeois, *Présentation de l'Encyclopédie des sciences philosophiques*, Vrin, 1970, p. 109).

9) Par la réflexion ontologique expliquant l'union de la matière et de la forme, il est attesté que le supérieur ne dépasse ses degrés de perfection inférieurs qu'en les assumant, faisant de ces derniers autant de moments d'un même processus. En tant que distincts l'un de l'autre, les degrés d'être sont assez différents qualitativement (qualité et quantité étant solidaires : au-delà d'un certain degré de changement quantitatif, on change de qualité) pour qu'il faille évoquer l'analogie de l'être ; en tant qu'ils peuvent être tenus pour les moments du même processus, ils peuvent être considérés comme l'expression d'une même chose, et l'on est fondé à parler d'univocité de l'être : univocité et analogie deviennent compatibles.

Nous avons ici (§ 73.7) montré que l'intellect possible est en soi néant, et que ce néant a divers statuts : il est, comme moment négatif de la réflexion ontologique, ce dans quoi s'identifient dans leur négativité l'essence et l'existence ; il est « *materialiter* » l'intellect possible ; il est le point de suture entre fini et infini parce qu'il est l'absolu dans le moment obligé de son absence à lui-même, par quoi il se rend maître de sa perfection, ayant ainsi la perfection qu'il est ; il est le terme de la béatitude naturelle quand l'âme séparée s'atteint opérativement « *ad tergum* », épousant noétiquement le processus par quoi elle est. Il est clair que la césure absolue entre créé et Incréé demeure, parce que si ces statuts du néant, en leur diversité, n'excluent pas qu'ils ne soient, « *materialiter* », qu'un, ils se distinguent radicalement par le fait que dans un cas le néant est intérieur à une réflexion qui fait advenir la créature à l'existence et dont la créature n'est pas la raison suffisante, alors que dans l'autre cas le néant est intérieur à cette éternelle réflexion qu'est la vie divine, raison suffisante d'elle-même. Et nous pouvons ajouter ici désormais un autre statut à ce néant : il est ce dans quoi l'être considéré dans le moment de sa négativité est *univoque*. Toute conscience est conscience de quelque chose, la conscience de soi pure s'éclipse : conscience pure en tant que conscience de rien, elle se révèle identique à un rien de conscience ; et l'« *ens commune* », dans cette perspective, n'est autre que la conscience de soi pure, quand la conscience réfléchit sur le sens de sa conversion en néant de conscience :

« Si l'on essaye de se représenter comment l'esprit est conduit à enchaîner ces séries de notions <être, non-être, principe de non-contradiction>, on est amené à se dire que c'est par une activité de distinction ou d'opposition (opposition allant de la contradiction absolue à l'opposition simple). Comme Hegel et Hamelin l'avaient pressenti, l'opposition a donc un rôle absolument fondamental dans la vie de l'esprit : elle est le principe même de son développement. Mais l'opposition en philosophie réaliste se fonde toujours sur le donné dont elle ne fait qu'affirmer la diversité antithétique » (Henri Dominique Gardeil, *Initiation à la philosophie de saint Thomas d'Aquin*, t. IV, p. 66, Cerf, 1966).

Mais si la notion de non-être survient à l'esprit sous la suscitation de la notion d'être, qui est première, c'est d'abord, s'il est vrai — thèse éminemment réaliste — que connaître est devenir l'autre en tant qu'autre, parce que, selon nous, l'être contient le non-être comme le moment obligé de la réflexion qu'il est ; et cela est corrélatif d'une présence de négativité dans l'être en tant qu'il est être, nommée pudiquement « opposition » par les thomistes. S'il est définitionnel d'une chose de n'être ce qu'elle est qu'en n'étant pas les autres, il est de l'essence de l'être en tant qu'il est être de n'être ce qu'il est, à savoir être, qu'en n'étant pas le néant. Mais la négation est essentiellement relative à ce qu'elle nie, et c'est à l'objet dont elle nie quelque chose, auquel elle s'identifie en tant qu'elle le connaît, que la pensée emprunte le pouvoir de le nier, ce qui revient bien à dire qu'il se nie en elle pour y être connu, et qu'il ne fait là que révéler, étant présent en elle, qu'il se nie en lui-même pour être ce qu'il est en tant que connaissable : il est négation de lui-même et négation de sa propre négation. L'être n'est pas le non-être parce qu'il ne serait pas être s'il ne *se* posait pas tel ce non-être qu'il nie.

Nous avons déjà évoqué ces points dans des travaux antérieurs, et nous n'excluons pas de les reprendre, envisagés pour eux-mêmes dans un ouvrage futur.

§ 73.10. Il y a tout de même un point, parmi les apories précédentes, dont nous nous autoriserons à esquisser ici une solution, parce qu'il concerne l'idée de mouvement spontané, plus précisément cette idée selon laquelle il n'est pas contradictoire qu'une certaine chose puisse être son devenir. Il s'agit du problème de la causalité.

La causalité est le caractère de ce qui est cause, responsable d'autre chose. Elle consiste dans le fait que l'être causant est doté du pouvoir de communiquer l'actualité à raison de laquelle il est ce qu'il est, ou bien quelque chose qui dérive de cette actualité ou forme. La science ou acte d'être savant, acte du savant en tant qu'il est savant n'est pas autre chose que le savant lui-même en tant qu'il est en acte. Cette science, sans cesser d'être inhérente au savant qui est moteur, se communique à l'élève, qui est le mû. Si le savant se contente d'avoir sa science sans l'être, il l'a reçue et n'est pas la raison de son savoir ; il faut remonter à une autre cause, mais nous savons que nous ne pouvons régresser à l'infini, donc il faut s'arrêter à un premier moteur qui est le savoir que les autres se contentent d'avoir. Cela dit, s'il est son savoir, comment peut-il le communiquer sans se communiquer lui-même, s'aliéner lui-même en son don ? Il faut bien qu'il ait ce qu'il est pour le communiquer. Si l'on veut bien se souvenir de la suggestion ici proposée, à savoir de l'idée selon laquelle les principes de l'hylémorphisme ne sont opératoires que s'ils s'intègrent dans la réflexion ontologique, on dira que le moteur en acte, ou acte du moteur, demeure auprès de soi en se communiquant, parce que ce qu'il communique est sa propre négativité, le moment à lui intestin de sa différence d'avec soi. Cette négativité immanente au mû fait se renier la privation — une négation — dans le mû, ainsi lève le manque de ce à l'égard de quoi il était en puissance, et c'est cette communication de négativité qui est raison de l'éduction d'une nouvelle forme dans le mû, qui peut être spécifiquement identique à celle du moteur, mais qui s'en distingue numériquement. On peut observer la même chose en remarquant que ce qui donne sa perfection sans la perdre, et qui ne la perd pas parce qu'il l'est, c'est ce qui demeure identique à soi et intérieur à soi en se donnant et en s'extériorisant, et, qu'il soit ainsi, cela suppose qu'il soit identité à soi réflexive, don de soi-même à soi-même (il se fait poser par la négation de soi de ce qu'il donne à soi en se reniant en lui) indépendamment de ceux auxquels il se donne, de sorte que, étant l'acte de se donner à soi, plus il donne, plus il est, plus il est généreux plus il possède. Tel est à notre sens le contenu de ce que Grenet nommait le « mystère » de la causalité.

Cela dit, observons que la privation a un double statut. La privation est le contraire de la forme à venir, le « *non esse actu* », contraire du « *id quod per fit actu* », et elle se distingue de la matière prochaine (« *ens in potentia* ») dans la considération de notre esprit, mais elle ne fait qu'un, dans la chose, avec cette matière même. C'est que, en effet, la forme individuée par cette matière *est* la matière actualisée par cette forme. Il y a la matière indéterminée actualisée par la forme de l'ovule, et cet ovule est la matière prochaine dont sera éduite la forme ou âme du vivant nouveau. L'ovule est privation de la forme du petit d'animal, mais il est une même chose avec sa matière prochaine. En tant que négation d'un manque, la causalité (communication de la forme du nouveau vivant) est apport d'une détermination supplémentaire qui comble ce manque ; en tant que négation d'une forme (celle de l'ovule, laquelle, individuée par la matière dont est tiré l'ovule, est une même chose avec cette matière actuée par la forme de l'ovule), l'information nouvelle (causalité du mâle, c'est-à-dire communication de la négativité du moteur) fait s'actualiser, dans la matière de l'ovule, cette pénurie d'information qu'est la matière prime, laquelle, en tant que prime, est néant. Et la reviviscence du néant dans la chose est immédiatement négation de négation, néantisation du rien, genèse d'une forme nouvelle. Comprenons que le comblement de la privation est une même chose avec la revitalisation du néant et de l'acte d'exercer sur lui-même sa propre négativité.

Notons que si l'essence et l'exister se distinguent, en revanche le néant d'essence est identique au néant d'exister. Et la négation de ce néant est identiquement position d'un exister et éduction d'une forme ; l'acte créateur et l'éduction d'une forme nouvelle sont concomitants et même se confondent si cette éduction est pensée comme négation de soi du néant. Ce qui permet de comprendre que tout exister advienne par une forme qui pourtant ne le possède pas (elle n'est pas créatrice, elle est cause « *in fieri* » et non « *in esse* ») puisqu'elle est elle-même en puissance à son exister. On n'use pas du mot « éduire » pour parler de la genèse de l'âme humaine, qui est dite spirituelle et directement créée. Et cela est légitime, pour signifier que l'âme spirituelle n'est en puissance dans aucune matière déterminée. Mais en fait, il n'est aucune éduction de forme non spirituelle qui ne suppose l'acte créateur donateur d'exister (les réalités sensibles ne sont pas moins créées que les réalités spirituelles), et en retour tout peut bien être dit « éduit », même les formes spirituelles, si l'on dit qu'elles le sont de la matière *prime*, en convenant que la matière prime est néant, dépossédée de son être de matière par le fait d'être radicalisée comme pure matière.

Notons donc que la négation du néant est précisément ce qu'il est convenu de nommer création, acte de tirer quelque chose de rien.

Ces éléments de réflexion nous permettent de comprendre peut-être quelque chose sur quoi, semble-t-il, le thomisme n'est guère loquace :

Rien ne passe à l'acte que par une chose en acte qui doit posséder la perfection qu'elle communique. Le savant ne fait passer l'ignorant au statut de savant que parce qu'il possède la science. Pourtant le catalyseur, qui ne possède pas l'information de la forme de l'eau, suffit à faire que le mélange d'oxygène et d'hydrogène passe du statut d'eau en puissance à eau en acte. Et de la même façon, selon les principes du thomisme, la synthèse de la vie est métaphysiquement possible, en ce sens qu'il suffit au biologiste de disposer intelligemment les éléments du vivant en puissance pour rendre nécessaire l'éduction d'une âme végétative ou animale. Il est pourtant bien clair que cette disposition intelligente n'est pas en possession de la forme d'un vivant. Comment cela s'explique-t-il ? Il faut doter, comme semble bien le faire Aristote, la matière d'un dynamisme que précisément la forme qui habite cette matière, cependant qu'elle la parfait en tant qu'elle lui donne d'être, l'empêche d'exercer. Et le catalyseur suffit alors, quoique ne possédant pas l'information nouvelle, à rendre possible l'apparition d'une forme plus complexe, parce qu'il soustrait la matière ainsi exténuée en néant, en attente de son auto-négation, à la forme ancienne qui ne lui donnait d'être quelque chose qu'en oblitérant en elle l'appétit de toutes les autres choses qu'elle pouvait être.

Nous dirons donc que la disposition requise pour rendre une matière adéquate à la réception d'une forme nouvelle est la cause efficiente de l'éduction de cette forme nouvelle. La négativité libérée dans le mû par la cause est suppression de la privation considérée comme manque, par là elle est la levée de ce qui empêche la matière d'être appétit d'une forme de degré supérieur et de contracter cette plasticité la disposant à être habitée de nouveau par une forme, mais plus complexe que la précédente ; comme suppression de la privation entendue comme forme, elle est libération de la matière comme prime, ainsi comme néant qui est immédiatement néant de soi-même et position de la forme nouvelle. Rendre la matière adéquate à la réception d'une forme nouvelle, c'est la disposer intelligemment, mais cette disposition est précisément ce que fait la négativité en tant que négation de privation comme privation ou manque. Cela explique que le simple catalyseur puisse être cause de l'éduction d'une forme plus complexe que celle par laquelle il est habité, et que la disposition intelligente, opérée par l'homme, de la matière, puisse en venir à rendre possible la genèse d'un vivant dont l'information intrinsèque est de beaucoup supérieure à celle, accidentelle, que peut lui imprimer le biologiste apprenti-sorcier. La forme s'oppose à la privation et non à la matière, en ce sens que la matière considérée comme prime subsiste sous la privation et sous les formes, mais la forme s'oppose à la matière elle-même, en tant que matière prochaine, s'il est vrai que la différence entre privation et matière désignée est de pure raison.

Ce que nous tentions ici d'établir, c'est que la matière, en vertu de ce dynamisme qu'il faut bien lui reconnaître, livrée à elle-même, sans le besoin d'un moteur extrinsèque — sinon celui qui est nécessaire à la réactivation de la matière prime dans la matière désignée — *est son propre devenir*. Elle tend d'elle-même à plus qu'elle-même par réflexion sur soi de la négativité qui la constitue. Il lui suffit d'être privée de ce qu'elle appète pour le devenir ; et sous ce rapport la doctrine de l'« *impetus* » ne contredit pas la physique aristotélicienne. On comprend dans ces conditions, s'il est vrai que l'acte est en soi victoire sur la puissance qu'il abolit dans le moment où il la pose — telle est cette réflexion dans son processus du processus de la réflexion (§ 73.3), nommée « contrecoup (de l'essence) » par Hegel —, que l'acte pur innocent de tout devenir soit non tant ce qui recule d'effroi devant le devenir que ce qui le fait se sublimer en le maximisant. Ce qui au fond n'a rien d'étonnant si l'on se souvient que la matière est de l'être en puissance, et que l'essence de l'être en puissance est l'identité des contraires et des contradictoires. La matière est en conflit constitutif à l'égard d'elle-même, elle tend naturellement à se fuir, et le mode d'être du non-être, ainsi du contradictoire, est précisément l'être en puissance. Si l'être de l'être en puissance est la contradiction, ainsi l'acte de se repousser, alors elle ratifie son être en se repoussant, et l'exercice d'une telle répulsion est la position de son être : la matière est unité de l'attraction et de la répulsion. Mais cette unité se transcrit dans la forme de la réflexion, qui fait s'atteindre ce qui se repousse de soi par l'acte même de se repousser. En tant que moment négatif de l'identité à soi réflexive, ainsi comme moment de l'identité négative avec soi, la matière est, dans l'identité de l'identité et de la différence, le moment de la différence ; elle n'a pas le privilège de l'identité (la forme dont elle est l'antonyme), qui est de se faire unité d'elle-même et de son autre, car il y a *identité*, et non différence, de l'identité et de la différence. Il reste que la matière, en tant qu'elle *est* l'identité dans le moment de sa différence d'avec soi, jouit du dynamisme de la réflexion par quoi l'existant est. Et c'est ce dynamisme qui la rend identique à son propre devenir, pour autant qu'elle soit livrée à elle-même. Le supérieur procède spontanément de l'inférieur, parce que l'inférieur est le supérieur dans le moment de son identité négative avec lui-même. Et nous affirmons, en dépit

CHAPITRE XVIII

du langage déroutant par lequel nous le formulons, que ce constat s'inscrit dans la ligne du thomisme.

§ 73.11. Nous avons, au § 23, évoqué Hegel pour le critiquer tout en affirmant que son système contenait une précieuse vérité captive, à savoir que l'être en tant qu'il est être a la forme éternelle d'une victoire sur la finitude qu'il assume et révoque dans un même acte, l'annulant et la conservant comme non-être, comme la radicalisation du fini. Ces choses nous paraissent désormais moins obscures peut-être. Ce qui atteste notre indépassable finitude, c'est que cet acte unique à raison duquel l'être absolument être se fait maître de la perfection qu'il est, est un acte qui n'est exerçable par nous que selon la succession de deux moments de notre réflexion, cependant que nous savons, du sein même de cet exercice opéré par notre pensée, que ce qui est signifié là par notre pensée qui le vise est un acte unique : l'être se nie et se révèle non-être et se rend victorieux du non-être (ce qui le restitue à lui-même en tant qu'identité à soi réflexive) par l'acte à raison duquel il le confirme dans lui-même comme non-être. Et c'est en refusant de tenir compte de cet hiatus indépassable — témoin le jugement de Bernard Bourgeois plus haut évoqué (§ 73.9 : nous ne pouvons parler de l'esprit que de manière conscientielle, et du concept que de manière essentielle, alors que nous savons la conscience et l'essence n'être que de simples anticipations de soi de l'esprit et du concept ; nous savons penser dans les formes de l'identité *et* de la différence ce que nous savons être en soi l'identité *de* l'identité et de la différence) — que l'hégélianisme bascule irrationnellement dans le panthéisme.

Tout le système de Hegel consiste à partir du concept d'être comme s'il s'agissait d'un genre (parce qu'il a, tel un genre suprême qu'il n'est pas, la vertu d'un englobant universel), alors qu'il n'est pas un genre (et Hegel le sait plus que tout autre !) puisque toute différence spécifique est extérieure aux genres alors que l'être enveloppe jusqu'aux différences spécifiques, et à partir du concept d'être en cette acception générique unilatérale pour constater son caractère contradictoire, et pour laisser opérer cette contradiction comme moteur dialectique de la progression (être, néant, devenir, être-là, qualité, quantité, mesure...) jusqu'à ce que l'être en vienne à faire l'aveu qu'il n'est ce qu'il est, à savoir être, que pour autant qu'il se révèle sujet (on est passé du concept d'être à l'être comme concept de lui-même), et comme sujet d'objectivation de lui-même dans une nature ou réalité qui, expressive de l'être comme objet, ainsi comme extérieur à soi (puisqu'il est en soi sujet-objet), sera aussi contradictoire et se reniera dans la genèse de l'être comme esprit (intériorisation de son extériorité à soi) posant l'être de départ en le pensant. À ce stade du développement encyclopédique (dont les trois grands moments sont le logique, la nature et l'esprit), l'être, comme Idée spirituelle (intelligibilité commune à la nature et à l'esprit, « essence » de la nature et de l'esprit), se révèle à la fois origine et sujet du processus, mais aussi résultat de ce même processus ; en tant qu'identité de l'origine et du résultat, il se révèle moyen terme entre les deux (le propre d'un moyen terme est bien d'identifier en lui les extrêmes qu'il médiatise), acte éternel de se scinder en nature (il la libère en s'en libérant) qu'il abolit souverainement en tant qu'esprit et qu'il confirme en lui-même comme néant de lui-même dans un même acte, néant qui, livré à lui-même en tant que néant se reniant, se révèle être l'acte de se remplir de toute la richesse de l'être en se restituant à son origine ; c'est là l'effort de transcription logique du dogme trinitaire : le Père est l'acte de s'identifier à soi par réflexion en abolissant toute finitude qu'il sauve en la donnant à elle-même comme Verbe, par un Amour spirituel qui procède du Père et du Fils, du Père en direction du Fils qui est ce même Amour du Fils pour le Père. Il va de soi que, pour un Catholique — mais aussi pour qui philosophe sans faire dire à la raison naturelle plus qu'elle ne peut dire par ses propres forces —, ces considérations, purement rationnelles, sont à jamais incapables de faire comprendre que ce qui, pour la simple raison, se laisse à penser comme autant de moments de la vie de l'absolu, soit dans son fond une Trinité de *Personnes*. Le péché hégélien consiste à réduire à ce qu'en peut entrevoir la raison humaine les mystères de la Révélation.

CHAPITRE XVIII

Dans son Addition au § 83 de *l'Encyclopédie* de l'édition de 1827-1830, Hegel déclare : « Dans une figure concrète et réelle, le rapport ici mentionné des trois degrés de l'Idée logique se montre tel que Dieu, qui est la vérité, n'est connu de nous en cette vérité qui est sienne, c'est-à-dire comme esprit absolu, que dans la mesure où nous reconnaissons en même temps comme non vrais, dans leur différence d'avec Dieu, le monde créé par lui, la nature et l'esprit fini » (traduction Bernard Bourgeois, *La Science de la logique*, Vrin, 1970, p. 519). Cela signifie que la nature et l'esprit fini n'ont de réalité que comme moments de Dieu, et n'ont aucune réalité propre en dehors de lui. C'est bien là du « panenthéisme », plus simplement du panthéisme, un panthéisme moniste (seul Dieu existe) dans lequel l'essence du monde, qui est aussi l'essence de l'esprit pensant le monde, s'est de toute éternité constituée en concept, ou plutôt s'est de toute éternité reconnue tel le concept entendu comme identité concrète originelle de cette essence (du monde et de l'esprit) et du savoir d'elle-même. Que l'essence commune du monde et de l'esprit fini se révèle concept, identité d'elle-même et de son savoir, ainsi sujet-objet, cela exige que ne soit reconnue à la conscience (humaine) qu'une réalité phénoménologique. Ce que Hegel nomme « conscience », c'est ce moment, dans le processus à raison duquel la nature se renie en esprit, selon lequel l'esprit s'apparaît selon la scission sujet-objet, par là appréhende son contenu comme autre que lui. Mais que cette essence commune du monde et de l'esprit soit en soi et de toute éternité sujet-objet ou concept, cela révèle aussi un tel concept comme sujet divin ou personne s'objectivant le monde phénoménal non pensant — la Nature — en lequel, dans un même acte, elle s'aliène et le fait se renier ou différencier de lui-même en et comme esprit fini accédant à la conscience de lui-même en l'homme et dépassant cette vie conscientielle ou dualité du sujet et de l'objet pour se poser comme cet esprit se pensant dans et comme son contenu essentiel qu'est le Logique, essence de la nature et de l'esprit. Un tel monisme, nous l'avons vu, aboutit à la difficulté de l'hégélianisme évoquée ici plus haut (§ 73.9).

Si, comme nous l'avons vu, le principe de causalité, en tant que tel, est inopérant — parce que non analytique — pour passer du fini à l'infini, du contingent au nécessaire, il faut avoir recours au principe de raison suffisante. Ce principe suppose que l'être soit cause de soi, que l'être en tant qu'être soit le rendre raison de lui-même, et qu'ainsi il soit système, c'est-à-dire ce qui repose sur soi. Dans cette perspective, l'être peut être défini tel ce qui est posé hors de ses causes, puisqu'il est cause de soi et effet de soi ; l'être peut être réduit au pur fait d'être. Pour l'établir, il faut accepter que notre pensée du tout (de ce qui est) soit le savoir de soi du tout en nous qui en sommes la partie, de sorte qu'il se fait poser par ce qu'il pose. Pour cette raison, on ne peut pas faire l'économie d'un moment panthéiste dans la réflexion métaphysique, moment qui se sublime — s'accomplit et se supprime, ainsi s'achève — en affirmation du Dieu transcendant par l'échec du dernier moment du système : on ne vit jamais que selon deux opérations de l'esprit, à jamais pour nous irréductibles l'une à l'autre, ainsi selon deux actes, ce qu'on sait n'en être en soi qu'un seul (acte de se faire nature *et* acte de faire se renier la nature en esprit). Mais cet échec est aussi sous un certain rapport une réussite : le discours se boucle effectivement sur lui-même et se révèle système, non par la présupposition finaliste de l'identité du départ et du résultat, mais par le jeu exclusif des vertus de la dialectique ; l'être ne se fait pas néant *pour* être devenir, il se révèle devenir *parce qu'*il se convertit en néant et se révèle unité de l'être et du néant. Et ce qu'il nous paraît important d'ajouter, c'est que l'acte à raison duquel nous dépassons le panthéisme est le reflet, en nous, de l'acte éternel à raison duquel Dieu se rend victorieux de la tendance à se réduire au monde ; en créant le monde, Dieu manifeste cette victoire ; Dieu extériorise gratuitement, sans nécessité, l'exercice de Sa Paternité intérieurement vécue dans l'engendrement éternel du Verbe. « J'ai vaincu le monde » (Jean, XVI, 33), « Je suis la résurrection et la vie » (Jean, XI, 25). *C'est dans la nature divine que s'enracine l'existence du négatif non peccamineux.*

CHAPITRE XVIII

« Je suis la résurrection » : il n'est pas d'acte de vivre qui ne soit inclusif de la forme d'un acte de ressusciter, parce que vivre consiste à lutter contre la mort, à conjurer la possibilité de la mort que le vivant contient telle sa condition de possibilité. Le monde peut bien exister, le monde n'ébranle pas Dieu. Dieu se joue de l'existence d'un monde qui pourrait avoir la dérisoire prétention de Le limiter, parce que Dieu est en soi et de toute éternité, indépendamment de l'acte créateur du monde, victoire sur tous les mondes possibles que, dans un même acte, Il révoque souverainement et confirme en Lui-même sur le mode d'Idées divines.

§ 73.12. Nous savons bien la nature de l'obstacle conceptuel qui se dresse entre la raison commune, ou bon sens, et le mode de procéder dialectique ici proposé :

Dieu est infiniment simple, et se représenter l'identité de l'absolu dans la forme d'une victoire sur la différence, c'est introduire une complexité qui répugne à sa simplicité.

Essayons de répondre en deux mots :

Dieu est Son savoir à raison même de cette simplicité. Nous ne pouvons penser Dieu comme Dieu Se pense, et il est de ce fait inévitable que notre manière de penser le Simple ne soit pas simple. Cela dit, l'homme est *animal* raisonnable, et pour cette raison l'objet *propre* de son intellect est l'« *ens concretum quidditati sensibili* ». Mais cela n'empêche pas que l'homme, en tant qu'animal *raisonnable*, soit tel que l'objet *adéquat* de son intellect soit l'être en tant qu'il est être, et non seulement en tant qu'il est sensible. Considérons un instant cet aveu, formulé par Guillaume de Tanoüarn, dans son *Cajétan* (*op. cit.*), à la page 50 :

Le chemin vers Dieu ne saurait, selon notre commentateur de Cajétan, être une purification obtenue par une espèce de décantation des choses que l'on envisagerait dans leurs perfections simples et qui seraient compatibles avec la simplicité de Dieu en nous en livrant comme une ébauche. « Il y a pourtant de cela dans certaines lectures du *Traité des noms divins*, à la question 13 de la *Somme théologique*. (...) De très bons thomistes pourraient bien s'être eux aussi laissé piéger par cette perspective rassurante de l'univocité universelle. »

C'est là, selon nous, une manière de critiquer saint Thomas lui-même sans le dire, car « il y a de cela », en effet, chez saint Thomas lui-même ; mais c'est aussi confesser sans vouloir le savoir qu'il n'est pas d'analogie sans une dimension d'univocité, ce qui corrobore ce que nous avons établi plus haut (§ 72.6).

« Il y a de cela », en effet, chez l'Aquinate :

« Dieu étant à la fois simple et subsistant, nous lui attribuons donc des noms abstraits pour signifier sa simplicité, et des noms concrets pour signifier sa subsistance et sa perfection. Cependant, à l'égard du mode d'être de Dieu, ces deux catégories de noms sont défectueuses l'une et l'autre, pour la même raison que notre intellect ne le connaît pas, en cette vie, tel qu'il est » (*Somme théologique*, I^a, qu. 13, a. 1, ad 2).

« Nous l'avons dit, nous connaissons Dieu au moyen des perfections qui procèdent de lui dans les créatures ; et ces perfections sont en lui selon un mode plus éminent que dans les créatures. Or notre intellect appréhende ces perfections telles qu'elles sont dans les créatures, et selon la façon dont il les appréhende, il les signifie par des noms ; toutefois, dans les noms que nous appliquons à Dieu, deux choses sont à considérer : les perfections mêmes signifiées par ces mots, comme la bonté, la vie, etc., et la manière dont elles sont signifiées. Quant à ce que signifient ces noms, ils conviennent à Dieu en propre, et plus encore qu'aux créatures, et en priorité. Mais quant à la manière de signifier, ces mêmes noms ne s'appliquent plus proprement à Dieu, car leur mode de signification est celui qui convient aux créatures. (...) Certains noms expriment les perfections qui procèdent de Dieu dans les créatures, de telle sorte que le mode imparfait selon lequel les créatures participent de la perfection divine est inclus dans la signification de ces noms. Ainsi pierre, ou rocher, signifie un certain étant avec sa matérialité. De tels noms ne peuvent être attribués à Dieu autrement que par métaphore. *Mais certains noms signifient les perfections mêmes de façon absolue*, sans qu'aucun mode de participation soit inclus dans leur signification, ainsi être, bon, vivant, etc., et ces noms-là sont dits de Dieu en toute propriété » (*ibid.*, a. 3 corpus et ad 1).

« Ainsi donc, tous les noms attribués à Dieu par métaphore sont attribués par priorité aux créatures, car, appliqués à Dieu, ils ne signifient rien d'autre qu'une ressemblance avec de telles créatures. Quand on dit : le pré est riant, cela veut dire : le pré est agréable quand il fleurit, comme un homme quand il rit : il y a là une similitude de proportion. De même, le nom de lion attribué à Dieu ne signifie rien d'autre que ceci : Dieu présente cette ressemblance avec le lion qu'il agit avec force comme le lion. Il est donc clair que la signification de tels noms, appliqués à Dieu, ne peut se définir que par ce qui les fait appliquer aux créatures.

Quant aux autres noms qui ne sont pas attribués à Dieu par métaphore, il en serait exactement de même, si nous disions, comme certains, que ces noms n'expriment de Dieu que sa causalité. Dans ce cas, en effet, dire : Dieu est bon, ne serait pas autre chose que dire : Dieu est cause de bonté dans la créature ; ainsi ce nom attribué à Dieu enfermerait dans sa signification la bonté de la créature, de sorte que la bonté serait attribuée à la créature par priorité, à Dieu ensuite.

Mais on a montré ci-dessus que *les noms de cette sorte ne sont pas dits de Dieu uniquement en raison de ce qu'il cause, mais aussi en raison de ce qu'il est en son essence* ; car quand on dit : Dieu est bon, ou sage, on signifie non seulement que Dieu est cause de sagesse ou de bonté, mais qu'en lui la sagesse et la bonté préexistent d'une façon suréminente.

D'après cela, il faut conclure que si l'on considère la chose signifiée par le nom, chaque nom est dit par priorité de Dieu, non de la créature ; car c'est de Dieu que ces perfections dérivent dans les créatures. Mais quant à l'origine de la dénomination, ce sont les créatures que nous nommons d'abord par ces noms, car ce sont elles que nous connaissons en premier. De là vient que ces noms signifient à la manière qui convient aux créatures, comme on l'a dit précédemment » (*ibid.*, a. 6 corpus).

Retenons de ces textes archi-connus que les noms par lesquels nous désignons les perfections divines signifient les perfections de Dieu tel qu'en Lui-même, mais que notre manière de les signifier est tirée des créatures. Nos concepts signifient des perfections qui surexistent en Dieu selon un mode qui nous échappe, mais c'est bien Dieu que nous signifions par le moyen de tels concepts, puisque les perfections divines ou essences éternelles, en Dieu, sont une même chose avec l'essence de Dieu.

Ce que nous ne nous ferons pas faute de rappeler, c'est que Tanoüarn montre, pour s'en plaindre (alors que nous nous en réjouissons), que l'analogie d'attribution, qui a la préférence de saint Thomas (alors que le cardinal de Saint-Sixte jette son dévolu exclusif sur l'analogie de proportionnalité propre), non seulement appelle une certaine forme d'univocité, mais convoque implicitement un traitement dialectique.

Tanoüarn explique en effet, à la page 126 de son livre, que le Dieu de Cajétan n'est pas la coïncidence universelle des opposés telle une vérité univoquement portée à l'absoluité de son concept ou à la simplicité de sa définition. L'auteur est selon nous fondé à établir une solidarité entre univocité et coïncidence des opposés : si une perfection doit être prise univoquement (et univoquement *parce qu'*elle doit, selon nous, d'abord être tenue pour analogue), alors elle vaut pour l'infini et pour le fini, ce qui oblige à penser l'infinité actuelle de l'absolu sur le mode contradictoire de l'identité de l'infini et du fini, ainsi sur le mode d'une coïncidence des opposés à la fois assumée et dépassée par l'absolu qui, comme nous l'avons vu, n'est pas contradictoire parce qu'il *se* contredit (§ 73.3).

Mais Tanoüarn ajoute en note :

« *Ce qui serait le cas* <à savoir que Dieu est la coïncidence des opposés>, nous le verrons, non seulement dans la perspective scotiste de l'univocité de l'être, mais dans *la perspective couramment thomiste sinon thomasienne* (il ne nous appartient pas d'en décider sur ce point) *de l'analogie d'attribution.* »

Et nous souscrivons à ce jugement parce que l'analogie d'attribution est au fond un mot pour signifier la causalité (« sage » se dit de Dieu et de l'homme parce que la sagesse de Dieu est cause de la sagesse de l'homme) : si le principe de causalité n'est fondé que par le principe de raison suffisante, force est de convenir que l'être en tant qu'être est raison de soi-même, par là consiste dans l'acte systématique ou circulaire de rendre raison de soi et se révèle *causa sui*, coïncidence de la cause et de l'effet.

Tanoüarn enfonce le clou en note dans sa page 204 : non content d'accuser Jean de saint Thomas de « rêver d'un panlogisme rationaliste », il déclare que cet acte d'abstraire (dans la ligne de l'abstraction formelle) « *exprime plutôt l'extension possible de la théorie* <développée par Jean de saint Thomas et reprise par Jacques Maritain> *des degrés du savoir jusqu'à l'Absolu lui-même : l'idéalisme allemand dit-il autre chose ?* »

Ce que nous ne lui faisons pas dire et que nous lui concédons bien volontiers, mais pour en tirer une conséquence radicalement opposée à la sienne : certains éléments de l'idéalisme allemand sont appelés par le thomisme lui-même soucieux d'expliciter son contenu et d'accéder à la pleine intelligence de ce dernier. Et c'est par aversion pour l'idéalisme objectif du génie dialectique germanique que les cajétaniens en viennent à prendre leurs distances à l'égard de saint Thomas lui-même (qui privilégie l'analogie d'attribution et n'évoque celle de proportionnalité propre que dans le *De Veritate*), en prétendant le préserver de dérives panthéistiques.

C'est leur conception tout humaine, toute représentative et bien peu conceptuelle du Simple qu'ils érigent en critère absolu de recevabilité de ce que l'on peut dire du Simple, pour en venir à accuser d'idolâtrer les concepts par lesquels ils osent évoquer l'absolu ceux qui ont la candeur de penser que l'absolu est assez absolu, sans qu'il soit besoin de l'y aider, pour condescendre à se laisser penser, sans rien perdre de son absoluité, par les intelligences débiles dont les pauvres hommes sont gratifiés.

L'objet adéquat de notre intellect est l'être en tant qu'être ; Dieu est l'être même ; notre savoir de Dieu, analogique, doit donc, en tant même qu'analogique, comprendre un aspect qui relève de l'univocité, laquelle réduit à son unité la diversité des termes qu'elle subsume. Mais Dieu est son savoir et notre savoir de Dieu n'est pas le savoir que Dieu a de Lui-même, de sorte que l'univocité doit faire sa place à l'analogie, et que notre manière de parler du Simple n'est pas simple. Il n'est d'autre manière de concilier l'univocité au moins partielle de notre savoir de l'être en tant qu'être, et la complexité de notre savoir du Simple, que celle qui consiste à reconnaître que le Simple est en soi victoire sur le complexe qu'il assume et révoque dans un même acte que nous ne pouvons circonscrire que selon deux actes intellectifs, à cause de notre finitude. L'incommensurabilité entre l'intellect fini et l'absolu qu'il vise ne tient pas, selon nous, dans l'impuissance supposée de notre intellect à entrevoir les perfections divines par nos concepts universels ; elle tient dans l'incapacité indépassable de ce même intellect à exercer par ses propres forces l'acte à raison duquel toute perfection universelle s'auto-constitue, par une réflexion posant son présupposé, en sujet d'exercice d'elle-même : ce qui est sa réflexion pose ce qu'il présuppose et ainsi, en tant qu'origine de sa réflexion, il exerce la perfection qu'il est en tant qu'objet pour lui-même mais, en tant que résultat de sa réflexion (positionnelle de l'origine), il se constitue en sujet d'exercice, par cet exercice même, de la perfection qu'il est ; la bonté de Dieu *est* Dieu, *et* Dieu exerce cette bonté que de ce fait Il épuise et qu'Il *a*. Nous signifions les perfections divines par un mode de signifier nécessairement imparfait parce qu'il est emprunté aux choses finies ; le mode de signifier une perfection est solidaire du mode d'exister de cette perfection, ainsi de la manière dont elle est réalisée ; sa manière d'être en Dieu nous échappe et n'est pas sa manière d'être dans les choses ; *mais, au rebours des thèses apophatistes de Maïmonide et du Père Sertillanges, c'est la même perfection signifiée par notre concept*. L'être n'est pas un genre, il n'est pas le genre des genres bien qu'il ait raison d'englobant universel, parce que le genre se dit de ce qui est commun à tous les êtres qu'il contient et non de ce qui est propre à chacun, alors que l'être, comme transcendantal, se dit non seulement de ce que tous les êtres ont en commun mais encore de ce que chacun a en propre. Il est ce qui rassemble toutes choses et les identifie les unes aux autres (tout est de l'être), *et* ce qui les différencie les unes des autres. Mais « *nihil autem dividitur ab ente nisi non ens. Unde et* ab hoc ente non dividitur hoc ens nisi per hoc quod in hoc ente includitur negatio illius entis » (saint Thomas, *Boeth. De Trinitate*, 4, 1) : rien ne se divise d'avec l'être que le non-être ; de même un être ne se divise d'avec un autre que par le fait qu'en celui-ci est contenue la négation de celui-là. S'il est vrai que la négation de ce qu'elle n'est pas est définitionnelle de l'identité d'une chose, alors il faut dire que cette négation lui est intrinsèque et que, par le fait même, elle est inclusive, sur le mode potentiel, de ce qu'elle n'est pas et qu'elle nie pour être en acte ce qu'elle est : elle s'identifie à ce qu'elle n'est pas pour le nier et s'en faire provenir, et le confirmer dans l'acte où elle le renie. Plus généralement, l'acte d'être est en toute chose ce qui, pour s'identifier réflexivement à soi, fait s'indifférencier cette différence d'avec soi par laquelle il s'identifie aux autres en se différenciant de soi. En tant qu'il est ce qui identifie *et* ce qui différencie, l'être est donc bien identité de l'identité et de la différence, identité à soi réflexive, mais par là il est le processus de sa réflexion sur soi (l'absolu est contradictoire) qui s'achève en réflexion de soi dans son processus (l'absolu surmonte sa contradiction).

§ 73.13. Nous voudrions, afin de soulager le lecteur en passant à un registre plus littéraire, et dans le but de rassurer son souci d'orthodoxie peut-être malmené par ces évocations idéalistes intempestives et suspectes, faire mémoire, avant de conclure, de la célèbre conférence sur l'espérance donnée par Georges Bernanos en 1945. Contre l'optimisme béat, cette fausse espérance à l'usage des lâches et des imbéciles, le grand romancier nous explique que l'espérance est une vertu, une détermination héroïque de l'âme, le risque des risques ; qu'il faut, pour espérer, désespérer des illusions et des mensonges, et que la plus haute forme de l'espérance est le désespoir surmonté parce que, pour rencontrer l'espérance, il faut être allé au-delà du désespoir.

Eh bien !, d'une certaine façon, le concept de négatif non peccamineux ne signifie pas autre chose. Le désespoir n'est pas premier, il présuppose l'espérance en tant qu'il est son absence, son manque, sa privation. Et pourtant, sans l'épreuve de ce dernier, l'espérance ne serait pas elle-même, elle tournerait à la fadeur et à l'inconscience de l'optimisme. Quoique procédant de l'espérance dont il n'est que la chute de tension, le désespoir lui est paradoxalement consubstantiel. Le désespoir s'oppose à ce à quoi il est intrinsèque. Il est donc définitionnel de l'espérance, indépendamment des crises de désespoir réelles à la fois causes et effets du dévoilement des illusions et des mensonges, d'avoir la forme d'une victoire sur la possibilité du désespoir : en enveloppant le désespoir comme sa possibilité, l'espérance est telle qu'il lui est en quelque façon intrinsèque ; en se rendant victorieuse, négatrice de cette négation d'elle-même qu'est le désespoir, l'espérance s'affranchit de ce dernier et s'en distingue radicalement. Le désespoir consommé et non dépassé est peccamineux, il coïncide avec l'acte de se vautrer dans le nihilisme, qui est une manière de se reposer dans l'échec, et c'est là la fascination que choisit le damné qui trouve, en cet échec, la délectation vénéneuse de se dispenser de dépendre d'autre chose que de lui-même. Le désespoir consommé et l'optimisme sont comme deux opposés dialectiques, qui ne se repoussent l'un l'autre que parce qu'ils entretiennent une complicité inavouée, procédant du même travers et s'identifiant au fond l'un à l'autre ; refuser d'affronter la lucidité du désespoir pour se réfugier dans le plaisir équivaut à se reposer dans le désespoir pour se soustraire à l'épreuve de la lutte et de l'incertitude. C'est déjà ce que nous constations ici au § 8 : le nihiliste se supporte en se faisant hédoniste. Le consentement au nihilisme sans retour est le désespoir du damné, mais, sans l'épreuve du risque du désespoir, sans la considération de sa possibilité, il n'y a pas de véritable espérance. Il n'y a pas, en même façon, de vraie paix qui ne soit victorieuse de la possibilité de la guerre. Quand Lanza del Vasto enseignait que la joie a la nature du plaisir et la profondeur de la douleur, il nous semble qu'il voulait signifier ceci : la joie dégénérerait en ce plaisir par essence éphémère et superficiel — voué, passé une certaine intensité, à disparaître avec l'éclipse de la conscience —, si elle n'avait la forme d'une victoire sur la possibilité de la douleur dont elle maintient vive la perspective afin de s'assurer de sa propre profondeur. Le concept de réflexion ontologique, solidaire de celui de négatif non peccamineux, et redécouvert par Hegel (quelque délirant que soit l'usage qu'il en peut faire) ne fait que systématiser — afin de la fonder spéculativement — cette vérité évoquée par Bernanos et Lanza del Vasto ; un tel concept permet de montrer que cette vérité ne relève de l'ordre psychologique et moral que parce qu'elle appartient, d'abord, au registre de l'ontologie.

CONCLUSION

§ 74.1. Nous sommes en guerre. Notre monde est en train de s'écrouler. Des pans entiers de sa grandeur passée ont déjà disparu sans retour possible. À moins de consentir à la mort, qui sera la victoire de l'inhumain qui gît dans l'homme, nous sommes en demeure de lutter et de gagner, pour sauver le monde dans ce qu'il contient encore d'humain.

Pour gagner, il faut être fort. Pour être fort il faut savoir mourir. Pour apprendre à mourir, il faut être porté par la recherche d'un bien que l'on aime en s'y voulant et en s'y sachant rapporté. Si ce bien est immanent, à l'exclusion de tout Bien transcendant, il est au mieux le bien commun politique ; mais la société n'est pas substance et n'existe que par l'homme, de sorte qu'on ne peut, dans l'hypothèse, se sacrifier pour elle qu'en visant, à travers elle, la déification de soi-même dans la double forme d'une estime démesurée de soi et d'un désir d'éternité impersonnelle acquise dans la gloire d'être célébré par ses descendants. Le projet, quoique fautif, était viable dans l'Antiquité, parce que le paganisme était attente de la Révélation, alors que le néo-paganisme est son refus, de sorte qu'il trahit non seulement le christianisme mais le paganisme lui-même (§ 33). Le néo-paganisme, en sa prétention à sauver l'homme en le subordonnant (jusqu'ici, il n'y a aucun reproche à faire), mais en le subordonnant à une fin unilatéralement immanente, ne peut se consommer que dans le consumérisme de la modernité antichrétienne, ainsi se renverser en égoïsme ; même dans un style soucieux d'esthétique, même à prétention héroïque, le subjectivisme est toujours du subjectivisme. Et se conclure dans le consumérisme, c'est bien ce qu'il fait, quand on « gratte un peu », même s'il y met les formes. C'est d'ailleurs le reproche que l'on peut adresser à cette frange furieusement antichrétienne, minoritaire mais réelle, des gouvernements fasciste et national-socialiste : qu'eussent-ils fait de leur victoire s'ils l'avaient obtenue ? Que peut faire un nietzschéen de sa fascination pour le combat, l'agression extérieure dont il veut faire l'étoffe de sa vie et sa raison d'être, s'il n'a plus personne à affronter ? Il lui reste à la retourner contre lui-même, mais cette lutte contre soi n'a de sens que si elle est focalisée par une transcendance (à laquelle l'homme se veut ordonné mais dont il sait qu'il puise à elle pour exister), autrement elle équivaut au suicide ; et s'il n'intériorise pas sa volonté de puissance, en la dirigeant contre son égoïsme et en vue d'un absolu transcendant, il est mis en demeure de la laisser se convertir en volonté de jouir, « comme tout le monde », comme les sous-hommes, comme le « dernier homme » dont il fustige l'absence d'héroïsme et l'hédonisme cadavérique, la chute de tension mortifère. Il n'y a ainsi service d'un bien immanent auquel on est rapporté que s'il y a corrélativement désir de transcendance, soif d'un absolu séparé dont on attend une Révélation. Et cet absolu qui se révèle est le christianisme, religion de la médiation, parce que seul un Dieu trinitaire se peut incarner, assumer la finitude sans cesser d'être infini. La seule manière rationnelle de cultiver la soif d'absolu qui soit susceptible d'autoriser un dévouement inconditionnel à la cité sans convertir ce dévouement en égoïsme qui défait la cité, c'est d'embrasser le catholicisme. La chose est scandaleuse pour le néo-Païen, l'agnostique, l'athée, l'hérétique ou l'infidèle ; elle est naturelle aux yeux du Catholique : sa religion est *la* Religion. Si elle est prise au sérieux, l'idée de Révélation révèle qu'elle enveloppe cette autre idée : Dieu, en Se révélant, nous dit ce qu'Il est en Lui-même indépendamment de Sa Révélation, car s'il en est autrement cette révélation n'en est pas une, elle est un masque et un mensonge. Si Dieu Se révélait en plusieurs religions qui sont contradictoires entre elles, il faudrait en conclure que Dieu est contradictoire, indicible, et derechef toute révélation serait frappée de vacuité et de duplicité. Il n'y a qu'une seule Révélation parce qu'il n'y a qu'un seul Dieu.

§ 74.2. Cela dit, encore faut-il, pour cultiver une soif d'absolu qui soit susceptible d'autoriser un dévouement inconditionnel à la cité sans convertir un tel dévouement en cette exaltation du moi qui détruit la cité, être à même de penser ce don du tout de soi-même au bien commun immanent de la cité telle une anticipation de soi du désir de s'ordonner tout entier et totalement à un bien absolu qui, pour être absolu, doit être — on l'a vu — transcendant. Et pour faire du désir d'ordination de soi au bien commun une anticipation de soi du désir du Souverain Bien, il faut d'abord reconnaître, au sein du catholicisme, l'existence d'un désir naturel de Dieu faisant des biens finis autant de biens sur lesquels se porte un tel désir en tant qu'il saisit en eux — qu'il a vocation à quitter — autant de participations au bien absolu, lequel, pour rester dans l'élément du catholicisme, ne doit pas être ablatif de la thèse de la gratuité de la grâce.

Il faut aussi, pour aspirer à la victoire temporelle, ainsi politique, cultiver le souci d'être naturellement fort. Et pour être fort il est nécessaire d'aspirer à donner le meilleur de soi-même : déployer au mieux toutes les potentialités droites de la nature humaine, ainsi chercher l'accomplissement naturel de soi dans la forme d'un accomplissement de soi de la nature humaine en chaque homme, et réciproquement. Il faut donc que le souci d'accomplissement de soi dans l'ordre naturel ne soit pas court-circuité par le désir individuel du salut éternel, temporellement défaitiste eu égard aux aspirations mondaines que ce désir exclusif invite à mépriser ou à négliger. Il faut donc qu'il existe un terme ontologiquement médiateur entre le bien commun ou souverain bien temporel, et le Souverain Bien absolu ou éternel. Tel est ce « point de suture » dont le présent travail avait pour propos de dévoiler la nature tout en mettant en évidence le caractère crucial de l'enjeu politique et moral qui s'y attache.

§ 74.3. Mais pour gagner, il faut encore autre chose. Il faut comprendre que la victoire ne se conserve, et avec elle la paix qu'elle permet d'acquérir, que si, d'une certaine façon, l'on reste toujours en guerre. Saint Augustin invitait à aller des biens extérieurs vers les biens intérieurs, et des biens intérieurs vers les biens supérieurs. Dans le même esprit, on doit comprendre que le monde temporel, par essence et non par accident, naturellement et non par suite du péché, est une guerre permanente, parce qu'il est dans la nature de l'homme de lutter contre ses puissances inférieures naturellement rétives au magistère de la raison et de la volonté droite. Le mérite de la guerre, c'est qu'elle apprend à développer cet instinct de lutte qui trouve sa signification ultime dans la lutte contre soi-même : de la lutte contre ce qui est au dehors de soi, on passe à la lutte contre ce qui, en soi, est au-dessous de soi ; la paix, qui est repos de l'ordre, est intériorisation de la guerre, et non sa suppression, puisqu'il est dans l'ordre que cet ordre soit le résultat d'une victoire sur le désordre, à tout le moins sur la tendance entropique à la discorde. Ainsi donc, pour conserver sa victoire et ne pas lutter en vain, on doit s'accoutumer à cette idée que le risque de la guerre est une même chose avec cette tension perpétuelle qui définit l'activité vitale, et que c'est là l'état naturel de l'homme. Sans la lucidité requise pour accéder à un concept adéquat de la victoire, on se prive du pouvoir d'y accéder, parce qu'on ne conquiert que ce dont on a la claire vision. Cette dernière condition de possibilité de la victoire, dont la conscience permet de la conquérir, conditionne l'acceptation d'une métaphysique reconnaissant dans l'être en tant qu'il est être une réflexion en forme de négation souveraine du néant. Il n'y a pas de recherche réussie de la vie bienheureuse sans la réminiscence perpétuellement entretenue, en son sein, du tragique de la vie conflictuelle. De sorte que la condition d'exhibition d'un point de suture entre fini et infini, en le dévoilement duquel on a reconnu la condition de la victoire politique, est aussi la condition requise pour apprendre à conserver cette victoire. Les Catholiques conservateurs, par peur de l'erreur panthéiste ou de la dérive moderniste, ont dans leur ensemble refusé de reconnaître l'existence d'un désir naturel de Dieu et, de manière cohérente dans leur incohérence, ils ont toujours refusé l'existence d'un négatif non peccamineux. Quand l'Église retrouvera son ordre au terme de l'effroyable crise moderniste culminant dans Vatican II et dans ses conséquences, on pourra se dire peut-être, avec un recul certain, qu'il aura fallu l'épreuve de Vatican II — dont le grand péché est de nier la gratuité de la grâce — pour que les Catholiques osent affronter un problème qu'ils avaient ajourné depuis toujours.

§ 74.4. La révolution fasciste fut et demeure nécessaire pour accoucher de la société organique seule capable de produire, dans les sociétés techniquement développées, un bien commun viable. C'est que, en effet, le développement technique et la complexité propres à la société moderne étaient, au fond, inévitables, même si l'usage délirant qui en est fait aujourd'hui, sous la pression de l'hédonisme, n'était pas une fatalité. Toute société porteuse de culture entend faire de sa culture la projection de la manière dont elle se représente ce que doit être l'homme ; et elle aspire nécessairement à mettre à l'épreuve de son universalisation cette culture en tentant de la faire reconnaître par tout le genre humain. Parce que toutes les sociétés aspirent à cette reconnaissance, les relations entre nations sont nécessairement, au moins potentiellement, antagoniques (un tel antagonisme, on l'a vu encore, ne cesse qu'au-delà du Politique, dans cette vérité du Politique qu'est la vie ecclésiale, laquelle se constitue comme sublimation du Politique, mais sans se substituer à lui qu'elle laisse vivre en sa pulsation sempiternellement conflictuelle tempérée toutefois par la suzeraineté débonnaire de l'empire sur les nations). L'antagonisme structurel qui régit naturellement les rapports entre nations, et qui relève là encore du négatif non peccamineux, leur fait développer la puissance militaire, laquelle se subordonne en le suscitant le développement technique, dans un processus d'ascension aux extrêmes naturellement irrépressible. La modernité n'est pas l'effet du seul péché. S'il y eut certainement un âge d'or de la foi, qui est le monde médiéval, cela ne signifie pas que l'infrastructure naturelle de cet âge aurait été l'entéléchie de l'ordre naturel lui-même. Il n'y a pas d'âge d'or de la catholicité qui aurait fixé pour toujours l'ordre naturel congru à la vraie foi. Il serait impie et grotesque de prétendre à modifier le catholicisme pour l'approprier aux besoins du fascisme, ou de quelque autre doctrine politique que ce fût. Ce qui ne l'est pas, c'est de développer, dans l'intérêt même de la diffusion du catholicisme, certains aspects de ce dernier que l'histoire de l'Église n'a peut-être pas encore menés à leur terme, ou sur lesquels elle n'a pas encore jugé bon d'insister ; ainsi en est-il de l'affirmation d'un négatif non peccamineux.

Contre les réactionnaires, le fasciste catholique, c'est-à-dire le fasciste conséquent — tout comme le Catholique fasciste, c'est-à-dire le Catholique réaliste — maintient l'affirmation d'un désir naturel de Dieu, quand bien même Vatican II l'a aussi affirmé. Contre les modernistes, ainsi contre Vatican II corrompu dans sa moelle, le fasciste, avec les réactionnaires, maintient plus que jamais l'affirmation de la gratuité de la grâce. Et la médiation rendant possible la conjugaison de ces deux exigences, c'est la légitimation et l'exploitation du concept de négatif non peccamineux.

La surnature ne détruit pas la nature mais la perfectionne. Pourtant l'appel de la transcendance semble exiger le sacrifice de la poursuite des biens immanents, s'il est vrai que le baptisé a pour vocation de vivre de la vie même de Dieu : le Chrétien doit cultiver sa disponibilité à l'égard des biens surnaturels en adoptant une attitude abnégative semblant exclure qu'il investisse jamais le tout de ses forces dans la poursuite des biens finis même non pervertis. Et c'est cette invitation pieuse qui, mal comprise, l'affaiblit, le désarme et lui assigne le destin d'un sempiternel vaincu prêt pour subir l'assaut de tous les égorgeurs. Comment la nature peut-elle être exaltée en étant invitée à renoncer à l'exercice plénier de ses puissances immanentes ?

S'il est de l'essence du Bien absolu d'exercer, tels les moments de sa vitalité surabondante, tous les degrés finis de bonté, un tel Bien, ayant la forme d'une victoire sur toute finitude, fait coïncider consentement au fini et conquête souveraine de son infinité. Parce que les créatures sont à l'image et à la ressemblance du Parfait, la causalité de la nature humaine a, dans l'individu qu'elle investit, la forme d'une victoire sur l'acte obligé du renoncement à soi. Ainsi, la question formulée plus haut, en forme d'aporie, disparaît si la causalité immanente de la nature s'exerce en faisant coïncider le renoncement à soi et la conquête de soi. Ce ne sont ni la subjectivité pure ni la surnature qui somment de manière contraignante la nature de se réfréner, c'est la nature elle-même à laquelle la surnature se conforme, loin de la violenter, en l'invitant à l'abnégation. Concrètement, la prise de conscience d'une telle vocation de la nature invite le croyant, dans son aspiration à la vie surnaturelle, à ne réfréner sa convoitise des biens finis et des victoires temporelles que pour mieux amorcer, en les relativisant et pour les dépasser, son pouvoir de s'emparer de ces derniers. Relativiser les biens naturels, c'est conjurer la tendance, qui les dénature, à les absolutiser, mais ce n'est nullement les proscrire ; c'est même revitaliser le désir de les posséder, en leur assignant leur juste place à l'aune de la considération des biens surnaturels.

§ 74.5. Si l'on convient que le fascisme est la manière dont l'organicité, caractère intemporel obligé du Politique, se réalise dans les sociétés complexes assumant le développement industriel et technique, on doit convenir, avec James Strachey Barnes, surtout dans son opuscule *Fascism* (*Chapter II* : « *The Spiritual Interpretation of History* »), que le fascisme est probablement, dans les temps modernes, le seul mouvement politique et plus généralement la seule vision du monde à avoir compris, en en tirant toutes les conséquences, qu'une grande erreur doctrinale n'a de chances de parvenir à séduire les esprits d'une époque que si elle contient une part importante de vérité ; que cette vérité est comme masquée et même adultérée — ainsi est-elle une « vérité captive » — par la manière unilatérale dont elle est développée ; que cette vérité est celle-là même qui fut ignorée des détenteurs traditionnels de la vérité, par là de ceux que cette grande erreur n'a pas corrompus ; enfin, que c'est pour avoir ignoré cette vérité captive avant qu'elle ne se manifestât dans la forme de l'erreur que les détenteurs traditionnels de la vérité ont été politiquement balayés par les promulgateurs de l'erreur. De sorte que le fascisme s'est voulu — osons écrire : se veut — l'effort d'intégration, au corpus traditionnel de la sagesse naturelle et surnaturelle, des vérités captives enveloppées dans la modernité révolutionnaire.

Cela dit, on peut et l'on doit ajouter, avec le recul du temps, ce quelque chose qui fera dresser les cheveux sur la tête de beaucoup :

Tout mal est la privation d'un bien. Vatican II et l'esprit qui l'inspire sont des maux, et le bien dont ils sont la privation semble n'avoir été aperçu ni par les modernistes ni par les réactionnaires attachés, de manière courageuse et compréhensible, à transmettre ce qu'ils avaient reçu. Il existe peut-être un véritable « *aggiornamento* » qu'eussent été avisés de mener les hommes d'Église afin de conjurer l'éclipse de cette dernière, et c'eût été, sur le plan théologique, une révolution anti-révolution, une révolution dans la Tradition. Une espèce de *fascisme théologique* est nécessaire pour réconcilier dès ici-bas, dans la vie quotidienne tant publique que privée du père et de la mère de famille, de l'étudiant, de l'artisan, du soldat, du religieux, de l'artiste, du philosophe et de l'homme politique, la nature et la grâce, le désir du fini immanent et le désir de l'infini transcendant. Et ce sera là, si la chose voit jamais le jour, la plus belle victoire de l'esprit du fascisme.

ANNEXE

À propos de saint Thomas, du négatif non peccamineux et... des femmes

§ 75.1. Nous reproduisons ci-après la traduction d'un passage de la question 52 de la quatrième partie de la *Somme contre les Gentils* de saint Thomas d'Aquin, en vue d'illustrer deux choses. D'une part, l'idée de ce que nous avons nommé « négatif non peccamineux » n'est pas étrangère au corpus thomiste. D'autre part, les problèmes que pose l'existence d'un tel négatif ne semblent pas avoir fait l'objet d'un traitement particulier par l'Aquinate, qui laissa à ses successeurs, auxquels il les léguait, le soin de « vivre avec », à défaut de les résoudre. Les caractères gras ont été ajoutés par nous.

« (...) il est bon de faire remarquer d'abord certains signes, qui sont les manifestations probables du péché originel dans le genre humain. Dieu, nous l'avons vu, veille avec tant de soin sur l'activité des hommes qu'il récompense les bonnes œuvres et punit les œuvres mauvaises, si bien que la peine elle-même peut être un témoignage de la faute. Or le genre humain, d'une façon générale, subit un certain nombre de peines, tant corporelles que spirituelles. La plus lourde des peines corporelles, à laquelle toutes les autres, faim, soif, etc., sont ordonnées, c'est la mort. La plus lourde des peines spirituelles, c'est l'infirmité de la raison, qui rend difficile à l'homme l'accès à la connaissance du vrai, facile au contraire la chute dans l'erreur, qui empêche l'homme de dominer parfaitement ses appétits bestiaux, mais laisse au contraire souvent ceux-ci l'enténébrer. **Peut-être dira-t-on que de telles déficiences, aussi bien corporelles que spirituelles, n'ont pas un caractère pénal, que ce sont des déficiences de nature, conséquences inéluctables de la matière. Il est inévitable que le corps humain, composé d'éléments contraires, soit corruptible ; il est inévitable, aussi, que l'appétit sensible se porte vers ce qui est délectable au sens, tout en étant parfois contraire à la raison. Étant donné d'autre part que l'intellect possible est ouvert en puissance à tous les intelligibles, qu'il n'en possède en acte aucun, obligé qu'il est de les acquérir par les sens, il est inévitable qu'il atteigne avec difficulté la science de la vérité, inévitable qu'en raison de la présence des images, il dévie facilement hors du vrai. À considérer droitement les choses, on pourra estimer cependant comme assez probable — supposé la providence divine qui ajuste à chaque perfection les objets qui lui conviennent — que Dieu a uni une nature supérieure à une nature inférieure pour que la première dominât sur la seconde. S'il arrivait que quelque déficience naturelle gênât cette souveraineté, on doit supposer qu'une grâce spéciale, surnaturelle, viendrait lever cet empêchement.** Ainsi doit-on juger que l'âme raisonnable, d'une nature plus haute que le corps, lui est unie de telle manière qu'aucun élément corporel ne puisse s'opposer à l'âme, qui fait vivre le corps. De même doit-on estimer que la raison, unie dans l'homme à l'appétit sensible et aux autres puissances sensitives, ne peut être gênée par ces puissances ; mais qu'au contraire elle les domine. **Dociles à l'enseignement de la foi, nous affirmons donc que l'homme a été dès l'origine établi par Dieu dans des conditions telles que ses puissances inférieures devaient le servir sans entraves, qu'aucun obstacle corporel ne devait gêner la sujétion de son corps, Dieu et sa grâce suppléant pour ce faire à l'indigence de la nature, aussi longtemps du moins que la raison de l'homme demeurerait soumise à Dieu.** Cette raison de l'homme une fois détournée de Dieu, on verrait les puissances inférieures se révolter contre la raison, et le corps atteint de passions contraires à la vie, laquelle vient de l'âme. **De telles déficiences, naturelles à l'homme, semble-t-il, à considérer dans l'absolu la nature humaine en ce qu'elle a d'inférieur**, témoignent cependant avec assez de probabilité de leur caractère pénal, si l'on considère la providence de Dieu et la dignité de la partie supérieure de la nature humaine. On peut ainsi conclure à l'existence d'un péché qui, dès l'origine, souille le genre humain. Ceci dit, il nous faut répondre aux objections proposées. 1. Il n'y a pas d'incohérence à dire qu'un seul ayant péché, son péché est transmis à tous les hommes par voie d'origine, bien que chacun ne soit loué ou blâmé que de ce qu'il a fait lui-même, — c'était le sens de la *première* objection. Autre chose en effet ce qui est le fait d'un individu, autre chose ce qui est le fait de toute une espèce, car, selon le mot de Porphyre, *en participant à l'espèce, la multitude des hommes est pour ainsi dire un seul homme*. Le péché d'un individu, d'une personne humaine, n'est donc imputé comme faute à personne d'autre qu'à son auteur, les hommes étant personnellement distincts les uns des autres. Mais qu'un péché affecte la nature même de l'espèce, il n'y a pas d'inconvénient à ce qu'il se propage d'un homme à un autre, tout comme la nature de l'espèce est transmise par un homme à d'autres hommes. Or le péché est un certain mal de la nature raisonnable. Le mal étant la privation d'un bien, c'est d'après le bien dont on est privé qu'il faut juger que tel péché atteint la nature commune, tel péché une personne particulière. Les péchés actuels, ceux que les hommes commettent communément, détruisent un certain bien de la personne du pécheur, la grâce et l'ordre normal des parties de l'âme ; de là vient que ce sont des péchés personnels, et qu'une personne les commettant, ils ne sont pas imputés à une autre. Or le premier péché du premier homme n'a pas seulement privé celui-ci d'un bien qui lui était propre et personnel, de la grâce et de l'ordre normal de l'âme, il l'a privé aussi d'un bien qui appartenait à la nature commune. Comme nous l'avons dit déjà, **la nature humaine, dès ses origines, avait été établie dans des conditions telles que les puissances inférieures étaient soumises parfaitement à la raison, la raison à Dieu, et le corps à l'âme, Dieu suppléant en cela**

par sa grâce à l'indigence de la nature. Or un tel privilège, auquel certains donnent le nom de *justice originelle*, avait été concédé au premier homme pour que celui-ci le transmît à ses descendants en même temps que la nature humaine. Mais la raison s'étant soustraite avec le péché du premier homme à la suzeraineté de Dieu, il s'ensuivit que les puissances inférieures ne furent plus soumises parfaitement à la raison, ni le corps à l'âme. Et cela ne se produisit pas seulement dans le premier pécheur ; la même déficience eut son retentissement en ses descendants, en qui devait être transmise la justice originelle. Ainsi le péché du premier homme, de cet homme dont tous les autres hommes sont issus, comme la foi l'enseigne, fut un péché à la fois personnel, privant le premier homme lui-même du bien qui lui était propre, et un péché de nature, le privant lui, et par voie de conséquence ses descendants, du privilège conféré à la nature humaine tout entière. Une telle déficience, dérivant du premier homme en tous les autres, réalise, même en ces autres, la notion de faute, en tant que tous les hommes, de par leur participation à la nature commune, sont considérés comme un seul homme. La volonté du premier homme donne ainsi à ce péché d'être volontaire, tout comme la volonté de ce premier moteur qu'est la raison donne à l'action de la main d'avoir valeur de faute, de telle sorte qu'en ce péché de nature les hommes, distincts entre eux, doivent être considérés comme les parties d'une nature commune, analogues aux diverses parties d'un homme unique, dans le cas du péché personnel. 2. En ce sens, il est vrai de dire qu'un seul ayant péché, *tous ont péché en lui*, selon l'expression de l'Apôtre, — ce qui était l'argument de la *deuxième* objection. Non pas que les autres hommes fussent en lui en acte ; ils y étaient virtuellement, comme en leur principe originel. On ne peut dire non plus qu'ils ont péché en lui, en tant que posant un acte déterminé ; ils ont péché en lui en tant que faisant partie de **sa nature, corrompue par le péché**. 3. Que le péché se transmette du premier homme à sa descendance, cela n'entraîne pas pour autant que l'âme raisonnable — c'est elle qui est sujet du péché — soit transmise en même temps que la semence : difficulté que formulait la *troisième* objection. Ce péché de nature, que l'on qualifie d'originel, se propage de la même manière que la nature de l'espèce : celle-ci, bien que parachevée par l'âme raisonnable, n'est pas cependant transmise avec la semence ; ce qui est transmis, c'est seulement le corps, un corps apte de soi à recevoir une âme de cette qualité. 4. Bien que le Christ appartînt, selon la chair, à la descendance du premier homme, il n'a pas pour autant contracté la souillure du péché originel, — comme le concluait la *quatrième* objection. Le Christ, en effet, n'a reçu du premier homme que la matière du corps humain : ce n'était pas une puissance dérivée du premier homme, mais la puissance du Saint-Esprit qui devait former son corps. Dans cette transmission au Christ de la nature humaine, Adam n'a donc pas joué le rôle d'agent ; il n'a joué que le rôle de principe matériel. 5. Remarquons encore que **les déficiences dont nous avons parlé sont transmises par voie d'origine naturelle, du fait que la nature est privée du secours de la grâce, secours que le premier homme avait reçu pour le transmettre à ses descendants en même temps que la nature**. Cette privation étant la suite d'un péché volontaire, les déficiences qui en résultent prennent valeur de faute. De telles déficiences sont donc ainsi et coupables par référence à leur source première, **et naturelles par référence à la nature privée de secours**. Voilà pourquoi l'Apôtre écrit dans l'Épître aux Éphésiens : *Nous étions par nature enfants de colère*. Ainsi est résolue la *cinquième* objection. 6. Il est clair, maintenant, que **le vice d'origine, d'où sort le péché originel, vient de l'absence d'un principe, de l'absence du don gratuit conféré à la nature humaine, dès sa création. En fait, ce don était d'une certaine manière naturel, non point qu'il eût pour cause les principes de la nature, mais parce qu'il avait été conféré au premier homme pour être transmis en même temps que la nature.** La *sixième* objection, elle, voulait réserver le qualificatif de naturel à ce qui a pour cause les principes de la nature. 7. La *septième* objection procédait de la même manière, arguant du défaut d'un principe naturel qui fasse partie de la nature de l'espèce : ce qui résulte du défaut d'un tel principe naturel ne se produit en effet que dans la minorité des cas.

Mais nous avons dit comment la déficience qu'est le péché originel provient du défaut d'un principe surajouté aux principes de l'espèce. 8. Il faut savoir aussi que l'acte de la puissance de génération ne peut être affecté par un vice du genre du péché actuel ; celui-ci dépend de la volonté d'une personne singulière, alors que l'acte de la puissance de génération n'obéit ni à la raison ni à la volonté, — ce que mettait en avant la *huitième* objection. Mais rien n'empêche que le vice de la faute originelle — celle-là relève de la nature — affecte l'acte de la puissance de génération, les actes de cette puissance recevant le nom d'actes naturels. 9. Quant à la *neuvième* objection, il est facile d'y répondre, grâce à ce qui précède. Le péché en effet ne détruit pas le bien de nature qui est partie intégrante de la nature ; **ce que le péché du premier homme a pu détruire, c'est un bien de nature surajouté par grâce**. 10. Ce qui précède nous fournit également une réponse facile et claire à la *dixième* objection. Privation et déficience étant corrélatives, il y a ressemblance dans le péché originel entre les fils et leurs pères dans la mesure même où le don, conféré dès les origines à la nature, aurait dû être transmis par les parents à leur postérité. Sans qu'il fît partie, par définition, de l'espèce, ce don avait été conféré par grâce divine au premier homme pour que celui-ci le transmît à l'espèce tout entière. 11. Remarquons encore ceci : les sacrements de la grâce peuvent bien purifier l'homme du péché originel, de telle manière que ce péché ne lui soit plus imputé comme faute — en ceci consiste la libération personnelle du péché originel —, la nature n'en est pas pour autant totalement guérie, si bien que le péché originel continue d'être transmis à la postérité, suivant l'acte de la nature. Ainsi le péché originel peut ne plus exister dans l'homme qui engendre, en tant que cet homme est une personne ; il peut même se faire, comme l'avançait la *onzième* objection, qu'il n'y ait dans l'acte de la génération aucun péché actuel ; mais en tant que l'homme qui engendre est principe naturel de la génération, la souillure du péché originel, de ce péché qui affecte la nature, est présente en lui et dans l'acte de génération qu'il accomplit. 12. Il faut savoir aussi que le péché actuel du premier homme est passé dans la nature ; la nature, en effet, grâce au privilège qui lui avait été conféré, était alors encore parfaite. Mais une fois la nature privée de ce privilège par le péché du premier homme, l'activité de celui-ci n'eut plus qu'un caractère strictement personnel. Dès lors il lui était impossible de satisfaire pour la nature tout entière, et de rétablir, par son activité, le bien de la nature. Il ne pouvait que satisfaire partiellement pour ce qui touchait à sa personne. Nous avons ainsi la solution de la *douzième* objection. 13. Cela vaut également pour la *treizième* objection. Les péchés des parents plus immédiats trouvent en effet une nature privée du privilège qui lui avait été conféré à l'origine. Il n'en résulte donc pas une déficience qui se transmettrait aux descendants, mais seulement une déficience qui affecte la personne du pécheur. Ainsi donc, pour la confusion de l'hérésie pélagienne qui niait le péché originel, l'existence dans l'homme du péché originel ne présente aucune incohérence, rien qui soit contraire à la raison. »

§ 75.2. Il nous semble qu'il faille retenir ceci :

La grâce est gratuite, de sorte que Dieu aurait pu sans injustice créer l'homme sans la grâce, en état de pure nature : l'homme est par nature mortel et passible, l'homme aurait connu la mort et la souffrance physique s'il n'avait été créé en état de grâce. Cette nature comporte des déficiences non peccamineuses, une indigence constitutive, puisque, même parfaite dans son ordre propre, la nature humaine est habitée par un conflit entre le corps et l'âme, la matière et l'esprit. C'est si vrai que saint Thomas enseigne ailleurs : « *quanto forma magis* **vincit** *materiam, tanto ex ea et materia magis efficitur unum* » (*Somme contre les Gentils*, II, 68) (plus la forme se fait victorieuse de la matière, plus est parfaite l'unité du composé) ; *il y a bien, pour le thomisme lui-même, un négatif non peccamineux*. Mais l'amour est « *vis unitiva et concretiva* » (force d'union et de concrétion : *Somme théologique*, I^a, qu. 20, a. 1), de sorte que partout où il y a de l'unité, il y a de l'amour. On arrive à ce paradoxe que l'amour de la matière pour la forme (la matière « désire la forme comme la femelle désire le mâle », selon l'expression d'Aristote dans ses *Physiques*), qui les unit, est d'autant plus accompli que la forme est plus victorieuse de la matière. Or il y a victoire quand il y a conflit, et il y a conflit quand il y a haine. La forme, d'une certaine façon, perfectionne la matière en la contestant. Il faut ainsi comprendre que ce conflit entre âme et corps, dans l'être humain, est naturel, et que *l'amour a la forme d'une victoire sur la possibilité de la discorde.* La matière trouve son bien dans son unité avec la forme qui la parfait en la soumettant ; c'est donc que la matière, prise en elle-même, est en conflit naturel à l'égard d'elle-même, et qu'elle est réconciliée avec elle-même en étant dominée et vaincue par la forme. Au passage, notons ceci : l'amant aime l'aimée en ce sens qu'il veut faire un avec elle ; mais l'amour est cette relation de l'amant et de l'aimée, et la relation se supprime si les termes de la relation se confondent ; l'amour s'achève (se supprime *et* s'accomplit) dans cette unité ; mais l'amour est aimable, donc il ne veut pas se supprimer ; il en résulte que l'amour aspire contradictoirement à se maintenir (dualité de l'amant et de l'aimée) et à se supprimer (unité de l'amant et de l'aimée) ; il surmonte sa contradiction par l'engendrement : l'amant et l'aimée restent deux, et ils sont un dans l'enfant ; Pénélope parle à Ulysse de « ce lit sur lequel nous *fûmes* notre fils Télémaque ».

§ 75.3. Conséquences :

Si l'homme avait été créé sans la grâce, alors, ne jouissant pas de la justice originelle, il aurait connu, même s'il n'avait pas péché, la lutte entre le corps et l'âme (puisque l'âme est au corps comme la forme à la matière), et il aurait connu la mort. Le baptême efface en nous le péché, mais non les effets du péché : nous sommes encore invités à lutter. Saint Thomas semble dire que l'état de déchéance originelle, après la perte de la grâce, est au fond l'état en lequel l'homme eût été s'il avait été créé en état de pure nature, et que ces déficiences naturelles (tendance du corps à se soustraire au magistère de l'âme) ne contractent la raison de faute que parce que Dieu avait décidé de créer l'homme en état de grâce. Mais ce que saint Thomas ajoute quand même, c'est que la nature de l'homme, jusque dans son ordre propre, est corrompue par le péché ; la nature de l'homme, dans l'homme déchu, n'est donc pas seulement cette nature pure qui eût été la condition de l'homme s'il avait été créé sans la grâce, car autrement créer l'homme en état de pure nature eût consisté à créer une nature corrompue, ce qui est contraire à la bonté divine. Au reste (*Somme théologique*, II^a II^{ae}, qu. 10, a. 1), pour saint Thomas, il est contre nature, bien que la surnature excède infiniment la nature, de refuser la foi et plus généralement la grâce, de sorte que la nature se blesse en se refusant à ce qui la surélève ; pour autant, la grâce ne cesse pas d'être gratuite et incommensurable à toute nature ; perdre la justice originelle était contre nature, ce qui signifie que la nature fut blessée, et que nous héritons d'une nature blessée ; nous avons recouvré la grâce par les mérites de Notre Seigneur Jésus-Christ, mais notre nature est moins équilibrée, prise en elle-même, qu'elle ne l'eût été s'il avait plu à Dieu de créer Adam sans la grâce. Que peut donc être ce surcroît de déficience, peccamineux quant à lui ? Ce qui reste de la Chute, c'est, nous semble-t-il, la *langueur* avec laquelle, malgré les secours actuels de la grâce, nous affrontons le conflit non peccamineux qui nous est structurellement inhérent ; cette langueur est contre nature, elle est un déficit anormal : « *l'inclination naturelle à la vertu est diminuée* » (*Somme théologique*, I^a II^{ae}, qu. 85, a. 1). Le sentiment propre de notre nature déchue, c'est celui d'être impuissante à parvenir à ses fins naturelles essentielles. L'homme désire, il erre, il voit et malgré cela il chute : « *video meliora proboque, deteriora sequor* » (Ovide, *Métamorphoses*, VII, 20). Mais cette nature déchue conserve un pouvoir d'anamnèse de son ancestrale vocation surnaturelle manquée, et elle pressent que le « *terminus a quo* » naturel de cette vocation lui est naturellement accessible. Cela vient de ce qu'elle entrevoit qu'elle est tombée plus bas qu'elle n'eût chuté si elle n'avait été surélevée, par là ordonnée à une fin surnaturelle. Mais la lutte en tant que telle et le conflit ne sont pas intrinsèquement mauvais, et n'existent pas du seul fait du péché, puisqu'ils sont naturels ; il faut bien comprendre que si ces déficiences de nature sont tenues pour intrinsèquement mauvaises, alors l'état de pure nature devra être tenu pour impossible, et la grâce ne sera plus gratuite, ce qui est une hérésie ; en vérité la concupiscence, en tant que telle, n'est pas un péché. Les dons préternaturels (immortalité, science infuse, impassibilité, magistère souverain de l'âme sur le corps) étaient gratuits comme la grâce elle-même, ils dispensaient l'homme de lutter pour trouver son équilibre, mais ils n'étaient pas des dus.

L'homme, pensons-nous, a pour vocation naturelle, selon la « dialectique de l'amour » de Platon dans le *Banquet*, de tendre vers des biens finis afin d'éveiller le désir, qui doivent lui servir de tremplins pour accéder aux biens supérieurs ; il y a un moment d'abnégation obligée : il y a des biens que l'on doit crucifier, même non intrinsèquement mauvais, et qui constituent comme la matière sacrificielle de l'amour vrai. Et c'est en cela que consiste la lutte, qui est naturelle. Mais encore faut-il les aimer et les trouver aimables pour s'en arracher.

Cela dit, étant recréés dans la grâce, nous sommes invités à tendre vers une fin surnaturelle ; le corps doit être naturellement subordonné à l'âme, et en plus la nature tout entière doit être ordonnée à la vie surnaturelle, fin ultime. Le danger des biens finis, c'est qu'ils sont des biens, de sorte que nous risquons de nous contenter de ces derniers, nous tendons à nous embourber en eux, nous devenons incapables de les repousser afin de nous réserver pour des biens meilleurs. Et le danger inverse consiste, pour se dispenser de s'arracher dans la souffrance et l'effort à leur séduction, à ne pas aimer les biens finis, à se détourner systématiquement d'eux ; ce qui est le surnaturalisme.

§ 75.4. Nous proposons, à titre d'illustration de ce qui précède, l'exemple du problème de la féminité :

Une femme aime naturellement plaire et être élégante, recueillir l'hommage silencieux des hommes, et rien de tout cela n'est en soi peccamineux, mais il est vrai que, avec notre nature humaine blessée, cette femme risque de pécher en cédant trop facilement à son désir de plaire. Malgré tout, il ne serait pas chrétien de sa part de s'enlaidir et de se négliger.

La femme aime naturellement plaire, être désirée, elle aspire donc légitimement à être désirable. Elle satisfait à sa condition d'épouse en s'efforçant à être séduisante pour son mari, et cela est dans l'ordre. Elle honore son époux en montrant à tous, sur un mode honnête, les raisons qui la rendent séduisante à son époux. Sous ces deux rapports il est légitime qu'elle soit coquette. Mais elle doit aussi conjurer le risque de pécher par vanité ou luxure, et de faire pécher les hommes par luxure en manifestant trop ostensiblement ou imprudemment ses charmes. Elle est donc en demeure de conjuguer pudeur, chasteté, modestie, discrétion, prudence, réserve d'une part, mais aussi souci de plaire, élégance et beauté d'autre part. Il y a un juste milieu à trouver qui, concrètement, est bien difficile à définir.

Compte tenu de ce qui précède (en particulier les leçons de saint Thomas), il est dans l'ordre que ne soit pas étouffé ce qui pourtant peut devenir occasion de péché : l'homme est invité à lutter contre cette tendance pourtant naturelle à se soustraire aux injonctions de la raison, il n'est pas invité à tuer les appétits sensibles. La femme (tout comme l'homme à sa manière d'homme) se doit de tenir compte, pour elle et pour autrui, des risques du péché, mais enfin, quelque effort qu'elle fasse, à moins de s'enlaidir et de se mutiler (ce qui serait fort peccamineux), elle ne pourra empêcher les hommes de la trouver désirable si, objectivement, elle l'est. C'est à eux, autant qu'à elle, qu'il appartient de se maîtriser, d'exercer une certaine réserve, à l'égard des jolies femmes. Il nous semble que le Chrétien sait à sa manière prendre des risques, et qu'il est imprudent de ne pas savoir prendre de risques. Il y a des occasions de pécher qui doivent absolument être fuies : conversations et attitudes déplacées, tenues franchement indécentes, etc. Mais il y a une manière de faire valoir ses qualités naturelles, qui sont séduisantes, sans tomber dans le péché, et ce serait un péché que de refuser toujours de les faire valoir. L'attitude du vrai Chrétien, à notre avis, consiste à tout subordonner à la vie surnaturelle, mais en n'oubliant jamais que la grâce est à la fois « *elevans* » (elle nous surélève, nous fait vivre de la vie même de Dieu) et « *sanans* » (elle soigne notre nature blessée, elle tend à lui faire recouvrer cet état de nature parfaite dans son ordre, telle qu'elle était avant le péché). Elle accomplit les deux opérations dans un même acte, mais ces deux fonctions sont distinctes. Ainsi, en tant que la grâce est « *elevans* », nous sommes invités à crucifier les biens finis pour les Biens surnaturels, à faire des biens naturels des moyens pour atteindre les Biens surnaturels (les biens naturels sont à aimer pour être crucifiés) ; en tant que la grâce est « *sanans* », nous sommes invités à faire rayonner notre nature et ses perfections propres, pour la gloire de Dieu. Et la beauté physique, et l'élégance, et le charme et le bel esprit sont des qualités naturelles.

On voit bien le paradoxe :

Ce qui est instrument, par définition, n'est pas pour lui-même sa fin, et puisque la vie naturelle est finalisée — parce qu'il a plu à Dieu qu'il en fût ainsi — par la vie surnaturelle, alors la vie naturelle ne saurait rechercher une perfection qui lui fût propre. Cependant, comme il l'est enseigné à la question 49 (a. 3) du supplément à la *Somme théologique* (frère Réginald), si les dons surnaturels sont en soi beaucoup plus précieux que les dons naturels, *notre nature nous est quand même plus essentielle que la surnature* ; on ne saurait sous ce rapport crucifier la nature elle-même pour s'habiliter à recevoir la surnature. Cela rappelé, si l'essence d'un être est sa fin (ce qui définit l'essence du couteau, c'est bien sa destination à couper les aliments), alors la nature en tant que nature conserve malgré tout une certaine raison de finalité. Et la question de savoir à quelles conditions l'assignation d'une fin non naturelle (parce que surnaturelle) à une créature spirituelle n'est pas elle-même contre nature (en tant que non naturelle, puisque surnaturelle) est bien difficile à traiter. Ce qui est certain, c'est qu'il existe un paradoxe : la grâce excède la nature et n'est pas contre nature, la nature est moyen de la vie surnaturelle et elle conserve son statut de fin ; ou encore : la surnature invite la nature à s'excéder, et en même temps elle la restitue à elle-même, elle la fait coïncider avec elle-même en lui enjoignant d'aller au-delà d'elle-même. Ce qui explique le paradoxe, et dissipe l'apparence de contradiction, c'est l'intromission du concept de « point de suture », dont nous avons abondamment parlé.

§ 75.5. Nous pouvons tirer plusieurs leçons de ce que nous avons compris grâce à ce texte de saint Thomas :

D'une part, pour reprendre l'exemple qui précède, faire resplendir sa féminité dans son âme et dans son corps est légitime de la part d'une femme qui sait rester prudente, quand bien même un tel bien peut être occasion de chute, comme tout bien fini.

D'autre part, rien ne doit être aimé qu'en vue, ultimement, de la vie de la grâce, laquelle exclut le péché.

En troisième lieu, s'il est définitionnel de l'ordre d'avoir la forme d'une victoire sur la possibilité d'un désordre (cette possibilité doit évidemment demeurer à l'état de potentialité), il convient pour un Chrétien d'être fort, de tenir la lutte en général pour une attitude normale (il est naturel de tendre à l'héroïsme), et de ne pas se scandaliser, de ne pas s'effaroucher de ces tendances obscures et inquiétantes que la volonté et la raison sont invitées à affronter : ce qui est trace du péché, c'est que *l'inclination naturelle à la vertu est diminuée* ; en d'autres termes, il est plus difficile de mettre de l'ordre dans soi-même que si Adam n'avait pas péché et transmis sa tache à l'espèce, mais cette invitation à mettre de l'ordre dans soi-même que nous exerçons aujourd'hui avec l'aide de la grâce eût existé dans l'homme intègre, ce qui signifie que les tentations triviales et les désordres potentiels, en tant que tels, ne doivent pas nous effrayer. Ce sont les dons préternaturels qui dispensaient l'être humain, avant la Chute, d'affronter la lutte. La Très-Sainte Vierge Marie était (et est) pleine de grâces, mais elle ne jouissait pas des dons préternaturels : elle a connu la mort. Le modèle de l'homme auquel nous devons nous référer n'est pas celui de la condition adamique, qui était immune de toute négativité, de toute tension intestine.

En quatrième lieu, ce qu'il y a d'admirable dans la femme, c'est que tout son corps est comme spontanément habité par son âme, et que sa pudeur, et la retenue de ses désirs charnels, et la liaison du désir charnel et du sentiment, sont mieux réalisées en elle que dans l'homme ; d'où la grâce naturelle (« grâce » prise au sens non théologique) de la femme, quand l'homme est naturellement plus bestial, à tout le moins plus fruste ; le corps de la femme est nativement spiritualisé, celui de l'homme est comme déserté nativement par l'esprit. En retour, l'âme de la femme est moins naturellement disposée à se soustraire aux entraves du corps puisqu'elle est tout investie dans le corps qu'elle spiritualise, et sa puissance intellectuelle d'abstraction est moins grande que celle de l'homme ; en l'homme, l'hiatus entre corps et âme est plus accusé, d'où les dérives ignobles plus fréquentes chez l'homme que chez la femme, mais aussi une plus grande pugnacité, une plus grande responsabilité dans la vocation à faire l'ordre en soi-même, et une plus grande lucidité à l'égard de soi-même : le mensonge à soi, corrélatif du mensonge à autrui, est moins fréquent chez l'homme que chez la femme plus encline que lui à la duplicité. Ce qui fait de l'homme le chef naturel de la femme. Et cela n'empêche pas la femme d'être un modèle d'équilibre pour l'homme ; elle *est* plus équilibrée que lui, il a le privilège de coopérer activement à son propre équilibre, ainsi de se *faire* équilibré. Et ce qui fait l'essence de la féminité, c'est peut-être cette aptitude du corps de la femme à se faire investir par l'âme, cette disponibilité du corps à l'égard de l'âme, ce qui au reste explique que la femme reflète l'acte d'intellection dont elle est une espèce d'incarnation (elle est, par suite, grosse d'enfants comme l'intellect possible l'est de « *verba* ») : la femme, si l'on peut dire, *est* acte d'intellection, l'homme *a* cet acte, il est sujet d'exercice de cet acte, il est un peu comme l'intellect agent qui s'objective dans un intellect possible auquel il laisse le soin de produire l'intellection des intelligibles qu'il lui livre ; la femme est intellect possible, l'homme est intellect agent ; l'homme a un intellect possible, la femme a un intellect agent. Si la femme n'existait pas, l'homme serait une brute intellectuellement stérile, de sorte que tous les motifs masculins de gloire doivent être portés au crédit des femmes autant qu'à celui des hommes, même si c'est aux hommes qu'il appartient plus volontiers de faire venir au jour ces réalisations glorieuses (bâtir des empires, produire des œuvres, etc.). L'homme est éduqué par le regard de la femme, par son souci de mériter la femme qui en retour exige qu'il s'humanise, elle en qui, spontanément, l'âme et le corps sont plus en harmonie que dans l'homme auquel il revient de se faire l'auteur de sa victoire sur l'animalité. Ainsi s'explique que la femme puisse être un modèle pour l'homme, digne d'admiration et de respect, qu'elle ait raison de chef sous le rapport de la causalité exemplaire, bien que l'autorité revienne à l'homme sous le rapport de la causalité efficiente.

Ce qui, au passage, nous contraint de dénoncer — c'est là un des côtés réactionnaires revendiqués du fascisme — la pathologie du féminisme qui, en exigeant que la femme soit traitée comme un homme et jouisse de tous les privilèges masculins, ôte à la femme tout son réel et légitime pouvoir sur l'homme et réveille en lui sournoisement la brute prompte à faire d'elle une esclave. Ce que, au reste, l'homme moderne ne fait que de manière indirecte et misérable — il s'incline honteusement devant l'autoritarisme de certaines femmes, se vengeant sur d'autres en les traitant comme des catins —, parce qu'il sait que cette pathologie féministe est l'effet du subjectivisme, de ce subjectivisme dont il est aussi affligé qu'elle, de sorte que le condamner en elle reviendrait à le condamner en lui-même. Le poisson pourrit toujours par la tête. Le subjectivisme masculin a engendré le féminisme qui en retour fait dégénérer l'homme à la fois en le féminisant, à la fois en développant en lui des réflexes de prédateur, ce qui ne risque pas de le faire remonter dans l'estime de la femme en invitant cette dernière à se réconcilier avec elle-même.

Nous sommes aujourd'hui habités par des déficiences peccamineuses issues du péché, c'est-à-dire par une accusation anormale — qui nous rend languides — de déficiences naturelles non peccamineuses ; et nous avons aujourd'hui vocation, avec l'aide de la grâce, à la fois à nous rapprocher au mieux de la perfection naturelle de ce qu'eût été l'homme à l'état de pure nature, à la fois à aller au-delà de cette nature intègre pour vivre de la vie même de Dieu. Compte tenu de ce qui précède, nous pensons pouvoir dire que la condition d'homme *habillé, et non nu*, est inhérente à cette nature intègre idéale qui n'a pas eu d'existence historique, mais qui reste la mesure de toute morale naturelle (celle qui est étudiée en philosophie) que la possession de la foi et le don de la grâce ne dispensent pas d'étudier et d'appliquer. Le vêtement n'est pas seulement un remède au péché, il fait partie de la condition humaine intemporelle.

§ 75.6. Il demeure que l'explication de saint Thomas, quelque éclairante qu'elle puisse être, nous laisse en quelque façon sur notre faim. En effet, le Docteur commun ne semble pas concevoir, ici au moins, la possibilité d'un état de pure nature, ce qui compromet la gratuité de la grâce. Rappelons le passage où la chose se dévoile :

« **À considérer droitement les choses, on pourra estimer cependant comme assez probable — supposé la providence divine qui ajuste à chaque perfection les objets qui lui conviennent — que Dieu a uni une nature supérieure à une nature inférieure pour que la première dominât sur la seconde. S'il arrivait que quelque déficience naturelle gênât cette souveraineté, on doit supposer qu'une grâce spéciale, surnaturelle, viendrait lever cet empêchement.** Ainsi doit-on juger que l'âme raisonnable, d'une nature plus haute que le corps, lui est unie de telle manière qu'aucun élément corporel ne puisse s'opposer à l'âme, qui fait vivre le corps. De même doit-on estimer que la raison, unie dans l'homme à l'appétit sensible et aux autres puissances sensitives, ne peut être gênée par ces puissances ; mais qu'au contraire elle les domine. » Ce « *satis probabiliter poterit aestimare* » nous semble bien ambigu, qui discrètement déclare impossible la situation d'un homme habité par les turbulences d'un négatif non peccamineux. N'ayant pas jugé opportun de préciser les conditions d'un point de suture entre nature et surnature, l'Aquinate, corrélativement, ne s'est pas préoccupé des conditions de subsistance de la fin naturelle dans la condition de l'homme surnaturalisé ; d'où cette tendance postérieure soit à frustrer l'ordre naturel jusque dans son ordre propre (esprit réactionnaire et théocratique), soit à remettre en cause la gratuité de la grâce et l'incommensurabilité entre nature et surnature (esprit moderniste).

ANNEXE

De même que le fasciste propose une troisième voie entre l'« ordre » bourgeois capitaliste et le socialisme égalitaire, entre les Rouges et la Réaction, de même le Catholique fasciste propose une troisième voie entre théocratie et modernisme.

TABLE DES MATIÈRES

Préambule		9
Introduction		13
I	La philosophie est-elle encore à l'ordre du jour ?	27
II	Les angoisses que suscite le monde actuel	37
III	Lutte pour le bonheur, le bonheur de la lutte	45
IV	Pourquoi les Réprouvés ne sont pas aimés, quand bien même le monde qui les bannit est haïssable	53
V	Le conspirationnisme et ses limites, philosophie et complotisme	59
VI	La question du bonheur	79
VII	Perfection immobile et inquiétude du devenir	89
VIII	Négatif peccamineux, négatif vertueux	103
IX	Bien commun et Souverain Bien, les équivoques de l'immanence et de la transcendance	119
X	Le fascisme, antithèse du personnalisme	127
XI	Le mondialisme	137
XII	État et Église	151
XIII	La doctrine nationaliste ne peut se désintéresser des conditions d'harmonie entre nature et surnature.	173

XIV	Surnaturalisme et cléricalisme — La démocratie système du mensonge	193
XV	Nationalisme nationalitaire : une manière d'éviter les enjeux métaphysiques de la doctrine nationaliste	209
XVI	Le thomisme en quelques paragraphes : la philosophie de la nature	237
XVII	Le thomisme en quelques paragraphes : l'ontologie	253
XVIII	Quelques éléments de solution au problème du rapport entre politique et religion	275

Conclusion ... 329

Annexe : À propos de saint Thomas, du négatif non peccamineux et… des femmes ... 337

© 2021 Reconquista Press
www.reconquistapress.com

www.ingramcontent.com/pod-product-compliance
Lightning Source LLC
Chambersburg PA
CBHW071556080526
44588CB00010B/924